HISTOIRE DES FRANCO-AMÉRICAINS
DE LA NOUVELLE-ANGLETERRE
1775-1990

Armand Chartier

HISTOIRE
DES FRANCO-AMÉRICAINS
DE LA NOUVELLE-ANGLETERRE
1775-1990

L'éditeur tient à remercier le ministère des Affaires internationales du Québec et le Secrétariat d'État aux Affaires extérieures du Canada pour leur support et leur aide.

Cet ouvrage a bénéficié de la collaboration de Michel Brûlé (Secrétariat permanent des peuples francophones), de Jean Hamelin (Chaire pour le développement de la recherche sur la culture d'expression française en Amérique du Nord), de Lionel J. Frappier (Union Saint-Jean-Baptiste) et de Claire Quintal (Institut français de Worcester).

Couverture réalisée par Josée Lalancette d'après une idée de Marcelle Guérette-Fréchette et à partir d'une photo de l'abbé Adrien Bernier, curé de Saint-Mathieu, Fall River, Mass.

Diffusion Dimedia
539, boul. Lebeau
Ville Saint-Laurent (Québec)
H4N 1S2

Dépôt légal – 2ᵉ trimestre 1991
Bibliothèque nationale du Québec

Données de catalogage avant publication (Canada)

Chartier, Armand

Histoire des Franco-Américains de la Nouvelle-Angleterre, 1775-1990

Comprend des références bibliographiques et un index.

ISBN 2-921114-49-6

1. Canadiens français – États-Unis – Histoire 2. Américains d'origine canadienne-française – Histoire. 3. Québec (Province) – Émigration et immigration – Histoire. 4. États-Unis – Émigration et immigration – Histoire I. Titre.

E184.F85C52 1991   973'.004114   C91-096249-9

À tous ses compatriotes francos qui ont su préserver le patrimoine culturel, et surtout à ceux et à celles qui l'ont enrichi au cours des ans, ne serait-ce que par l'apport d'une humble pierre, et qui continuent de l'enrichir contre vents et marées, l'auteur dédie affectueusement cet ouvrage.

AVANT-PROPOS

L'histoire des Franco-Américains formant une partie du patrimoine des Québécois, des Acadiens et des Français, c'est à eux surtout que s'adresse le présent ouvrage, ainsi qu'aux Francos eux-mêmes, bien sûr, ce qui n'exclut pourtant aucun lecteur désireux de se familiariser avec ce groupe trop peu connu de la francophonie.

Nous ne cherchons pas à être exhaustif, loin de là. Résumer, expliquer, mettre à jour l'expérience des Franco-Américains de la Nouvelle-Angleterre, en évaluant les choses et les personnes, voilà notre propos. Cette expérience, nous l'interprétons d'un point de vue décidément sympathique, sans verser dans un excès de piété filiale. Franco-Américain nous-même, nous avons interrogé les sources écrites, des témoins et des spécialistes, en vue de dégager l'essentiel du déroulement historique, de la révolution américaine jusqu'à nos jours.

Notre ouvrage n'a été commandité par aucune institution ou coterie. Nous avons toutefois évité de lancer des anathèmes, préférant inciter à la recherche plutôt qu'à la polémique. Voilà pourquoi, tout au long du récit, nous signalons les principales lacunes dans un domaine assez peu défriché.

De nombreuses personnes ont, d'une façon ou d'une autre, contribué à l'élaboration de cette histoire. Nous voudrions ici remercier nommément ceux et celles qui nous ont appuyé d'une façon particulière: le professeur Paul-P. Chassé, qui nous initia aux études franco-américaines; le professeur Claire Quintal, directrice de l'Institut français du collège l'Assomption de Worcester (Massachusetts), intarissable source d'encouragements et de documents; les sœurs Marie-Joseph, s.s.j., et Emma Guénette, s.s.j., et Rolande Saint-Jean, s.a.s.v., grâce à qui nous avons mieux compris le rôle de la religieuse enseignante; les pères Thomas-M. Landry, o.p., et Pierre Lachance, o.p., Mgr Adrien Verrette, mesdames Imelda Chartier et Cécile Plaud, qui nous ont gratifié, au cours des ans, de matériaux fort précieux, de même que les docteurs Robert Fournier, Georges-André Lussier et François Martineau. À Robert Perrault et au docteur Roger Lacerte, nous devons plus d'un aperçu.

Nous avons toujours été le bienvenu aux bibliothèques de l'Association canado-américaine et de l'Union Saint-Jean-Baptiste, et nous en remercions les responsables. Nous remercions également le ministère des Relations internationales du Québec et sa délégation en Nouvelle-Angleterre pour leur générosité.

André Vachon, s.r.c., mérite une expression spéciale de reconnaissance pour sa lecture méticuleuse du texte et pour ses nombreuses suggestions, qui en ont de beaucoup amélioré la qualité formelle.

Nous remercions le professeur C. Stewart Doty, pour sa permission de citer un extrait de son excellent ouvrage, *The First Franco-Americans*; Albert Côté pour son autorisation d'emprunter un «morceau choisi» du *Journal de Lowell* dont il est rédacteur; Rita Vachon, qui a su transformer un manuscrit difficilement lisible en un texte soigneusement préparé, et Marcelle Guérette-Fréchette, observatrice avertie de la réalité franco-américaine, qui n'a pas manqué de prodiguer suggestions utiles et bons conseils.

Pour leur aide technique dans la préparation du manuscrit, nous resterons très reconnaissant à la Fondation Euclide Gilbert ainsi qu'à l'Association canado-américaine, sans lesquelles cet ouvrage n'avait devant lui qu'un avenir plutôt problématique. L'équipe du Septentrion, enfin, — Denis Vaugeois, Josée Lalancette et Christian Paradis — mérite, elle aussi, nos remerciements les plus vifs: nous les lui exprimons ici avec force enthousiasme.

ARMAND CHARTIER

I

LA GRANDE IMMIGRATION
1860-1900

Les premiers Franco-Américains, au sens très large du mot, sont peut-être ces Normands qui, vers l'an mille, firent un bref séjour sur les côtes de la Nouvelle-Angleterre actuelle. Ils ne semblent pas avoir eu de successeurs avant l'arrivée à Plymouth (Massachusetts), en 1620, du célèbre *Mayflower*, avec des colons, en majorité anglais, qui seraient les premiers à habiter de façon permanente les futurs États-Unis d'Amérique. Parmi ces pionniers, il se trouvait au moins une famille française, celle de Guillaume Molines. D'autres Français, huguenots comme Molines, en quête de liberté religieuse, vinrent s'établir sur la côte est au cours du 17e siècle. On pourrait donc appeler «franco-américains» ces gens d'origine française, s'il n'était pas plus ou moins convenu de limiter l'emploi de ce terme aux Américains de souche québécoise ou acadienne.

Aux 17e et 18e siècles, explorateurs, missionnaires, soldats et coureurs des bois en provenance du Canada parcourent librement le nord-est des États-Unis. Certains y font des séjours plus ou moins prolongés, créant très tôt une tradition de va-et-vient par-delà une frontière d'abord inexistante et par la suite longtemps imprécise. Encore aujourd'hui, c'est à Auriesville, dans le nord de l'État de New

York, qu'on vénère la mémoire des saints Martyrs canadiens, dans la région même ou ils furent mis à mort.

Ainsi, sauf pour un nombre inconnu de soldats canadiens qui passent, mais sans laisser de trace, en territoire américain lors du traité de Paris (1763), on ne peut guère parler d'émigration ou de présence canadienne-française en Nouvelle-Angleterre ou même dans le nord-est des États-Unis avant 1775.

Favorables à l'esprit qui animait les rebelles américains, mais sans pousser la sympathie jusqu'à vouloir se joindre aux treize colonies révoltées, les Canadiens français ont néanmoins contribué à l'effort des insurgés, et, par là, à l'émigration vers les États-Unis. Quand ils envahirent le Canada, à la fin de 1775, les Américains purent en effet recruter assez de Canadiens français pour former deux régiments; quand les troupes américaines se retirèrent, en juin 1776, 150 soldats canadiens-français les accompagnèrent. Ces derniers émigraient, en réalité, car jamais les autorités britanniques ne leur auraient permis de rentrer au pays, après avoir «trahi». Quant à la participation québécoise et acadienne à la guerre de l'Indépendance, l'historienne Virginia DeMarce a identifié plus de 1800 Canadiens français qui prirent part à la lutte du côté des rebelles. Nous connaissions déjà les noms de quelques officiers, dont les lieutenants-colonels Pierre Régnier et Jacob Bruyère, les capitaines Auguste Loiseau et Philippe Dubois, entre autres. Nous savions aussi que quelques bataillons formés de Canadiens avaient combattu dans les armées de Washington. Par ailleurs, une troupe commandée par le major Clément Gosselin, chevalier de la prestigieuse Society of the Cincinnati, concourut à la bataille de Yorktown, Virginia (1781), où les Américains remportèrent la victoire finale.

Pour leurs services, les volontaires canadiens et acadiens reçurent des terres dans le nord de l'État de New York, le long du lac Champlain. En 1789, le gouvernement de cet État concéda d'autres terres, dans la même région, à des Acadiens déportés. C'est là l'origine des villages de Corbeau (plus tard Coopersville) et de Rouse's Point, nommé d'après Jacques Roux, autre vétéran de la guerre de l'Indépendance. Dès avant 1800, les quelque 250 familles canadiennes et acadiennes établies dans le nord-est de l'État de New York comptaient parmi les fondateurs du futur diocèse d'Ogdensburg.

Chiche de détails et trop souvent muette, l'histoire nous offre fort peu de renseignements relatifs aux émigrants québécois et acadiens de la fin du 18e siècle et du début du 19e. Quelques bribes néanmoins ont échappé à l'oubli. Une fois terminée la période révolutionnaire, l'extrême nord de la Nouvelle-Angleterre et de l'État de New York attire une émigration sporadique. Ces immigrés de la première heure se dirigent souvent vers le Maine, pour y travailler dans l'industrie forestière. D'autres sont embauchés comme débardeurs lorsque, vers 1820, la navigation sur le lac Champlain commence à favoriser le développement du commerce régional. D'autres encore trouvent du travail comme ouvriers agricoles, ici et là près de la frontière canado-américaine. Des «nouveaux» ne tardent pas à se joindre aux «anciens» de Corbeau, et d'autres villages new-yorkais, comme Champlain, Chazy et Split Rock Bay, reçoivent eux aussi des Canadiens.

Pour l'Église canadienne-française, toute cette région, des deux côtés du lac Champlain — au Vermont et dans le New York — est devenue pays de mission dès le début du 19e siècle. Elle est desservie, avec une énergie et un zèle peu communs, par le curé de Chambly, l'abbé Pierre-Marie Mignault. De 1819 à 1854, l'abbé Mignault se déplace en voiture ou en canot, selon que l'exige la topographie de cette région riche en lacs et en forêts plus qu'en routes carrossables. Sans jamais accepter de rémunération, il administre les sacrements et célèbre la messe, souvent dans des maisons privées, lorsqu'on est trop éloigné des églises. Celles-ci, d'ailleurs, en plus d'être clairsemées, présentent le grand inconvénient d'être irlandaises.

Petit à petit, donc, le catholicisme tâche de rattraper les émigrés, mais il y a loin de cette époque héroïque à celle du grand rayonnement, un demi-siècle plus tard. Or, le piétinement de l'Église franco-américaine à ses débuts est attribuable autant à la réticence des évêques québécois à envoyer des prêtres en pays étranger qu'à celle des évêques irlando-américains à créer des paroisses séparées. Ainsi, les catholiques canadiens-français de Burlington, bien capables, en 1815, de former une paroisse séparée, selon Mgr Plessis, devront attendre 1850 pour avoir une paroisse à eux. Voilà déjà un signe avant-coureur des durs combats à venir.

Il y a sans doute d'autres individus, d'autres familles d'émigrés éparpillés un peu partout dans le nord-est des États-Unis. Mais, à part les régions de Burlington-Winooski (Vermont) et du Madawaska (Maine), on n'y retrouve pas de concentration appréciable d'émigrés. On peut donc supposer une forte dose de courage et d'originalité aux rares pionniers qui s'aventurent dans le sud de la Nouvelle-Angleterre, que ce soit la famille François Proulx, installée à Woonsocket (Rhode Island) vers 1814, le solitaire Charles Benoit, venu à Worcester (Massachusetts) en 1820, ou encore la famille Abraham Marois, établie à Southbridge (Massachusetts) en 1832 — sans parler de ceux qu'attirent le Midwest et l'Ouest, du Michigan à l'Oregon, en passant par l'Illinois et le Wisconsin.

S'il est certain que les rébellions de 1837-1838 ont contraint un certain nombre de patriotes à s'exiler aux États-Unis, il est bon de rappeler que la situation économique désastreuse de ces années terribles n'a pas moins contribué au mouvement migratoire. Aussi, avant 1840, trouve-t-on des Canadiens français qui exercent différents métiers au Vermont, dans les chantiers et les carrières, par exemple, ou encore dans le commerce du bois et l'agriculture. D'autres trouvent de l'emploi dans les travaux publics de l'État de New York.

Même avant l'écrasement du mouvement insurrectionnel, plusieurs chefs patriotes et un nombre indéterminé de leurs compagnons d'armes doivent fuir par-delà la frontière américaine, pour éviter la prison ou l'échafaud. Louis-Joseph Papineau s'installe à Albany (New York), le docteur Robert Nelson à Plattsburg (New York), Ludger Duvernay à Rouse's Point (New York). En fait, c'est la dispersion, puisqu'on retrouve des patriotes un peu partout dans le Nord-Est, au Michigan, dans le Missouri, et même en Californie.

Pendant un certain temps, les chefs rebelles purent entretenir l'espoir d'intéresser le gouvernement américain à leur projet d'indépendance nationale. Mais, à peine un demi-siècle après leur propre révolution, les États-Unis s'installaient dans une tradition anti-révolutionnaire, et l'espoir des patriotes fut déçu. L'amnistie de 1842 favorisa la rentrée au Canada d'un grand nombre de rebelles dont l'existence, pendant leur séjour aux États-Unis, s'était révélée pénible. Dans l'ensemble, cette émigration aura été provisoire; mais, fait significatif, elle aura été l'occasion de la fondation de deux institutions typiquement franco-américaines: un journal et une paroisse.

Le Patriote canadien, fondé par Ludger Duvernay à Burlington (Vermont), eut la vie courte. Le premier numéro de cet in-quarto «hebdomadaire, politique, historique, littéraire et industriel» parut le 7 août 1839; le dernier, le 5 février 1840. Mais ce premier-né réunit déjà plusieurs caractéristiques de nombreux journaux franco-américains des 19ᵉ et 20ᵉ siècles. Né d'une tempête, ce journal, éphémère et bagarreur comme tant d'autres par la suite, vécut de controverse. Au cours de sa brève carrière, il malmena le clergé, diffusa des extraits de Lamennais, et sut mécontenter George-Étienne Cartier en publiant des vers que celui-ci avait répudiés. Ce faisant, la rédaction poursuivait un objectif qui n'était rien moins que l'indépendance du Canada. Les journaux qui lui succédèrent furent voués, eux aussi, à un but généreux et difficile: conjurer l'assimilation.

Certains exilés, au lieu de rentrer au Canada après l'amnistie, préférèrent se joindre aux Canadiens déjà installés dans la région de Corbeau, ce qui amena une augmentation de population suffisante pour permettre la fondation, en 1842, de la première paroisse franco-américaine dans l'est des États-Unis, Saint-Joseph-de-Corbeau (Coopersville, New York).

Ces immigrés de la première heure sont des isolés, des gens dont on ne peut guère écrire l'histoire, tellement ils sont silencieux et invisibles, déjà engloutis dans le grand tout américain, à peine la frontière franchie. De temps en temps, une date surgit: 1834, par exemple, année où l'on pille le couvent des Ursulines de Charlestown (Massachusetts). Mais, en général, les années 1800-1840 constituent une époque ténébreuse dans l'histoire de l'émigration québécoise aux États-Unis. Trop peu nombreux pour s'exprimer par la création de paroisses, de sociétés ou de journaux, ces petites gens, oubliés de l'histoire, n'en continuent pas moins à «monter aux États» en nombre suffisant pour que lord Durham souligne, dans son rapport de 1839, quel dangereux défi représente, pour le Canada, ce courant migratoire.

Sourdement, à la fin du 18ᵉ siècle et au début du 19ᵉ, la conjoncture du Bas-Canada provoquera, à partir des années 1840, une saignée démographique grave. Réduite à sa plus simple expression, la situation se ramène à ceci: au Québec et en Acadie, surabondance croissante de main-d'œuvre sans emploi; aux États-Unis, révolution industrielle d'une telle ampleur qu'elle favorise la venue d'immigrants de tous les pays du monde. Plus de 30 millions d'immigrants entreront aux États-Unis de 1815 à 1914.

«La fièvre des États» (1840-1860)

Il est surprenant que la «fièvre des États» ne se soit pas répandue plus tôt, car, tout au long du 19e siècle, le Québec, province surtout agricole, se trouve dans un état de crise qui n'en finit pas. Or, il serait difficile d'imaginer un contexte plus favorable à l'émigration que l'ensemble des conditions qui caractérisent l'agriculture québécoise à cette époque.

Il y a d'abord l'ignorance générale de l'agronomie. On ne se soucie guère, par exemple, de faire connaître les procédés propres à améliorer le rendement des terres; et, faute d'être renouvelés, les sols s'épuisent vite. Ces mêmes sols, par surcroît, sont trop souvent mal préparés à la culture, puisqu'on ne pratique ni choix scientifique des semences ni rotation des cultures. Les rendements sont de plus en plus faibles.

En outre, les mêmes terres, sans cesse parcellisées d'une génération à l'autre, sont appelées à nourrir des familles de plus en plus nombreuses, sans compter que l'ensemble des terres arables est fortement grevé par le régime seigneurial et par la mainmise des grands propriétaires, souvent anglais et souvent absents. D'énormes domaines sont ainsi soustraits à l'exploitation agricole.

Bref, tout concourt à créer la pire conjoncture imaginable, y compris le manque de chemins et de ponts, l'insuffisance des marchés et un système de crédit aux mains d'usuriers sans entrailles. De fait, l'usure est à peu près érigée en système, sans que les autorités se soucient d'en protéger les habitants. Face aux inévitables mauvaises récoltes, ces derniers n'ont souvent pas le choix: ils doivent emprunter à des taux d'intérêt prohibitifs.

La colonisation constitue un palliatif. Mais, à ce sujet, beaucoup se dit, peu se fait, du moins avec efficacité, trop peu de domaines ayant été ouverts à la colonisation. Ainsi, la plaine du Saint-Laurent étant surpeuplée, il eût été logique de songer à coloniser les Cantons de l'Est, la moins éloignée des régions habitées. Las! les terres y restent la propriété de spéculateurs qui en demandent des prix exorbitants, par exemple, la British American Land Company.

D'autres solutions à la crise agricole n'existent encore qu'à l'état embryonnaire: la croissance de l'industrie n'est pas assez rapide pour qu'on crée les emplois exigés par le trop-plein des campagnes, et le commerce subit surtout des revers, dont l'abolition, à Londres, des tarifs préférentiels (1846), et le non-renouvellement (1864) par les États-Unis, du traité de Réciprocité de 1854.

À la liste déjà longue des difficultés et des obstacles, il faut ajouter l'incurie des gouvernements successifs, qui ne font rien d'appréciable, soit pour rendre accessibles aux jeunes les terres de la couronne ou des spéculateurs, soit pour améliorer un système routier tout à fait lamentable, soit enfin pour contrôler les appétits déréglés des usuriers. Or, tout au long du siècle, la population continue de s'accroître à un rythme plus qu'impressionnant, ce qui provoque un surpeuplement économique presque ininterrompu.

Les principaux intéressés — les cultivateurs et leurs familles — n'ayant pas laissé de témoignages écrits, il est impossible d'évaluer avec précision l'impact, en termes humains ou affectifs, de ces mornes réalités économiques. Il est toutefois un fait éloquent et révélateur entre tous: de 1840 à 1930, près d'un million de Québécois et d'Acadiens partent pour les États-Unis. Ce que cet exode recèle de désarroi, de détresse, de désespoir, jamais nous ne le saurons.

Heureusement, par rapport aux immigrants européens, Québécois et Acadiens jouissent d'un grand avantage géographique. De 1835 à 1850, le développement des réseaux de chemin de fer facilite beaucoup les allées et venues entre les deux pays, et ils se font de plus en plus nombreux ceux qui vont passer une saison, ou quelques années en Nouvelle-Angleterre.

À mesure que la misère semble s'ancrer au Canada, la Nouvelle-Angleterre subit en effet une transformation en profondeur, se métamorphosant de région agricole en région industrielle. Ce phénomène va bouleverser à tout jamais l'équilibre démographique, en provoquant des vagues d'immigration qui étaient inconcevables en 1840. L'heureuse combinaison de la technologie et des capitaux, jointe à la main-d'œuvre venue de différents pays, donnera lieu au prodigieux développement économique qui, presque sans accroc, durera plus d'un siècle, jusque vers 1930.

Il ne sera pas inutile d'évoquer ici, à titre d'exemples, quelques fondations de grandes entreprises qui ont contribué à déclencher l'émigration des Québécois et des Acadiens vers le nord-est des États-Unis:

1790 Pawtucket (Rhode Island): création de la Slater Mill, première usine mécanisée des États-Unis.

1813 Fall River (Massachusetts): construction de la Troy Mill; déjà l'un des principaux centres manufacturiers est en voie de développement.

1822 Lowell (Massachusetts): le prototype des villes industrielles est fondé.

1822 Chicopee (Massachusetts): fondation de la Chicopee Manufacturing Company.

1838 Manchester (New Hampshire): débuts de la colossale compagnie Amoskeag; à son apogée, elle comptera 17 000 employés, dont un fort pourcentage de Franco-Américains.

1844 Blackstone River: sur une distance de moins de cinquante milles, on trouve quatre-vingt-quatorze usines, de Worcester (Massachusetts) à Pawtucket (Rhode Island), en passant par Woonsocket (Rhode Island).

Dès avant 1850, nombre de localités appelées à devenir de grands centres industriels, en même temps que des pôles d'attraction pour l'émigration canadienne-française, possédaient des usines en plein fonctionnement. L'expansion ne devait pas tarder.

L'emplacement de ces usines devait être choisi avec soin, à proximité d'un cours d'eau, qui fournissait l'énergie nécessaire au fonctionnement des machines. Il fallait, très souvent, réorienter fleuves et rivières (nombreux dans la région) en creusant des canaux, ouvrages parfois fort complexes, comme à Lowell ou à Lewiston.

Il fallait encore trouver d'immenses capitaux pour réaliser ces vastes travaux. Un petit groupe de Yankees, le fer de lance du capitalisme en Nouvelle-Angleterre pendant la première moitié du 19e siècle, allait prendre les choses en main. Le groupe, connu sous le nom de Boston Associates, réunissait des membres des familles les plus en vue: les Amory, Appleton, Cabot, Dwight, Jackson, Lawrence, Lowell, Lyman, Perkins, entre autres. Ensemble, ces patriciens contrôlaient diverses entreprises, dont de nombreuses banques et compagnies d'assurance. Et leur influence politique n'était pas négligeable.

Entrevoyant très tôt les fortunes qu'il y avait à tirer de la nouvelle technologie, ils se mirent si résolument à l'œuvre qu'ils donnèrent à l'industrie textile la prodigieuse expansion qui reste l'un des faits les plus significatifs du 19ᵉ siècle américain. Que ces Boston Associates aient, pendant plusieurs décennies, dominé l'expansion qu'eux-mêmes avaient provoquée, cela se conçoit aisément, quand on sait qu'ils établirent des manufactures à Waltham, Lowell, Chicopee, Holyoke, Lawrence (Massachusetts); Dover, Manchester, Nashua (New Hampshire); Biddeford et Saco (Maine).

D'autres capitalistes, de moindre envergure mais avisés, surent profiter de la révolution industrielle: des usines, des manufactures de toute sorte — de haches, de carrosses, de chaises, de chaudières, etc. — surgirent un peu partout en Nouvelle-Angleterre et dans le nord du New York. Mais l'industrie textile — celle des cotonnades et des lainages — dominait, surtout dans le sud de la région: quelque 900 usines, et plus de 100 000 employés, vers 1850. L'industrie du cuir, — celle de la chaussure, notamment — comptait aussi pour beaucoup dans ce boom économique sans précédent: toujours vers 1850, la seule ville de Lynn (Massachusetts) en produisait neuf millions de paires par an.

Les tout premiers ouvriers industriels étaient évidemment des Yankees, hommes et femmes, dont le groupe le mieux connu est sans doute les *mill girls* de Lowell (Massachusetts). Ces jeunes filles d'origine paysanne venaient passer quelques années dans les filatures où, des années 1820 aux années 1840, elles bénéficiaient de la sécurité d'emploi, d'une vie moralement saine dans des résidences, sous la surveillance de matrones sévères, et de la possibilité de suivre des cours pendant leur temps libre. Cultivées, elles publiaient une revue littéraire, *The Lowell Offering*. Tout autre sera l'expérience des immigrés.

Cette époque de paisible croissance se termina dans les années 1840. Par appât du gain et par esprit de concurrence, les propriétaires n'offriront plus à leurs employés que des conditions de moins en moins intéressantes. Le mécontentement qui s'ensuivit donna lieu à des grèves et, dans bien des cas, des départs définitifs vers d'autres emplois — le développement des métiers et la colonisation de l'ouest des États-Unis créant de nouveaux débouchés.

Cette instabilité joua en faveur des immigrés, qui ne tardèrent pas à combler les vides. Les premiers sur la brèche furent des Irlandais. Perçus par les Yankees déjà méprisants comme «une mer d'ignorance», des vagues successives d'Irlandais, contraints par la misère noire de quitter leur pays, avaient obtenu un grand nombre d'emplois dans les usines au cours des années 1840.

La lenteur relative des Canadiens français à émigrer s'explique mal, vu la situation économique du Québec et la proximité de la Nouvelle-Angleterre. Était-elle due à un manque général de renseignements sur le développement industriel de la Nouvelle-Angleterre? ou à l'espoir tenace que leur sort finirait par s'améliorer? ou à leur attachement au pays? L'état actuel des connaissances ne permet pas de répondre à ces questions.

Pourtant, des années 1830 à 1850, des milliers de Québécois et d'Acadiens avaient trouvé des emplois — de plus en plus diversifiés — dans le nord-est des États-Unis. L'agriculture, l'industrie du bois, la construction les avaient attirés; ils avaient trouvé du travail — saisonnier, occasionnel, ou permanent, — d'abord dans les États du Maine, du New Hampshire et du Vermont, et bientôt aussi dans le Sud.

L'urbanisation consécutive à l'industrialisation favorise le développement de quartiers résidentiels, souvent à côté des usines, comme c'est le cas à Manchester (New Hampshire), où la compagnie Amoskeag fait construire, rangée sur rangée, des maisons en brique pour ses ouvriers (*corporation housing*). Les chantiers exigent une main-d'œuvre sans cesse plus nombreuse, dans tous les corps de métier. Il n'est pas rare de trouver des Canadiens français parmi les maçons, les briquetiers, les charpentiers de Manchester ou de Cambridge.

Ces premiers émigrés ont de fréquents contacts avec le Canada. Ils retournent en visite au pays, vêtus de drap fin et exhibant une belle montre en or, ce qui encourage d'autres compatriotes à venir «sonder le terrain». Ainsi naît un véritable service de propagande, renforcé après 1850 par des agents recruteurs (parfois des émigrés canadiens) engagés par les usines.

Ces agents, qui parcourent le Québec, de la région montréalaise au Bas-du-Fleuve, reflètent l'attitude positive des employeurs à l'égard des Canadiens français. D'abord sceptiques, ils ont fini par se rendre à l'évidence: les Canadiens sont de «bons travaillants», ont beaucoup de cœur à l'ouvrage et sont peu enclins à contester l'ordre établi. Ils font preuve d'une grande docilité; de plus, ils sont disponibles et faciles d'accès.

Sporadique à l'origine, intermittente, souvent provisoire, l'émigration ira se stabilisant après 1850. Avant la guerre de Sécession (c'est-à-dire avant les années 1860), les immigrés se déplacent beaucoup, selon les emplois; gagnant même le Midwest, ou retournant au Canada, ils font figure de nomades. Ce va-et-vient s'explique par les perceptions que l'on se fait du marché du travail. Mais, à mesure qu'avancera le siècle, l'émigration des Québécois, et ensuite des Acadiens, sera de plus en plus liée au vaste mouvement d'expansion industrielle qui touche tous les États de la Nouvelle-Angleterre et le nord-est du New York.

Au Canada, le gouvernement n'agit guère, mais se dit inquiet devant ce phénomène migratoire. En revanche, certains observateurs, dont les rédacteurs de *La Gazette de Québec* et de *La Minerve*, comprennent assez tôt les dangers que représentaient, pour le pays, l'attrait des États-Unis et la manie de l'émigration. Le gouvernement étudie le problème et publie des rapports préparés par des comités spéciaux de l'Assemblée législative (1849, 1857). Le moindre mérite de ces rapports n'est certes pas d'avoir attiré l'attention sur les vraies causes de l'émigration, leur étendue et leur gravité. En réalité, leur moindre mérite serait plutôt de n'avoir pas réussi à engager le gouvernement dans des programmes assez efficaces pour arrêter l'hémorragie.

Vers l'enracinement (1860-1880)

De transitoire, l'émigration devient permanente au cours de la période 1860-1880, malgré la guerre de Sécession, la crise économique et la campagne de rapatriement des années 1870.

Au début des années 1860, au Québec, l'exode s'arrête quelque temps, dans une atmosphère d'abord lourde d'incertitudes, puis remplie d'échos de sanglants combats. La guerre de Sécession, qui durera près de cinq ans, vient de commencer. En quête d'aventures ou attirés par les primes offertes par l'armée, quelque 30 000 Canadiens français s'enrôlent comme volontaires, surtout dans les armées du Nord. Certains doivent émigrer pour s'enrôler, et bravent ainsi les foudres des autorités civiles et religieuses du Canada; d'autres sont déjà sur place, qui vont augmenter les effectifs de bataillons où le français devient la langue dominante. Les mieux connus parmi les Canadiens français en uniforme sont le jeune Calixa Lavallée, qui composera un jour le «Ô Canada», et l'écrivain Rémi Tremblay, dont le récit romancé de chevauchées militaires s'intitulera *Un revenant* (1884).

Tandis qu'au Québec la crise agricole se poursuit, dès 1863 une tout autre situation économique se dessine aux États-Unis, où le manque de main-d'œuvre dans les usines favorise les émigrants. La paix rétablie, cette pénurie d'ouvriers se fait sentir dans tous les secteurs, la guerre ayant fait des victimes par centaines de milliers. En plus, l'expansion industrielle reprend, enfin libérée des contraintes imposées par les hostilités. L'Ouest américain contribue aussi à vider les usines, en attirant ceux qui, parmi les Anglo-Américains, préfèrent la vie de pionniers au travail dans les manufactures.

La reprise de l'industrialisation entraîne une activité fébrile en Nouvelle-Angleterre. Partout on construit, et de tout: usines, canaux, chemins de fer, maisons. La bonne nouvelle est répandue au Québec, de village en village, par les agents recruteurs des compagnies de textile et par les émigrés eux-mêmes, heureux d'annoncer que la grande misère des cultivateurs québécois peut enfin connaître un terme dans les usines de la Nouvelle-Angleterre. Et puis, l'industrie se diversifie, et les emplois saisonniers restent disponibles, surtout dans les briqueteries et les chantiers.

L'émigration qui se poursuit pendant l'après-guerre comporte plusieurs signes d'extension et de permanence: les familles émigrantes se font plus nombreuses, les immigrés ont tendance à rester en place plus que ne le faisaient leurs prédécesseurs, et, fait capital pour l'évolution de la «race», la classe instruite se joint aux ouvriers sur la route de l'exil. Désormais, les immigrés seront encadrés, et la réalité canadienne-française en Nouvelle-Angleterre deviendra multiforme. Les rapports avec le Canada, par exemple, seront à peu près ininterrompus, grâce à la présence d'un clergé et de communautés religieuses d'origine et de formation québécoises, mais aussi grâce aux journaux canadiens et à une presse canadienne-française de Nouvelle-Angleterre qui, pendant longtemps, continuera de s'alimenter au Québec.

Vers 1870, s'ouvre l'époque des fondations, si nombreuses qu'on n'en a jamais fait, à ce jour, le dénombrement complet. Fondation de paroisses, de journaux, de sociétés, on assiste à une vaste floraison d'œuvres; et, tout aussi impressionnant que le nombre de ces dernières, l'esprit qui anime ces années de création. Les immigrés

Rémi Tremblay. Après avoir participé à la guerre de Sécession, ce «Canadien errant» rendit maints services aux Canadiens des États-Unis, tant comme écrivain que comme animateur social. Même après être rentré au Canada, il garda des liens avec ses compatriotes émigrés. (Collection Armand Chartier)

Mgr Louis de Goësbriand. La ténacité du premier évêque de Burlington, Vermont, auprès de ses collègues de l'épiscopat canadien assura aux émigrants des prêtres de leur nationalité.

collaborent si étroitement entre eux qu'on pourrait nommer cette époque, qui durera environ un demi-siècle, l'âge de la solidarité. Que certains — une minorité — aient refusé de participer à l'entreprise commune, cela se conçoit aisément. Mais ce qui saute aux yeux, c'est l'enthousiasme de la grande majorité à travailler, chacun selon ses capacités, au bien-être collectif. Ouvriers, marchands, artisans sont prêts à épauler les professionnels qui prennent en main le développement socioculturel du groupe.

À mesure que croît le nombre des immigrés, de Lewiston (Maine) à Waterbury (Connecticut), se rencontre d'habitude, dans chaque centre, un médecin, un homme d'affaires, un avocat ou un journaliste. L'un d'eux est reconnu comme chef. À Lewiston, c'est le docteur Louis Martel, à Woonsocket (Rhode Island), le docteur Gédéon Archambault, et à Worcester (Massachusetts), Ferdinand Gagnon, dont l'ascendant s'étend à toute la Nouvelle-Angleterre.

Au sommet de la pyramide sociale, dans chaque ville ou village, on trouve le curé. Vers 1870, l'époque se termine, en effet, pendant laquelle les évêques du Québec considéraient la Nouvelle-Angleterre comme un pays de perdition où il ne valait pas la peine d'envoyer des prêtres. On a compris, en haut lieu, que le besoin de prêtres canadiens se fait urgent. Toutefois, le propagandiste le plus efficace de cette cause ne fut pas un Canadien, mais un Breton, Mgr Louis-Joseph de Goësbriand (1816-1899), évêque de Burlington (Vermont) depuis 1853.

Mgr de Goësbriand fut parmi les premiers à comprendre que l'émigration serait permanente et que, sans prêtres francophones, les émigrés abandonneraient la pratique de leur religion. Il se rendit au Canada en 1854 pour obtenir des prêtres. Vaine tentative: l'épiscopat canadien ne partageait pas encore l'avis de «Monseigneur de Burlington», comme on disait alors. L'année suivante, il fit un voyage dans sa Bretagne natale et en ramena sept missionnaires. Ces prêtres assumèrent les tâches du ministère, et on les vit rassembler des gens partout où ils pouvaient improviser une chapelle. La messe se disait et les sacrements s'administraient dans des maisons ou des granges, décors assez peu prometteurs sans doute, mais le culte y fut préservé, et, assez tôt, des paroisses se formèrent.

En 1869, Mgr de Goësbriand revenait à la charge auprès de ses collègues de l'épiscopat canadien, cette fois avec succès. Estimant à un demi-million le nombre d'émigrés canadiens, il publia un vibrant appel en vue d'obtenir pour eux des prêtres de leur nationalité. Paru dans *Le Protecteur canadien*, de Saint-Albans (Vermont), le 13 mai 1869, ce texte capital allait servir de fondement doctrinal, non seulement au séparatisme religieux, mais au messianisme canadien-français en terre américaine — sur lequel on reviendra. En voici un extrait:

> La Providence qui gouverne le monde a, dans cette émigration qui nous étonne, des vues qui nous sont inconnues. Laissons-la faire. Elle saura tirer le bien de ce qui nous semble un mal. Ces émigrés, nous le croyons, sont appelés de Dieu à coopérer à la conversion de l'Amérique comme leurs ancêtres furent appelés à planter la foi sur les bords du Saint-Laurent. Quoi qu'il en soit des vues de la Providence, il faut voler au secours de nos chers émigrés puisqu'il s'agit d'un peuple nombreux, établi hors de sa patrie. [...] Dieu dans sa Providence veut que les nations soient évangélisées, au moins généralement, par des apôtres qui

parlent leur langue, qui connaissent leurs habitudes, leurs dispositions; que les nations soient évangélisées par des prêtres de leur nation.

Lorsqu'il évoque l'idée d'une mission spéciale des émigrés québécois, Mgr de Goësbriand semble planer bien haut, mais d'autres, évêques, prêtres et laïcs, y feront écho, et la tradition messianiste durera, en Nouvelle-Angleterre, jusqu'aux années 1960.

Chez Mgr de Goësbriand, l'idéaliste se doublait d'un réaliste. Plus sagace, plus perspicace, ayant plus de compassion pour les émigrés que la plupart de ses contemporains, il a bien vu l'immense consolation que l'Église pouvait apporter aux nouveaux venus dans leur difficile adaptation à un milieu étranger. Il a bien compris, en outre, que, si l'Église n'agissait pas, elle perdrait à tout jamais les quelque 500 000 émigrés qui se trouvaient aux États-Unis, ceux qui les suivraient sur le chemin de l'exil et leurs descendants. L'enjeu était grave. Mgr de Goësbriand dessilla les yeux des sceptiques, et l'Église canadienne s'implanta assez fermement aux États-Unis pour y assurer sa présence durant un siècle.

L'élan donné au Vermont se fera sentir ici et là en Nouvelle-Angleterre, et si l'époque qui s'ouvre vers 1870 n'est pas encore celle des églises cathédrales, elle est néanmoins celle des modestes mais nombreuses églises de bois, dont beaucoup seront, après 1900, remplacées par des temples imposants, une fois les émigrés mieux établis dans leur nouveau milieu.

Mais pourquoi doubler les efforts des Irlando-Américains, dont les paroisses se multiplient également dans la même région?

La réponse à cette question comporte plusieurs facettes, bien au-delà de l'idée messianiste. D'un point de vue très pratique, il y a tout d'abord le problème de la langue, les immigrés ne comprenant guère l'anglais. Impossible pour eux de communiquer, même de la façon la plus élémentaire, avec un clergé unilingue anglais. Puis, bien ancrée dans le vouloir-vivre collectif, il y a la vieille conception canadienne de la paroisse. La paroisse, dans le Canada français du 19e siècle, est la base de l'organisation sociale en même temps qu'un tout organique, presque aussi indispensable à chaque catholique que la famille à chacun de ses membres, ou que le «rang» à chacun des voisins. La paroisse fait intégralement partie des structures mentales des émigrés et de leurs enfants. Il en sera ainsi pendant près d'un siècle, et les conflits religieux à venir le démontreront amplement.

Cette conception traditionnelle de la paroisse comporte en outre tout un ensemble de traits de mœurs qui ne s'atténueront que très lentement. Le curé, par exemple, est non seulement le chef spirituel de ses ouailles, il en est le confident, celui que l'on consulte avant de prendre une décision de quelque importance. Par ailleurs, le curé comprend bien, lui, les âmes dont il a la charge. Il comprend que l'on préfère le système net et clair de la dîme au régime irlandais, qui exige une déconcertante multiplicité de quêtes. Il comprend aussi que l'on puisse continuer à affectionner, même en terre américaine, ce plain-chant que les Irlandais sont incapables de rendre, ainsi que le grand faste des cérémonies religieuses, que les Irlandais ont tendance à éviter par respect pour le puritanisme des Yankees, et pour ménager leur crainte d'une mainmise du pape sur les États-Unis. Le curé canadien comprend probablement mieux que quiconque, enfin, pourquoi les émigrés sont parfois tentés de brûler un curé irlandais en effigie, comme cela s'est fait à Woonsocket (Rhode Island) vers 1873.

Nombre de ces prêtres sont passés à l'histoire, tant comme fondateurs de paroisses que comme patriotes. Leur contribution au développement socio-culturel du peuple reste appréciable, que l'on partage ou non leurs convictions religieuses. Citons quelques noms, à titre d'exemples:

— Le père André-Marie Garin, o.m.i. (1822-1895): né en France, il fonde la première paroisse canadienne-française du diocèse de Boston, Saint-Joseph, à Lowell (Massachusetts), en 1868. Persuasif, il obtient de ses paroissiens 3500 $ en trois semaines, pour l'achat d'une église; et cela en 1868! Il construit également l'église et l'école de la paroisse de l'Immaculée-Conception (Lowell), en même temps que l'église Saint-Jean-Baptiste (Lowell), aux dimensions d'une cathédrale. Il a à son crédit une multitude d'œuvres de toute sorte, et plusieurs autres églises, même irlandaises.

— L'abbé Pierre Hévey (1831-1910): natif de Saint-Jude (comté de Saint-Hyacinthe, Québec), il fonde la paroisse Saint-Pierre à Lewiston (Maine) en 1871, et établit la première école franco-américaine dans le Maine, avant d'aller à Manchester (New Hampshire), où il fit de la nouvelle paroisse Sainte-Marie (1880) l'une des plus florissantes de la région. Ce prêtre pionnier, animateur et administrateur de premier ordre, mit sur pied, à Lewiston comme à Manchester, un nombre imposant d'œuvres favorisant le

Abbé Pierre J.-B. Bédard. Au centre de plusieurs controverses de son vivant, ce fougueux prêtre patriote, curé de la paroisse Notre-Dame-de-Lourdes à Fall River (Mass.), déclencha, par son décès, une des plus retentissantes «affaires» ethno-religieuses des annales de la Franco-Américanie. (Collection Armand Chartier)

développement spirituel, social et culturel de ses compatriotes émigrés: des écoles, un orphelinat, un hôpital et plusieurs sociétés religieuses. Ce «remueur d'énergies» fut le premier prêtre franco-américain nommé protonotaire apostolique (1890).

— L'abbé Jean-Baptiste-Henri-Victor Millette (1842-1917): né à Sainte-Anne-de-Yamachiche (Québec), ce prêtre est considéré comme le véritable curé fondateur de la paroisse Saint-Louis-de-Gonzague, à Nashua (New Hampshire). Il en prend la direction en 1871, et la paroisse passe rapidement des débuts difficiles à une période de prospérité, avec tout un foisonnement d'œuvres, y compris un orphelinat et un hôpital. Il aura été 55 ans curé.

— L'abbé Joseph-Augustin Chevalier (1843-1929): né à l'Assomption (Québec), il arrive en 1871 à Manchester (New Hampshire), où, pendant une dizaine d'années, il sera le seul prêtre «canadien» de la ville. Premier curé francophone du New Hampshire, il fonde la paroisse Saint-Augustin en 1871, et la dirige jusqu'en 1924,

année où il démissionne pour cause de maladie, après y avoir passé
53 ans et 2 mois comme curé. Un biographe anonyme l'a
surnommé «le paisible et indéfectible défenseur et protecteur des
droits de sa race».

— L'abbé Charles Dauray (1838-1931): né à Marieville (Québec), il
vient dans le Rhode Island en 1872, pour «refaire sa santé». Il y
passera 58 ans. Après avoir fondé la paroisse Notre-Dame-du-
Sacré-Cœur à Central Falls (1873), il va à Woonsocket fonder celle
du Précieux-Sang (1875), dont il sera le curé pendant 56 ans.

— L'abbé Pierre-Jean-Baptiste Bédard (1842-1884): né à Saint-Rémi
d'Iberville (Québec), il arrive à Fall River (Massachusetts) en
juillet 1874, accompagné de son ami, l'abbé Dauray, qui lui dit:
«Bédard, voici ton royaume.» Il y fonde Notre-Dame-de-Lourdes,
qui deviendra une des plus grandes paroisses «canadiennes» du sud
de la Nouvelle-Angleterre. Prêtre patriote par excellence, il fait
preuve d'un zèle nationaliste qui lui cause mainte difficulté avec
son évêque. Cette figure attachante retient aussi l'attention pour sa
sollicitude à l'égard des émigrés, qu'il assiste dans leur recherche
de logements et d'emplois.

— L'abbé Louis Gagnier (1830-1908): il vient en Nouvelle-Angleterre
en 1869, avec la permission de son évêque, Mgr Ignace Bourget, de
Montréal, afin d'œuvrer parmi les émigrés. De 1869 à 1875, il met
sur pied 11 paroisses au Vermont et dans l'ouest du Massachusetts,
y compris celle de Saint-Joseph, à Springfield (Massachusetts), en
1873, son œuvre maîtresse. C'est à lui que revient l'honneur
d'avoir fondé la première école franco-américaine en Nouvelle-
Angleterre, à East Rutland (Vermont), en 1869.

Les émigrés gardent donc l'esprit paroissial, et fondent des
paroisses dès que leur nombre le permet. Cet esprit est si profond que
la chose peut étonner, un siècle plus tard, surtout si l'on songe aux
interminables luttes dont est marquée la route conduisant à la fondation de quelque 150 paroisses «nationales», c'est-à-dire canadiennes
d'abord, franco-américaines par la suite, de 1850 aux années 1930.

Faute de témoignages, il est à peu près impossible de préciser les
motifs des émigrés dans leur lutte acharnée pour obtenir des paroisses
séparées. D'une part, on ne peut affirmer qu'ils ont agi uniquement ou
surtout par crainte des foudres du clergé. D'autre part, le cas de Saint-
Joseph de Burlington (Vermont) va se répéter si souvent que seule

l'hypothèse d'une foi profonde, quoique simple et médiévale, semble pouvoir expliquer la conduite du peuple en matière religieuse. (Cela dit sans nier les abus de pouvoir au sein d'un clergé reconnu pour son autoritarisme.)

À Saint-Joseph de Burlington comme ailleurs, les émigrés d'origine irlandaise ont précédé ceux du Canada. Les deux groupes font donc partie d'une même paroisse, malgré les différences de langue et de mœurs, en attendant que les Canadiens soient assez nombreux pour former une paroisse séparée.

Les Irlandais appréhendent la perte de deniers essentiels au progrès de leur paroisse; les Canadiens vont néanmoins de l'avant et choisissent un terrain que tout de suite les Irlandais leur disputent; les Canadiens achètent un nouveau terrain et y construisent une église, consacrée en juin 1851, sous le nom de Saint-Joseph. Voilà l'atmosphère dans laquelle on vit naître, en 1850, la première paroisse établie par des émigrés canadiens-français en Nouvelle-Angleterre, atmosphère qu'on retrouvera mainte fois par la suite.

Dès qu'une paroisse est établie, la grande priorité est de trouver un bâtiment pour l'exercice du culte. Ici, on loue une salle; là, on achète un temple protestant pour le transformer; ailleurs, où les moyens le permettent, on se met très tôt à la construction d'une église. La deuxième urgence, c'est de créer une école paroissiale, bilingue, pour éviter à tout prix l'école publique ou l'école irlandaise, car «c'est à l'école surtout que le fils de l'émigré apprend que la race à laquelle il appartient est méprisable, écrivait Edmond de Nevers, et que ses parents sont des êtres grossiers; c'est là qu'il s'habitue à rougir de leur nom et à prendre en haine tout ce qui lui rappelle le pays des ancêtres». En 1875, par ailleurs, le Vatican condamne la fréquentation des écoles publiques, tout en permettant que, dans les cas douteux, l'on fasse la part des choses.

La nécessité d'ouvrir des écoles catholiques explique l'arrivée massive, en Nouvelle-Angleterre, de communautés enseignantes canadiennes-françaises. En particulier, certains curés avaient très tôt prévu le besoin urgent qu'on aurait de religieuses institutrices. Aussi trouve-t-on les sœurs de Sainte-Anne à Oswego (New York) dès 1866, et les sœurs des Saints-Noms-de-Jésus-et-de-Marie à East Rutland (Vermont) vers 1869. Au cours de la décennie de 1870, les communautés suivantes s'établirent en Nouvelle-Angleterre: les sœurs Grises de Saint-Hyacinthe à Lewiston (Maine), les dames de la Congrégation à Saint Johnsbury (Vermont), et les sœurs de Jésus-Marie à Fall River (Massachusetts).

Quant aux communautés d'hommes, ce sont les Oblats de Marie-Immaculée de la province canadienne qui, les premiers, arrivent en Nouvelle-Angleterre. Dès 1868, leur œuvre de missions paroissiales rayonne, de la paroisse Saint-Joseph, à Lowell (Massachusetts), vers plusieurs centres, et prend de l'ampleur au cours des décennies suivantes. Les dominicains, les maristes, d'autres encore suivront dans les années 1880-1890.

Avec l'église, l'école — et la société de bienfaisance, dont il sera question plus loin —, le journal de langue française fait partie d'un faisceau d'œuvres vouées à l'objectif fondamental de la survivance. La sauvegarde de la foi catholique, de la langue française, des traditions canadiennes-françaises, voilà le mot d'ordre qui animera le journalisme franco-américain pendant un siècle, de l'ère des tâtonnements (années 1860) à celle du déclin (années 1960). Dès les débuts, les journaux des émigrés canadiens-français sont militants, comme le fut le journal du précurseur Ludger Duvernay, à Burlington, en 1839. En 1869, par exemple, c'est un journal, *Le Protecteur canadien* de Saint-Albans (Vermont), qui porte le message de Mgr de Goësbriand dans sa campagne de propagande pour obtenir un clergé «national». On est en présence d'une presse de revendication, autant — sinon plus — qu'une presse d'information.

En étroite collaboration avec un clergé dont souvent ils ont partagé la formation dans les collèges classiques du Québec, les journalistes mènent avant tout une lutte incessante pour obtenir des paroisses «nationales» dirigées par des prêtres d'origine canadienne, et pour les préserver ensuite. «Gardienne de la nationalité», la presse luttera contre l'assimilation sous toutes ses formes, souvent de concert avec les sociétés Saint-Jean-Baptiste qui se forment un peu partout à la même époque.

Si Ludger Duvernay en est le précurseur, Ferdinand Gagnon (1849-1886) est considéré comme le fondateur du journalisme franco-américain. Né à Saint-Hyacinthe (Québec) le 8 juin 1849, il étudie au séminaire de cette ville, avant d'émigrer au New Hampshire en 1868, à l'âge de 19 ans. Précoce, il se met tout de suite à l'œuvre en faisant des discours en faveur de l'indépendance du Canada, et en fondant des

Ferdinand Gagnon. «L'honneur de la presse canadienne-française aux États-Unis se résume dans ce nom», écrivait Benjamin Sulte à son sujet. Gagnon rappelait à ses compatriotes: «La naturalisation n'entraîne pas de rigueur l'assimilation des origines et des coutumes; elle n'entraîne que l'assimilation des intérêts politiques.» (Collection Armand Chartier)

journaux de langue française. En 1869, il déménage à Worcester (Massachusetts), où il épouse Malvina Lalime, et fonde un journal, *L'Étendard national*, qui devient, l'année suivante, l'édition américaine de *L'Opinion publique*, de Montréal. Il est évident que l'on vise la «communication constante» entre les «exilés» et les gens du pays.

En 1874, cette communication prend un caractère assez particulier, grâce au *Foyer canadien*, fondé à Worcester (Massachusetts), en 1873, par Ferdinand Gagnon et son associé, Frédéric Houde. Dans ses numéros du 21 et du 28 juillet 1874, ce journal publie un résumé de l'histoire métisse brossé par Louis Riel devant un auditoire d'émigrés, lors de son passage à Worcester. Bien calmement, Riel leur avait raconté les faits saillants de l'évolution de son peuple, et, au nom de ce peuple opprimé, il avait demandé la protection de la province de Québec, «fille aînée de la France». Frédéric Houde commente ce discours:

> On ne pouvait parler avec plus de bon sens, d'à-propos, de tact et de sagesse tout à la fois.

M. Riel n'est pas un orateur qui recherche les grands mots ni les phrases ronflantes; il vise droit au but, et aussi il l'atteint sûrement. Il s'exprime correctement et avec facilité. En un mot, il est agréable et intéressant à entendre. Lorsqu'il vint à parler surtout de la mission de la race canadienne-française, sa voix jusqu'alors calme, sa figure jusqu'alors flegmatique s'animèrent singulièrement; on voyait que la conviction le possédait, que l'émotion le gagnait, tant le sujet qu'il traitait remuait sensiblement les fibres de son cœur de descendant canadien et catholique.

Décidément, 1874 fut une année faste dans l'histoire franco-américaine, car, outre la visite de Louis Riel à Worcester et un grand rassemblement à Montréal, l'année marque la fondation du *Travailleur*, la principale œuvre journalistique de Ferdinand Gagnon, à laquelle il voua toute sa fougueuse énergie jusqu'à sa mort prématurée en 1886. Véritable journal national des émigrés, *Le Travailleur* paraît pour la première fois le 16 octobre 1874, portant comme devise: «Fais ce que dois, advienne que pourra.»

«Le vieux *Travailleur*», comme Gagnon l'appelait affectueusement, dura jusqu'en 1892, ce qui est hors de l'ordinaire pour cette époque. Les grandes questions du jour y auront toutes été discutées, en particulier le rapatriement et la naturalisation, Ferdinand Gagnon voulant que les individus prissent parti d'une façon ou d'une autre. Franco-Américain avant la lettre, il exhortait souvent les siens à participer pleinement à la vie politique de leur nouveau pays, sans quoi ils risquaient la marginalisation définitive.

Son décès, le 15 avril 1886, causa un deuil «national», et fut ainsi commenté par un autre journaliste émigré, Godfroy de Tonnancour:

M. Gagnon meurt à 36 ans comme Raphaël et Mozart. Lui aussi il était artiste, mais artiste de la pensée. Il taillait ses pensées dans le granit du devoir et du dévouement, et modelait ses œuvres sur les œuvres du Christ. [...] Comme orateur, peu de Canadiens aux États-Unis et même au Canada ont pu l'égaler. Possesseur d'une voix forte et sympathique, qui allait droit au cœur, doué d'une éloquence entraînante et persuasive, M. Gagnon a remporté plusieurs succès oratoires remarquables. [...]

Comme écrivain, sa réputation n'est pas à faire. Il a écrit des articles qui ont eu du retentissement jusqu'en France. Son style était concis, vigoureux, alerte, toujours clair et énergique. Chacun de ses articles contient des leçons de haute philosophie, données sans prétention, que chacun de nous peut méditer avec profit. (Cité dans Belisle, *Histoire de la presse franco-américaine*, p. 78)

La liste — bien incomplète — qui suit, de journaux fondés après la guerre de Sécession suggère la diversité des efforts des journalistes à l'époque où l'émigration devenait permanente:

1867 *Le Public canadien* fut fondé à New York par l'Ordre des Dix, société qui militait en faveur de l'indépendance du Canada. Il s'agit à peine d'un journal franco-américain, puisque la rédaction rangeait les États-Unis parmi les «pays étrangers». Le rédacteur de ce journal, Jean-Baptiste-A. Paradis, alla par la suite (1874) fonder *L'Étoile du Nord* à Saint-Paul (Minnesota). *Le Public canadien* dura dix mois.

1868 *Le Protecteur canadien*, fondé à Saint-Albans (Vermont) par Antoine Moussette et l'abbé Zéphirin Druon, vicaire général du diocèse de Burlington, propagea l'appel de Mgr de Goësbriand en faveur d'un clergé national. Ce journal disparut en 1871. La devise en était: «Aime Dieu et va ton chemin.»

1869 *L'Idée nouvelle*, créée à Burlington (Vermont) par Médéric Lanctôt, ne connut que quatre ou cinq numéros, où il était fortement question de l'indépendance du Canada.

1871 *L'Avenir national*, fondé à Saint-Albans (Vermont) par Antoine Moussette et Frédéric Houde, traitait des questions touchant les émigrés. Il eut une existence mouvementée, en partie parce qu'un des rédacteurs faisait figure de mécréant. Ce journal parut jusqu'en 1876.

1873 *L'Écho du Canada*, fondé à Fall River (Massachusetts) par le docteur Alfred Mignault et Honoré Beaugrand, eut des éditions à Boston et à Lowell (Massachusetts). Il y était souvent question de naturalisation et de sociétés nationales. Ce journal disparaissait en 1875.

1875 *Le Jean-Baptiste* fut, de tous les journaux de cette époque, celui qui eut l'existence la plus longue. Fondé à Northampton (Massachusetts) par Pierre-C. Chatel et M. Burleigh, il changea souvent de mains, aboutissant à Pawtucket (Rhode Island) en 1894, pour y rester jusqu'à sa disparition en 1933.

1875 *La Lanterne magique*, fondée par le docteur J.-N.-O. Provencher à Worcester (Massachusetts), fut un journal humoristique éphémère.

1875 *Le Journal des Dames*, fondé à Cohoes (New York) par Virginie Authier, fut, à notre connaissance, la seule publication exclusivement féminine avant le *Bulletin de la Fédération féminine franco-américaine* (1951-). Il vécut six mois.

1875 *La République*, fondée à Fall River et à Boston (Massachusetts) par Honoré Beaugrand, qui y publia son propre roman, *Jeanne la fileuse*, premier ouvrage romanesque à traiter de l'émigration, cessa de paraître en 1878.

Si, à cette époque, les fondations abondent, les journaux n'ont trop souvent qu'une existence éphémère. Dans les seules années 1873-1876, on fonde 20 journaux canadiens-français aux États-Unis, ce qui indique à quel point le climat était riche en promesses et en espoirs.

La même remarque s'applique aux sociétés de bienfaisance ou de secours mutuel, au sein desquelles il est souvent question de patriotisme et de survivance. Dans certains centres, ces sociétés apparaissent avant les paroisses canadiennes; elles constituent parfois un groupe de pression pour la fondation de paroisses dites nationales. Dès 1848, il existe une Société Jacques-Cartier à Saint-Albans (Vermont) et une Société Saint-Jean-Baptiste à Malone (New York). En 1850, Gabriel Franchère préside à la fondation, à New York, de la Société Saint-Jean-Baptiste. Calqués sur la Société Saint-Jean-Baptiste de Montréal, fondée par Ludger Duvernay en 1834, ces groupes naissent, meurent et se succèdent, semble-t-il, assez facilement. En 1869, on en compte 17, et les chefs voudraient bien en augmenter la puissance sociale, économique et politique, en les fédérant. Ce rêve commencera à se réaliser à la fin du 19ᵉ siècle.

Visant d'abord à protéger la veuve et l'orphelin, ces sociétés d'entraide poursuivent aussi des buts fraternels, sociaux et patriotiques. Dans les réunions, le besoin de fraterniser coexiste avec l'esprit de chicane, d'autant plus facilement que tout le monde se connaît. On y rencontre toujours le type même du «parfait sociétaire», qui raffole de réunions, avec tout ce qu'elles comportent de discussions, de procès-verbaux, de motions «faites et dûment secondées» (*sic*), — type qui commence à peine à disparaître.

Les sociétés répondent à plusieurs besoins, y compris celui de la solidarité ethnique. N'en deviennent membres que des catholiques d'origine (canadienne-) française, et cela pendant plus d'un siècle. Ainsi l'aura voulu un clergé soucieux de protéger ses ouailles contre les sociétés secrètes anglo-américaines, dont, en 1872 déjà, l'abbé T.-A. Chandonnet exposait les dangers dans son essai sur *Notre-Dame-des-Canadiens et les Canadiens francais des États-Unis*.

Assez tôt, ces sociétés compteront d'autres réalisations à leur actif, en particulier l'organisation annuelle de la fête de Saint-Jean-Baptiste. En 1868, de Lowell (Massachusetts), le père Garin écrit à son supérieur: «Notre petite fête de la Saint-Jean-Baptiste a été très bien. On s'est beaucoup amusé. Le tout s'est très bien passé, sans boisson forte, sans dispute.» La tradition s'en répand. En 1868, manifestations imposantes à Saint-Albans (Vermont), à Watertown (New York), à Lowell et à Worcester (Massachusetts), entre autres centres. À Worcester, la fête, avec son défilé de 800 Canadiens, a fait l'objet d'un long compte rendu de Ferdinand Gagnon, qu'Alexandre Bélisle reprend dans son *Histoire de la presse franco-américaine*. On y trouve notamment un commentaire qui en dit long sur la mentalité de l'époque — commentaire qui est en quelque sorte l'éloge suprême: «C'est comme au Canada.»

La Saint-Jean est célébrée partout en Nouvelle-Angleterre, dès que les compatriotes se trouvent en assez grand nombre pour organiser une grand-messe solennelle, un majestueux défilé avec sociétaires portant insignes et décorations, une séance musicale et récréative. On aime la pompe et le cérémonial; aussi commente-t-on abondamment les bannières, les fanfares et, bien sûr, le choix du petit Saint-Jean-Baptiste. Richard Santerre résume ainsi les célébrations de Lowell (Massachusetts), en 1872:

> La Société Saint-Jean-Baptiste et l'Union Saint-Joseph observèrent ensemble la fête patronale en assistant à un pique-nique des Sociétés Saint-Jean-Baptiste organisé à Spalding Grove près de Nashua, Merrimack, N.H. À 9 h 30 lundi matin le 24 juin, 800 membres des deux sociétés de Lowell se rendirent en procession avec deux fanfares à la gare de la rue Middlesex d'où ils partirent pour Nashua. Arrivés à Nashua ils se joignirent aux délégués des sociétés de Marlboro, Haverhill et Nashua pour défiler par les rues principales de la ville avant de se rendre sur le terrain du pique-nique.

Les sociétés organisent d'autres activités, plus propres à attirer l'élite que le peuple, soit de grands congrès, ou, comme on disait à l'époque, des «conventions générales». De 1865 à 1901, il se tient une vingtaine de ces réunions, où les sociétés envoient des délégués pour discuter les questions qui intéressent tous les émigrants canadiens-francais, de la Nouvelle-Angleterre au Midwest. Le lieu de ces conventions variait, comme leur fréquence. La première fut convoquée à New York en 1865, la quatrième à Detroit en 1869, et le mouvement battit son plein au cours des années 1870, avec neuf conventions.

Il y a un esprit de parenté évident entre les émigrés de l'Est et ceux du Midwest: conscients d'appartenir à la même «race», ils éprouvent le besoin de se réunir, de s'épauler, de faire cause commune devant la menace de l'assimilation — perçue comme une perte d'identité, voire comme une trahison —, et aussi de parler de la patrie lointaine.

Au Canada, au moment où se forme la confédération, l'avenir du pays paraît incertain, et les émigrés de fraîche date s'en inquiètent. D'où les nombreux articles et discours sur l'annexion du Québec aux États-Unis, sur l'indépendance du Canada, et sur le rapatriement. Ce dernier thème trouve sa contrepartie dans celui de la naturalisation, puisqu'on continue d'insister sur le besoin de se fixer, d'un côté ou de l'autre de la frontière, afin d'éviter «l'état d'hermaphrodite social», selon l'expression de Ferdinand Gagnon. Comme les gens semblent vouloir s'installer aux États-Unis tout en refusant de s'engager d'une façon trop formelle, on prône la naturalisation beaucoup plus que le rapatriement, qui, malgré les campagnes qu'on a pu mener, n'a jamais donné les résultats escomptés.

Fort heureusement, Félix Gatineau a laissé un volumineux *Historique des conventions générales des Canadiens français aux États-Unis*, véritable mine sur les émigrés au 19e siècle. Ces comptes rendus démontrent abondamment, par exemple, le goût de l'élite pour les bals, les concerts, les banquets et les messes solennelles; on y constate aussi son sérieux, sa conscience sociale et son sens de la responsabilité à l'égard du peuple. Loin de mépriser les petites gens ou de les oublier, l'élite a très nettement conscience qu'un de ses devoirs les plus graves est de les guider et de les éduquer. Et aussi de les aider: au niveau matériel en secourant les pauvres, au niveau moral et culturel en tâchant d'élever ses visées. C'est dans ce sens qu'il faut comprendre les discours même les plus ronflants, sur les bienfaits de la tempérance, de l'épargne, de l'école; sur la nécessité de l'assurance-vie, sur l'urgence de soutenir la presse «franco-américaine». D'autres aspects de la mentalité de l'époque y sont dévoilés quand, par exemple, on entend Ferdinand Gagnon dénoncer «l'esprit de dénigrement» ou encore la jalousie, «cause de nos malheureuses divisions».

Paroisses nationales, journaux de langue française, sociétés patriotiques, conventions générales: nombreuses les forces sociales qui renouvellent sans cesse les liens avec le Canada. Presque tous les ans, l'immigration vient renforcer cette infrastructure, tandis que l'élite suit quotidiennement l'évolution politique, économique et culturelle du pays d'origine.

Le Canada tient donc une place de choix dans l'univers mental des émigrés. Certains événements renforcent ce lien affectif, par exemple, la première affaire Riel. On ne peut affirmer, pour le moment, que le peuple en ait été saisi aussi vivement que l'élite, mais il est certain que celle-ci s'est passionnée pour la question Riel jusqu'à son tragique dénouement. Les journaux canadiens des États-Unis commentent à souhait les péripéties de cette lutte à mort, et, dans son *Foyer canadien* du 2 juin 1874, Ferdinand Gagnon publie une lettre d'un témoin oculaire de Saint-Paul (Minnesota):

> Nous avons en ce moment au milieu de nous le brave champion des droits de nos coreligionnaires et compatriotes du Nord-Ouest, l'estimé M. Louis Riel. Le jour de la Pentecôte, nous l'avons vu s'approcher de la Table Sainte et communier avec un recueillement et une piété capables d'édifier les plus indifférents. J'ai eu l'honneur d'une de ses visites à ma résidence. Il semble toujours bien portant. Il converse avec entrain et ne paraît nullement abattu. On le voit assister à la messe tous les matins. [...] On dit qu'il porte à ses malheureux compatriotes un dévouement sans bornes.

Il sera encore question de Riel au grand rassemblement du 24 juin 1874, à Montréal. Souhaitant marquer d'une façon toute spéciale la célébration du quarantième anniversaire de sa fondation, la Société Saint-Jean-Baptiste de Montréal lance un appel aux «frères des États». Fidèles, 18 000 de ces frères répondent à l'invitation, y compris de nombreuses fanfares et nombre de sociétés Saint-Jean-Baptiste. Dans l'histoire des retrouvailles Franco-Américanie-Canada français, aucun doute que celles de 1874 marquent un sommet.

À cette fête mémorable, à cette «explosion de fraternité», les personnalités sont nombreuses: Ferdinand Gagnon, dont les talents oratoires sont tout désignés pour ces grandes circonstances; le juge Joseph Le Bœuf, de Cohoes (New York), «le Chapleau des États-Unis»; Honoré Beaugrand, romancier de l'émigration et futur maire de Montréal; le major Edmond Mallet, héros de la guerre de Sécession; et des membres du clergé, dont l'abbé Charles Dauray, leur futur doyen.

L'affaire Riel étant devenue, au Canada, une question fortement politisée, l'unanimité fut impossible lors des débats de Montréal, pendant les fêtes de 1874. Les uns réclamaient l'amnistie pour Riel, les autres s'y opposaient. Le groupe américain favorisait l'amnistie, mais les propos s'envenimèrent, la confusion s'installa dans les discussions et finit par y triompher, si bien que l'assemblée n'adopta aucune résolution à ce sujet.

Rentré au pays, Ferdinand Gagnon exprime sa joie et sa fierté à ses «frères des États»: «Gloire à vous tous, patriotes du 24 juin 1874!» Survient un nouveau motif de fierté lorsque, en juillet, Riel étant à Worcester (Massachusetts), les citoyens y adoptent des résolutions favorables à l'amnistie pour les Métis. Logeant chez l'abbé Jean-Baptiste Primeau, curé de Notre-Dame-des-Canadiens, Riel est si bien reçu chez ces compatriotes qu'il revient les voir en décembre 1874: nouvelle assemblée, nouveaux discours, accueil enthousiaste comme le précédent.

Louis Riel est de nouveau à Worcester en décembre 1875, cette fois dans des circonstances attristantes. En visite chez le major Mallet, à Washington, il subit une crise de folie. Son hôte décide de le conduire à l'asile de la Longue-Pointe, et s'arrête comme en passant chez son ami l'abbé Primeau, qui avait chez lui un invité de marque, venu à Worcester pour y prononcer une conférence: Honoré Mercier. Jusqu'à présent les détails de cette rencontre historique ont échappé aux chercheurs, mais il semble inconcevable que personne n'ait conservé un compte rendu de ce qui fut presque un mini-sommet de la francophonie nord-américaine. Il est à peu près impensable, aussi, que Ferdinand Gagnon ne soit pas passé au presbytère de l'abbé Primeau pour y saluer les visiteurs. Nous savons par contre que Louis Riel et le major Mallet reprirent la route du Canada en passant par Suncook (New Hampshire) et Keeseville (New York), un itinéraire qui laisse perplexe.

Le Canada était encore présent dans la vie des émigrés par les appels au retour qu'il leur lançait, et qui se firent plus pressants dans la décennie 1870-1880. Cette campagne de rapatriement, solution patriotique à un grave problème démographique, fut discutée par l'élite dans les conventions générales et dans les journaux. Elle le fut aussi par le peuple, et plusieurs centaines d'émigrés y répondirent favorablement. Certains furent encouragés par Ferdinand Gagnon, nommé agent de rapatriement par le gouvernement du Québec en 1875. Il démissionne dès l'année suivante, déçu, semble-t-il, par l'indifférence des masses.

La question du rapatriement, longuement débattue, conservera un certain intérêt, et l'on remarquera toujours, du moins jusqu'aux années 1930, chez un faible pourcentage de la population, la tendance au va-et-vient, que favorise la proximité du Québec. En définitive, les campagnes de rapatriement auront eu pour effets d'intensifier la présence du Canada dans la vie quotidienne du peuple, de récupérer quelques braves colons pour une patrie en mal de ressources humaines, et, probablement aussi, de retarder la naturalisation et partant le progrès de l'assimilation. C'est dire que ces tentatives de rapatriement auront joué en faveur de la survivance.

Un nouveau nationalisme (1880-1900)

La vie collective des immigrés entre 1880 et 1900 s'inscrit dans une période de prodigieuse croissance, qui va de 1870 à 1910 environ. Presque constamment renouvelé, le courant d'émigration vient ajouter aux forces vives des Québécois et des Acadiens dans le nord-est des États-Unis. En même temps que la population, le nombre des institutions à son service — paroisses, journaux, sociétés — augmente d'une façon remarquable.

Cette période de croissance en est aussi une — du moins pour l'élite — de conflits autour de ce que l'on pourrait appeler la question nationale. Les plus spectaculaires, de nature ethno-religieuse, éclatent au cours de la décennie 1880-1890. Ils atteindront leur point culminant avec l'affaire de la Sentinelle (1923-1929). L'enjeu de ces luttes, dont les péripéties ont longtemps dominé l'historiographie franco-américaine, reste l'établissement et l'administration des paroisses «canadiennes».

Plus sourd, moins dramatique, un autre conflit se développe, surtout à partir de 1880, qui se prolongera jusque vers 1960-1970. Il oppose tenants de la survivance et tenants de l'américanisation. Mais souvent les adversaires ne s'affrontent pas ouvertement: tel se contentera, par exemple, d'angliciser son nom et de l'inscrire sur les registres d'une paroisse irlandaise, tirant ainsi sa révérence ethnique, et disparaissant à tout jamais de la scène «canadienne», avec toute sa lignée.

Pendant environ un siècle, la «question nationale», qui véhicule les notions de survivance et d'assimilation, d'identité individuelle et collective, absorbera, à ce qu'il semble, beaucoup d'énergies. À vrai dire, elle en absorbera de moins en moins, car un certain nombre de patriotes disparaissent chaque année, les liens avec la mère patrie s'amenuisent peu à peu, et le souvenir même de la grande émigration finit par s'estomper presque complètement.

Au cours des années 1880-1900, un nouveau nationalisme commence à se faire jour chez les émigrés. De plus en plus les chefs insistent sur la nécessité d'une double loyauté: au Canada, certes, mais aussi au pays adoptif, la fidélité à l'un n'excluant pas la fidélité à l'autre. Ferdinand Gagnon résume bien cette nouvelle tendance, lui qui réclame, désormais, «la naturalisation sans l'assimilation». Des clubs de naturalisation se fondent un peu partout, et les émigrés deviennent citoyens en nombre croissant. Naturalisés, ils ont le droit de voter et de participer à la vie politique américaine, soit en se portant candidats aux postes électifs, soit en jouant un rôle dans les campagnes électorales des Yankees, comme le fera l'entreprenant Benjamin Lenthier, avec sa chaîne de journaux, dans les années 1890.

Mais le Canada reste bien présent, et de toutes sortes de façons, dans la vie des immigrés. Moindre qu'en 1874, un nombre quand même appréciable de «Canadiens des États» — du Midwest et de la Nouvelle-Angleterre — répondent à l'appel de la ville de Québec en s'y rendant pour assister aux fêtes de la Saint-Jean-Baptiste, en 1880. La plupart des têtes d'affiche s'y retrouvent et participent avec dynamisme aux assises: l'abbé Pierre-J.-B. Bédard, le curé patriote de Fall River (Massachusetts); le major Edmond Mallet, haut fonctionnaire à Washington; le jeune et prometteur Hugo Dubuque, futur magistrat, de Fall River; le docteur Gédéon Archambault, de Woonsocket (Rhode Island), un autre irréductible; Léon Bossue et Benjamin Lenthier, journalistes de renom. Mais c'est à Ferdinand Gagnon que sans doute serait revenue la palme s'il y avait eu joute oratoire. Il insiste d'abord sur les réalisations de ses compatriotes émigrés:

> Tout devait les porter, par le contraste d'une prospérité aux dehors pompeux avec la modeste apparence de nos hameaux canadiens, à devenir américains, à oublier le Canada. Et c'est tout le contraire qui arrive. À la voix des chefs, à la voix de la presse, avec le concours du clergé, nos compatriotes des États-Unis se groupent, se comptent, et font un acte patriotique, et deviennent plus attachés à leur nationalité. [...] À la voix du prêtre, ils ont élevé des églises canadiennes qui rivalisent en beauté et en richesse avec les temples des riches sectes protestantes. Ils se sont organisés en associations littéraires, eux, pauvres artisans, en sociétés musicales, eux qui ne connaissent que l'harmonie des lourds marteaux et des outils criards du charpentier. Ils ont fait encore plus, ils ont élevé en quelques endroits des couvents, et le mouvement se propage encore. Et ils ont fait tout cela sans richesse, avec le sacrifice du dévouement. [...]

Après le constat, la lamentation:

> Depuis deux jours, à Montréal et à Québec, j'ai eu l'occasion de converser avec des hommes instruits, des prêtres, des médecins, etc. On ne connaît pas les noms de nos paroisses, on ne pense pas à nous. La province de Québec oublie ses enfants en exil. Notre presse du Canada ne parle des Canadiens émigrés que pour constater leur départ du pays. Personne ne s'inquiète de nous, de nos œuvres, de nos efforts pour rester Canadiens.

Et enfin l'exhortation:

> Aimons-nous davantage, connaissons-nous mieux, et des deux côtés de la ligne 45, portons bien haut l'étendard de notre nationalité; inscrivons-y la devise: Union et Respect.

Le même Ferdinand Gagnon devait, en 1882, aller plaider la cause des siens devant un autre tribunal: celui de l'État du Massachusetts, en fait celui de l'opinion publique américaine. Cette fois, le motif n'était pas l'indifférence de la mère patrie, mais l'attitude dénigrante du pays adoptif. C'est l'épisode connu sous le nom des «Chinois de l'Est».

Dans le rapport annuel du Massachusetts Bureau of Statistics of Labor paru en 1881 et rédigé par le chef du bureau, le colonel Carroll D. Wright, on pouvait lire trois paragraphes sur les façons dont les

Canadiens immigrés faisaient obstacle à l'amélioration des conditions de travail. Qu'on en juge par l'extrait suivant:

> À quelques exceptions près, les Canadiens français sont les Chinois des États de l'Est. Ils ne s'intéressent aucunement à nos institutions civiles, politiques ou éducationnelles. Ils ne viennent pas ici pour se faire un foyer parmi nous, pour habiter avec nous en concitoyens, ou pour devenir une partie intégrante de notre société. Leur but est plutôt de passer quelques années ici en étrangers, partageant avec nous un seul domaine, celui du travail. Quand ils ont extrait de nous ce qui satisfait leurs fins — l'argent — ils ne veulent que l'apporter là d'où ils viennent, et là le mettre à profit.

Rabaisser ainsi deux groupes ethniques, c'était faire preuve, sinon de racisme, du moins d'un singulier manque de doigté et de perspicacité. Il est vrai qu'en 1881 l'émigration n'avait pas acquis, dans toute la Nouvelle-Angleterre, le caractère de permanence qui deviendra sa marque au cours des années 1880 et 1890; mais les immigrés avaient fondé, de 1850 à 1881, une quarantaine de paroisses, une foule de sociétés de bienfaisance, et nombre de journaux.

S'il exprime du mépris, ce rapport révèle aussi combien les Anglo-Américains étaient blessés dans leur orgueil: ils se sentaient exploités par des étrangers qui n'avaient même pas la décence ou la lucidité de reconnaître les avantages offerts par «les institutions civiles, politiques ou éducationnelles» du pays adoptif, et qui refusaient de participer à un système politique et économique considéré comme sacré par l'élite anglo-américaine, d'autant que ce système a pour fondement la constitution des États-Unis, qui garantit à chacun «le droit à la vie, à la liberté, à la poursuite du bonheur».

Les Anglos pouvaient donc croire que les immigrés portaient atteinte à la patrie elle-même. Il est plausible, aussi, qu'ils se soient sentis vexés pour une autre raison. En refusant de s'intégrer aux grands courants de la vie américaine, les immigrés échappaient au contrôle et aux pressions sociales de la culture dominante, et donnaient l'impression qu'ils faisaient la nique aux Anglos. Les groupes majoritaires tolèrent rarement de telles fanfaronnades.

Le reste du texte abonde en ce sens:

> Ils [les Canadiens français] constituent une horde qui vient envahir nos industries; ce ne sont pas des gens qui viennent s'installer parmi nous

en permanence. Le droit de vote, avec tout ce qu'il signifie, les laisse complètement indifférents. Rarement l'un d'eux se fait naturaliser.

Si on en doutait encore, ces trois phrases confirment ce qui a déjà été dit: les Anglo-Américains dénoncent le refus des Canadiens de s'intégrer à ce pays nouveau, en pleine expansion, et à l'avenir prometteur. Mais les Canadiens ne l'entendirent pas ainsi, et le rapport suscita un tollé de protestations.

Les journalistes ne tardèrent pas à donner la réplique au colonel Wright, d'abord d'une façon émotionnelle, ensuite d'une façon un peu plus pondérée. Après les protestations dans les journaux et les résolutions adoptées par différents cercles et congrès, vint la confrontation avec le colonel Wright lui-même. S'étant concertés, les chefs de file mirent sur pied une délégation d'une soixantaine de personnes qui se rendirent à Boston le 25 octobre 1881, afin de répondre aux accusations. Parmi les chefs qui réussirent à se regrouper en vue de ce délicat mais essentiel effort de réhabilitation, on voyait l'avocat Joseph-Henri Guillet, de Lowell (Massachusetts); J.-Misaël Authier, journaliste de Cohoes (New York); l'abbé Pierre-J.-B. Bédard et Hugo Dubuque, de Fall River (Massachusetts); et, bien sûr, Ferdinand Gagnon.

Munis de statistiques préparées par Gagnon, les porte-parole du groupe évoquent les réalisations des Canadiens: paroisses, sociétés, journaux, participation croissante à la vie politique du pays d'adoption. Le colonel Wright écoute, se fait conciliant sur certains points, promet que justice sera faite dans le rapport de 1882. Et, en effet, il y aura rétractation; mais ce qui retient davantage l'attention un siècle plus tard, c'est l'avertissement que donne le colonel Wright à ses auditeurs canadiens, le 25 octobre 1881. Il leur dit, entre autres choses:

> [...] vous ne pouvez pas être de loyaux Américains et de loyaux Canadiens français en même temps. Je suis porté à croire que les préjugés maintenus par l'opinion publique contre les Canadiens français proviennent de l'apparente disposition des Canadiens français à mener une existence nationale distincte au sein de la République. S'ils peuvent apprendre, même par ce rapport qu'ils condamnent, que devenir citoyens ici dans tout le sens du terme signifie leur progrès et leur élévation, le Bureau leur aura rendu le plus grand service possible.

Voilà qui va droit au cœur et de la question nationale et de l'identité collective, du moins telles que les perçoivent les Anglo-Américains.

Le séparatisme culturel, ses objectifs et ses modalités allaient rester une question controversée pendant un siècle, tant parmi les Franco-Américains qu'entre les immigrés canadiens et leurs descendants, d'une part, et les Yankees et les immigrés irlandais, d'autre part. La question était d'importance, car de sa solution dépendrait l'intégration des Canadiens à la vie américaine. Devait-on s'intégrer? rester à l'écart? et jusqu'à quel point? Trop peu nombreux les observateurs qui ont pu saisir la portée des paroles prononcées par le colonel Wright à Boston, ce jour d'octobre 1881. Il disait, en somme, aux représentants de la communauté canadienne-française, que les immigrés se marginalisaient eux-mêmes en restant en dehors des grands courants sociaux et politiques de la vie américaine. Comment pouvait-il conclure autrement, puisque, la carrière étant ouverte aux talents, les talents refusaient de concourir?

Il est vrai aussi que le colonel Wright aurait pu nuancer son analyse. Refuser d'admettre que l'on peut être à la fois fidèle Américain et fidèle Canadien français, c'était refuser de tenir compte du fait qu'un être humain évolue lentement, surtout s'il doit passer d'une culture à une autre, après avoir émigré; c'était refuser aussi d'admettre que la culture première d'un individu peut contribuer au développement du pays d'adoption. Le colonel Wright se montrait par trop exigeant, trop peu souple et, finalement, peu psychologue. L'histoire des Franco-Américains abonde en exemples d'individus et de groupements qui réussirent à intégrer leur vie américaine à leurs origines canadiennes-françaises.

Après s'être défendus contre les Yankees, les Canadiens immigrés durent bientôt affronter un épiscopat assimilateur dans le diocèse de Providence (Rhode Island). «L'affaire de la Flint», du nom du quartier de la ville où elle se déroula de 1884 à 1886, eut pour centre la paroisse de Notre-Dame-de-Lourdes, à Fall River (Massachusetts), où des milliers de paroissiens s'opposèrent à leur évêque, Mᵍʳ Thomas Hendricken. L'abbé Pierre-J.-B. Bédard avait maintes fois refusé les vicaires irlandais que l'évêque essayait de lui imposer. Le 24 août 1884, ce curé patriote mourait, terrassé par une attaque d'apoplexie. Sa paroisse fut plongée dans un deuil profond: l'abbé Bédard, de son vivant même, était devenu une figure légendaire, à cause de son dévouement au bien-être matériel et spirituel des siens, et de son appartenance à tous les mouvements patriotiques canadiens de son temps.

Or, «Monseigneur de Providence», justement, trouvait l'abbé Bédard trop patriote et trop peu enclin à américaniser sa paroisse. L'abbé n'avait-il pas poussé l'audace jusqu'à instaurer chez lui le système canadien de la corporation paroissiale, ce que permettaient les lois du Massachusetts, mais qu'interdisait l'épiscopat irlandais?

Après la mort de l'abbé Bédard, l'évêque tenta d'imposer à la paroisse Notre-Dame, non plus un vicaire irlandais, mais un curé irlandais, l'abbé Samuel McGee. C'était mal connaître l'état d'esprit des paroissiens, qui n'ignoraient pas qu'un des derniers souhaits de l'abbé Bédard avait été que l'évêque nommât un prêtre canadien pour lui succéder.

Une délégation dirigée par Hugo Dubuque se rendit donc auprès de l'évêque, en vue de trouver une solution. Peine perdue: l'évêque fit valoir que, dans dix ans, tous les Canadiens, à Notre-Dame comme ailleurs, parleraient anglais. Les délégués affirmèrent leur conviction que la langue française était la gardienne de leur foi. L'évêque ne voulut rien savoir. Les Canadiens se donnèrent un mot d'ordre: refuser le curé irlandais et assister à la messe dans d'autres paroisses de la ville.

Malmené par certains paroissiens, l'abbé McGee partit, remplacé par un deuxième curé irlandais, que les Canadiens refusèrent également. L'évêque jeta l'interdit sur la paroisse le 13 février 1885; les paroissiens préparèrent un appel à Rome. En attendant la décision romaine, on multiplia les réunions, de même que les articles dans les journaux locaux. Au milieu de la tourmente naquit *L'Indépendant* (27 mars 1885), appelé à devenir l'un des grands journaux franco-américains, après avoir été l'organe de la lutte «à la Flint».

Déjà fortement agitée par ces troubles, l'opinion publique canadienne, à Fall River et en Nouvelle-Angleterre, l'est davantage encore par l'arrestation de Louis Riel, menacé d'exécution par le gouvernement d'Ottawa. Dans une atmosphère de fièvre, quelques pasteurs protestants, y compris le prêtre apostat Charles Chiniquy, viennent prêcher à Fall River, espérant y faire des conversions, mais sans grand succès. Rémi Tremblay, écrivain et journaliste canadien-français, qui avait servi dans les armées du Nord pendant la guerre de Sécession, s'installe à Fall River comme rédacteur de *L'Indépendant*. Avec Hugo Dubuque, il mène une double lutte: pour que Louis Riel soit gracié, et pour que Rome rende une décision favorable aux Canadiens.

La Sacrée Congrégation de la Propagande finit par rendre une décision prudente et souple, dans l'espoir de rétablir le calme à la Flint. La paix revint en effet, lorsque l'évêque, en mars 1886, nomma curé de Notre-Dame celui qui y était vicaire depuis décembre 1885, l'abbé Joseph Laflamme. Encore mieux, la campagne d'assimilation fut suspendue, et il semble bien évident que cette fois la victoire resta aux Canadiens, puisque le principe même de la paroisse dite nationale fut sauvegardé, non seulement pour les Canadiens, mais aussi pour les immigrés en provenance du sud et de l'est de l'Europe qui débarquèrent à Fall River au cours des années 1890.

En revanche, la condamnation de Riel soulève les passions dans tous les centres franco-américains, tant du Midwest que de l'Est. Par des assemblées, des articles de journaux, des lettres aux autorités d'Ottawa, les Canadiens des États-Unis font connaître leur émoi. Le major Edmond Mallet, pour sa part, voit loin dans l'avenir, et prophétise: «Si Riel est pendu, les enfants de ses bourreaux élèveront des monuments à sa mémoire.» L'exécution du chef métis, le 16 novembre 1885 à Regina, déclenche un mouvement de protestations indignées, dont le point culminant est atteint pendant la convention générale des Canadiens des États-Unis, à Rutland (Vermont), en juin 1886. Formulée par le major Mallet, la résolution suivante est approuvée à l'unanimité par les délégués:

> Il est du devoir de cette Convention d'intervenir et de déclarer qu'elle condamne et flétrit, avec toute l'énergie possible, la conduite injuste et cruelle des autorités fédérales canadiennes contre nos compatriotes du Nord-Ouest, et notamment le meurtre judiciaire de Louis Riel, accompli sur l'ordre des dites autorités canadiennes le 16 novembre 1885.

Si jamais l'on écrivait l'histoire du sentiment de solidarité entre le Québec, le Nord-Ouest canadien, le Midwest américain et les États de l'Est, cette résolution serait à marquer d'une pierre blanche, car jamais, par la suite, il n'y aura un moment de communion si intense entre ces quatre grandes aires francophones du continent.

Comme on l'a vu jusqu'ici, les sources disponibles pour l'étude de la Franco-Américanie du 19e siècle nous font connaître l'élite beaucoup mieux que le peuple. C'est pourquoi, en faisant la synthèse des connaissances actuelles sur cette époque, l'historien doit se concentrer sur la mentalité et l'action de l'élite militante, et, à cette fin, suivre l'évolution d'institutions qui, de 1880 à 1900, s'enracinent.

Major Edmond Mallet. Homme d'action et historien, ce héros de la guerre de Sécession
devint haut fonctionnaire et ami des Amérindiens. Établi à Washington, il fut un appui
constant pour ses compatriotes émigrés et pour l'idéologie de la survivance.
(Bibliothèque Mallet, Union Saint-Jean-Baptiste, Woonsocket, R.I.)

De ces institutions, seules les conventions générales disparaissent au tournant du siècle, soit en 1901.

Des sujets discutés à ces conventions, la liste soumise à Nashua (New Hampshire) en 1888 est typique. Elle en dit long sur les grandes préoccupations de l'intelligentsia, de 1865 à 1901:

I. Alliance Nationale

— Est-il opportun de fonder une Alliance nationale des groupes canadiens-français des États-Unis?

— Dans le cas de décision affirmative sur quelles bases l'établir?

II. Question Scolaire

— Quels sont les meilleurs moyens d'assurer l'existence de nos écoles catholiques françaises aux États-Unis et d'en multiplier le nombre?

— L'adoption des mêmes matières d'enseignement et des mêmes auteurs n'aiderait-elle pas puissamment à conserver l'homogénéité de notre race, en imprimant la même direction à l'intelligence et au cœur de notre jeunesse?

III. Bureau Central d'Informations

— La nécessité d'un bureau central et permanent d'informations générales et de statistiques canadiennes ayant été reconnue par les Conventions antérieures, et le besoin d'une telle institution devenant plus sensible en face de l'accroissement constant de notre population aux États-Unis, sa création n'est-elle pas une mesure d'urgence?

IV. Fédération de Sociétés

— Que pensent messieurs les délégués du projet d'unir ensemble, par les liens d'une fédération puissamment constituée, toutes nos sociétés de secours mutuels aux États-Unis?

V. Bibliothèques et Conférences

— Ne serait-il pas avantageux, pour répandre parmi nos compatriotes le goût de la lecture et l'amour de l'étude, de fonder des bibliothèques et d'organiser des séries de conférences?

— Messieurs les délégués ont-ils quelques suggestions pratiques à soumettre à cet égard?

VI. Bureau de Permanence

— Ne serait-il pas utile de nommer un Comité Permanent chargé de voir à l'exécution des différentes résolutions adoptées par nos Conventions?

VII. Naturalisation

— Est-il possible de rendre plus efficace la croisade en faveur de la naturalisation, et comment?

VIII. La Presse

— Quels sont les meilleurs moyens d'augmenter l'influence de notre presse et d'en rendre l'existence moins précaire?

IX. La Langue Française

— Quels sont les meilleurs moyens d'assurer la conservation de la langue française dans nos familles? (Félix Gatineau, *Historique*, p. 239-240)

Carrefour des Franco-Américains de l'Est et de l'Ouest, la convention générale cherche surtout à unir les immigrés, en dépit de distances qui, aujourd'hui encore, restent impressionnantes (par exemple 1400 milles de Minneapolis à Boston). Voilà une des raisons pour lesquelles les considérations d'ordre géographique comptent beaucoup lorsque, enfin réunis à l'endroit de la convention, les délégués se répartissent les responsabilités et les charges honorifiques. Un exemple parmi d'autres: lorsque, à Nashua (New Hampshire), en 1888, on confère «les honneurs du chapelinat» au père J. Goiffon, de Centerville (Minnesota), c'est en considération de l'âge, du grand mérite et aussi du lieu d'origine du candidat. Et quand le secrétaire de la convention, Émile-H. Tardivel, de Lewiston (Maine), le présente à l'assistance, il le fait en ces termes:

> Celui que vous venez de choisir comme votre aumônier ne doit pas vous être inconnu, bien qu'il assiste pour la première fois à l'une de nos Conventions Nationales. C'est ce même missionnaire dont nous parle Monsieur Tassé, dans ses «Canadiens de l'Ouest». C'est lui que le brave Nolette ramassa presque mourant dans les neiges du Minnesota et transporta sur ses épaules de l'autre côté de la Rivière Rouge, l'arrachant ainsi à une mort certaine. Le Rév. Père Goiffon est donc un personnage historique qui a droit à la vénération de tous les Canadiens, et particulièrement de ceux de cette partie de l'Ouest où il exerce le saint ministère depuis plus de trente ans. C'est encore lui qui, en 1859, déposait pour la première fois l'hostie sainte sur les lèvres de Gabriel Dumont. Votre choix est non seulement des plus dignes, il est aussi le plus beau que vous puissiez faire et constitue le meilleur hommage que vous puissiez rendre à cet apôtre vénéré qui a blanchi dans les épreuves de l'apostolat et affronté même la mort, — cette jambe de bois nous le dit assez, — pour porter les secours de la religion à ses compatriotes et aux sauvages dans ses lointaines missions. (Gatineau, *Historique*, p. 253)

Voilà comment il était possible, en juin 1888, à Nashua, de revoir tout un pan de l'histoire des Canadiens français dans l'Ouest américain.

Les conventions favorisent aussi les contacts entre les Canadiens des États-Unis et ceux du Canada. Cinq cents de ces derniers assistent à celle de Cohoes (New York), en 1882. S'ils ne sont pas toujours aussi nombreux, ils comptent souvent des représentants de marque: Mgr Louis-François Laflèche, L.-O. David, Faucher de Saint-Maurice, Honoré Mercier, entre autres, y prennent la parole.

La participation hautement symbolique de dignitaires canadiens à des conventions qui réunissent surtout l'élite n'affecte pas en profondeur la vie quotidienne des milliers d'immigrés. Mais le Canada continue d'être une présence agissante dans la vie du peuple, parfois par l'intermédiaire de certains notables. Parmi ceux qui ont joui de l'estime des immigrés — peuple et élite —, le premier ministre Honoré Mercier occupe une place à part.

Mercier s'est toujours intéressé aux émigrés. Il leur rendit visite en mainte occasion, et prit souvent leur défense dans la longue polémique au sujet de l'émigration. Aux fêtes de la Saint-Jean-Baptiste, à Québec, le 24 juin 1889, par exemple, il déclarait: «J'ai visité les États de la Nouvelle-Angleterre; j'en suis revenu enthousiasmé, à l'aspect des ouvriers canadiens bien vêtus se montrant fièrement dans les rangs de la procession de la Saint-Jean-Baptiste, notre fête nationale, qu'ils ne craignent pas de célébrer avec éclat, se faisant ainsi respecter par les autres races.» Conscient de la mauvaise presse qu'ont les émigrés chez certains compatriotes restés au pays, il lance son célèbre appel: «Cessons nos luttes fratricides; unissons-nous!»

Porté aux nues par les Canadiens émigrés, Mercier a le sens de la continuité historique: «Vous avez des luttes à soutenir, dans des circonstances bien difficiles. Mais ne perdez point courage. Vous êtes moins mal placés que n'étaient nos pères, sous le régime militaire imposé au Canada après la cession du pays.» Même après avoir perdu le pouvoir, il reste extrêmement populaire auprès des émigrés, dont il parcourt les différents milieux, prônant l'indépendance du Canada, qui pourrait être suivie, si le peuple le voulait, de l'annexion aux États-Unis. Ainsi relance-t-il un long débat.

La présence du Canada dans la vie quotidienne des émigrés continue à se manifester dans les paroisses, dont la fondation se poursuit, afin de répondre aux besoins des immigrés de fraîche date, comme à ceux des immigrés déjà installés et de leur progéniture, qui s'accroît sans cesse. Or l'encadrement, qui, dans les manufactures, est surtout un phénomène yankee, reste bien canadien à l'église, car le clergé de cette époque est né et a été formé au Canada, comme ce sera longtemps le cas.

En même temps qu'il s'en fonde de nouvelles, certaines «vieilles» paroisses entrent dans une deuxième phase de leur histoire, ayant acquis les moyens de remplacer leurs modestes temples en bois par d'imposantes églises cathédrales. Ces constructions, édifiées à la fin du 19e et au début du 20e siècle, sont l'expression la plus claire du triomphalisme qui caractérisait, à cette époque, l'Église catholique au Québec et, par extension, en Nouvelle-Angleterre. Souvent accompagnées de massives écoles en briques et de presbytères costauds, et parfois de couvents de noble allure, ces églises sont érigées par des curés dont le sens des affaires est aussi bien développé que celui de la piété.

La croissance de la population canadienne aux États-Unis et le développement des institutions religieuses — maisons d'éducation et hôpitaux — exigeaient une main-d'œuvre de plus en plus abondante. C'est ce qui explique la présence, en Franco-Américanie, d'une trentaine de communautés religieuses venues du Canada ou de la France, de 1868 au début du 20e siècle. Vers 1890, par exemple, une quarantaine d'écoles paroissiales sont dirigées par des religieuses, dont les sœurs de Sainte-Anne, les sœurs du Bon-Pasteur, les sœurs de la Présentation-de-Marie, les sœurs Grises, les sœurs de Sainte-Croix. On retrouve aussi les frères Maristes dans la région de Lowell et de Lawrence, où les missions des pères Oblats sont particulièrement florissantes. À Lewiston (Maine) et à Fall River (Massachusetts), la paroisse Saint-Pierre-et-Saint-Paul et la paroisse Sainte-Anne sont desservies par les Dominicains. Si l'action de ces communautés, dans le domaine de l'enseignement ou dans celui des orphelinats, des hôpitaux et des hospices, n'a fait l'objet d'aucune étude systématique, il est certain que leur influence sur la vie des immigrés et de leurs descendants, pendant plus d'un siècle, fut très considérable.

La présence du Canada dans la vie des immigrés se manifeste encore dans leurs revendications pour obtenir des prêtres canadiens et des écoles paroissiales bilingues. Ces revendications occasionneront de nouveaux conflits entre les paroissiens canadiens et les évêques irlandais, en plusieurs endroits de la Nouvelle-Angleterre, au cours des années 1890. À Danielson (Connecticut), par exemple, les immigrés vont jusqu'à refuser les pères de La Salette, que leur impose l'évêque, parce que ces religieux sont français et perçus comme tout aussi assimilateurs que l'épiscopat irlandais. Le mot d'ordre est aussi peu ambigu que possible: «Ce que les nôtres veulent, c'est un prêtre de leur langue, de leur sang, de leur race. C'est leur droit.»

Encouragés par la victoire des Canadiens de Fall River (Massachusetts) dans l'«Affaire de la Flint» et par les efforts séparatistes des Américains d'origine allemande dans le domaine religieux, les Canadiens de Danielson font plaider leur cause au Vatican par l'abbé Jean-Baptiste Proulx, curé de Saint-Lin (Québec). Un autre conflit éclate à North Brookfield (Massachusetts) où l'évêque refuse d'accorder aux Canadiens une paroisse séparée. Et d'autres crises pointent à l'horizon avant même que les premières soient résorbées.

Partout les immigrés se heurtent donc à la politique assimilatrice de l'épiscopat irlando-américain. Et ce dernier «joue dur». Une paroisse sera officiellement «irlandaise», par exemple, même si 20 % des paroissiens sont canadiens; l'anglais sera la langue du culte, et le curé sera irlandais. Ailleurs, les proportions étant inversées, et plus de 75 % de la population étant canadienne, la paroisse sera classée «mixte», avec les mêmes résultats: langue anglaise et curé irlandais.

Cette tendance à vivre la foi sur un mode conflictuel est un aspect si caractéristique de la vie franco-américaine, à la fin du 19e siècle, que cela en devient presque une tradition. Déjà se prépare le conflit le plus tragique de tous, l'«Affaire de la Sentinelle» (1923-1929). Tout au long de ces luttes domine, dans la mentalité collective des immigrés, la présence persistante du Canada français, qui se manifeste parfois d'une façon ponctuelle, que ce soit Honoré Mercier plaidant, à Rome, pour la nomination d'un évêque canadien à Ogdensburg (New York), ou Mgr Antoine Racine, évêque de Sherbrooke, soumettant au Saint-Siège un mémoire relatif aux Canadiens des États-Unis.

Mais la présence du Canada se manifeste davantage par l'attitude du peuple et de ses chefs, laïques ou religieux. Car, en réclamant des paroisses séparées sous la direction d'un clergé canadien, des paroisses où le français sera la langue d'usage à l'église comme à l'école, en insistant pour que s'y maintiennent les vieilles coutumes et

Dr Louis J. Martel. Premier médecin canadien à Lewiston, Maine, il fonda des institutions qui, comme l'Hôpital général Sainte-Marie, existent encore de nos jours. Chef incontesté des Francos du Maine, il vit son influence s'accroître par toute la Nouvelle-Angleterre jusqu'à son décès en 1899.

traditions religieuses du Canada, en exigeant que la paroisse soit administrée selon le modèle canadien, ces immigrés du 19e siècle expriment ce qui est demeuré pour eux une vérité première. La religion occupe, dans leur vie, un espace trop intime, trop sacré pour qu'ils puissent y tolérer la présence d'étrangers. C'est là une loi élémentaire de la psychologie collective de ces immigrés, une loi plutôt mal comprise par l'épiscopat irlandais.

Mis à part ces pénibles conflits qui trop souvent déchirent l'âme des immigrés, on peut dire que le 19e siècle se termine sur une note encourageante du point de vue de la vie nationale, car, en plus des paroisses, on continue à fonder des journaux et des sociétés, dans une volonté de séparatisme culturel et de patriotisme à double versant: américain et canadien.

Parmi les nombreux journaux fondés dans le dernier quart du 19e siècle, quelques-uns se sont révélés des plus influents et des plus durables, et pourraient facilement faire l'objet d'une longue étude:

— *Le Messager*, Lewiston (Maine), 1880-1968.
— *L'Indépendant*, Fall River (Massachusetts), 1885-1962.
— *L'Étoile*, Lowell (Massachusetts), 1886-1957.

— *L'Opinion publique*, Worcester (Massachusetts), 1893-1931.
— *L'Avenir national*, Manchester (New Hampshire), 1894-1949.
— *La Tribune*, Woonsocket (Rhode Island), 1895-1934.
— *La Justice*, Biddeford (Maine), 1896-1950.
— *L'Impartial*, Nashua (New Hampshire), 1898-1964.

En 1898, il y a en Nouvelle-Angleterre quatre quotidiens francos: *L'Indépendant*, *La Tribune*, *L'Étoile* et *L'Opinion publique*.

Encore moins connus que leurs œuvres, les journalistes de cette époque sont tombés dans un oubli immérité. Plusieurs, nés au Canada, retournèrent poursuivre leur carrière au pays natal:

— Benjamin Lenthier (1846-19?), né à Beauharnois (Québec); propriétaire de 16 journaux franco-américains en 1892, il les mit au service de Grover Cleveland, candidat démocrate à la présidence des États-Unis. Cleveland élu, la plupart des journaux de Lenthier, fondés pour cette campagne, disparurent.

— Virginie Authier (1849-1899), née à Saint-Hilaire (Québec); elle fonda et publia *Le Journal des dames* à Cohoes (New York); éphémère (moins de six mois, 1875-1876), consacré uniquement aux intérêts de la femme, ce fut le seul journal de ce genre au 19e siècle.

— Louis-J. Martel (1850-1899), médecin, né à Saint-Hyacinthe (Québec); il fonda *Le Messager* de Lewiston (Maine), dont il fut l'âme pendant de longues années.

— Godfroy de Tonnancour (1863-1933), né à Saint-François-du-Lac (Québec); il fut rédacteur de *L'Indépendant* de Fall River (Massachusetts) pendant plus de 25 ans. On l'appelait «le doyen des rédacteurs».

— Jean-Léon-Kemner Laflamme (1872-1944), né à Sainte-Marguerite de Dorchester (Québec); il fit du journalisme à Lewiston (Maine), à Fall River (Massachusetts) et à Woonsocket (Rhode Island), avant d'aller fonder *La Revue franco-américaine* à Québec (1908). Ses écrits, comme ceux de Godfroy de Tonnancour, méritent les honneurs d'une anthologie.

— Joseph-Arthur Favreau (1873-1933), né à Spencer (Massachusetts); il passa plusieurs années (1894-1902) à la rédaction de *L'Opinion publique* de Worcester (Massachusetts); il est aussi connu comme historien.

— Olivar Asselin (1874-1937), né à Saint-Hilarion-de-Charlevoix (Québec); émigré aux États-Unis en 1892, il fut journaliste «franco-américain» pendant quelques années, notamment au *Protecteur canadien*, au *National*, au *Jean-Baptiste* et à *La Tribune*.

Faute d'études plus précises, il est impossible de formuler un jugement d'ensemble sur ces entreprises journalistiques de la fin du 19e siècle; mais il est loisible de faire quelques remarques à leur sujet. Il semble évident, par exemple, que ces journaux ont rendu service à leurs abonnés, en offrant des nouvelles locales, régionales, parfois nationales et internationales. Pour des lecteurs unilingues, c'était là une nécessité, d'autant plus que les rédacteurs, en publiant leurs opinions sur des sujets d'actualité, comme le rapatriement, la naturalisation, le clergé national et l'orientation culturelle des paroisses, alimentaient la discussion de ces questions dans leur milieu. Par ailleurs, «engagés», dans le sens contemporain de ce terme, les journalistes contribuaient à propager l'idéologie de la survivance. Godfroy de Tonnancour, par exemple, faisait en ces termes le bilan de la presse en 1901:

> N'eût-elle fait qu'entretenir chez nous l'idée française, le respect des aïeux, l'amour de notre langue et de notre foi, elle [la presse] aurait déjà de nombreux titres à notre reconnaissance. Mais elle a fait plus, en nous permettant de connaître nos forces et nos ressources, et nous devons lui en savoir gré.

Nous ajouterions volontiers que cette presse a fait connaître les forces et les ressources des immigrés, à une époque ou ceux-ci étaient en butte aux réactions négatives de concitoyens demeurés au pays ancestral, ainsi qu'au mépris, au dénigrement et à l'incompréhension des Yankees et des Irlando-Américains. Car les journaux canadiens des États-Unis ont beaucoup contribué à cette vaste campagne de contre-propagande que durent mener les immigrés pour donner la réplique à leurs détracteurs des deux côtés de la frontière. Au vrai, sans l'effort fourni par deux ou trois générations de journalistes avertis et profondément engagés — y compris la génération qui prenait la relève à la fin du 19e siècle —, l'historiographie franco-américaine, d'une pratique déjà ardue, serait probablement devenue impossible, faute de témoignages.

Tout comme les journaux canadiens de la Nouvelle-Angleterre gardent vivaces les liens avec le Canada, plusieurs sociétés fondées en cette fin de siècle sont modelées sur celles du vieux pays. On continue de fonder des sociétés Saint-Jean-Baptiste et d'autres sociétés patriotiques, doublées de mutuelles souvent dites «de bienfaisance». Vers 1890, ces organismes comptent déjà plus de 30 000 membres en Nouvelle-Angleterre. Dans certains centres, une société Saint-Jean-Baptiste précède l'établissement d'une paroisse nationale, dont elle stimule la fondation au moyen de pétitions et de recensements soumis à l'évêque.

Malgré un parti pris catholique évident, ces sociétés ne reçoivent guère l'approbation de l'épiscopat américain. Réuni en congrès à Baltimore (Maryland), celui-ci proclame que les associations nationales n'ont aucune raison d'être au sein de l'Église catholique américaine. Les journaux canadiens des États-Unis protestent, et l'on continue de fonder des sociétés, bien que les Anglos les dénoncent comme «la franc-maçonnerie» des Canadiens français.

Or, il est plus facile de fonder des sociétés que de les fédérer, et, depuis nombre d'années, l'on discute d'une fédération, en particulier au cours des conventions générales. Ce projet se concrétise enfin quand on fonde, en 1896, l'Association canado-américaine, dont le siège social est à Manchester (New Hampshire), et, en 1900, l'Union Saint-Jean-Baptiste d'Amérique, dont le siège social est établi à Woonsocket (Rhode Island). En 1897, la Société des artisans canadiens-français ouvre une dizaine de succursales en Nouvelle-Angleterre, en vue d'y jeter les bases d'une fédération. À leur tour, les Acadiens créeront bientôt la Société l'Assomption. Par des activités d'ordre social ou culturel (réunions, congrès, publications) et d'ordre commercial (l'assurance-vie), ces fédérations maintiendront, pendant plus de 50 ans, des liens entre les Francos de l'Est et du Midwest, un peu comme à l'époque des conventions générales.

Les nouvelles sociétés foisonnent aussi au niveau purement local ou paroissial. Dès 1875, les Dames de Sainte-Anne font des œuvres de charité dans la paroisse de Saint-Joseph, à Lowell (Massachusetts), et bientôt l'on trouve, dans presque tous les milieux d'immigrés, d'autres organismes religieux calqués sur des modèles canadiens. La Ligue du Sacré-Cœur regroupe les hommes, les Anges Gardiens les garçons, les Enfants de Marie les jeunes filles. Des sociétés musicales se forment: le village de Manville (Rhode Island) a sa Fanfare canadienne en 1882, Lowell (Massachusetts), son Cercle Lavallée en 1889 — ainsi nommé en l'honneur du «Franco-Américain» Calixa Lavallée —, et Providence (Rhode Island), son Chœur Sainte-Cécile en 1892.

À la même époque, les sociétés dites «militaires» se multiplient et font l'orgueil des citoyens. Voici en quels termes on décrit la Garde Salaberry, de Lowell (Massachusetts), en 1891:

> Le nom de Salaberry, le Léonidas canadien, est encore vivace dans la mémoire des Canadiens français aux États-Unis, à preuve la fondation d'un nombreux corps de cavalerie, dans Lowell, sous le nom du fameux héros de 1812.

> La Garde Salaberry fut fondée le 17 février 1888: son but est de prendre part à toutes les fêtes nationales et d'en rehausser l'éclat; car son costume des plus riche est assez [sic] pour faire briller davantage une belle procession.

> Son costume consiste en un habit noir, chapeau avec plumage, guêtres, gantelets et beaux accoutrements de cavalier, elle [la garde] figure avec 65 membres dans la parade de cette grande fête. (*Pamphlet-Souvenir de la Fête patronale des Canadiens français de Lowell, Mass., le 24 juin 1891*, p. 65)

Souvent ces sociétés militaires multiplient les buts et objectifs, comme la Société des francs-tireurs de New Bedford (Massachusetts), fondée en 1891, qui a pour buts «de former une union des Canadiens Français établis à New Bedford, de convoquer des réunions fraternelles, d'établir un fonds mutuel pour le bénéfice des membres malades et des héritiers des membres défunts, de faciliter aux membres les moyens de s'amuser, de s'instruire, de s'éduquer et de travailler à la conservation et à l'épurement de la langue française».

Ces diverses sociétés religieuses, musicales, militaires et culturelles connaîtront, dans bien des cas, une existence de 60 à 75 ans, et même plus. Elles auront servi des fins multiples, allant de l'ascèse à la récréation.

La vie culturelle des immigrés canadiens restera difficile à décrire tant qu'on n'aura pas lu leurs nombreux journaux et analysé une multitude de documents épars: programmes souvenirs, brochures, dépliants, etc. Telle que nous la connaissons maintenant, elle semble refléter surtout les aspirations de l'élite, encore que celle-ci se joigne au peuple pour des concerts, des soirées dramatiques et des conférences.

Très tôt, en effet, chorales, orchestres, fanfares, deviennent monnaie courante. Ils connaîtront des fortunes diverses, mais on peut dire sans exagérer que la vie musicale à caractère canadien-français se maintient encore en cette fin du 20ᵉ siècle, alors que tant d'autres manifestations de l'âme collective ont depuis longtemps disparu.

Au 19ᵉ siècle, le grand nom franco-américain, en musique, est celui de la diva Emma Lajeunesse (1847-1930), surnommée «L'Albani», qu'on appelait aussi «la petite fauvette canadienne-française». Née à Chambly (Québec), elle émigra à Albany (New York) vers 1864, et devint une vedette internationale, acclamée dans les salles de concert européennes, de Londres à Saint-Pétersbourg, en passant par Paris, Bruxelles, Vienne et Florence, entre autres. Installée définitivement à Londres, elle retourna triomphalement à Montréal à plusieurs reprises.

Les immigrés montrèrent aussi un goût marqué pour le théâtre. Le premier club dramatique fut organisé à Marlboro (Massachusetts) en 1868, et les principaux centres eurent leurs sociétés dramatiques ou littéraires avant 1900. Le public était surtout friand de comédies et de mélodrames, et, dès 1877, on jouait Molière à Southbridge (Massachusetts). De 1868 à 1930, on monta environ mille pièces. En plus des groupes autochtones, il faut mentionner les troupes françaises et canadiennes-françaises qui effectuaient de nombreuses tournées en Nouvelle-Angleterre.

Les conférences aussi attiraient les foules, et, à cet égard, la popularité d'Honoré Mercier est indéniable. Vers 1878, Louis Fréchette fut chaleureusement accueilli à Fall River (Massachusetts) par son ami Honoré Beaugrand, par le Cercle Montcalm et par des admirateurs qui assistèrent à ses conférences, au cours desquelles il lisait ses poèmes. Plus tard, Benjamin Sulte, Israël Tarte et le père Louis Lalande furent aussi très appréciés dans la région, comme le fut le père Édouard Hamon, qui deviendrait un des premiers historiens des «exilés», après avoir prêché de nombreuses retraites par toute la Nouvelle-Angleterre. En 1899, la Société historique franco-américaine fut fondée; elle allait devenir un haut lieu de conférences données par des invités français, canadiens-français et franco-américains. Les immigrés prisaient donc l'art oratoire, lequel du reste faisait de chaque convention générale un événement culturel de haute volée.

Littérature et idéologie

Personne n'ayant entrepris de dépouiller ou d'indexer les journaux, dans lesquels la littérature franco-américaine prit naissance, le corpus reste encore mal délimité et mal connu. Chose certaine, le premier roman remonte à 1875: *Jeanne la fileuse* porte comme sous-titre «Épisode de l'émigration franco-canadienne aux États-Unis», et son auteur est Honoré Beaugrand (1848-1906).

Immigré établi provisoirement à Fall River (Massachusetts) avant de rentrer au pays pour devenir maire de Montréal, Beaugrand fait d'abord paraître *Jeanne la fileuse* dans *La République*, journal qu'il dirige lui-même, et le publie sous forme de volume en 1878. L'ouvrage s'inscrit dans une campagne de publicité — la campagne de contre-propagande déjà mentionnée — dont le but est de réhabiliter les émigrants dans l'opinion publique canadienne-française.

Sans défendre trop ouvertement l'idéologie de la survivance qui prévaut à l'époque, l'auteur raconte l'émigration d'une famille québécoise vers le centre manufacturier de Fall River (Massachusetts). *Jeanne la fileuse* tient donc du roman de mœurs et du roman historique; on y trouve aussi une aventure amoureuse. L'auteur affirme toutefois, dans la préface de la première édition, qu'il s'agit moins d'un roman que d'un pamphlet. Voulant donner la réplique aux détracteurs de l'émigration, Beaugrand fournit maintes statistiques et autres «renseignements authentiques sur la position matérielle, politique, sociale et religieuse» des émigrés.

Mais Beaugrand, romancier et pamphlétaire, est aussi folkloriste, comme le révèle la première partie de *Jeanne la fileuse*, où il intercale, par exemple, sa version d'une légende, «le Fantôme de l'avare», évocation des «pays d'en haut» vers 1825, les paroles du «Canot d'écorce qui va voler», ainsi qu'une scène de fenaison. L'auteur réussit encore à intégrer dans son roman un conflit familial qui remonte aux rébellions de 1837 et 1838, pour bien indiquer que ces tragiques événements ont plus marqué certaines familles que ne le laisse entendre l'historiographie officielle. Ces divers éléments suggèrent à quel point l'ouvrage est enraciné dans le Canada du 19e siècle.

Dans la deuxième partie, en insistant sur les aspects économiques de l'émigration, l'auteur emprunte des procédés propres à la polémique et à l'histoire sociale, sans délaisser la trame romanesque

du récit. On y trouve une abondance de digressions, sur l'histoire de
Fall River (Massachusetts), par exemple, sur l'efficacité des chemins
de fer américains, ou sur les progrès socio-économiques des émigrés.
L'ensemble constitue, à peu de chose près, une apologie du capitalisme américain. Mais Beaugrand ne néglige pas la vie «nationale»: il
consacre plusieurs pages au développement de la communauté
canadienne de Fall River et au grand congrès de la Saint-Jean-
Baptiste, à Montréal, en 1874.

Si l'on juge cet ouvrage uniquement selon les critères traditionnels et en tant que roman, on aura tôt fait d'y remarquer des
faiblesses. Mais, replacé dans une perspective plus large, celle de
l'histoire intellectuelle québécoise et franco-américaine, ou celle de
l'histoire socio-culturelle des communautés francophones en Amérique, *Jeanne la fileuse* se situe au premier rang des documents qui
traitent de l'émigration. Si, en effet, du point de vue esthétique,
Beaugrand n'a pas réussi à intégrer des éléments hétéroclites dans un
ensemble tout à fait harmonieux, il nous a quand même légué de
nombreux faits et aperçus concernant les premières générations d'émigrés canadiens-français.

Il ne se forme pas de tradition romanesque franco-américaine au
19ᵉ siècle, la production restant peu abondante. Après *Jeanne la
fileuse* vint *Un revenant* (1884), dans lequel Rémi Tremblay (1847-
1926) raconte, en les romançant, ses aventures militaires pendant
la guerre de Sécession (1861-1865). En 1888, Anna-Marie Duval-
Thibault (1862-1958), montréalaise qui émigra à New York, donne
Les Deux testaments, roman de mœurs qui traite de l'émigration et qui
fournit des renseignements sur la colonie canadienne-française de
New York, installée dans la paroisse Saint-Jean-Baptiste du quartier
Yorkville. Enfin, quand on aura nommé le roman, qu'on peut qualifier
de policier, intitulé *Bélanger ou l'histoire d'un crime* (1892), de
Georges Crépeau (1868-1913), Sorelois émigré à Lowell (Massa-
chusetts), on aura épuisé la liste des romans franco-américains publiés
au 19ᵉ siècle.

En poésie, les journaux ont publié des vers, dont certains
méritent l'exhumation. À part ces poèmes et des vers de circonstance
parus dans des brochures souvenirs, le 19ᵉ siècle nous a laissé à peine
quelques plaquettes. En 1892, Anna-Marie Duval-Thibault publie
Fleurs de printemps, le premier recueil de poésie franco-américaine.

Préfacé par Benjamin Sulte, l'ouvrage contient 12 poèmes en anglais et une quarantaine en français. L'auteur y évoque notamment un amour tragique et la patrie absente.

Tout autre est la poésie de Rémi Tremblay, dont une partie seulement est inspirée par ce qu'il a vécu ou observé aux États-Unis. Dans la mesure où c'est à Fall River (Massachusetts) qu'il publie ses *Boutades et rêveries* sous forme de volume, on peut les considérer comme le deuxième recueil de poésie franco-américaine. D'autres ouvrages du même auteur intéressent l'historien de la Franco-Américanie, puisqu'il y commente des événements contemporains. Ainsi, dans *Coups d'aile et coups de bec*, «La Cyriade» est une pièce satirique dirigée contre le pasteur protestant Narcisse Cyr, qui cherchait à convertir des immigrés mécontents, pendant les conflits religieux survenus à Fall River de 1884 à 1886.

Mais c'est la prose d'idées qui constitue la partie la plus importante du corpus littéraire franco au 19e siècle. On y trouve tous les genres et sous-genres généralement associés au concept de la «prose d'idées» dans l'histoire littéraire de la France et du Canada français, soit l'essai, l'éloquence sacrée et profane, et l'histoire.

Les débuts de la prose d'idées franco-américaine remontent aux premiers journaux fondés par les immigrés canadiens, en 1868. Comme souvent les journaux sont créés pour appuyer tel ou tel mouvement jugé d'intérêt «national», ils contiennent une abondance d'articles où l'on défend un point de vue avec vigueur, conviction et éloquence. Sans prétendre qu'il y ait là une foule de chefs-d'œuvre inconnus, il s'y trouve, à coup sûr, de nombreuses pièces dignes d'être rééditées.

Cette catégorie littéraire date donc des débuts de la grande immigration. Un des premiers noms à retenir est celui de Ferdinand Gagnon, le véritable père de la presse canadienne-française en Nouvelle-Angleterre. D'autres, à son exemple, reprennent et développent de multiples façons l'idée qui lui est chère entre toutes, celle de la survivance — idée importante, puisqu'on en parle sans discontinuer pendant un siècle.

Un rapide coup d'œil dans les journaux de l'époque, ou dans les rares ouvrages qui en parlent, suffit à persuader qu'il s'y trouve, dangereusement perchées sur le gouffre de l'oubli, des pages essentielles à une meilleure compréhension de l'histoire québécoise et amé-

ricaine. Du point de vue de l'histoire littéraire, tout reste à étudier, ou
presque. La question des contacts et des échanges entre les premières
générations d'écrivains franco-américains et les personnalités littéraires, religieuses et politiques du Québec, par exemple, mériterait à
elle seule un long chapitre, sinon un livre. Il serait souhaitable, aussi,
d'analyser les thèmes de cette littérature, pour en considérer ensuite,
d'une façon plus nuancée qu'on ne l'a fait jusqu'à maintenant, les
caractéristiques générales. Les quelques pages qui viennent pourraient
indiquer la voie à suivre.

Les membres de la classe instruite qui émigrent du Québec aux
États-Unis, à partir des années 1860, sont issus d'un milieu intellectuel
qui, de plus en plus, valorise le passé national. Que l'on pense à
l'œuvre d'un François-Xavier Garneau, d'un abbé J.-B.-Antoine
Ferland et d'un abbé Henri-Raymond Casgrain, pour ne nommer que
les plus connus, leur enseignement et leurs écrits finissent par
persuader le peuple du Québec que, même conquis, il a un passé
«utilisable», source de fierté et de grandes leçons. Cette tendance à
glorifier le passé, à transformer en âge d'or l'époque de la Nouvelle-
France, trahit le besoin de héros et d'héroïnes, et marquera fortement
les écrits des chefs émigrants, laïques et religieux, qui, de surcroît,
seront influencés par l'idée de l'antagonisme des races propagée par
F.-X. Garneau.

Un autre aspect essentiel du Québec au 19e siècle, qui, en partie
du moins, oriente les esprits vers le passé, c'est l'omniprésence de
l'Église catholique. L'idéologie clérico-nationaliste, bien en place
avant 1850, le restera pendant un siècle. Dans la vie quotidienne,
l'Église contrôle les écoles, les hôpitaux, bref toutes les institutions
sociales d'une certaine importance, y compris un impressionnant
calendrier de fêtes liturgiques, ainsi qu'un nombre croissant d'associations et de sociétés pour les hommes, les femmes, les jeunes, les
aînés. Ce phénomène de l'Église, arbitre souverain dans le domaine
intellectuel comme dans tous les autres, fera partie, lui aussi, de
l'univers des émigrants, et leurs écrits échapperont rarement à la mainmise ecclésiale.

À forte tendance passéiste et cléricale, la vie intellectuelle
québécoise du 19e siècle est beaucoup plus orientée vers l'utilitarisme
que vers la gratuité. Former la conscience du peuple et de l'élite, en
vue de consolider la position de l'Église, voilà vers quoi tendent la

majorité des écrits de l'époque. Aussi les productions des écrivains immigrés seront-elles empreintes de didactisme.

Le pays où émigrèrent des milliers de Québécois et d'Acadiens leur étant assez peu sympathique, on comprend l'envie, ressentie par certains, de retourner dans leur village natal. Méprisés par les Anglo-Américains qui ne voyaient en eux qu'une source de main-d'œuvre bon marché, les immigrés, en outre, devinrent vite une source d'ennuis pour l'épiscopat irlando-américain, désireux d'implanter le catholicisme en terre protestante sans les complications occasionnées par la volonté de préserver une langue et des traditions jugées étrangères.

Contraints à la polémique pour défendre le peuple contre les injures des Yankees, les journalistes franco-américains doivent donc, en même temps, lutter contre les menées assimilatrices d'un épiscopat qu'il faut combattre et respecter tout à la fois. Aussi les écrivains passent-ils maîtres dans l'art de protester de leur fidélité à l'autorité ecclésiastique, tout en revendiquant un clergé «national» et le droit d'administrer les paroisses «canadiennes».

C'est donc dans un milieu doublement hostile que les premiers écrivains franco-américains furent appelés à faire fructifier leurs énergies créatrices. Les Anglos, se sentant moins menacés que les évêques irlandais, exigèrent moins d'efforts polémiques, bien qu'il n'y ait là qu'une simple nuance. Et encore, si la xénophobie anglo-américaine ne fut pas toujours vive, l'ambivalence des Anglos à l'égard des immigrés canadiens se maintint jusqu'à la fin du 19e siècle, avant de devenir indifférence. Du côté irlandais, par contre, les immigrés canadiens bénéficièrent rarement de l'indifférence: ils eurent à lutter d'arrache-pied, prêtres et journalistes en tête, pour obtenir et pour protéger ensuite ce qu'ils estimaient être leurs droits. Il en fut ainsi jusqu'aux années 1960.

Si l'on ajoute que, au Canada, les émigrés étaient parfois dénoncés comme «déserteurs» par des prêtres, des gouvernants et des journalistes, on comprendra que, à Worcester, à Manchester, à Woonsocket, les chefs de file aient éprouvé le besoin de se défendre même de ce côté. Et si George-Étienne Cartier n'a jamais proféré son outrageant propos: «Laissez-les partir, c'est la canaille qui s'en va», la phrase fut néanmoins prononcée par quelqu'un et largement diffusée; d'une façon incisive et inoubliable, elle résumait une attitude. Les immigrés crurent bel et bien que cette phrase était tombée de la bouche de cet homme d'État, que naguère ils avaient grandement estimé. Qu'on accusât les immigrés d'être des «déserteurs», ou qu'on les traitât de «canaille», d'«entêtés» (l'épiscopat irlandais) ou de «Chinois de l'Est» (les Anglos), il fallait répliquer sans cesse. Pareille conjoncture devait forcément amener une production littéraire à l'opposée de l'art pour l'art, comme la thématique du corpus suffira à le montrer.

Mais, en abordant les principaux thèmes de la littérature franco-américaine d'avant 1900, il importe encore de souligner une de ces vérités premières trop longtemps oubliées: le public lecteur visé par les écrivains était réparti des deux côtés de la frontière canado-américaine. Nul n'en était plus conscient que Ferdinand Gagnon, qui cherchait sans cesse à resserrer les liens entre les immigrés et les compatriotes du pays natal. Homme d'action autant qu'écrivain, Gagnon poursuivit son objectif de solidarité avec une ardeur et une persévérance qui jamais ne se démentirent. Cela est évident dans la conception qu'il se faisait de la patrie — l'un des principaux thèmes de cette littérature. Après avoir déclaré que la patrie est «tout, après Dieu», il en donnait la définition suivante:

> La Patrie, pour tous les autres hommes et pour nous, c'est le ciel qui nous a vus naître, la terre de nos aïeux, le berceau de notre enfance, le toit où, chétif, l'on a reçu le jour; la Patrie, c'est le foyer ardent de la famille, le père généreux, le sourire de notre mère, la sœur tendre, le frère bien-aimé; la Patrie, c'est encore le sang pur qui coule dans nos veines, la gloire de notre race, le tombeau sacré de nos ancêtres, le sang de nos soldats, la noblesse de nos drapeaux, le lambeau arraché au feu de la bataille. La foi, le courage de nos pères, voilà la Patrie.

Cette conception, faite de piété et de patriotisme, est courante chez cette génération d'écrivains émigrés. Orateurs et journalistes font profession de fidélité à la mère patrie, et il est évident que la nostalgie et, souvent, le mal du pays colorent les textes rédigés par ces immigrants que les circonstances empêchent de rentrer dans leur pays d'origine.

Le thème gardera son actualité jusqu'à la fin du 19e siècle, et même au-delà, ainsi que le démontre le passage suivant, tiré d'un discours prononcé par l'abbé J.-Roch Magnan, à Chicago, en 1893:

> Messieurs, en discutant nos privilèges et nos devoirs aux États-Unis, c'est surtout la raison, la froide raison qui m'a guidé; mais lorsque

j'aborde nos relations avec la mère-patrie, je sens que le sujet s'approche davantage du cœur. Le souvenir ne meurt pas. Nous avons quitté, il est vrai, la patrie d'origine pour nous attacher à cette République, tout comme le jeune homme dit adieu à la maison paternelle pour se lier avec son épouse. Mais l'enfant bien né emporte dans son cœur le souvenir de sa mère: pourrions-nous davantage, chers compatriotes, oublier la terre natale? Impossible. Des lambeaux de nos cœurs sont attachés aux murailles qui ont abrité les joies et les tressaillements de notre jeunesse: rien ne saurait en effacer jamais l'empreinte. (Gatineau, *Historique*, p. 322)

La fidélité au Canada est donc une constante. Elle se trouve souvent liée à d'autres thèmes, comme le rapatriement, la naturalisation, le destin de la race, l'identité collective. En réalité, le rapatriement et la naturalisation font partie intégrante d'un réseau thématique qui a trait à l'identité tant individuelle que collective; de cette identité dépend en partie l'avenir de la race française en Amérique, qui préoccupe la plupart des penseurs franco-américains du 19e siècle.

Nombre de ces penseurs se sont acharnés à démontrer que l'on pouvait devenir citoyens américains, sans pour autant manquer de fidélité au Canada. D'où l'abondance des plaidoyers en faveur de la naturalisation, qui, s'ils visent d'abord à persuader des immigrés sceptiques, sont aussi formulés de façon à rassurer gouvernants, journalistes, membres du clergé et autres chefs de file du pays d'origine. En voici un exemple parmi tant d'autres:

La naturalisation n'est pourtant pas une déchéance, une apostasie nationale. Notre nationalité n'étant nullement reconnue officiellement, n'ayant nulle part un pays qui lui appartienne en propre, il nous importe peu au simple point de vue de nos prédilections de races qu'on nous incorpore aux Anglo-Saxons de l'Empire britannique ou à ceux des États-Unis. Nous changerons simplement notre titre de sujets pour celui de citoyens, et notre nouvelle qualité nous laisse tout aussi Français que nous pouvions l'être sous la tutelle anglaise. Loin de cesser d'être nous-mêmes en devenant électeurs dans notre pays d'adoption, nous nous procurons le moyen d'exercer dans toute leur plénitude les droits qui sont inhérents à notre qualité d'hommes libres. (Dr J.-H. Palardy, dans Gatineau, *Historique*, p. 418)

«...tout aussi Français...» Sans cesse, le souci de la survivance ou souci du destin national, affleure dans ces textes. On emploie aussi le terme «messianisme», pour désigner un filon de la pensée nationale relative à l'émigration, sans toujours établir une distinction entre les deux vocables. «Survivance» évoque le maintien de l'héritage ancestral en Amérique du Nord, soit la religion catholique, la langue française et un certain nombre de traditions canadiennes-françaises; «messianisme» se rapporte plutôt à une mission d'ordre spirituel que Dieu aurait confiée au peuple canadien-français, soit de prier pour la conversion des Anglo-Saxons protestants. Alors que l'un et l'autre constituent des thèmes de prédilection dans la littérature franco-américaine de la première heure, il est utile d'ajouter un troisième concept, autre thème majeur dans les écrits des immigrés: le «providentialisme», croyance selon laquelle l'émigration répond à des desseins, peut-être pas explicités, de la divine Providence. Voici ce qu'affirme Joseph Guillet en 1901: «La Divine Providence, Messieurs, qui gouverne les hommes et les nations, nous a dit de quitter le Canada pour venir nous établir aux États-Unis.»

À la même convention générale de Springfield (Massachusetts), J.-C. Hogue, président de la Société Saint-Jean-Baptiste de New York, déclare:

> Messieurs, ce n'est pas le lieu de chercher ici, les vues de Dieu dans ce fait évident de l'émigration des Canadiens-français, émigration que rien n'a pu entraver, ni les liens de la famille, ni l'amour du clocher du village, ni tant d'autres attaches intimes au sol natal, ni même tant de légitimes appréhensions ou de redoutables craintes que pourrait inspirer le départ pour l'étranger. Je prends le fait tel qu'il est, j'y vois l'action de Dieu [...]. (Gatineau, *Historique*, p. 486)

On le voit bien, le destin de la race, l'identité du groupe, la survivance, le messianisme, le providentialisme sont les principales préoccupations des penseurs, et partant des principaux thèmes des premiers textes franco-américains. Cet ensemble de préoccupations amène les orateurs et essayistes à disserter longuement sur des notions connexes, en particulier la fidélité. Rester fidèle au passé catholique et français, voilà le premier commandement, la règle de vie à laquelle il ne faut point déroger, car il en va autant du salut de son âme que du salut national.

À peu près tous les écrivains émigrés reviennent sur ces thèmes et sous-thèmes, au point d'en faire des lieux communs de la littérature de l'époque. Par sous-thèmes, entendons ici la foi, la langue et les traditions, sans cesse glorifiées, sans cesse remémorées à un public apparemment oublieux. Ces trois sous-thèmes vont d'ailleurs de pair, la langue étant considérée comme sacrée, presque au même titre que la foi, parce que, justement, c'est par elle que s'exprime la foi, et que c'est dans la langue française que l'on s'adresse à Dieu. Les écrivains cherchent donc à propager dans le peuple une mystique de la langue française.

Le français ayant été, depuis les premiers temps de la Nouvelle-France, la langue de la prière en même temps que la langue d'usage quotidien, il est resté, pour l'élite canadienne-française de 1870 et de 1900, au Canada comme aux États-Unis, un élément sacré du patrimoine ancestral ainsi qu'un élément imprescriptible de l'identité du groupe. S'en départir, c'est s'exiler du groupe; plus encore, cela équivaut à une apostasie, car la sauvegarde de la foi en dépend. Tel est le sens de l'adage partout répandu: «Qui perd sa langue perd sa foi.»

L'intelligentsia croit profondément à tout cela et tient mordicus à ces croyances. Mais ne decèle-t-on pas, parmi les émigrés, une dangereuse tendance à l'assimilation, une disposition à se délester d'un bagage culturel jugé désuet, une indifférence à l'égard du passé national? Voilà qui explique les innombrables reprises de ces thèmes et sous-thèmes dans la littérature du temps. La foi et la langue formant l'essence même du système de valeurs prôné par les écrivains, ils s'efforcent de répandre leur message parmi les couches populaires, car très tôt il y a apathie, glissement, voire «du déchet», c'est-à-dire des pertes que, selon eux, la race ne peut guère se permettre.

L'histoire du Canada est une autre source abondante de thèmes pour les premières générations d'écrivains franco-américains: source de leçons, de modèles, d'exemples. Et pour cause. L'existence même du Canada français au 19e siècle est en fait le miracle de survivance à proposer comme modèle aux lecteurs ou aux auditeurs, sans oublier que le 17e siècle fut l'âge d'or de la race française en Amérique, toujours selon l'élite. Le 17e siècle, celui de Champlain, de Mgr de Laval, de Dollard des Ormeaux et de Madeleine de Verchères, c'est l'époque héroïque par excellence, et les écrivains y puisent sans cesse, pour rappeler aux immigrés canadiens leurs nobles origines. Car «bon sang ne saurait mentir», même si le «bon sang» se trouve, providentiellement peut-être, en Nouvelle-Angleterre.

Très souvent, dans ces textes, l'ensemble des thèmes constitue un plaidoyer constamment renouvelé en faveur de l'idéologie dominante. Les écrivains réagissent à une situation donnée après s'être formé une vision du monde où l'élément essentiel est le besoin de lutter en vue d'assurer la survivance. Besoin de lutter, d'abord, contre les calomnies et les insultes répandues dans la mère patrie envers les émigrants; besoin de lutter contre l'indifférence et les défections au sein même de la vaste communauté des immigrés; besoin de lutter contre le mépris anglo-américain; besoin de lutter contre la politique assimilatrice de l'épiscopat irlandais.

S'étonnera-t-on qu'une bonne partie de cette littérature oscille entre le plaidoyer et la polémique? Ses caractéristiques les plus évidentes sont conformes à la doctrine littéraire formulée par l'abbé Henri-Raymond Casgrain en 1866:

> [notre littérature] sera grave, méditative, spiritualiste, religieuse, évangélisatrice comme nos missionnaires, généreuse comme nos martyrs, énergique et persévérante comme nos pionniers d'autrefois. [...] Mais surtout elle sera essentiellement croyante et religieuse.

C'est aussi une littérature essentiellement utilitaire, au service d'une cause jugée sacrée. Voilà pourquoi ses principaux thèmes sont sociaux, et rarement personnels. C'est une littérature qui verse souvent dans le prosélytisme, et les modes qui y prédominent sont l'article-exhortation, le sermon, le discours — ou le discours qu'on prendrait pour un sermon. Car, en traitant de la question nationale, de l'identité collective, de la survivance, les auteurs ont créé ce qu'on pourrait appeler une théologie de la nationalité, où l'on peut facilement reconnaître plusieurs subdivisions de la théologie catholique, comme le dogme, l'apologétique et la morale. On retrouve aussi, dans cette litté-rature, des traces de mysticisme, d'ascétisme et d'hagiographie. Et cela parce que, pour ces gens de lettres, le patrimoine culturel est un bien sacré.

Cette prose d'idées alimente donc une campagne, menée sur plusieurs fronts à la fois, contre les médisances et les calomnies qui fusent de partout. Il s'agit, somme toute, de réhabiliter les immigrés en démontrant leur fidélité à l'héritage culturel (foi et langue), tout en exhortant ces mêmes immigrés à se faire de plus en plus fidèles, afin d'assurer leur salut — éternel aussi bien que «national» — et de «bien mériter» de la patrie absente, et aussi à s'adapter intelligemment au pays d'adoption.

Vue à un siècle de distance, cette littérature semble bien une affirmation collective de soi, de la part de l'élite créatrice — affirmation souvent répétée, dans une atmosphère lourde d'incertitude. D'où le caractère d'angoisse et d'urgence, parfois même d'alarme, dont elle est marquée; d'où, aussi, l'impression que les auteurs ont trouvé sécurisant, et partant essentiel, un culte du passé qui rend difficile, pour certains lecteurs du 20ᵉ siècle finissant, une juste appréciation d'écrits pourtant passionnants.

Il resterait, dans une étude plus poussée, à identifier les origines littéraires de cette prose. La part des grands auteurs français, classiques ou romantiques, dans la formation des écrivains, voilà un premier sujet tout indiqué. On pourrait se questionner aussi sur le rôle des grands penseurs canadiens-français. Nous savons que Mᵍʳ Bourget, Mᵍʳ Laflèche et Honoré Mercier exercèrent, sur les écrivains émigrés, une influence facilement décelable; mais se peut-il que Louis-Joseph Papineau ne les ait en rien marqués? Comment soutenir que l'ascendant du cardinal Taschereau se soit arrêté à la frontière? Et qu'en est-il d'Arthur Buies, de Jules-Paul Tardivel, de sir Wilfrid Laurier?

L'âme franco-américaine vers 1900

On estime qu'il y a, en 1900, plus d'un demi-million de Canadiens français en Nouvelle-Angleterre, soit 10 % de la population régionale. Pour les désigner, un nouveau vocable commence a se répandre, celui de «Franco-Américains», signe d'une identité en évolution. Car ces gens, qui restent fidèles au Canada en conservant la foi, la langue et les traditions du pays d'origine, manifestent leur fidélité aux États-Unis en adoptant des façons d'agir américaines et la langue anglaise, en devenant citoyens, et en participant à la vie politique de leur pays d'adoption.

La part qu'ils prennent à la vie économique de leur pays d'adoption contribue beaucoup, évidemment, à l'évolution de leur identité, tout en ayant un impact considérable sur le développement industriel du nord-est des États-Unis. Un tiers des ouvriers, dans les usines de textile, est d'origine québécoise ou acadienne. Mais leur venue a-t-elle fait progresser les conditions de travail dans cette industrie? Question pleine d'embûches, que les historiens et les sociologues continuent à se poser. Des études en cours permettront peut-être de donner un jour, à cette question, la réponse nuancée qu'elle mérite. Il est certain, toutefois, que les immigrés canadiens «montent en grade», devenant ouvriers spécialisés et même contremaîtres. On remarque aussi, parmi eux, un nombre croissant de petits commerçants, d'hommes d'affaires et de professionnels.

En octobre 1890, le journal new-yorkais *Commercial Advertiser* exprimait les craintes des Yankees face aux immigrés: «Les habitants du Canada débordent par-dessus nos frontières. La victoire remportée par les hommes de la race anglaise sur les Plaines d'Abraham est vengée par les femmes de la race de Montcalm. La Nouvelle-Angleterre est vaincue.» Depuis le début du siècle, un nombre considérable d'Anglos voyaient d'un mauvais œil tout ce qui était catholique ou étranger, et la généralisation de cette attitude ne facilitait guère la vie des immigrés canadiens.

Par le truchement du mouvement dit *Nativism*, ou d'organisations comme l'American Protective Association, ou par les *Protestant Crusades*, ou encore par la voix de grands journaux comme le *New York Times*, les Yankees redisent sans cesse le rêve de leur propre survivance, le rêve que le pays puisse rester protestant et américain. Un siècle plus tard, d'ailleurs, ceux que l'on qualifie de WASP (White Anglo-Saxon Protestants) réussissent plus que jamais à donner le ton, à mener le pays, signe que les efforts des ancêtres, au 19e siècle, ont porté fruit.

Les Anglos s'opposent donc au séparatisme culturel des immigrés, canadiens ou autres, car ils y voient abus d'hospitalité et non-conformisme, voire de l'antiaméricanisme. Inconscients de la contradiction inhérente à une telle prise de position, ils s'inscrivent en faux contre le slogan des immigrés canadiens, «Notre religion, notre langue et nos mœurs», supposément parce que cette idée va à l'encontre de la liberté individuelle prônée par les fondateurs du pays et par les grands penseurs qui ont façonné l'âme américaine. Ils dénoncent la communauté des immigrés canadiens-français comme culturellement inaccessible, donc imperméable aux idées modernes, y compris les principes d'une république démocratique. En plus, ils craignent un vaste complot du clergé en vue de mettre la Nouvelle-Angleterre sous la tutelle du pape.

Ces craintes anglo-américaines évoluent. En 1881, les collègues du colonel Wright dénoncent les immigrés canadiens-français, ces «oiseaux de passage». Dans les années 1890, on s'inquiète des menaces que soulève leur établissement permanent. On appréhende que, par l'exercice du droit de vote, ils ne contrôlent un jour les institutions publiques, et notamment les écoles.

Il est vrai que certains aspects du comportement collectif des immigrés n'étaient guère rassurants pour des Yankees conformistes, voués au maintien de l'identité du pays face à des millions d'immigrants venus des quatre coins du globe. Les tentatives de rapatriement, l'hésitation à se faire naturaliser, l'allure souvent temporaire de l'immigration, le messianisme — qui visait les Anglo-Saxons —, l'établissement d'un réseau d'institutions séparées, la présence ininterrompue et multiforme du Canada dans la vie des immigrés, c'étaient là autant de signes que les Canadiens français ne tenaient pas à s'intégrer docilement, encore moins à s'américaniser en profondeur.

Yankees et immigrés vécurent donc des moments pénibles. Les Yankees exigeaient des immigrants de tous les pays qu'ils se convertissent immédiatement et totalement à leur façon de penser, d'agir et de sentir. Or tout semblait interdire de bonnes relations entre les Yankees et les Canadiens français immigrés: la religion, la langue, les mœurs et, plus que tout peut-être, l'histoire, les Canadiens ne pouvant pas ne pas voir, dans les Yankees, des membres de cette race qui avait conquis le Canada. Avec le temps, la conscience historique allait s'affaiblir, et les immigrés s'accommoderaient de la situation, en se concentrant sur leur gagne-pain et en tentant d'améliorer leur condition économique. Les Anglo-Américains adoptèrent eux aussi une attitude pragmatique: ils avaient besoin, sur le plan économique, de la main-d'œuvre immigrée, et, sur le plan politique, de l'appui de ces nouveaux-venus, pour empêcher les Irlandais de se faire élire à tous les postes. En plus, les immigrés canadiens auraient bientôt des dollars à dépenser, et, à tout considérer, ils deviendraient de bons citoyens, compte tenu de leur docilité exemplaire.

Dociles, les immigrés canadiens le sont beaucoup moins dans leurs rapports avec les Irlandais. Ces deux groupes s'opposent sur tous les fronts: au travail, où les Irlandais craignent d'être supplantés par les Canadiens; en politique, où les Canadiens commencent à se présenter comme candidats aux élections municipales; et surtout dans le domaine de la religion, où les Canadiens s'opposent très tôt à l'attitude assimilatrice des évêques irlando-américains.

Aux États-Unis, les évêques catholiques sont en très grande majorité d'origine irlandaise. Ils ont l'avantage d'avoir instauré le catholicisme en terre américaine dès les débuts de la République, aidés en cela par d'autres groupes ethniques moins bien organisés. Aussi le clergé irlandais est-il bien implanté quand les Canadiens français commencent à immigrer nombreux en Nouvelle-Angleterre.

En invoquant le principe de l'ordre dans l'unité, l'épiscopat soutient que l'usage d'une seule langue facilitera le ministère aussi bien que l'administration ecclésiastique, et que l'uniformité pourrait diminuer les conflits ethniques au sein de l'Église, tout en calmant l'anticatholicisme de certains Anglos, dont on pourrait même, avec le temps, s'attirer le respect.

Il est assez piquant que les Irlando-Américains aient adopté pareille attitude devant les immigrés, comme l'a fait remarquer Edmond de Nevers: «Le clergé irlandais, aux États-Unis, est le plus féroce ennemi des catholiques français, allemands, polonais et italiens. [...] L'Anglo-Saxon devrait être étonné, s'il pouvait s'étonner, de trouver les plus ardents champions de l'œuvre de l'assimilation anglaise parmi ceux qu'il a battus, ruinés et ridiculisés.»

Au Québec, dénoncée du haut de la chaire et dans les journaux, l'émigration fait l'objet d'une polémique qui durera près d'un siècle. L'Église y perdant des ouailles, le pays y perdant des effectifs, elle suscite l'inquiétude, même dans les milieux gouvernementaux. Pourtant, on se révèle partout incapable d'arrêter la saignée vers le Sud.

À côté des rapports gouvernementaux, toute une littérature reflète le débat sur la question. En 1851, 12 missionnaires des Cantons de l'Est publient une brochure, *Le Canadien émigrant, ou pourquoi le Canadien français quitte-t-il le Bas-Canada?* C'est un plaidoyer pour un vigoureux plan d'action qui pourrait contrecarrer l'émigration en encourageant la colonisation. Vers 1866, le futur évêque Louis-François Laflèche exprime la pensée d'une bonne partie du clergé, quand il adresse aux émigrants un reproche de triste mémoire: «Vous avez reculé devant les sacrifices que votre pays vous a demandés...» En 1881, Jules-Paul Tardivel dénonce le fléau que sont devenus les embaucheurs qui parcourent le Québec en recrutant des employés pour leurs usines. Ainsi, la vie des émigrés était souvent décrite sous les couleurs les plus sombres, afin de décourager l'émigration.

Isolés, incompris, les émigrants sont accusés de tous les crimes: amour du luxe, paresse, esprit d'aventure, inconduite, etc. Pour combattre ces préjugés, l'élite des immigrés lance une contre-offensive. Dès 1872, l'abbé T.-A. Chandonnet, dans *Notre-Dame-des-Canadiens et les Canadiens aux États-Unis*, consacre plusieurs pages à réfuter les accusations et à répudier les insultes propagées, au pays de Québec, contre les immigrés. Le passage suivant est typique:

> [...] ce qui devient clair comme le jour à quiconque sait ouvrir les yeux, c'est que les Canadiens des États-Unis sont réellement intelligents, actifs, adroits, industrieux. Cela paraît non seulement dans le fait qu'ils sont généralement à l'aise, mais encore dans les travaux nombreux, de tout genre, en bois, en fer, en pierre, qu'ils exécutent tous les jours; dans la réputation qu'ils se sont faite au sein des grandes villes; dans le nombre, relativement remarquable, de ceux qui ont réalisé, en dépit de puissants obstacles, une certaine fortune. (*Chandonnet*, p. 140)

Cet effort de contre-propagande unit des penseurs aussi dissemblables qu'Honoré Beaugrand et le père Édouard Hamon. Il est vrai que, dans son roman *Jeanne la fileuse*, Beaugrand célèbre surtout les réussites matérielles des immigrés, sans toutefois négliger la dimension religieuse, alors que le père Hamon, en dénonçant «la malveillance de certaines feuilles canadiennes», développe une argumentation teintée de messianisme. Il fallait une situation spéciale pour que l'anticlérical Beaugrand et le jésuite Hamon se retrouvent dans le même camp. Et la situation créée par l'émigration était spéciale à bien des égards.

Un nouveau cas de conscience est posé aux immigrés par le fait même de leur établissement dans un pays étranger, ou, plus précisément, par les exigences que l'élite fixe pour eux, et qui, trop souvent, sont opposées aux valeurs du milieu anglo-saxon. D'où un double et long conflit entre la survivance et l'assimilation, d'une part, et entre la contrainte et l'instinct, d'autre part.

Incompris par leurs compatriotes au Canada, méprisés par le groupe majoritaire dans leur pays d'adoption, les immigrés, au début, s'en remettent instinctivement à la foi, à la langue et aux traditions qui représentent l'essence même de leur bagage culturel. Ces trois forces leur sont d'un précieux secours durant leur difficile période d'adaptation au nouveau pays. Les immigrés prolongeaient ainsi les réactions qu'avaient les Canadiens français depuis la Conquête.

Selon une coutume en voie de s'établir
en 1891, on publiait un programme
souvenir pour que se prolongent les
leçons à tirer d'un événement considéré
comme majeur, telle la fête patronale.
Ce genre de document en dit long sur
l'âme franco-américaine de l'époque.
(Collection Armand Chartier)

Ces noms canadiens — et combien
d'autres! — existent encore
aujourd'hui en Nouvelle-Angleterre.
(Collection Armand Chartier)

La triple loyauté proclamée ici est restée une préoccupation constante pendant plus d'un siècle. Amenuisée, elle n'en continue pas moins d'exister de nos jours. (Collection Armand Chartier)

Cette exhortation à «rester français» suggère que, dès 1891, les gens sont enclins à s'intégrer à leur nouveau pays au point de s'angliciser, cœur, esprit et langue. Le compositeur Calixa Lavallée passa nombre d'années à New York et à Boston. (Collection Armand Chartier)

Typique, cette page démontre à quel point patriotisme et vie commerciale font bon
ménage à l'époque de l'émigration. (Collection Armand Chartier)

Mais leurs chefs de file voulurent ériger en système et en
institutions permanentes ce qui n'avait été que réaction instinctive.
Plus profondément attachés au pays d'origine que les masses, ces
chefs de file — prêtres et journalistes en tête — se mirent à prêcher
au peuple l'obligation de rester fidèle à la foi, à la langue et aux
traditions ancestrales. Ce qui avait d'abord été pour le peuple un
réconfort devint avec le temps (peut-être même avant le début du
20e siècle) un fardeau et une source de culpabilité, surtout quand on
commença à proclamer qu'il fallait préserver la foi, la langue et les
traditions pour éviter «la chute dans l'insignifiance».

L'aspect sans doute le plus astucieux, dans ces manœuvres en
faveur de la survivance, fut probablement l'idée de lier religion
catholique et langue française, puisqu'elle permit au concept de la
survivance de durer jusqu'aux années 1950-1960, époque où l'on

répudia massivement la campagne véhiculée par le slogan «Qui perd sa langue perd sa foi».

D'une très grande popularité en Nouvelle-Angleterre, ce slogan fut lancé dès les années 1850; à la fin des années 1970, il suscitait encore un sentiment d'hostilité chez certains Francos de moins de 40 ans. On trouvait peu honnête d'avoir ainsi lié la préservation du patrimoine au salut éternel. La menace était lourde, la perte de la foi amenant fatalement la condamnation aux flammes éternelles de l'enfer. Or, éviter l'enfer, gagner «son» ciel constituait déjà le but de l'existence pour la très grande majorité des immigrés canadiens. Mais voilà qu'on les grevait d'un nouveau souci, en soutenant que leur salut éternel ne pouvait se faire qu'en français, malgré toutes les puissances d'assimilation dont ils étaient entourés dans un milieu anglo-saxon.

L'idée de la survivance n'est pas morte, pourtant, au point qu'ici et là pendant longtemps on rivalise de ferveur: Lewiston (Maine) se veut «l'Athènes de l'Amérique française»; Manchester (New Hampshire) se proclame «la ville la plus française des États-Unis», Woonsocket (Rhode Island), «le Québec de la Nouvelle-Angleterre»; et Fall River (Massachusetts), «la troisième ville française d'Amérique». Jusque vers 1950, la survivance continuera d'être à la fois facteur d'isolement et facteur de solidarité. Appartenir à la même nationalité, lorsqu'on se retrouve dans un nouveau pays, et s'entendre continuellement exhorter à prier ensemble dans la langue de ses pères tout en conservant les traditions ancestrales, aucun doute que cela assure une grande solidarité. En même temps, cela isole le groupe, en créant un ghetto culturel qui vexe les Anglos et les laisse perplexes. En poursuivant l'objectif de la survivance, les immigrés canadiens paraissent, aux yeux des Anglos, mépriser la culture yankee. Or, déjà méprisés par l'aristocratie et l'intelligentsia de l'Europe, les Anglos sont très critiques devant l'attitude des immigrés; ils sont aussi très sensibles à tout ce qui peut entraver leurs efforts pour donner aux États-Unis une solide identité, et pour transformer ce pays jeune et en plein essor en une grande puissance, reconnue et respectée dans la communauté des nations.

Dans ces conditions, les Anglos ont tôt fait d'adopter un air hautain, voire dédaigneux à l'égard des groupes minoritaires établis aux États-Unis. Or, le dédain se tolère mal, surtout quand il vient du groupe majoritaire, seigneur et maître du pays où l'on est venu s'installer. On veut bien être fidèle aux ancêtres, on résiste mal à des pressions sociales constantes qui incitent à se conformer à la majorité, à parler anglais comme les autres, à prendre des airs américains et à rechercher son avancement socio-économique. On résiste mal au matérialisme dans un pays matérialiste.

Dès les débuts, certains facteurs d'assimilation se retrouvent au sein même de la communauté des immigrés. Quand, par exemple, les chefs les encouragent à se faire naturaliser et à prendre une part de plus en plus active à la vie politique des États-Unis, ils font — implicitement, bien sûr — œuvre d'assimilation. Et quand les immigrés eux-mêmes trouvent les moyens de faire étudier leurs enfants, parfois jusqu'à un niveau avancé, c'est une façon de s'assurer que ces enfants seront encore plus actifs que leurs parents dans la vie du pays d'adoption — lequel, d'ailleurs, devient le pays d'origine pour les enfants nés aux États-Unis — si bien que l'assimilation finit par paraître inéluctable.

Mais, avant d'arriver à l'assimilation, on passait généralement par le Petit Canada. À peu près chaque ville ou village qui recevait un bon nombre d'immigrants avait un quartier qui s'appelait Irishtown, Little Italy, Kleindeutschland ou Little Canada. On se fait difficilement une idée de la qualité de la vie dans les Petits Canadas, le «charme» de ces quartiers ayant été diversement apprécié par les commentateurs, selon l'intensité de leur piété filiale ou de leurs préjugés.

L'état de la recherche suggère toutefois qu'il y a eu évolution considérable, dans les Petits Canadas, du 19e au 20e siècle. Dans son rapport annuel de 1880, le bureau de santé du Massachusetts a laissé une description du Petit Canada de Lowell qui n'inspire point la nostalgie. Selon ce rapport, l'espace entre deux bâtiments était si restreint qu'une personne pouvait à peine y passer, et parfois même n'y passait pas. À l'intérieur des «blocs» de logements, il faisait noir dès 15 heures, et si on ouvrait les fenêtres, on risquait qu'y entrât le contenu d'un seau d'eaux sales vidé par un voisin. Au dire des observateurs, les habitations, dans les Petits Canadas, étaient pires que celles des esclaves noirs, mais rien n'autorise la généralisation de ce jugement.

Du point de vue de la santé, les débuts furent pénibles, puisque les immigrés ne croyaient guère à la médecine préventive, et peut-être était-ce là un luxe que tous ne pouvaient pas se payer. Et comme

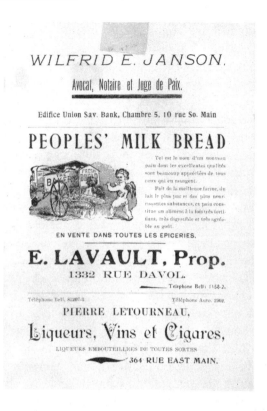

Mettre des angelots au service du commerce paraît, aujourd'hui, une idée pour le moins originale. Cette petite gravure signifiait-elle que, pour M. Lavault, le ciel bénissait sa nouvelle entreprise? Source: *Programme-souvenir des noces d'argent de la Ligue des patriotes*, 1910. (Collection Armand Chartier)

l'insalubrité semble avoir été la règle plutôt que l'exception, du moins pour un temps et dans tel ou tel Petit Canada, le taux de mortalité infantile était élevé.

Le facteur le plus positif dans tout cela semble bien avoir été la solidarité humaine. La famille, conçue comme base de l'organisation sociale et comme unité de production, demeurait un soutien pour l'individu. Et comme l'esprit d'entraide dépassait souvent le cadre de la famille nucléaire, cousins et amis pouvaient aussi en bénéficier. Il est vrai que l'on frôlait souvent l'indigence — certains l'ont même connue intimement pendant de longues années —, mais on pouvait l'éviter en envoyant travailler les enfants dans les usines avant même qu'ils aient atteint l'âge requis par les lois de l'État. Cette solidarité familiale, la persévérance, la résignation au travail ardu dans les usines, la confiance que, avec le temps, on améliorerait son sort, tout cela permit à la majorité des immigrés de se créer une existence acceptable.

Tout cela, mais aussi l'autosuffisance du Petit Canada. Comme il était situé près des usines, il était facile pour ceux qui y habitaient de «marcher à l'ouvrage». Chemin faisant, ils passaient non loin de leur église et de leur école paroissiale, ils côtoyaient des magasins et des boutiques, dont plusieurs appartenaient à des «Canadiens», ils voyaient des affiches familières de langue française — celle d'un club, celle d'un journal ou encore celle d'une société de bienfaisance. Quelques médecins et dentistes canadiens avaient leur bureau dans le quartier, et, souvent, dans la rue principale s'élevait une résidence plus costaude que les autres, celle d'un entrepreneur de pompes funèbres, du nom d'Archambault, de Chaussé ou de Carrier. Comme tous ces gens parlaient français, on pouvait vivre dans le quartier sans devoir en sortir trop souvent.

Bref, le Petit Canada du 19e siècle paraît avoir été sécurisant et asphyxiant à la fois, source de solidarité en même temps que facteur d'isolement, semblable en cela au concept de la survivance.

En Nouvelle-Angleterre, à la fin du 19e siècle, il y a quelque 400 *mill towns*, villes ou villages dans lesquels l'économie est dominée par diverses industries, et surtout par le textile. L'usage de plus en plus répandu de machines dans ces manufactures réduit de beaucoup la préparation technique requise pour y obtenir des emplois. Souvent, il suffit de quelques jours à peine pour recevoir la formation nécessaire. On embauche un grand nombre d'ouvriers non spécialisés, et, en un rien de temps, ceux qui, au Québec, étaient paysans, bûcherons, journaliers ou artisans, sont métamorphosés en ouvriers industriels.

Dociles, soumis, peu exigeants quant aux conditions de travail, prêts à accepter les emplois les plus humbles, les immigrants canadiens-français sont bien vus des employeurs, car ils coûtent peu cher, surtout les femmes et les enfants — ce qui est un grand avantage dans une industrie où la concurrence est serrée.

Ceux qui les ont décrits insistent sur la grande docilité de ces ouvriers immigrants. Dociles, ils le sont même trop, selon des chefs syndicaux: ils s'opposent aux grèves et se montrent assez peu sym-

Pharmacie Therrien. Voici comment se présentait, avec force détails, l'intérieur de la Pharmacie Therrien, à New Bedford, Mass., en 1898. Au centre, Olivier Giguère, futur diplômé du Massachusetts College of Pharmacy. (Collection Cécile Giguère Plaud)

pathiques au syndicalisme. On n'a jamais prouvé, cependant, que leur attitude ait fait baisser les salaires dans l'industrie textile en Nouvelle-Angleterre, même si des contremaîtres ont pu trouver en eux des collaborateurs malléables dans leurs propres luttes contre les syndicats.

Il est vrai que dans certains cas — Fall River (Massachusetts) en est un — la bonne entente régna entre l'élite canadienne locale et les chefs d'entreprise, également défiants face aux réformateurs syndicalistes «révolutionnaires» et «fomentateurs de troubles». L'élite prêchait au peuple qu'il avait le droit au travail et que parfois le patriotisme (la fidélité à «la race» ou au nouveau pays) exigeait la passivité. C'est ainsi qu'en 1879, à Fall River, on a pu se servir d'ouvriers canadiens pour briser une grève.

Trop passifs, ces immigrés le furent peut-être, mais il est permis de penser que leur inclination à l'obéissance parfois aveugle fut motivée en grande partie par la pauvreté. Contents d'avoir un emploi

régulier, ils étaient peu enclins à la revendication, ne voulant pas
«ambitionner sur le pain bénit». Voilà pourquoi ils ont pu être fiables
et assidus, et devenir «d'excellentes mains», comme l'élite disait
d'eux.

Ils réussirent donc à s'adapter à un travail débilitant et monotone.
Il est vrai que le travail agricole aussi avait été monotone, mais le
labeur dans les usines différait sensiblement de celui de la ferme.
Selon le *factory system*, le travail était réparti en tâches séparées,
chaque ouvrier étant responsable d'une seule opération. Aussi
l'ouvrier a-t-il pu trouver son gagne-pain aliénant au suprême degré,
à la fois parce qu'il voyait seulement une infime partie de la fabrication du produit, et parce que sa participation personnelle, réduite à
des gestes mécaniques, ne permettait jamais une expression de créativité.

Malgré cette monotonie déshumanisante et des conditions de
travail malsaines, les «Canadiens» avaient quand même du cœur à
l'ouvrage. Ni la vitesse ahurissante des opérations, ni les risques
d'accidents, ni les journées de 12 heures dans de longs hangars
surchauffés, archihumides et mal aérés, ni une rémunération souvent
dérisoire, rien n'abattait le courage des ouvriers canadiens. Ils acceptaient leur sort, comme l'indique bien cette remarque d'un vieux
Canadien: «On fait de l'argent, mais on paye pour!»

Il est toutefois un aspect du comportement collectif qui reste mal
connu, et c'est la participation des enfants au travail dans les usines.
Sans vouloir insinuer que les Canadiens n'ont jamais commis d'abus
dans ce domaine, disons à leur décharge que les salaires payés par les
compagnies de textile, au 19e siècle, ne permettaient pas à un père de
famille de subvenir aux besoins des siens sans l'aide de ses enfants et,
souvent, de sa femme. C'était, en plus, une époque où le bien-être de
la famille primait celui de l'individu. Il en avait été ainsi au Québec,
où les enfants commençaient à travailler en bas age, sacrifiant leur
éducation et leur avenir aux exigences familiales; il en serait encore
ainsi pendant un bon moment après l'émigration.

Avec le temps, nombre d'immigrés amélioraient leur sort, en
apprenant un métier, ou en ouvrant un petit commerce. Mais ces
progrès ne se réalisaient pas toujours en une seule génération: il fallait
beaucoup plus de temps pour «sortir de l'usine» qu'on n'en avait mis
à y entrer. Or, c'était l'espoir général, ou presque, que les générations

montantes n'auraient pas la vie aussi dure que leurs parents. Cet espoir fut largement réalisé.

Ce comportement des immigrés, qui font contre mauvaise fortune bon cœur, leur foi l'explique en grande partie. Vers 1900, ils ont une centaine de paroisses, et l'Église canadienne continue à envoyer des prêtres et des religieuses en Nouvelle-Angleterre comme en un pays de mission. Prêtres et religieuses servent de liens vivants entre les immigrés et le pays natal, et joueront ce rôle jusque vers 1960, et même au-delà dans certains cas. Les communautés religieuses de femmes s'occupent surtout d'enseignement, mais elles assurent aussi le soin des orphelins, des malades, des vieillards et autres nécessiteux. Les communautés les plus nombreuses à cette époque sont les sœurs de Sainte-Croix, les sœurs de Jésus-Marie, les sœurs Grises, et les sœurs de la Présentation de Marie.

Or, dans le Québec du 19ᵉ siècle, le catholicisme est en pleine renaissance, et il se revigore à mesure qu'avance le siècle; en Nouvelle-Angleterre, il constitue un des premiers éléments de la nationalité des émigrants. Il offre, en plus d'une identité, le sentiment d'appartenir à une communauté vivante (au ciel et sur terre); il offre un but, le salut éternel, qui relève les aspirations du peuple bien au-delà du *tædium vitæ*; il offre enfin une valeur sûre, une sécurité incontestable dans l'univers désordonné des émigrants.

Si le catholicisme a été source de courage dans la vie souvent difficile de ces gens, il fut aussi une des sources principales de leur esprit de soumission. Sans cesse l'Église prêchait la soumission, que l'on devait pratiquer à l'église, au travail, et à peu près partout. Même avant que l'enfant eût atteint l'âge de raison, elle lui inculquait des notions d'obéissance, de devoir et de respect pour l'ordre établi.

En échange, l'Église offrait des consolations ainsi qu'en témoigne la spontanéité avec laquelle le peuple lui accordait sa confiance, son appui, son soutien. Dans l'ensemble, les immigrés étaient d'une profonde piété, et la pratique de la religion constituait pour eux une priorité. Deux exemples relevés par le père Édouard Hamon vers 1890: la grand-messe du dimanche, où une assistance nombreuse jouit de la pompe religieuse, y compris le plain-chant; et la grande mission, ou retraite annuelle, fréquentée assidûment, même par les hommes, prend-il la peine de souligner. Prédicateur de retraites paroissiales en Nouvelle-Angleterre, le père Hamon est un des rares témoins oculaires

à avoir laissé une description des coutumes religieuses des immigrés.
Voici en quels termes il décrit «une grande mission»:

> Ici on peut sans crainte annoncer des sermons pour les hommes seuls.
> Tous les soirs, pendant quinze jours, l'église se remplira d'une masse
> compacte. Outre que ces ouvriers sont foncièrement religieux, ils ont de
> plus un désir extraordinaire d'entendre parler. Pendant une heure, deux
> heures même, ils vous écouteront avec l'attention la plus suivie, pourvu
> toutefois que vos discours soient simples et pratiques, et que, suivant
> l'expression populaire, *vous ne mettiez pas le râtelier trop haut.*

> Le sermon fini, les confessions commencent pour se prolonger jusqu'à
> dix ou onze heures; le lendemain matin, dès quatre heures et demie, ces
> braves gens seront encore à l'église pour entendre la messe et recevoir
> la sainte communion.

> Dans ces missions, on voit souvent des actes vraiment héroïques. Des
> ouvriers font chaque soir de cinq à sept kilomètres à pied, en plein
> hiver, par des chemins défoncés, pour venir *à la prière*, comme ils
> disent. (Hamon, *Les Canadiens français de la Nouvelle-Angleterre*,
> p. 96-97)

Retraites, processions, neuvaines, triduums, dévotions spéciales,
une foule de pratiques pieuses exprimaient les croyances des immigrés.

Mais le siècle se clôt sur une note de discorde, dans le domaine
religieux, puisque les immigrés continuent d'insister sur l'absolue
nécessité de paroisses séparées, semblables en cela aux Allemands et
aux Polonais, qui en demandent autant. La raison de cette insistance,
un vieux Canadien, contraint par les circonstances de fréquenter une
église irlandaise, l'explique ainsi au père Hamon: «Mon Père, je suis
pauvre, je n'ai souvent pas les dix sous qu'il faut pour entrer à
l'église; ensuite je n'entends pas le sermon, je ne sais pas l'anglais;
leur musique ne me dit rien; quand je sors de là je n'en sais pas plus
long qu'en y entrant. [...] Vous entendez bien, *on n'a pas beaucoup
d'ambition* pour aller à ces messes-là» (Hamon, p. 61). Craignant
l'apostasie, le schisme, ou l'abandon massif de la pratique religieuse,
l'épiscopat fera des concessions, sans enthousiasme.

La mentalité et la façon de vivre des immigrés restent bien canadiennes, même si leur nouvelle appellation de «Franco-Américains»
— employée par l'élite plutôt que par le peuple — indique une
identité en voie d'évolution. Foi, langue, traditions, esprit de famille,

esprit de clocher, esprit «national», dans un univers fortement hiérarchisé, autant de signes de continuité dans cette période de transition.

Mais, face à l'hostilité des Yankees, des Irlando-Américains et des compatriotes restés au Canada, face au conflit créé par les forces de la survivance et par celles de l'assimilation, on comprend la confusion, l'incertitude, le désarroi et surtout l'isolement des immigrés. Le peuple réagit en se repliant sur lui-même dans les Petits Canadas, qui rappellent le *vrai* Canada de la façon la plus sécurisante possible; au niveau intellectuel, l'élite fignole la doctrine de la survivance et donne la réplique aux détracteurs.

Ce conflit, avec ses multiples dimensions culturelles et psychologiques, continuera de se faire sentir tout au long du 20ᵉ siècle, à des degrés divers, et ne s'atténuera qu'avec les années. D'un côté, il y a les tenants de l'assimilation, dont certains sont qualifiés d'«outrés», mais la plupart font plutôt figures de modérés; de l'autre, il y a les inconditionnels de la survivance — ceux que les revers encouragent dans leur durcissement patriotique «canadien», et qui cherchent à resserrer les liens avec le Canada et à faire valoir leur conception canadienne de la paroisse. Ce sont les chefs des sociétés et les chefs des conflits religieux; les derniers de cette lignée meurent vers 1970-1980.

Par ailleurs, l'âme franco-américaine se crée deux «moi»: l'un intime, à tendance canadianisante, visible surtout au foyer, à l'église et à l'école; l'autre public, américanisant, américanophile, qu'on voit au travail peut-être, ou dans les ralliements du quatre juillet. Cela se constate chez les anciens, les immigrés eux-mêmes, qui doivent s'ouvrir aux réalités économiques et politiques de leur nouveau milieu; mais cela se verra encore plus chez les jeunes, et pendant longtemps.

Une autre dualité à rappeler, pour bien montrer à quel point l'âme collective franco-américaine est divisée, c'est celle des cultures. Chez l'élite, la culture «officielle» est dominée par les doctrines de l'idéologie clérico-nationaliste, et revêt une expression nettement patriotique, en passant par le biais des sociétés nationales et des journaux de langue française. La culture populaire — que l'on commence à peine, de nos jours, à étudier — se compose de chansons, de musique traditionnelle, de danses, et d'autres manifestations d'ordre folklorique. La culture populaire et la culture de l'élite se rejoignent dans les domaines de la religion et de la langue.

Comme les immigrants venus d'Europe et d'ailleurs, les Canadiens, vus à un siècle de distance, nous paraissent isolés. Marginalisés par rapport à la société québécoise ou acadienne dont ils s'étaient eux-mêmes exilés, les immigrants venus du Canada sont certes marginalisés par rapport à la société anglo-saxonne du pays d'adoption. Mais à l'intérieur de ces «marges», un orgueil se ressent et s'exprime souvent, quoique l'expression en soit à usage interne, et utilisée pour inspirer l'orgueil aux immigrés canadiens eux-mêmes. La préface, écrite par Charles Daoust, à l'*Histoire des Canadiens-français du Rhode Island*, publiée en 1895, illustre bien ce genre d'expression:

> Et, fidèles à nos saintes traditions, remplis de l'ardeur des preux qui nous ont devancés sur le sol de liberté par excellence, nous inscrivons nos œuvres sur les tables d'airain de l'histoire, afin que nos enfants y voient dans les siècles à venir la réalisation du vieux dicton, dont la véracité n'est plus mise en doute par qui que ce soit! *Gesta Dei per Francos*!

Les critiques venant de tout côté, il n'est pas étonnant que sans cesse orateurs et journalistes embouchent la trompette patriotique.

Les immigrants canadiens-français avaient d'autres motifs de fierté et d'orgueil, dont le moindre n'était pas leur autosuffisance. Soit méfiance à l'égard d'un pays nouveau et donc étrange, soit pudeur instinctive ou souci de ne «déranger» personne, les immigrants créent de toute pièce un réseau complet d'institutions éducatives, hospitalières et charitables. Ils acceptent même, pour ce faire, un système de double impôt, en se cotisant continuellement pour assurer le maintien de ces institutions, tout en payant les impôts exigés par l'État, et affichent ainsi une certaine indépendance par rapport au groupe anglo majoritaire.

Une volonté d'autosuffisance aussi prononcée manifeste un profond sentiment de solidarité, familiale et paroissiale. On se sent responsable des miséreux, et on trouve moyen de leur venir en aide, en rejetant l'idée de solliciter l'aide «des étrangers», c'est-à-dire des organismes publics.

Mais la solidarité a ses limites. Sur le plan politique, on se serait attendu à ce que très tôt le groupe fasse bloc, présente un front commun solidement uni, mais il n'en est rien, les deux principaux

Region & Community	Number	Region & Community	Number
1. Blackstone	120,000	Ware, Mass.	3,200
Woonsocket, R.I.	17,000	Northampton, Mass.	2,800
Worcester, Mass.	15,300	Palmer, Mass.	2,100
Providence, R.I.	8,000	6. Quinebaug	35,000
Warwick, R.I.	7,700	Southbridge, Mass.	6,027
Fitchburg, Mass.	7,200	Webster-Dudley, Mass.	3,650
Central Falls, R.I.	6,000	Putnam, Conn.	2,800
Pawtucket, R.I.	5,200	Plainfield, Conn.	2,800
Marlborough, Mass.	4,000	Thompson, Conn.	2,500
Spencer, Mass.	4,000	Willimantic, Conn.	2,400
Gardner, Mass.	2,400	Taftville, Conn.	2,000
Leominster, Mass.	2,000	Danielsonville, Conn.	1,800
Warren, R.I.	2,000	7. Boston	35,000
2. Merrimack Valley	87,000	Salem, Mass.	6,900
Lowell, Mass.	24,000	Boston, Mass.	5,800
Manchester, N.H.	23,000	Cambridge, Mass.	3,200
Lawrence, Mass.	11,500	Lynn, Mass.	2,700
Nashua, N.H.	8,200	Newton, Mass.	1,450
Haverhill, Mass.	5,500	8. Western Vermont	30,000
Suncook, N.H.	2,200	Burlington, Vt.	5,000
Laconia, N.H.	2,000	Winooski, Vt.	2,600
Concord, N.H.	2,000	St. Albans, Vt.	2,000
3. Southwestern Maine	60,000	Brandon, Vt.	1,600
Biddeford-Saco, Me.	16,500	Swanton, Vt.	1,550
Lewiston-Auburn, Me.	13,300	Rutland, Vt.	1,500
Waterville, Me.	4,300	9. Aroostook	20,000
Old Town, Me.	3,000	10. Central Southwestern	
Somersworth, N.H.	2,840	Connecticut	16,000
Brunswick, Me.	2,800	Waterbury, Conn.	4,000
Westbrook, Me.	2,400	Meriden, Conn.	1,700
Augusta, Me.	1,900	Hartford, Conn.	1,650
4. Southeastern		New Haven, Conn.	1,200
Massachusetts	57,000	Bridgeport, Conn.	1,000
Fall River, Mass.	33,000	11. Berkshire	13,000
New Bedford, Mass.	15,000	North Adams, Mass.	5,000
Taunton, Mass.	4,200	Adams, Mass.	3,000
Brockton, Mass.	1,600	Pittsfield, Mass.	1,700
5. Central Massachusetts	45,000	12. All other areas	55,000
Holyoke, Mass.	15,500	Berlin, N.H.	3,000
Springfield, Mass.	6,500	St. Johnsbury, Vt.	2,100
Chicopee, Mass.	4,200	Claremont, N.H.	2,000
Total New England			**573,000**

Ce tableau laisse entrevoir les principaux centres francos, de même que ceux de moyenne importance. À noter: la plupart sont situés près d'un cours d'eau, source d'énergie pour les usines et les moulins qui attirent les émigrants. Source: Ralph D. Vicero, *Immigration of French Canadians to New England 1840-1900; A geographical Analysis,* thèse de doctorat (géographie), Université de Wisconsin, 1968, p. 294.

partis — le parti démocrate et le parti républicain — se partageant le vote des immigrants naturalisés.

Nouveau signe, en effet, que l'âme collective évolue vers l'enracinement: de plus en plus on participe à la vie politique étatsunienne. Dans le même temps, on s'adapte à la vie urbaine, tout en regrettant sans doute la chaleur des relations humaines telles qu'on les avait connues dans les campagnes du Québec ou de l'Acadie. En milieu urbain, et surtout dans les usines, ces relations tendent trop souvent a être impersonnelles. Émigrer, c'est s'adapter.

Les jeunes, évidemment, s'adaptent plus vite. Ayant peu ou pas connu le Canada, ils s'en éloignent volontiers, psychologiquement. Ils se sentent plus américains que leurs parents, et cherchent d'ailleurs à s'américaniser — en bonne partie sous l'influence de la prospérité économique. Et si par hasard ils épousent des non-Canadien(ne)s, le progrès de l'américanisation s'en trouvera accéléré, puisque l'anglais sera la langue d'usage au foyer.

Il faut signaler aussi qu'au tournant du siècle la présence des Acadiens en Nouvelle-Angleterre se fait de plus en plus visible. Ils veulent y fédérer leurs sociétés, à la suite de la prise de conscience, en Acadie, que les Acadiens de la dispersion sont en train de devenir trop nombreux en Nouvelle-Angleterre pour qu'on les néglige.

Vers 1900 le courant migratoire est irréversible, et la majorité des immigrés sont en voie de s'installer à demeure dans leur pays d'adoption. Constamment renouvelée et renforcée par les nouveaux venus, la collectivité atteindra, dans deux décennies environ, sa période de maturité sinon son âge d'or. Les luttes qu'elle entreprendra seront une preuve, à notre avis, de sa vitalité.

II

CROISSANCE ET CONFLITS
1900-1935

Les Canadiens français qui émigrent aux États-Unis de 1900 à 1930 y font partie de la dernière grande vague migratoire. Alors que les immigrants du nord de l'Europe — Anglais, Allemands et Scandinaves — avaient été les plus nombreux au cours de la période 1860-1890, les Méridionaux et les Slaves forment les plus forts groupes de 1890 à 1914.

Cette immigration en provenance du sud et de l'est de l'Europe n'a pas l'heur de plaire à certains Anglos, qui dénoncent l'invasion du pays, que ces «épaves humaines» seraient en train de transformer en une *cloaca gentium*. En 1894, la Immigration Restriction League se trouve à la fine pointe d'un mouvement qui, pour des raisons d'ordre racial, voudrait limiter l'accès au pays aux «nordiques», terme vague qui ne semble pas devoir inclure les Canadiens français. C'est l'époque où se développe une idéologie raciste, favorisée par ceux qui veulent à tout prix maintenir la «pureté» raciale américaine et éviter la dégénérescence qu'amèneraient fatalement les mariages mixtes. Ce racisme connaîtra son apogée pendant et après la Première Guerre mondiale, qui soulève aux États-Unis une tourmente où il est parfois difficile de distinguer entre le nationalisme de bon aloi et le fanatisme.

La méfiance à l'égard des *hyphenated Americans* — les «Américains à trait d'union» — va s'exprimer par des efforts, législatifs entre autres, pour «américaniser» le pays le plus rapidement possible, et par le refus de nouveaux immigrants à partir des années 1920. Mais, au cours du siècle qui aura précédé 1930, plus de 30 millions d'immigrés seront venus s'établir aux États-Unis, et parmi eux près d'un million de Canadiens français.

Au Québec comme en Acadie, de 1900 à 1930, l'émigration continue d'être vue d'un mauvais œil par les autorités religieuses et civiles qui, dans leurs tentatives pour retenir au pays des effectifs essentiels à l'avenir national, n'hésitent pas à qualifier les émigrants de «traîtres», de «déserteurs», voire de «vils mercenaires», comme l'avaient fait, sans succès apparent, leurs devanciers. Certains ne sont pas loin de déceler, chez ceux qui veulent partir, une véritable tare. L'abbé Georges-Marie Bilodeau, par exemple, écrit, dans un ouvrage paru en 1926:

> L'exode a donc chez nous pour véritable cause une déviation dans la mentalité, déviation qui chasse l'économie des foyers avec l'autorité des parents et l'amour de la terre, qui fait de la jouissance le but principal de la vie, déviation que n'ont pas assez combattue la prédication contraire, l'éducation, le journal et l'exemple. (Bilodeau, *Pour rester au pays*, p. 27)

Pendant ce temps, le va-et-vient par-delà la frontière canado-américaine se poursuit, les Canadiens se rapatriant de façon temporaire ou permanente, selon les aléas du marché du travail. Vu la mobilité croissante permise par les nouveaux moyens de transport, l'émigration devient moins traumatisante qu'au 19e siècle, et, d'après certains, le moindre prétexte sert à justifier un départ: «On perd un coq, pis on s'en va aux États.»

Prolétarisation des immigrants

Les immigrés québécois et acadiens venus participer à l'industrialisation de la Nouvelle-Angleterre, de 1900 à 1930, sont attirés surtout par les villes de dimension moyenne, qui, de Lewiston à Waterbury atteindront une population de 50 000 ou 75 000 âmes, parfois de 100 000 (telles Fall River et Lowell, dans le Massachusetts), et qui

Usine à Lowell, Mass., le long de la Merrimack. Que de parents et de grands-parents francos ont juré que jamais leurs enfants, leurs petits-enfants ne travailleraient dans les usines! (Collection Institut français, Worcester, Mass.)

sont généralement situées le long de puissants cours d'eau, capables de fournir l'énergie indispensable à des usines qui emploieront plusieurs milliers de personnes. On retrouve d'ailleurs bon nombre de centres franco-américains en suivant le tracé des grandes rivières, comme l'Androscoggin dans le Maine, la Merrimack dans le New Hampshire et le nord-est du Massachusetts, et le Connecticut, qui traverse la Nouvelle-Angleterre du nord au sud.

À la fin de la période 1900-1930, les nouveaux arrivants et leurs prédécesseurs auront envahi à peu près tous les secteurs industriels et commerciaux de la région. Leurs percées en politique se feront de plus en plus nombreuses, pendant que le pays continuera d'attirer un certain nombre de gens de profession: médecins et religieuses hospitalières, religieuses et religieux enseignants, journalistes, membres du clergé. La recherche indique la diversité des emplois, en même temps que la forte concentration dans l'industrie textile.

Divers facteurs expliquent l'attrait de cette industrie pour les immigrants canadiens-français, en commençant par sa prodigieuse expansion dans la deuxième moitié du 19e siècle, comme en témoignent les nombreuses usines construites au cours de cette période, à la fois en Nouvelle-Angleterre et dans l'État de New York. Par ailleurs, les emplois dans ces usines n'exigent pas un long entraînement, encore que la préparation requise varie selon les opérations, et l'abondance des emplois non spécialisés permet à tous les membres de la famille de travailler à l'usine, y compris d'assez jeunes enfants. Les salaires étant bas, il faut souvent sacrifier l'instruction des enfants pour qu'une famille puisse survivre. Enfin, dès 1900 et même avant, la réputation de docilité et de compétence des immigrants canadiens-français leur facilite l'obtention d'emplois dans les usines de textile.

Malgré les apparences — l'abondance des emplois et l'occasion pour un grand nombre d'immigrants d'obtenir des conditions de vie supérieures à celles qui leur seraient réservées au Canada —, la situation dans l'industrie du textile n'est pas de tout repos. En fait, les Québécois et les Acadiens qui, de 1900 à 1930, partent pour travailler dans les filatures le font au moment où cette industrie, la plus importante de la région, est à la veille de péricliter et de plonger l'économie de la Nouvelle-Angleterre dans un abîme dont certaines villes, aujourd'hui encore, n'ont pas réussi à s'extirper. Comme cette évolution a touché des centaines de milliers d'immigrants canadiens-français, il importe de s'y attarder quelque peu.

Quiconque réfléchit sur cette époque troublée de l'histoire régionale se rend vite compte qu'il s'y trouve ample matière à controverse. Plutôt que d'élargir le champ des disputes, il convient de décrire, le plus objectivement possible, la conjoncture qui a mené au désastre. Deux des principaux éléments de cette conjoncture sont le développement industriel du sud des États-Unis et l'essor du mouvement ouvrier dans le nord du pays.

Après la catastrophe de la guerre de Sécession (1861-1865), le Sud se vit contraint de recréer une économie dans des conditions pénibles. Face au succès de l'industrialisation dans le Nord, les gouvernants de certains États, dont la Caroline du Nord, la Caroline du Sud et la Georgie, se mirent à industrialiser la région sur une très vaste échelle.

Il s'agissait tout d'abord de mettre en valeur les avantages qu'offraient ces États, et d'en ajouter si possible, en vue d'attirer des capitaux. En une vingtaine d'années, la transformation du Sud allait déjà bon train, surtout grâce à l'accessibilité des ressources naturelles: certaines espèces de coton que le Nord exploitait avantageusement depuis un demi-siècle, malgré des coûts de transport considérables, y étaient à la portée de la main. De plus, ces États étaient situés plus près que les États du Nord des riches dépôts de houille des Appalaches, ce qui contribuait à réduire le coût de l'énergie. Celle-ci d'ailleurs, et notamment l'électricité, coûtait déjà moins cher dans le Sud que dans le Nord. Le Sud offrait aussi aux investisseurs une main-d'œuvre abondante, docile à souhait et désœuvrée après la défaite. L'action législative rendit cette situation encore plus avantageuse pour les industriels, grâce à des lois qui favorisaient ces derniers plutôt que les ouvriers, dans le domaine des impôts, des évaluations foncières, des conditions de travail et des salaires.

Voilà qui explique comment, en 1880, un cinquième de l'industrie textile des États-Unis se trouvait déjà dans le Sud. Mais la conquête du marché ne faisait que commencer; le Sud allait la poursuivre avec un dynamisme et un esprit de concurrence tels qu'un demi-siècle plus tard, vers 1930-1940, les industriels du Nord abandonneraient la partie. Car tous les avantages précités allaient continuer à jouer en faveur du Sud, qui, pendant cette période de remontée, sut se protéger contre l'organisation ouvrière et l'augmentation des salaires.

L'absence de conditions minimales qui eussent protégé les ouvriers contre les abus, pour ne pas dire l'exploitation, donna au Sud un avantage qui se révéla décisif dans sa lutte économique contre le Nord. Le coût de la vie étant plus bas dans le Sud, les ouvriers pouvaient vivre de salaires qui eussent paru dérisoires en Nouvelle-Angleterre. Ajoutons que les industriels sudistes se montrèrent plus disposés que leurs concurrents du Nord-Est à exploiter les progrès technologiques de l'époque. Plus les usines et l'outillage devenaient archaïques dans le Nord, plus elles se rajeunissaient dans le Sud, chaque nouvelle filature étant plus moderne que la précédente.

Cette croissance industrielle du Sud coïncide avec le développement des syndicats dans le nord-est du pays. Déjà coincé par des lois qui, depuis la fin du 19e siècle, protégeaient les ouvriers en interdisant certains abus (entre autres le travail de nuit pour les femmes et les enfants, et l'embauche des jeunes de moins de 13 ans), et aux prises avec les fluctuations du marché, le patronat du Nord-Est ne voyait certes pas d'un œil très favorable cette nouvelle puissance qu'était le syndicalisme.

Pour les ouvriers du textile, les plus mal rémunérés de l'industrie américaine, il s'agissait moins d'améliorer leur situation que de la stabiliser. Car, au tournant du siècle, les conditions de travail étaient déjà liées de trop près à l'activité d'un marché imprévisible, aux apparences capricieuses. Quand le marché était défavorable, le patronat pouvait réduire les salaires tout en augmentant les heures de travail — ce qu'il ne manqua pas de faire — ou encore diminuer le nombre d'heures de travail et, par le fait même, réduire les salaires. Si les ouvriers recouraient à la grève, le patronat n'avait qu'à fermer les usines, comme il le fit à Fall River en 1904; cette fermeture dura six mois et créa 30 000 chômeurs. Dès lors, on était entré dans l'époque des conflits ouvriers.

Il est difficile de suivre de près l'attitude et le comportement des Franco-Américains pendant cette période tumultueuse de leur histoire. Dans certains cas précis — Fall River (Massachusetts), 1879; Barre (Vermont), 1922 —, des immigrants canadiens-français ont servi comme briseurs de grève, alors que, dans d'autres circonstances, nombre de «Canadiens» ont fait la grève. L'état de la recherche révèle certains faits, qu'il faut interpréter avec la plus grande circonspection, mais interdit toute généralisation.

Il serait exagéré d'affirmer que les immigrants canadiens-français du 19e siècle ont établi une tradition de briseurs de grèves. D'autre part, nous savons que des chefs de la première heure, dont l'abbé Pierre-J.-B. Bédard, à Fall River, exhortaient les immigrants à se soumettre aux exigences des patrons. Soucieux de faire accepter les nouveaux venus par le groupe majoritaire anglo-américain, des leaders nationaux comme le curé Bédard pouvaient facilement faire appel à la docilité bien connue des «Canadiens», ainsi qu'à leur profond sentiment de la solidarité familiale. D'ailleurs, comment imaginer que des immigrants, fraîchement arrivés des campagnes canadiennes, à la fin du 19e siècle ou au début du 20e, aient pu comprendre instantanément l'enjeu des conflits ouvriers ou les rouages d'un système économique en voie de transition? Comment imaginer que les sympathies de ces immigrants aient pu être rapidement acquises à des compagnons de travail qu'ils ne connaissaient même pas — des étrangers — alors que tout leur rappelait leurs responsabilités envers leurs familles? Tout, c'est-à-dire une longue tradition centrée sur la famille, la prédication traditionnelle de l'Église, ainsi que leur propre décision, très récente, d'émigrer aux États-Unis, justement pour mieux pourvoir aux besoins de leurs familles.

Et puis, les syndicats eurent très tôt mauvaise presse, parce qu'ils menaçaient le *statu quo* patronal, et même l'ordre établi, au dire d'observateurs qui voyaient dans les syndicalistes des fauteurs de trouble, voire des révolutionnaires endurcis, capables de répandre aux États-Unis «la gangrène» du socialisme européen. Dans un tel contexte, le leadership canadien avait avantage à exalter la longue tradition antirévolutionnaire des Canadiens français, tant auprès des immigrés eux-mêmes qu'auprès des Yankees dont dépendaient les emplois.

Avec le temps, les ouvriers canadiens comprirent que les syndicats n'étaient pas nécessairement révolutionnaires, qu'il n'y avait pas forcément conflit entre l'adhésion à un syndicat et la fidélité à la famille, voire qu'un syndicat pouvait combattre les injustices du système industriel. Un nombre appréciable d'immigrés canadiens-français devinrent membres de syndicats, sans que jamais l'unanimité se fasse, à ce sujet, à l'intérieur de la communauté immigrante. Ces immigrés participèrent, à divers degrés selon les circonstances locales, à la série de grèves qui, de 1900 à 1930, affectèrent d'une façon directe la majorité des «Canadiens», tout en contribuant à bouleverser l'économie de la Nouvelle-Angleterre.

Ces grèves, hélas bien nombreuses, il ne saurait être question de les passer en revue, la plupart des centres d'ouvriers canadiens-français ayant été touchés, du nord au sud de la Nouvelle-Angleterre. D'ailleurs, elles se ressemblent, dans la mesure où elles constituent une réaction, de la part des ouvriers organisés, à une annonce, par le patronat, d'une réduction de salaires souvent accompagnée d'une modification des heures de travail.

La grève de 1912 à Lawrence (Massachusetts) marqua un tournant dans ce qui allait devenir une guerre entre le capital et le travail. Elle dura deux mois, et fut menée par le syndicat Industrial Workers of the World (IWW), conspué par certains pour ses tendances gauchisantes; la capitulation du patronat provoqua une hausse des salaires un peu partout dans l'industrie textile de la Nouvelle-Angleterre, et donna un nouvel élan au mouvement ouvrier.

Sans nier l'importance d'autres grèves qui survinrent de 1912 à 1922 (par exemple les conflits de 1912 et de 1918 à Lowell), celle de Manchester, contre la compagnie Amoskeag, en 1922, figure parmi les plus graves. Établie en 1838, l'Amoskeag Manufacturing Company fonda la ville de Manchester (New Hampshire), où elle régna pendant près de 100 ans. Au début du 20e siècle, quelque 17 000 personnes (dont le tiers était des Francos), sur une population de 55 000, étaient employées dans l'une ou l'autre des 30 usines de la compagnie — la plus grande compagnie de textile du monde —, dont le déclin ne s'amorça que vers 1910-1915, par suite de la concurrence du Sud.

Une fois passé le boom occasionné par la Première Guerre mondiale, l'Amoskeag retomba dans l'incertitude économique de l'avant-guerre. De fait, partout en Nouvelle-Angleterre, l'industrie textile connut une période de recul à partir de 1920. À l'Amoskeag comme ailleurs, le patronat abolit des emplois et devint plus exigeant à l'égard des travailleurs. Le 2 février 1922, les directeurs de l'Amoskeag annoncèrent une réduction de salaires de 20 %, et une augmentation des heures de travail, de 48 à 54 par semaine. Le 13 février commença une grève générale de neuf mois, prélude à la fin d'un des géants industriels du Nord. Bien que la direction eût cédé sur la question des salaires, celle des heures de travail fut laissée en suspens, et les ouvriers jugèrent que la grève avait été un échec, parce qu'elle avait détruit la bonne entente qui, pendant trois quarts de siècle, avait existé entre eux et les patrons. Terminée, la grève laissait dans son sillage neuf mois de haine et d'amertume, dirigées tantôt contre les directeurs, tantôt contre le syndicat, tantôt contre de proches parents dont certains avaient été briseurs de grève. Aux souffrances endurées pendant ces neuf mois venaient s'ajouter l'aggravation des conditions de travail, une «liste noire» soigneusement maintenue par la compagnie, le sentiment, chez les ouvriers, d'avoir été les dupes à la fois des patrons et du syndicat, et une insécurité croissante — et justifiée — concernant l'avenir. En 1935, après de nouveaux conflits, l'Amoskeag fermait ses portes.

Toujours en 1922, des réductions de salaires provoquèrent une véritable épidémie de grèves, du Rhode Island au Maine. La réduction de 20 % annoncée en janvier 1922 laissait entrevoir la profondeur de la crise causée par la concurrence des sudistes, puisque, dans certains cas, les compagnies avaient déjà réduit les salaires de 20 % et même de 22% en 1921. Dans le Rhode Island, les grévistes franco-américains se sentirent trahis lorsque le gouverneur Emery-J. Sansouci, un Franco, mobilisa la garde nationale pour maintenir l'ordre. Or, même si un syndicat remportait une victoire à un endroit, la fin de la lutte approchait, car les manufacturiers, sentant la futilité de cette guerre de salaires, se mirent à adopter des solutions radicales, dont l'économie de la Nouvelle-Angleterre sortait nettement perdante: d'aucuns liquidaient leurs entreprises, d'autres déménageaient dans le Sud.

Les historiens offrent diverses interprétations des événements qui précipitèrent la fin de l'industrie textile en Nouvelle-Angleterre, même avant le krach de 1929 et la dépression des années trente; mais l'unanimité semble exister sur un aspect de la question, la concurrence du Sud. Favorisée par des lois libérales et une main-d'œuvre qui se contentait de salaires et de conditions de travail qui eussent été inadmissibles ailleurs, l'industrie du Sud pouvait garder ses coûts de production à un niveau très inférieur à ceux du Nord. Cela lui donna un avantage tel qu'elle put augmenter sans cesse sa production, même dans les années les plus noires de la dépression.

Les spécialistes ne sont pas unanimes sur l'attitude du patronat dans les usines du Nord. Il est évident que, face à la concurrence du Sud, les directeurs d'usines, en Nouvelle-Angleterre, avaient toujours recours à la même solution: baisser les salaires. En revanche, les raisons pour lesquelles ils s'abstinrent de moderniser leur outillage, comme l'eût permis la technologie de l'époque, ne sont pas du tout évidentes. Ont-ils manqué d'intérêt, de dynamisme? Ont-ils trop longtemps entretenu l'illusion que la qualité de leurs produits, supérieurs à ceux du Sud, suffirait à leur faire remporter la partie? Ou ont-ils carrément sous-estimé la menace du Sud? Enfin, ont-ils vraiment épuisé toutes les ressources pour éviter la dépression, qui, dans l'industrie textile de la Nouvelle-Angleterre, précéda de plusieurs années la dépression universelle?

Si, à cette dernière question, on répondait par la négative, il faudrait encore se demander pourquoi ils ne l'ont pas fait, et, cette fois, on ne trouverait aucune réponse satisfaisante. Il est vrai que la génération qui était au pouvoir entre 1910 et 1930 était différente de celle qui l'avait précédée. Elle était formée en partie par les héritiers des fondateurs d'usines, qui se sont peut-être désintéressés d'un héritage pour lequel ils n'avaient aucune inclination.

Chose certaine, l'arrivée massive d'immigrants canadiens-français dans les usines de Nouvelle-Angleterre reste un événement de première importance dans l'histoire de la région. Sans eux, il est probable que l'industrie textile n'aurait pas connu les profits fabuleux qui ont marqué sa belle époque (1900-1910). Est-ce à dire que ces immigrants ont été pris au piège? Non, si l'on se rappelle que le pays natal leur réservait un état misérable; par ailleurs, si le grand nombre de ces immigrants est resté immobilisé dans les usines toute une vie durant, certains ont pu en sortir ou les éviter tout à fait, soit en exerçant un métier, soit en établissant un commerce.

Ces considérations rendent déjà moins sombre le tableau, attristant, à n'en pas douter, d'immigrants canadiens exploités dans les usines de la Nouvelle-Angleterre. Ajoutons que certains d'entre eux, baptisés «coureurs de facteries», passaient souvent d'une ville à l'autre pour tâcher d'améliorer leur condition. Nous sommes assez mal renseignés sur cette catégorie d'immigrants (peut-être temporaires), chez qui les atavismes des «coureurs des bois» semblent avoir duré assez avant dans le 20e siècle. Selon toute apparence, ces gens-là se sont servis du système industriel à leur façon et à leur avantage. Eux aussi tendent à égayer quelque peu le tableau sombre que la mémoire collective paraît devoir garder des premières générations d'immigrants.

Mais, en définitive, l'industrie textile aura, avant de péricliter, fourni du travail à des centaines de milliers de gens qui en avaient un besoin presque désespéré. C'est sans doute là l'aspect le plus positif du bilan.

Encadrement institutionnel

Ayant pourvu à leurs besoins économiques, les immigrés s'occupent d'autres priorités, qui répondent à des impératifs religieux et sociaux, d'où une multiplicité d'institutions, de sociétés, de groupements divers, plus ou moins nombreux selon les ressources humaines disponibles dans un endroit donné, plus ou moins variés selon la personnalité propre à chaque centre «canadien».

La plus importante de ces institutions, celle qui touche la vie quotidienne du plus grand nombre, c'est la paroisse, avec, dans la plupart des cas, son école élémentaire. Au niveau municipal, on commence à construire des écoles secondaires pour desservir la population franco-américaine d'une ville, et des hôpitaux, des hospices et des orphelinats, érigés à grands frais par des immigrants pourtant pauvres, pourvoient aux besoins des nécessiteux. Ces maisons emploient un personnel compétent et dévoué, formé en grande partie par des religieuses et des religieux venus du Québec.

Au niveau d'une ville ou d'un quartier, il y a des cercles dramatiques, littéraires, sociaux; des organisations musicales, paramilitaires, économiques (par exemple, les caisses populaires); et des organismes de coordination pour tous ces groupements. Au niveau régional — Nouvelle-Angleterre et New York —, on trouve des sociétés fraternelles dites «nationales», dont l'Association canado-américaine et l'Union Saint-Jean-Baptiste d'Amérique, qui offrent des services d'assurance-vie et multiplient les efforts en faveur de la survivance. Les Cercles Lacordaire, fondés à Fall River (Massachusetts) en 1911, essaiment un peu partout dans la région comme du reste au Canada.

Les individus se servent de ces groupements comme bon ils l'entendent, soit pour s'isoler dans une communauté franco-américaine presque autosuffisante, soit pour créer des liens avec la population de la ville ou de la région. La multitude de ces groupes, qui, de la paroisse à la société «nationale», se chiffrent par milliers, a laissé perplexe plus d'un observateur. Ce qui peut sembler une pléthore est en vérité l'expression de l'esprit grégaire et de l'individualisme issus en ligne droite du vieux fonds gaulois qui anime encore les Franco-Américains de cette époque.

Si les premiers immigrants canadiens-français voulaient à tout prix fonder leurs propres paroisses, les raisons qui les motivaient à réclamer des églises bien à eux — langue française, chant grégorien, cérémonial recherché, liturgie familière — restent largement valables au tournant du siècle, puisque l'immigration se poursuit. L'accroissement naturel de ceux qui sont arrivés avant 1900 ajoute encore au besoin de créer de nouvelles paroisses. D'ailleurs, s'il est un concept profondément ancré dans l'esprit du Canadien français de l'époque, immigrant ou non, c'est bien, après celui de la famille, celui de la paroisse. Ce concept, qui remonte aux premières années de la Nouvelle-France, fait partie intégrante du bagage culturel de l'immigrant, celui de 1900 autant que celui de 1870.

Les immigrés canadiens auront déployé des énergies incommensurables pour obtenir des paroisses canadiennes, car les évêques irlando-américains ne sont en rien enthousiastes aux demandes de paroisses distinctes pour chaque groupe minoritaire. Ils craignent de retarder l'acceptation du catholicisme par les Anglo-Américains, et de compliquer la gouverne de l'Église, à cause de la variété des mœurs «étrangères» que les paroisses distinctes introduiraient en son sein. Il arrive aussi qu'un évêque se trouve coincé entre deux groupes de pression: les Irlandais, qui furent les paroissiens fondateurs, les pionniers au rôle difficile et ingrat, ceux mêmes qui, bon gré, mal gré, ont accueilli les *Frenchies* parmi eux à l'époque où ceux-ci étaient trop pauvres pour se doter d'une paroisse; et ces unilingues francophones qui, tardant à apprendre l'anglais et à s'adapter à leur pays d'adoption, glissent vers l'indifférence, tellement ils sont perturbés par l'absence de prêtres et de paroisses de leur nationalité.

Ne voulant tout de même pas contribuer à l'indifférence ou au schisme, les évêques continuent de laisser fonder des paroisses canadiennes dès que le nombre et la situation économique des immigrés canadiens le justifient. Mais, avant d'obtenir ces paroisses, les «Canadiens» doivent lutter d'arrache-pied, et parfois même se laisser morigéner du haut de la chaire, surtout à l'époque surchauffée de xénophobie qui marque la Première Guerre mondiale.

Malgré les obstacles, le mouvement de création de paroisses «nationales» se poursuit. Souvent, une nouvelle paroisse sera établie par la division — le «démembrement», selon l'énergique expression des contemporains — d'une paroisse à prédominance irlandaise, ou d'une paroisse mère canadienne. À force de «démembrements», certains centres populeux, dont Manchester (New Hampshire), Woonsocket (Rhode Island), et Fall River (Massachusetts), possèdent chacun six paroisses canadiennes, à la fin de la période qui nous intéresse ici, alors que New Bedford (Massachusetts) en compte sept.

Du point de vue institutionnel, cette époque est donc caractérisée par les divisions de vieilles paroisses dans le but d'en créer de nouvelles. Elle se distingue aussi par le nombre et la qualité des édifices paroissiaux qui surgissent dans les grands centres d'immigrés canadiens. Dans bien des cas, la modeste église en bois du début de la colonie est remplacée par un imposant temple en pierre, et ainsi naît ce que l'on pourrait presque nommer «l'âge des églises cathédrales», vu les dimensions et la majesté de certains de ces monuments.

Paroisse Sainte-Anne, Fall River, Mass. 1. L'église «cathédrale» Sainte-Anne.
2. L'Académie dominicaine. 3. L'école paroissiale. 4. L'ancien Hôpital Sainte-Anne.
5. Le couvent des dominicains. Autour des édifices paroissiaux, on voit les maisons à
trois étages qui caractérisent les villes industrielles de la Nouvelle-Angleterre.
Fondée en 1869, Sainte-Anne, dans le quartier sud de la ville, est la paroisse
mère des Francos de Fall River. (Collection Armand Chartier)

C'est ce qui se passe, par exemple, à Fall River (Massachusetts),
où la communauté franco-américaine de la ville fut deux fois en liesse
en 1906, puisque des fêtes solennelles de dédicace eurent lieu dans
deux quartiers «canadiens». Le 4 juillet, l'évêque du diocèse bénissait
la nouvelle église Sainte-Anne, dernier chef-d'œuvre du grand
architecte québécois Napoléon Bourassa. Cette paroisse, desservie par
les dominicains, allait avoir un rayonnement tout particulier par son
sanctuaire, qui continue, encore aujourd'hui, à attirer des fidèles. Et,
le 6 novembre 1906, c'était la dédicace de l'église de Notre-Dame-de-
Lourdes, paroisse déjà célèbre au 19e siècle, parce qu'elle était celle
du «père» Pierre Bédard, ce curé d'une générosité légendaire à l'égard
des immigrants, et parce que c'était là qu'on avait vécu l'«affaire de
la Flint». La nouvelle église Notre-Dame rivalisait de beauté avec

celle de Sainte-Anne, et certains la jugeaient même plus belle. Notre-Dame, de style roman, était l'œuvre de Louis-G. Destremps, un architecte né à Berthierville (Québec) et immigré à Fall River. Les clochers, de près de 300 pieds, étaient visibles à des milles à la ronde, mais l'intérieur de ce temple, construit sans colonnes, impressionnait surtout par les sculptures de Joseph Castagnoli et par les tableaux de Ludovico Cremonini, deux maîtres d'œuvre italiens. Le plus remarquable de ces tableaux, *Le Jugement Dernier*, couvrait la voûte presque en entier, du commencement de la nef jusqu'à l'arrière, et mesurait 77 pieds sur 55. Ce chef-d'œuvre d'art religieux disparut dans un incendie, le 11 mai 1982.

D'autres églises spectaculaires furent érigées par les immigrants canadiens de la Nouvelle-Angleterre, au cours de cette période. À New Bedford (Massachusetts), l'église Saint-Antoine (complétée en 1910), de style renaissance française, fut conçue par l'architecte mont-réalais Joseph Venne. La pierre rouge de l'extérieur et la profusion d'éléments baroques à l'intérieur ne font qu'une partie de son originalité. Au-dessus du maître-autel, le sculpteur Castagnoli plaça un ensemble statuaire, unique en son genre, évoquant la vision de saint Antoine. De proportions monumentales, ce groupe occupe une demi-rotonde haute d'environ 70 pieds. On dit qu'il fut exécuté selon une tradition du 14e siècle.

L'architecte Joseph Venne a aussi laissé une superbe église à Southbridge (Massachusetts): Notre-Dame (complétée en 1916), de style roman, en brique, avec façade en marbre; l'intérieur offre une synthèse d'éléments empruntés au gothique, au style Renaissance, au baroque et au rococo; les portes en bronze regorgent de bas-reliefs qui rappellent la vie du Christ.

Le chef-d'œuvre architectural franco-américain du Rhode Island, l'église Sainte-Anne, à Woonsocket (terminée en 1918), fut réalisé sous la direction de Walter Fontaine, lui-même natif de Woonsocket, un des grands architectes de la Nouvelle-Angleterre. L'extérieur est inspiré par le style de la Renaissance française, alors que l'intérieur est romain, d'ordre corinthien. Les fresques, ajoutées dans les années 1940, de même que l'aspect grandiose de l'ensemble, continuent d'attirer les amateurs d'art.

Chacune de ces quatre églises fut construite a un coût qui dépassait le quart de million de dollars. Si on ajoute à cette somme les coûts

Paroisse Notre-Dame-de-Lourdes, Fall River, Mass. Riche d'institutions et de
paroissiens, voici comment se présentait cette paroisse vers 1935-1940.
1. La deuxième église Notre-Dame, fut détruite dans l'incendie du 11 mai 1982.
2. L'Académie Jésus-Marie fut, pendant plusieurs décennies, dirigée par les religieuses
de Jésus-Marie de Sillery (Québec). 3. L'école Prévost, école secondaire pour garçons,
se trouvait sous la direction des Frères de l'Instruction Chrétienne. 4. L'ancien
orphelinat du Mont-Saint-Joseph était dirigé par les Sœurs de la Charité de Québec.
5. L'école paroissiale Notre-Dame. (Collection Armand Chartier)

Abside de l'église Notre-Dame et presbytère,
Fall River, Mass. L'harmonie des lignes de ce
presbytère, complété en 1896, le rend agréable
à la vue, et son aspect général est
caractéristique de l'époque.
(Collection Armand Chartier)

d'autres bâtiments paroissiaux — écoles des filles, écoles des garçons, écoles secondaires, couvents, résidences des frères enseignants, presbytères, annexes, et parfois un orphelinat ou un hospice —, le total dépassait souvent un million de dollars. Chaque paroisse franco-américaine ne compte pas autant d'édifices que «les grosses paroisses», mais, dans la plupart des cas, l'église est entourée d'une école, d'un couvent et d'un presbytère, habituellement édifiés avant 1935.

Cette époque des vastes constructions est aussi celle des anniversaires de fondation des vieilles paroisses, et ces deux phénomènes signalent l'enracinement et la stabilité des immigrants canadiens en terre américaine. La célébration de l'anniversaire d'une paroisse entre donc, au cours de ces années, dans les mœurs franco-américaines. Comme il s'agit d'une fête, on multiplie les manifestations afin d'attirer le plus grand nombre possible de participants et d'assistants. Une fête jubilaire se célèbre toutefois avec moins d'éclat que la dédicace d'une église, qui, elle, est rehaussée par la présence d'évêques, voire d'archevêques du Canada.

Mais la pompe ne manque pas à un jubilé paroissial. À partir d'une formule de base, toutes sortes de variations sont possibles, selon les ressources disponibles, les circonstances, et le bon vouloir du curé. Les constantes sont à peu près celles-ci: une messe pontificale célébrée par l'ordinaire du diocèse et agrémentée de chants exécutés par le chœur de la paroisse; le sermon de circonstance, parfois «une perle d'éloquence sacrée»; on commentera aussi les décorations spéciales qui parent l'église, et la présence, dans les bancs réservés, des religieuses enseignantes, des délégations de sociétés paroissiales, et parfois d'une garde d'honneur; des vêpres solennelles et le salut du Saint-Sacrement ont lieu au cours de l'après-midi; souvent, on chante une messe spéciale pour les enfants, et une autre pour les défunts de la paroisse.

Soit au banquet, soit au cours d'une séance dramatique et musicale, des orateurs rappellent l'héroïsme des pionniers de la paroisse, de même que l'importance de rester fidèle à ses origines catholiques et françaises, surtout dans un pays d'adoption. Parfois l'orateur de marque vient du Canada, et son discours fait sensation. Tel est le cas d'Henri Bourassa, qui adresse la parole aux paroissiens de Sainte-Anne, à Fall River (Massachusetts), en 1919, puis à ceux de Notre-

Le Jugement Dernier, église Notre-Dame-de-Lourdes, Fall River, Mass.
Cette photo ne donne qu'une bien faible idée de ce que fut ce somptueux tableau
de Ludovico Cremonini qui couvrait la voûte de la deuxième église
Notre-Dame-de-Lourdes (1906-1982). Une tradition tenace en faisait un
des plus grands tableaux du continent nord-américain. (Collection Armand Chartier)

Dame-des-Canadiens, à Worcester (Massachusetts), en 1920. À Sainte-Anne, le tribun canadien suscite les acclamations de ses auditeurs en stimulant leur foi et leur patriotisme: «Pourquoi les Canadiens français devenus Franco-Américains se sont-ils assimilés si facilement dans la nouvelle république? C'est que vous étiez Américains longtemps avant les neuf-dixièmes de ceux qui se targuent d'être les seuls Américains.» Et encore: «Jamais depuis vingt ans je n'ai parlé devant un auditoire franco-américain sans lui donner un conseil loyal: Faites-vous naturaliser en masse, exercez dans toute leur plénitude vos droits de Franco-Américains, vous serez deux fois plus forts pour démontrer aux Américains, trop occupés à accumuler leur or, combien ils ont besoin de votre concours comme Français et Catholiques.»

En général, les paroisses franco-américaines sont desservies par des membres du clergé diocésain, mais quelques communautés religieuses, dont les oblats, les maristes, les dominicains, les pères de La Salette et les pères des Sacrés-Cœurs, ont elles aussi la responsabilité d'un certain nombre de paroisses. La présence de ces communautés est parfois marquée au coin de la controverse. Celle-ci est quelquefois interne, comme chez les dominicains de Fall River (Massachusetts) et de Lewiston (Maine), qui, ayant d'abord relevé d'une maison mère en France (les premiers pères étant français), se rattachent finalement à une province dominicaine québécoise. Le laïcat franco-américain est davantage touché par la querelle que suscitent les pères maristes en accordant la primauté à la spiritualité, quitte à négliger la survivance. Plus accommodants, les oblats tendent plutôt à concilier intérêts spirituels et intérêts «nationaux». Querelles à part, ces communautés sont liées de près à l'œuvre paroissiale franco-américaine. Elles sont actives aussi au niveau régional: recrutement de vocations, prédication et développement de lieux de pèlerinage.

Dans une discussion, même sommaire, de la paroisse franco-américaine comme institution, on ne saurait passer sous silence la multitude d'œuvres — sociétés, activités, projets de toute sorte — qui en sont des constituantes essentielles. Il appartient aux spécialistes de sociologie religieuse de s'interroger sur les raisons pour lesquelles ces œuvres sont plus nombreuses dans les paroisses franco-américaines que dans beaucoup d'autres. Y aurait-il là une imitation, consciente ou inconsciente, de modèles québécois et acadiens? Cette surabondance

Église l'Assomption, Chicopee, Mass. Église unique de par sa combinaison de
campanile — dont la hauteur dépasse 25 mètres — de tympan richement ornementé,
et de colonnade. Complétée en 1925, elle fut construite à l'épreuve du feu parce
que l'église qui l'avait précédée fut détruite dans un incendie. Architecte:
Georges P. Dion, un paroissien. (Collection Armand Chartier)

est-elle, comme bien d'autres phénomènes franco-américains, l'effet
de la rencontre de deux cultures? La réponse à ces questions nous
échappe encore.

Dans une paroisse nouvellement créée, trois projets absorbent les
énergies du curé: la construction d'une église, la fondation d'une école
et l'établissement d'associations pieuses pour tous les paroissiens. Ces
associations ont un double but: développer la ferveur religieuse, pour
que chacun ait constamment à l'esprit sa sanctification personnelle, et
fournir au curé un groupe de bonnes âmes prêtes à se dépenser pour
le bien de la paroisse. Les associations pieuses les plus répandues, de
la fin du 19e siècle à 1960 environ, sont la Ligue du Sacré-Cœur pour
les hommes et les jeunes gens, les Dames de Sainte-Anne pour les
femmes mariées, les Enfants de Marie pour les demoiselles. Dans une

paroisse florissante, vers 1930, ces organisations pourraient se chiffrer entre 10 et 15.

Comme d'autres groupements du genre, celui des Enfants de Marie de la paroisse Sainte-Anne de Fall River (Massachusetts), par exemple, a de multiples fonctions. En plus de leur pratique régulière de dévotions spéciales, à l'église ou à domicile, ces zélatrices ont la responsabilité de la bibliothèque paroissiale et la charge d'organiser des soirées dramatiques et musicales, à l'occasion de leurs noces d'argent, célébrées en 1906, ou des campagnes de financement qu'exigent les nombreux projets de construction d'une paroisse en pleine croissance. On reconnaît, dans ces organisations, la mise en pratique d'un concept peut être aussi canadien qu'américain, celui de la foi agissante, de la foi qui s'exprime par les œuvres.

Des groupements et des œuvres ont débordé le cadre de leur paroisse d'origine. C'est le cas des Cercles Lacordaire, fondés dans la paroisse Sainte-Anne de Fall River (Massachusetts), en 1911, ou encore de la Grotte de Lourdes, à l'Orphelinat franco-américain de Lowell, conçue comme lieu de prière par les oblats de la paroisse Saint-Joseph, et immortalisée par Jack Kerouac dans son roman *Docteur Sax*.

L'inauguration de cette grotte, le 4 septembre 1911, est l'occasion d'un déploiement de cérémonies impressionnantes, révélatrices de la piété de l'époque. Un long défilé de chars allégoriques, de sociétés «nationales» et religieuses, d'orphelins en costume de page, de gardes venues de partout — «une fourmilière de fusils et de sabres au clair que dominent les drapeaux» — précède le char portant la statue destinée à la grotte:

> Enfin, voici, entouré de quatre gardes, tiré par six chevaux blancs conduits par six hommes, costumés en habit du moyen âge, le char de la statue de Notre-Dame-de-Lourdes. Sur son passage, tous les fronts se découvrent. Elle est si belle qu'en la voyant la prière monte spontanément aux lèvres. Elle a vraiment l'air d'une reine sur ce char qu'elle orne de sa blancheur.

Ce défilé, suivi de cérémonies publiques sur le terrain de l'orphelinat, en présence d'une foule nombreuse, appartient bien à la période triomphaliste de l'Église canadienne-française, et des manifestations de ce genre ont lieu dans plusieurs des grands centres franco-américains. Le 29 mai 1910, par exemple, avait lieu à Lowell une première

Le Conseil de la Congrégation. La Congrégation des Enfants de Marie aura compté, au cours des ans, et dans toutes les paroisses francos, des milliers de membres dont les bonnes œuvres auront affecté divers secteurs de la vie paroissiale: bibliothèque, visites aux malades, préparation de l'église pour les cérémonies liturgiques, entre autres. Ici l'on voit le Conseil des Enfants de Marie de la paroisse Notre-Dame-de-Lourdes, de Fall River, Mass., en 1927. (Collection Armand Chartier)

procession de la Fête-Dieu dans les rues d'une ville qui, décidément tolérante, s'est habituée avec le temps aux défilés des tertiaires (hommes et femmes) en habits religieux, et aux reposoirs en plein air, élevés ici et là dans le Petit Canada, sans compter le défilé annuel de la Saint-Jean-Baptiste. D'autres centres, dont Putnam (Connecticut), verront des processions du Saint-Sacrement défiler dans leurs rues. Toutes ces démonstrations publiques de foi et de nationalisme ne sont pas sans rappeler les modèles québécois ou acadiens sur lesquels elles sont calquées.

Les grandes paroisses, comme Saint-Joseph, à Lowell, et Sainte-Anne, à Fall River, ont, depuis 1900, les moyens d'ajouter à leur faisceau d'œuvres celle de la presse. *La Semaine paroissiale*, fondée par le curé de Sainte-Anne en 1911, atteint très tôt un tirage important, puisque ce journal de huit ou dix pages devient l'organe de toutes les paroisses franco-américaines de la ville. Encore aujourd'hui, il garde un intérêt certain, la rédaction ayant su y combiner l'actualité et la culture religieuse. À Lowell, les oblats aussi font une œuvre durable, leur *Bulletin* étant en réalité une revue dont la valeur documentaire croît sans cesse avec les ans.

Une autre œuvre digne de mention, dans chaque centre, c'est le cimetière «canadien», souvent établi par la paroisse mère (l'aînée des paroisses francos) et mis par la suite à la disposition de tous les Francos du lieu. Partie intégrante de la paroisse, le cimetière «canadien» fait, dans bien des cas, l'objet d'un pèlerinage annuel, avec la participation de centaines, parfois de milliers de fidèles. On y récite alors des prières pour les défunts, et on écoute un sermon sur l'union de prières qui doit exister entre les vivants et les morts.

Notons enfin que, de 1900 à 1935, la paroisse franco-américaine continue de favoriser les liens avec le Canada. Liens institutionnels, par l'intermédiaire des diverses sociétés paroissiales, souvent liées à une archiconfrérie québécoise; liens personnels, aussi, selon les hasards d'un réseau ecclésiastique dont il serait passionnant de connaître la petite histoire. De nombreux prêtres franco-américains, en effet, sont formés dans les collèges classiques et les séminaires du Canada; d'autre part, certains prédicateurs, comme les jésuites québécois Édouard Hamon et Louis Lalande, sont bien connus en Nouvelle-Angleterre; d'autres membres du clergé canadien-français font des séjours plus ou moins prolongés dans des centres d'immigrants, les mieux connus étant sans doute les abbés Henri Beaudé (en littérature Henri d'Arles) et Denis-M.-A. Magnan, historien et poète. Tous ces liens assurent une présence continue du Canada en Nouvelle-Angleterre, présence rendue encore plus forte par les membres des communautés religieuses enseignantes et hospitalières, et par l'action des sociétés «nationales».

L'encadrement des Franco-Américains peut se concevoir comme une pyramide, dont la base serait l'ensemble des paroisses avec tout leur contingent d'associations pieuses. À un degré intermédiaire, c'est-à-dire au niveau d'une ville, on trouve les succursales des grandes sociétés mutuelles ou fraternelles, dites «nationales», et une quantité de groupements sectoriels: vieilles sociétés de bienfaisance, caisses populaires, organismes de liaison et de coordination, clubs, cercles sociaux, groupes musicaux (chorales, orchestres, fanfares), groupes militaires ou paramilitaires.

Au niveau régional, on peut dénombrer quelque 35 communautés religieuses d'hommes et de femmes à vocations diverses: enseignement, soin des malades et des nécessiteux, service du clergé. Au sommet de la pyramide, on situerait les sociétés «nationales»: l'Association canado-américaine, l'Union Saint-Jean-Baptiste d'Amérique, les Artisans, la Société l'Assomption, qui sont actives dans plusieurs domaines où elles peuvent contribuer à l'avancement des Franco-Américains, et qui veillent à la sauvegarde de l'héritage culturel. Ce sont ces sociétés «nationales» qui, de 1900 à 1935, et même au-delà, méritent de figurer au premier plan, après les paroisses, dans une étude de l'encadrement institutionnel des Franco-Américains, parce que ce sont des organismes à vocation multiple qui ont une influence majeure sur la vie franco-américaine en Nouvelle-Angleterre et, à un moindre degré, dans l'État de New York.

Au tournant du siècle, les chefs du «mouvement national», aux États-Unis, ont réalisé en partie ce qui avait été longuement rêvé et discuté au 19e siècle: la fédération des petites sociétés locales, en partant du principe que «l'union fait la force». Or, «union» ne signifie pas «unanimité», si bien que, de l'effort fédératif, il est sorti, non pas une seule grande mutuelle comme l'avaient souhaité certains, mais trois sociétés nationales qui ne manqueront pas de se faire concurrence. À l'Association canado-américaine, fondée en 1896, et à l'Union Saint-Jean-Baptiste d'Amérique, fondée en 1900, est venue s'ajouter, en 1903, la Société mutuelle l'Assomption pour les Acado-Américains.

Pour être complet (ou presque), il convient d'ajouter trois faits. Les quelque 30 000 immigrants canadiens membres du Catholic Order of Foresters se séparèrent du groupe national en 1906, parce qu'on leur interdisait l'usage du français, et formèrent l'Ordre des forestiers franco-américains. Par ailleurs, un nombre appréciable de Canadiens étaient déjà, avant d'immigrer, membres de la Société des artisans, à Montréal; ils restèrent membres de cette société, qui put ainsi établir des succursales en Nouvelle-Angleterre, et même y recruter de nouveaux adhérents. Et puis, certaines vieilles sociétés de bienfaisance, jalouses de leur autonomie, refusèrent de se laisser «embrigader», préférant poursuivre leurs buts sans ingérence extérieure, telles la

Société Jacques-Cartier du Rhode Island, avec bureau chef à Central Falls, et la Ligue des patriotes de Fall River (Massachusetts), qui célébrèrent toutes deux leurs noces d'argent en 1910.

Or, à l'époque même du mouvement fédératif, un grand nombre d'immigrants canadiens continuent de devenir membres de sociétés mutuelles irlando-américaines (Chevaliers de Colomb), ou même neutres (Foresters of America), attirés soit par des taux d'assurance intéressants, soit par la possibilité de sortir, au moins symboliquement, du ghetto culturel canadien. Cette tendance à appuyer de ses deniers des sociétés qui n'œuvrent pas pour l'avancement des Franco-Américains, signe d'assimilation — certains «patriotes» y voient plutôt le signe d'une «lâche trahison» —, sera dénoncée et combattue tout au long du 20e siècle.

La lutte menée par les sociétés nationales franco-américaines peut être interprétée comme un long plaidoyer *pro domo*. Sans aller jusqu'à croire que seul l'altruisme a motivé ces sociétés, il faut reconnaître que beaucoup de leurs propagandistes ont à cœur autre chose que l'intérêt pur et simple. Pour les mutualistes franco-américains «patriotes» du début du 20e siècle, comme pour d'autres après eux, adhérer à une société neutre ou irlandaise signifie une rupture avec la race et, par conséquent, son affaiblissement. Dans un discours devant la convention générale de Springfield (Massachusetts), en 1901, le journaliste Charles-Édouard Boivin analyse d'une façon pénétrante et nuancée l'habitude qu'ont prise les immigrants de devenir membres de «sociétés étrangères»:

> Dans toutes nos actions nous faisons souvent une trop large part au sentiment et avons cru que le patriotisme serait toujours suffisant pour donner à nos sociétés la force et la vigueur dont elles ont besoin pour soutenir la concurrence des associations de langue anglaise sans cesse perfectionnées. Nous nous sommes trompés.
>
> Si les sociétés étrangères sont pour la plupart plus avancées que les nôtres et plus avantageuses sous le rapport des secours mutuels et de la dotation mortuaire, etc., la faute en est à nous qui n'avons pas su donner aux nôtres l'impulsion nécessaire pour les tenir au premier rang.
>
> Nous manquons trop de confiance en nous-mêmes; c'est presque un défaut national. Nous avons l'engouement trop facile pour tout ce qui nous vient de l'étranger, et je connais maint bon Canadien qui se pâme de joie et se sent grandir de six bons pouces, mesure anglaise, chaque

fois qu'un de ses collègues d'une société pansaxoniste quelconque l'appelle «brother». Il faut avouer, aussi, que ce n'est pas une mince affaire que de s'entendre appeler «brother» par un individu de la race supérieure, qui a le droit divin et humain, indiscutable et inaliénable, de nous marcher dessus, s'il désire se payer cet «inoffensif» plaisir. (*Historique des conventions générales*, p. 391)

Ce discours est plus qu'une émouvante apologie des sociétés franco-américaines. L'auteur touche un ensemble de questions agitées au cours du 20e siècle: l'avenir des sociétés «nationales» dans un contexte fortement concurrentiel, le caractère que pourraient prendre les relations entre les membres d'un groupe immigrant et le groupe majoritaire, et, par-delà ce problème de psychologie collective, celui de l'identité de l'individu dans un contexte social nouveau et mouvant.

L'Association canado-américaine et l'Union Saint-Jean-Baptiste d'Amérique se ressemblent par leur caractère à la fois économique et fraternel. La vente de l'assurance-vie à des individus catholiques d'origine française ou canadienne-française est l'activité qui rend possible une vocation patriotique multiforme. Auprès de leurs membres, les deux sociétés préconisent le maintien de la foi et de la langue française, et la participation à la vie civile et politique des États-Unis; auprès du grand public, elles se font les propagandistes du rôle historique de la France dans le développement du continent nord-américain; auprès des autorités civiles et religieuses, agissant comme groupes de pression, elles revendiqueront les droits de la communauté franco-américaine à maintenir sa foi, sa langue et ses traditions. Pendant la période houleuse qui suit la Première Guerre mondiale, les chefs de ces sociétés auront à organiser une défense systématique des écoles paroissiales franco-américaines, dont les libertés seront menacées.

En outre, l'Association canado-américaine et l'Union Saint-Jean-Baptiste d'Amérique ont en commun plusieurs moyens d'action, y compris l'assistance financière aux étudiants, entre autres œuvres philanthropiques. L'une et l'autre touchent régulièrement des milliers de gens par la publication d'un organe mensuel, *Le Canado-Américain* et *L'Union*, qui existent encore de nos jours, et par de nombreuses activités culturelles et sociales, non seulement à Manchester (New Hampshire) et à Woonsocket (Rhode Island), les villes où se trouvent leurs bureaux chefs, mais un peu partout en Nouvelle-Angleterre. Comme ces deux «sociétés sœurs» (mais rivales) ont des succursales dans presque tous les centres franco-américains, elles ont facilement accès aux populations locales. Par ailleurs, les deux sociétés possèdent chacune une remarquable collection de canadiana et de franco-americana qui constituent une bonne partie des archives de la race en Nouvelle-Angleterre.

Mais il existe entre elles une divergence de vue concernant l'attitude à maintenir à l'égard du Canada et de la France. D'esprit plus canadien que français, l'Association canado-américaine (15 000 membres en 1930) compte un tiers de ses effectifs au Canada, et s'efforce au cours des ans de resserrer les liens qui l'attachent à la mère patrie, sans toutefois répudier la France. Par contre, l'Union Saint-Jean-Baptiste d'Amérique (50 000 membres en 1930) est beaucoup plus orientée vers la France que vers le Canada, alléguant que c'est la culture française qu'il faut faire valoir, plutôt que des attaches à un pays que l'on vient de quitter. L'Union Saint-Jean-Baptiste d'Amérique ne recrute pas au Canada, elle est concentrée en Nouvelle-Angleterre et dans l'État de New York, et réussit à se donner des «conseils» (succursales) parmi les Francos du Midwest.

Toujours en Nouvelle-Angleterre, de 1916 à 1934, la Fédération catholique franco-américaine tenta de regrouper une vingtaine de sociétés, dont les sociétés «nationales», pour permettre aux Francos de faire front commun lorsque leurs intérêts religieux ou linguistiques seraient menacés. Cet organisme, conçu pour transcender les querelles de clocher, réussit, malgré sa brève existence, à mener à bien une campagne de souscription au bénéfice du Collège de l'Assomption, à Worcester (Massachusetts). Elle réussit également à organiser la résistance au mouvement qui avait pour buts d'éliminer les journaux écrits en langues dites «étrangères» et de faire de l'anglais la seule langue enseignée dans les écoles élémentaires.

Pendant le premier tiers du siècle l'élite fait donc beaucoup pour organiser les Franco-Américains de tous les secteurs d'activité et de tous les coins de la région. Elle veut éviter la dispersion, l'émiettement de forces qui, si seulement elles pouvaient être regroupées, créeraient une puissance dont il faudrait tenir compte, en haut lieu irlandais ou anglo. Il serait fastidieux, sinon impossible, de dresser un inventaire complet des tentatives d'organisation, tellement elles abondent;

contentons-nous de quelques autres exemples, qui donneront une idée de l'ampleur du rêve de solidarité franco-américaine.

Pour les jeunes, on fonde l'Association de la jeunesse catholique franco-américaine (1908), active surtout à Manchester (New Hampshire) et à Central Falls (Rhode Island). Comme les «gardes» — unités paramilitaires — étaient prisées partout dans la région (on en a dénombré une centaine vers 1910), on crée un organisme parapluie, la Brigade des volontaires franco-américains de la Nouvelle-Angleterre, en 1906, qui parvint à réunir une quarantaine de ces «gardes» indépendantes en vue d'encourager les membres à fraterniser entre eux, et, on l'aura prévu, à «conserver leur langue, leur foi et leur esprit national».

Au niveau local, on s'efforce d'attirer les jeunes dans des associations de toute sorte, sportives, musicales, dramatiques, pieuses et collégiales. Il y eut, un moment, un groupement modèle de la Jeunesse ouvrière catholique dans la paroisse Sainte-Marie de Manchester (New Hampshire), et, ici et là, des organisations de scouts.

Chez les dames, le Cercle Jeanne-Mance, fondé à Worcester (Massachusetts) en 1913, dans la foulée du premier congrès de la langue française (Québec, 1912) servira d'inspiration à d'autres groupes du même genre ailleurs dans la région. Le but de ce cercle, selon sa constitution, est de «promouvoir l'avancement de ses membres dans l'étude de la langue française, la religion, les sciences et la littérature, et d'encourager les œuvres philanthropiques et charitables». Ses activités habituelles sont les conférences, les soirées musicales, dramatiques ou folkloriques, et les classes de français. C'est au Cercle Jeanne-Mance qu'on donna, en 1915, la première représentation de *Françaises d'Amérique*, de Corinne Rocheleau, un ensemble de «tableaux vivants» inspirés par l'histoire de la Nouvelle-France. Le journal franco-américain de Worcester, *L'Opinion publique*, après avoir déclaré que le Cercle Jeanne-Mance était devenu une véritable petite cour de Rambouillet, en donna cette appréciation, le 13 février 1915:

> Nous disons que ce cercle a accompli beaucoup de bien parmi les nôtres, mais il a fait plus encore: il a contribué largement à faire disparaître cette double légende du «Canadian French» et du «Parisian French», qui s'accréditait de plus en plus dans l'esprit américain. Aujourd'hui les Américains de Worcester savent que le français du

Canadien est le même que celui du Français de France et ce sera l'honneur du cercle Jeanne-Mance d'avoir su lutter d'une manière efficace pour arriver à ce résultat et d'avoir triomphé d'un préjugé aussi solidement enraciné.

L'encadrement économique des Franco-Américains, commencé au 19ᵉ siècle, prend de l'ampleur entre 1900 et 1935. L'élite, en effet, veut encourager l'épargne au sein d'une population dont la situation économique s'améliore, grâce à un persistant labeur, grâce aussi au nombre croissant de personnes qui se lancent dans la petite entreprise. C'est au cours de ces décennies que s'établissent des caisses populaires dans les centres franco-américains. Il faut rappeler, toutefois, que, dès 1889, un groupe de citoyens franco-américains de l'ouest du Massachusetts avait fondé, à Holyoke, la City Cooperative Bank, avec comme préoccupation première de desservir la communauté d'immigrés. On avait choisi comme devise: «Faire fructifier l'épargne.»

En 1908, l'abbé Pierre Hévey, curé de Sainte-Marie, à Manchester (New Hampshire), invite le fondateur des caisses populaires, Alphonse Desjardins, à adresser la parole à ses paroissiens. La visite de Desjardins est si bien réussie que l'on fonde, séance tenante, la Caisse populaire Sainte-Marie, la première aux États-Unis. L'idée se répand, grâce aux efforts continus de Desjardins et de Franco-Américains convaincus. L'abbé Joseph Béland, par exemple, curé de Notre-Dame, à Central Falls (Rhode Island), mécontent d'une apparente discrimination des banques locales à l'endroit des immigrants canadiens, règle le problème en fondant une caisse populaire appelée à devenir une des plus prospères du mouvement coopératif franco-américain.

Autre exemple de l'encadrement et du succès économiques qui marquent cette époque: la fondation de chambres de commerce locales vouées à l'avancement des Francos. Celle de Woonsocket (1914) sert uniquement les gens d'affaires franco-américains; plus accueillante, celle de New Bedford se propose de «promouvoir le bien-être fraternel, social et éducationnel de ses membres en particulier, et de tous les citoyens de New Bedford en général», d'après sa constitution de 1925. À la même époque (1922), les hommes d'affaires d'Augusta (Maine) forment le Club Calumet, dans un esprit semblable à celui qui anime les chambres de commerce. Mais les fondateurs n'admettront comme membres que les Franco-Américains ayant des occupations «non salissantes».

Pour assurer un minimum de communication entre des groupes si nombreux, des organismes de liaison surgissent, fondés sur le principe de la représentativité. À New Bedford, en 1919, on crée la Ligue des présidents des sociétés, associations, cercles ou clubs franco-américains de New Bedford, Massachusetts. À Lewiston, en 1923, on établit la Ligue des sociétés de langue française.

Seule une étude exhaustive des archives de tous ces groupes permettrait de formuler une évaluation nuancée de leur action, ou de commenter leur abondance même. On aura remarqué qu'ils ont en commun les mêmes fondements idéologiques; tous ont pour base les trois valeurs universelles en Franco-Américanie: la foi, la langue et les traditions. C'est dire que ces groupes, à des degrés variables, évidemment, sont l'expression, en terre étatsunienne, de cet esprit et de cette volonté qui a pour nom la survivance; c'est dire aussi que la survivance acquiert, au cours de cette période, l'essentiel de son infrastructure.

Éducation «nationale»

L'éducation «nationale» se fait par tous les organismes que nous venons d'étudier, de la paroisse à la société nationale, l'élite ne manquant pas une occasion de rappeler au peuple l'urgence de conserver l'héritage culturel. Paroisses, sociétés, journaux, pratiquent une forme d'éducation permanente en incitant sans cesse au dépassement de soi, à la discipline personnelle et à la fierté ethnique. Leurs efforts prolongent l'éducation commencée à l'école paroissiale.

Pierre d'assise de l'éducation nationale, l'école élémentaire franco-américaine n'a pas été improvisée, loin de là. À plus d'un titre, ses origines remontent au Moyen Âge, d'abord parce que l'esprit religieux qui l'anime rappelle beaucoup plus, par sa vision presque manichéenne de la réalité, par sa simplicité, par son esprit de croisade, la foi du 12e siècle que celle de l'époque moderne, et ensuite parce que la règle de certaines communautés qui enseignent dans ces écoles est inspirée par la pensée de saint Augustin, comme c'est le cas pour les sœurs de Saint-Joseph du Puy (France).

Plus près de nous, ceux et celles qui ont façonné l'éducation élémentaire des Franco-Américains doivent beaucoup à la Contre-Réforme, à la conquête du Canada par l'Angleterre et au renouveau religieux de la deuxième moitié du 19ᵉ siècle québécois. Pour ce qui est de la Contre-Réforme, deux des communautés, nées respectivement au 16ᵉ et au 17ᵉ siècle, les ursulines et la Congrégation Notre-Dame, ont fourni non seulement du personnel aux écoles paroissiales franco-américaines, mais aussi des principes et des notions pédagogiques aux instituts religieux fondés après elles. Et, de la Conquête de 1760, est issue l'idéologie de la survivance.

Même s'il n'est pas habituellement associé aux Franco-Américains, Mᵍʳ Ignace Bourget, évêque de Montréal de 1840 à 1876, a contribué d'une façon appréciable à l'élaboration de la Franco-Américanie: parmi les multiples communautés religieuses qu'il recruta en France, deux en particulier joueront un rôle de premier plan en Nouvelle-Angleterre, les sœurs de Sainte-Croix et les religieuses de Jésus-Marie; parmi les congrégations canadiennes dont il encouragea la fondation, les sœurs de Sainte-Anne connaîtront un essor remarquable dans le nord-est des États-Unis. Par son influence déterminante sur le catholicisme québécois, Mᵍʳ Bourget n'a pas peu contribué, non plus, à fixer pour longtemps le sentiment religieux de l'élite et du peuple, même en Franco-Américanie.

Le catholicisme traditionnel du Québec — et de la Franco-Américanie — est omniprésent dans la vie extérieure des fidèles, puisqu'il occupe les secteurs clés de la paroisse, de l'enseignement et de la bienfaisance. Il s'approprie en plus *toute* la vie intérieure de l'individu, en insistant sur le fait que chaque acte et chaque pensée sont liés au but de l'existence: le salut éternel. Cette façon assez peu subtile de partager la réalité en deux catégories, le bien et le mal, rappelle le manichéisme et s'exprime par un rigorisme moral qui serait censé imprégner la vie d'un chacun.

En toute chose, l'Église exige le plus strict conformisme aux règles prescrites par un épiscopat ultraconservateur. On n'encourage guère l'esprit d'initiative, l'épanouissement de l'individu devant se poursuivre selon des modèles recommandés, soit Jésus-Christ, la sainte Vierge, saint Joseph, et nombre d'autres saints. On exhorte les fidèles à l'action, car l'Église préfère nettement une piété agissante à la pure contemplation.

Sœurs fondatrices. Première rangée, de gauche à droite: Sr Julie Théofrède, Sr Léocadie, Mère Thérésia, Sr M. Noël, Sr Octavie; deuxième rangée: Sr M. de la Croix, Sr M. Euphrasie, Sr M. Thérèse, Sr St-Gilles. Les Sœurs de Saint-Joseph du Puy en Velay (France) établirent les fondements le leur province de Fall River, Mass., en envoyant ces neuf religieuses à l'école paroissiale Saint-Roch au début du siècle. Une quarantaine de communautés religieuses d'hommes et de femmes participèrent à l'enseignement chez les Francos, à tous les niveaux.
(Collection Cécile Désaulniers Limacher)

Une autre caractéristique de l'enseignement, dans les écoles paroissiales franco-américaines, est l'idéalisme, qui trouve sa source dans le catholicisme québécois traditionnel. Les religieuses enseignantes, tout comme le clergé québécois du 19e siècle, ne cessent de maintenir présent à l'esprit des jeunes un idéal de vie impossible à atteindre — la perfection — mais vers lequel on doit tendre.

L'Église catholique franco-américaine montre en outre des tendances triomphalistes, moins fortes que celles de l'Église du Québec, parce que ses conquêtes sont moins imposantes, mais, dans un cas comme dans l'autre, le caractère messianiste est manifeste. La «mission» peut varier, car tantôt on prie pour la conversion de l'Amérique anglo-saxonne, tantôt pour la Russie ou pour des pays païens (la Chine, le Japon), mais l'essentiel, ici, c'est que l'école franco, comme le peuple canadien-français, fut marquée en profondeur par l'esprit messianiste. L'écolier franco a donc vécu dans une ambiance catholique qui trouvait sa source dans le Québec du 19e siècle. Mais voyons comment l'école paroissiale franco-américaine s'insère dans le contexte général de l'immigration.

Dès ses débuts, une colonie canadienne, dans un centre manufacturier de la Nouvelle-Angleterre, ressemble à une ruche bourdonnante d'activité. Ce niveau d'activité se maintient pendant trois décennies: de 1900 à 1930, il se fonde une soixantaine de paroisses francos (on en comptait environ 90 avant 1900), et, dans la majorité d'entre elles, on construit une école.

L'élan avait été donné à la fondation d'écoles paroissiales aux États-Unis par l'épiscopat américain, réuni en concile à Baltimore (Maryland), en 1884. En ordonnant l'établissement d'une école dans chaque paroisse, les évêques se rendaient au vœu du Saint-Siège, qui, en 1875, condamnait la fréquentation des écoles publiques. Les Franco-Américains, comme tous les catholiques des États-Unis, se sont donc astreints à une double taxe, le gouvernement interdisant de subventionner les écoles privées par les impôts publics.

Or, même dans un pays où l'épiscopat rend obligatoires la fondation et la fréquentation d'écoles paroissiales, l'école paroissiale franco-américaine ne va pas de soi. Car il faut lutter pour obtenir, de l'évêque du diocèse, l'autorisation de fonder d'abord une paroisse dite «nationale». Cette lutte est menée par des immigrants zélés et dynamiques, en collaboration avec le clergé franco-américain local, s'il existe déjà une paroisse franco-américaine dans un endroit donné; sinon, le groupe de pression doit agir seul auprès d'un évêque qui, à l'instar de ses collègues, tolère à peine l'existence de paroisses autres que territoriales; ou encore, comme l'a fait l'abbé Joseph-Augustin Chevalier, le premier curé franco-américain du New Hampshire, le curé doit parfois agir seul, dans une ambiance hostile, pour défendre le droit des immigrants à une école «canadienne».

Parfois l'opposition se situe à l'intérieur même de la paroisse, représentée par un groupe d'indifférents que le curé doit persuader. Louis-O. Triganne, curé de Notre-Dame-des-Sept-Douleurs d'Adams (Massachusetts) au tournant du siècle, développait en chaire une argumentation à la fois efficace et amusante: postulant que ses paroissiens ne voudraient assurément pas que leurs enfants devinssent des «renégats», des «étrangers», des «fils dégénérés», il continuait de faire devant eux le résumé de leur propre pensée:

> Ce que vous voulez, au contraire, c'est que vos enfants soient fiers de vous, comme vous êtes fiers de vos aïeux; c'est qu'ils soient faits à votre image et à votre ressemblance, ayant la même mentalité que vous, pensant comme vous, parlant comme vous, agissant comme vous; vous voulez continuer de vivre en eux, vous voulez qu'ils soient le prolongement de votre vie.

Après avoir loué cette noble ambition, il en arrivait à formuler une question qui amenait une réponse inévitable.

> Mais, comment vos enfants seront-ils ce que vous les voulez, canadiens comme vous jusque dans l'âme? Comment porteront-ils dignement votre nom qui les honore? Comment réaliserez-vous votre si noble ambition? Comment?... Il n'y a qu'un seul moyen, c'est l'école canadienne. Elle seule est capable de former vos enfants à votre image et à votre ressemblance; elle seule est capable de leur faire aimer ce que vous aimez et adorer ce que vous adorez.

Pour maintenir les écoles paroissiales pendant plus d'un siècle, le clergé a dû mener une virulente campagne de propagande contre les écoles publiques des États-Unis. Honnies comme lieux de perdition, ces écoles continuaient néanmoins à attirer les enfants des immigrés, pour une multitude de raisons que les curés jugeaient rarement valables: éloignement relatif de l'école paroissiale, malentendu entre une famille et une des religieuses enseignantes, indifférence des parents en matière de religion, parti pris contre le règlement trop sévère de l'école paroissiale, etc. Du point de vue du clergé, aucun argument ne justifiait la fréquentation des écoles publiques, perçues soit comme hostiles aux enseignements de l'Église catholique, soit comme neutres en matière de religion. Même dans ce dernier cas, l'école publique était inacceptable, le but premier de l'école étant la formation de bons catholiques.

Tout simple et tranquille qu'elle peut paraître à prime abord, l'école paroissiale franco n'a donc pas été une institution de tout repos. Mais elle devient vite une arme dans l'incessante campagne de contre-propagande dont il a déjà été question, et qui se poursuit au-delà de l'époque 1900-1930. Car l'école franco-américaine sert à la fois à démontrer aux Québécois la fidélité des Francos à la survivance, et aux Anglos la priorité qu'ils accordent à l'éducation.

L'époque de la Première Guerre mondiale est caractérisée, aux États-Unis, par une vague de patriotisme entremêlé de racisme. Ce racisme est dirigé d'abord contre les Américains d'origine allemande, puis contre ceux qu'on soupçonne de socialisme — à la suite de la Révolution russe — et finit par atteindre les juifs, les Noirs et les catholiques. Bref, tout est suspect qui n'est pas WASP (White Anglo-Saxon Protestant), et on réclame sans nuance le «one hundred per cent Americanism» (l'américain à cent pour cent).

En même temps, se manifeste, au gouvernement fédéral comme dans plusieurs États, une évidente volonté de centralisation. Or, l'histoire du pays est marquée par une alternance de mouvements centralisateurs et décentralisateurs. Quand le pays est en danger, comme en temps de guerre, la population se sent mieux protégée par un gouvernement fortement centralisé. Et il est sans doute normal qu'une partie de la gent politique profite d'une telle conjoncture pour tenter de centraliser certains pouvoirs qui pourraient fort bien rester décentralisés, comme le contrôle des écoles privées.

Voilà l'ambiance dans laquelle les partisans de l'école paroissiale franco-américaine durent lutter pour préserver une autonomie et une identité si difficilement obtenues de l'État et de l'épiscopat irlando-américain. De 1914 à 1925, ils eurent à parer une longue série de menaces à l'existence de leurs écoles, sous la forme de projets de loi proposés par divers États de la Nouvelle-Angleterre.

En 1914, par exemple, dans le Massachusetts, un projet de loi voulait accorder à l'État le droit de surveiller de près les écoles paroissiales. Toujours aux aguets, Élie Vézina, secrétaire général de l'Union Saint-Jean-Baptiste d'Amérique, avertit par télégramme ses confrères du bureau général: «Écoles paroissiales en danger.» L'Union organise des délégations qui se rendent à Boston pour une audience publique relative à ce projet de loi. Les Francos y forment un front commun avec d'autres groupes — des Autrichiens, des Irlandais, des Italiens et des Polonais — dont les écoles sont aussi visées. Le projet de loi est ajourné.

La participation des autres groupes minoritaires à ce genre de lutte est rassurante, mais elle pose également la question de la solidarité multi-ethnique, objet de nombreux débats, chez les Franco-Américains, depuis des années. Craignant que les Irlandais ne profitent d'une telle collaboration pour mettre la main sur les sociétés francos, en vue de les américaniser, les chefs gardent leur distance, sans brûler les ponts.

Pendant la guerre, et après encore, l'hostilité envers les écoles paroissiales s'intensifie: le gouvernement fédéral lance un programme d'américanisation, et 22 États adoptent des lois tendant à abolir les écoles paroissiales, surtout celles où l'on enseigne des langues dites «étrangères». Autres signes des temps: le nouveau slogan «Un seul drapeau, une seule langue!» se propage par tout le pays, et au Congrès, à Washington, on discute un projet de loi visant à établir un ministère de l'Instruction publique qui contrôlerait et américaniserait l'enseignement. *Le Droit*, d'Ottawa, souligne la ressemblance de tout cela avec le Règlement 17, si controversé en Ontario.

À la législature du Massachusetts, deux nouvelles menaces surgissent en 1919. Un projet de loi voudrait limiter l'enseignement des langues étrangères à une heure par jour. Élie Vézina rétorque: «Une heure par jour, c'est assez pour perdre sa langue.» Et, de nouveau, il organise la résistance. Ce projet de loi étouffé, une nouvelle mesure du même genre est proposée, et la ronde recommence: les Franco-Américains se réunissent, ils signent des pétitions, leurs journalistes dissertent, et leurs curés dénoncent, du haut de la chaire, cette nouvelle attaque. On fait remarquer, à qui de droit, que les États-Unis eurent la chance, pendant la guerre, de compter sur des soldats francos pour servir d'interprètes en France — soldats issus, justement, de ces écoles paroissiales que l'on voulait éliminer. Les arguments avancés sont efficaces, et les écoles paroissiales du Massachusetts échappent au danger.

Il faut, encore, parler du Peck Educational Bill, qui suscite une tempête politique dans le Rhode Island, et qui aggrave la tension entre les Francos et les centres de pouvoir. C'est du reste dans cette atmosphère de tension et de conflit qu'est sur le point d'éclater l'affaire de la Sentinelle.

Pendant la session législative de 1922, Frederick Peck, député à Providence (Rhode Island), réussit à faire adopter un projet de loi selon lequel l'État, plutôt que la municipalité, exercerait le contrôle sur les écoles privées. Devant cette nouvelle atteinte à l'intégrité de l'école paroissiale, des membres francos de l'assemblée législative du Rhode Island, dirigés par Henri Nesbitt, député de Pawtucket, et

Édouard Belhumeur, sénateur de Woonsocket, font adopter, en 1925, un amendement qui annule la loi Peck. Dans l'intervalle, la Cour suprême des États-Unis avait décrété qu'un État ne pouvait interdire l'enseignement de langues étrangères dans les écoles privées, et, en 1925, elle déclarait inconstitutionnelle une loi de l'Oregon qui rendait obligatoire la fréquentation des écoles publiques. Aux défenseurs de l'école paroissiale franco, désormais protégée par ces décisions de la Cour suprême, la nouvelle loi Nesbitt-Belhumeur apporte une autre satisfaction: l'État, par cette loi, proclame officiellement le droit d'enseigner des matières scolaires dans une langue autre que l'anglais.

L'atmosphère reste tendue, car les Anglo-Américains accusent les Francos d'être *un-American*, ce qui veut presque dire «antipatriotiques», et ils voient, dans des mesures comme l'adoption du projet de loi Nesbitt-Belhumeur, une extension du papisme aux États-Unis. Or, en 1921, une nouvelle menace contre l'école paroissiale franco, dans le Rhode Island, s'était concrétisée par la nomination, au siège épiscopal de Providence, de Mgr William Hickey, un centralisateur notoire.

Malgré ces difficultés, de 1900 à 1935, le système scolaire franco-américain est en pleine expansion. Dès le début du 20e siècle, les fondements doctrinaux en sont bien établis, la population d'âge scolaire augmente sans cesse, et le personnel enseignant suffit à peine à répondre aux demandes des curés. Comme dans le cas des églises, les modestes constructions en bois qui servaient d'écoles provisoires sont souvent remplacées par des édifices en brique, modernes, imposants, comme l'école Sainte-Anne de Fall River (Massachusetts), complétée en 1925 au coût de 700 000 $. Bref, l'école demeure une œuvre paroissiale tout à fait prioritaire, et son entretien est assuré par la générosité des paroissiens, qui rarement se plaignent de la double taxe à laquelle sont sujets, aux États-Unis, tous les groupes qui veulent maintenir des écoles séparées.

Ces années marquent aussi le développement de l'enseignement secondaire et supérieur franco-américain. De prestigieux établissements sont fondés par des communautés religieuses de femmes et d'hommes. On songe, par exemple, au pensionnat Villa Augustina, établi à Goffstown, en banlieue de Manchester (New Hampshire), par les religieuses de Jésus-Marie, en 1918, ou encore à celui des sœurs de la Présentation-de-Marie à Hudson (New Hampshire) en 1926.

Couvent de la Présentation de Marie, Hudson, N.H. Ouvert en 1926, ce couvent fait partie d'un réseau de pensionnats bilingues dirigés par des religieuses et des religieux venus de France et du Canada. Les sœurs de la Présentation de Marie enseignent dans de nombreuses écoles, y compris ce couvent (école secondaire) et le Collège Rivier à Nashua, N.H. (Collection Marcelle Guérette-Fréchette)

Pour les garçons, les frères Maristes inaugurent un cours secondaire à l'école Saint-Joseph de Lowell (Massachusetts) en 1920, et le Mont Saint-Charles, à Woonsocket (Rhode Island), dirigé par les frères du Sacré-Cœur, ouvre ses portes en 1924.

Mais l'institution qui fait vraiment l'orgueil des Francos de l'époque, c'est le collège de l'Assomption et son école préparatoire, fondés en 1904, à Worcester (Massachusetts), par les augustins de l'Assomption, d'origine française et belge. Le programme de huit ans, semblable à celui des collèges classiques du Canada, exige que la plupart des matières soient enseignées en français. La population franco-américaine s'anglicisant, le collège, forcément, évoluera dans le même sens, mais la culture française y restera prioritaire.

Vie intellectuelle et culturelle

L'époque de 1900 à 1935 est celle des bilans historiques et des essais sur divers aspects de la «question nationale». La polémique et la propagande y sont très présentes, les auteurs étant tous, ou peu s'en faut, au service de la survivance; d'où l'aspect utilitaire et didactique de cette littérature. Comme bon nombre de ces textes sont écrits à l'occasion de la dédicace d'une église ou la bénédiction d'une école, d'un congrès ou d'un anniversaire, ou encore de la célébration du 24 juin, il s'agit souvent d'une littérature de circonstance. Il existe en plus une abondante littérature pieuse, diffusée sous forme de livres ou de revues publiés par des communautés religieuses.

L'histoire est le genre littéraire le plus pratiqué, et, dans ce domaine, deux noms sont à retenir: ceux de l'abbé Denis-M.-A. Magnan et d'Alexandre Belisle. Québécois, l'abbé Magnan (1863-1929) connaît bien les Franco-Américains grâce à son ministère parmi eux. En 1912, il publie à Paris son *Histoire de la race française aux États-Unis*, la seule tentative du genre jusqu'à présent (l'ouvrage de Ronald Creagh, *Nos cousins d'Amérique: histoire des Français aux États-Unis*, qui paraît en 1988 ne traite pas des Canadiens français ou des Franco-Américains). Les huguenots en Floride, les explorateurs du Midwest, les ursulines en Louisiane, les Canadiens dans le Far West après la Révolution américaine, la grande émigration, tout cela est passé en revue avec une évidente fierté, raconté avec entrain, et non sans une volonté avouée de remplir un devoir patriotique. L'auteur écrit autant pour renseigner ses lecteurs que pour leur proposer des modèles. L'abbé Magnan a laissé, également, une importante notice historique, *Notre-Dame de Lourdes de Fall River, Massachusetts* (1925).

Comme l'abbé Magnan, Alexandre Belisle (1856-1923) a pratiqué l'histoire nationale et l'histoire locale. Personnage attachant, Belisle a vécu, enfant, l'expérience de l'émigration, accompagnant sa famille qui passe du village natal de Sainte-Victoire (Québec) à Worcester (Massachusetts), vers 1860. Autodidacte, il fait ses premières armes, comme journaliste, au *Travailleur*, dont il fait partie de l'équipe jusqu'à la mort de Ferdinand Gagnon, en 1886. En 1893, il fonde son propre journal, *L'Opinion publique*, qu'il continue de diriger jusqu'à son décès, en 1923.

Claudel à Worcester. Ambassadeur de France à Washington, jouissant d'une réputation mondiale comme écrivain catholique, Paul Claudel fut invité à participer aux fêtes du 25ᵉ anniversaire de fondation du Collège de l'Assomption à Worcester, Mass., en 1929. Il fut accueilli chaleureusement par les autorités civiles comme par les assomptionnistes et les étudiants. (Archives du collège de l'Assomption)

En publiant, en 1911, son *Histoire de la presse franco-américaine*, c'est un monument que Belisle lègue à la postérité: d'abord par l'étendue de son champ d'étude, qui couvre toutes les entreprises journalistiques canadiennes-françaises des États-Unis, de la Nouvelle-Angleterre à la Californie, de 1817 à 1911; ensuite par la minutie avec laquelle il décrit les tentatives les plus marquantes; et enfin par son esprit de synthèse, aucunement désavantagé par le souci du détail.

Connu aussi pour son *Livre d'or des Franco-Américains de Worcester, Massachusetts* (1920), Alexandre Belisle l'est moins pour ses contributions à la vie culturelle anglo-américaine de Worcester. En 1907, par exemple, il donne à l'auguste Worcester Society of Antiquity une conférence bien documentée sur «The French-Canadians in the Development of Our Country». Ce texte fut si bien reçu que la Society of Antiquity jugea bon de le publier dans ses *Proceedings*.

Le *Guide franco-américain des États de la Nouvelle-Angleterre*, que publie Albert Bélanger en 1916, sans être un ouvrage littéraire, constitue un bilan de la Franco-Américanie. Il contient des notices historiques substantielles sur plusieurs centres francos (Lowell, Fall River, New Bedford, etc.) et d'utiles esquisses biographiques, entre autres de l'abbé Pierre Bédard, et de Hugo Dubuque. Par moments, l'auteur hausse le ton et son *Guide* prend l'allure d'un pamphlet, ce qui en augmente l'intérêt. L'iconographie ajoute à la valeur de l'ensemble, de même que plusieurs textes introuvables, dont le «Chant officiel de la Ligue des Patriotes» (paroles de Rémi Tremblay, musique de Calixa Lavallée). Bref, ce sont 800 pages de renseignements, d'idées et d'aperçus sur la vie franco-américaine de l'époque.

Quelques centres ont la chance de compter quelqu'un qui, sans être écrivain de profession, choisit de partager avec le public ses connaissances sur la colonie canadienne locale. L'*Histoire des Franco-Américains de Southbridge, Massachusetts*, de Félix Gatineau (1919), pourrait encore de nos jours servir de modèle (ou presque). De façon générale, ces histoires locales — le *Livre d'or*, d'Alexandre Belisle, pour Worcester, et les *Débuts de la Colonie Franco-Américaine de Woonsocket, Rhode Island*, de Marie-Louise Bonier — abondent en précisions sur les premiers immigrants et sur les progrès réalisés au cours des ans. Les auteurs sont fiers d'énumérer les commerçants et les professionnels francos, après avoir brossé le tableau biographique des premiers curés. Mais, par-delà les listes de sociétés et d'activités culturelles, ces histoires retiennent l'attention par le souci d'enraciner les immigrants dans leur ville d'adoption, de montrer comment ils s'y sont intégrés, et de relier cette colonie locale à la communauté plus vaste de l'Amérique française et catholique, ainsi que par les préoccupations d'ordre stylistique de leurs auteurs.

Ce qu'on pourrait nommer «littérature paroissiale» ne mérite pas nécessairement l'indifférence de l'historien, car elle en dit long sur la vie de l'époque, et son intérêt déborde le cadre de la paroisse. L'*Album-souvenir* publié en 1925 à l'occasion de la bénédiction de la nouvelle école Sainte-Anne de Fall River (Massachusetts), par exemple, réserve des surprises. Cet étonnant ouvrage de grand format contient un ensemble de textes anonymes à caractère polémique et de propagande, vraisemblablement écrits par les dominicains de la paroisse. Ici, l'on décoche un trait contre les ministres protestants, là on vise les Canadiens du Canada qui sous-estiment le dévouement des émigrés à l'œuvre catholique; ailleurs, on consigne d'utiles remarques sur les mœurs des Franco-Américains de 1925, et l'on dénonce l'anglomanie, dont la tendance à angliciser les patronymes n'est qu'une des manifestations les plus «tragiques». On tâche aussi de prévenir le lecteur contre les dangers que représentent les amis protestants. Un long essai sur l'école publique américaine illustre l'existence, en Franco-Américanie, d'un filon de littérature savante que les chercheurs auraient intérêt à exploiter. De nombreux passages, enfin, indiquent que, même en 1925, le messianisme canadien-français se porte bien en Nouvelle-Angleterre. On n'aurait pas, à prime abord, imaginé trouver pareils textes dans un album souvenir.

La notice historique intitulée *Saint-Antoine de New Bedford, Massachusetts*, publiée sous l'anonymat en 1913, mais attribuée au père Louis Lalande, s.j., offre un autre «cas» intéressant du point de vue de l'histoire culturelle. Car ici les éléments les plus terre à terre voisinent avec les plus éthérés, mais en proportions inégales. Après un bref aperçu des années de fondation, l'auteur consacre dix pages à un procès intenté à la paroisse, quelques pages à des sujets divers, dont le soubassement et le système de chauffage et d'éclairage de l'église, pour en arriver, semble-t-il, à son vrai propos: les solennités qui ont marqué la vie paroissiale, de 1910 à 1912, auxquelles il consacre près des deux tiers de son recueil. Recueil, en effet, car l'auteur y réunit les textes des adresses et sermons d'évêques canadiens et du père Louis Lalande lors de l'inauguration des orgues Casavant, en septembre 1912, et de la dédicace de l'église, le 28 novembre 1912, le tout agrémenté de photographies des dignitaires. Ce recueil garde toute sa valeur, parce qu'il constitue un précieux document d'époque, mais aussi parce que les pièces d'éloquence sacrée qu'on y trouve, inspirées par l'expérience franco-américaine, n'ont pas été rééditées.

La survivance est encore bien servie par la publication, en 1927, de la plus importante compilation que nous possédions sur le 19e siècle franco-américain, soit l'*Historique des conventions géné-*

rales des Canadiens français aux États-Unis, par Félix Gatineau. En consacrant une somme considérable à la publication de ce «fort volume» de 500 pages, l'Union Saint-Jean-Baptiste d'Amérique rendait accessible à la postérité une partie du patrimoine qui, sans elle, eût sans doute sombré dans un oubli immérité.

On ne saurait, dans un cadre aussi restreint, entreprendre une étude exhaustive, ou même systématique, des essais publiés au cours de ces années 1900-1935, pour l'excellente raison que la plupart ont paru dans la presse périodique, qui n'a pas encore été inventoriée. Quelques exemples d'essais publiés sous forme de volumes donneront une idée de la diversité du genre.

Polygraphe, Henri d'Arles (pseudonyme de l'abbé Henri Beaudé, 1870-1930) publie plusieurs recueils d'essais, en particulier sur l'art, la littérature, l'histoire et la religion (par exemple, *Essais et conférences*, 1909). Il se fait aussi le défenseur de la langue française face aux attaques du super-patriotisme anglo-américain lors de la Première Guerre mondiale. Ce polémiste pratique une sorte d'«écriture artiste», dans des essais à caractère personnel: récit de voyage, méditation, journal intime. Il aborde avec une égale aisance le poème en prose (*Laudes*, 1925) et l'essai sociologique (*Le collège sur la colline*, 1908).

Agréablement illustré, le *Précieux pêle-mêle franco-américain* que publie G.-L. Désaulniers, en 1922, pourrait servir de *vade-mecum* à quiconque se soucie de survivance. Il s'agit de morceaux choisis qui proviennent de ce qu'on appelait à l'époque «la bonne presse», c'est-à-dire les périodiques catholiques de langue française. À côté de textes que l'on s'attend à trouver dans un tel recueil — sur le mariage chrétien, les dangers de l'alcool, les personnages héroïques de l'histoire de France et du Canada —, on relève quelques textes inattendus (sur «Saint-Thomas et les Franco-Américains», par exemple) ou même des inédits. L'ensemble représente un effort pour mettre à la portée de tous les principaux aspects du «discours» officiel, ce qui explique la lettre préface de Mgr Charles Dauray, doyen du clergé franco de la région.

En revanche, *The Chinese of the Eastern States*, publié en 1924 sous les auspices de la Société historique franco-américaine, vise le public lettré anglo-américain. Pour donner la réplique à l'auteur d'un article paru dans une revue américaine, où l'on reprend l'insulte des «Chinois de l'Est», J.-Arthur Favreau, au nom de la Société historique franco-américaine, réunit une gerbe de commentaires favorables aux immigrants canadiens-français, prononcés par des hommes publics ou publiés dans des revues ou des ouvrages de langue anglaise, aux États-Unis, depuis 1881.

Tout autre ouvrage qui paraît en 1930, *Lettres à mon ami sur la patrie, la langue et la question franco-américaine*, de l'abbé Hormisdas Hamelin (1865-1949), avantageusement connu pour ses essais tout à fait orthodoxes sur le mariage et la prêtrise. Dans *Lettres à mon ami*, l'abbé Hamelin dénonce la survivance et défend l'assimilation, qui, selon lui, est un processus normal pour des immigrés et le signe d'une évolution naturelle. Car, d'après l'auteur, qui reprend en somme l'argumentation du colonel C. D. Wright: «On est ou Canadien ou Américain, et non un mélange de l'un et de l'autre.» Ses confrères n'ont guère apprécié cette prise de position, surtout qu'elle venait d'un curé franco d'origine québécoise qui, par ailleurs, avait donné en 1916 une importante monographie, *Notre-Dame des Sept Douleurs ou une paroisse franco-américaine*. On l'apprécia d'autant moins que l'auteur avait poussé l'ironie, ou ce qu'on peut prendre pour telle, jusqu'à dédier son livre «à ses chers compatriotes franco-américains». L'abbé Hamelin aura été en quelque sorte le Voltaire de la survivance.

Pour ce qui est des autres genres littéraires — poésie, roman, théâtre —, l'époque 1900-1935 paraît pauvre, malgré la présence à Boston de Louis Dantin (pseudonyme d'Eugène Seers, 1865-1945), qui encouragea les écrivains francos. Il y eut, pendant ces décennies, une modeste activité poétique, fortement marquée par le romantisme français. Le roman hétéroclite d'Emma Port-Joli (pseudonyme d'Emma Dumas, 1857-1926), intitulé *Mirbah*, rappelle les débuts de la colonie canadienne à Holyoke (Massachusetts), et celui de Joseph Choquet, *Under Canadian Skies* (1922), évoque la Rébellion de 1837 et tente de donner une image favorable du Canada français. Quant au théâtre, parmi les nombreuses pièces jouées, une seule fut écrite et publiée en volume par un auteur franco-américain: *Françaises d'Amérique* (1915), de Corinne Rocheleau-Rouleau (1881-1963), ensemble de tableaux historiques qui transposent pour la scène le culte voué par l'auteur à la Nouvelle-France.

Vouloir déterminer si les œuvres dont nous venons de parler constituent une littérature d'élite est un exercice ni simple ni oiseux, compte tenu des questions qui se posent, en historiographie franco-américaine, concernant les relations entre les élites et les couches populaires. La plupart des textes connus ont été écrits par une élite — prêtres, médecins ou autres professionnels —, mais ils trahissent souvent une préoccupation pédagogique et un esprit de prosélytisme. L'ensemble des revues et journaux n'ayant pas été inventorié, on peut néanmoins — de façon provisoire — soutenir que ces écrits s'adressent au peuple tout autant qu'à l'élite. À celle-ci, pour maintenir le feu sacré du dévouement à la survivance, et à celui-là, dans l'espoir de rallumer une flamme vacillante, ou de rehausser un niveau de culture jugé insuffisant. Or la question des rapports entre l'élite et le peuple s'applique non seulement à la littérature, mais à toute l'histoire franco-américaine du 20ᵉ siècle, et nous aurons maintes fois l'occasion d'en rediscuter.

Un des faits culturels franco-américains les plus répandus à cette époque est sans conteste le journalisme de langue française. Même si les journalistes se plaignent que les Franco-Américains ne les appuient pas, il existe quand même 7 quotidiens et 20 hebdomadaires (ou semi-hebdos) en 1911. En plus, de 1900 à 1935, on fonde environ 90 journaux en Nouvelle-Angleterre, sans compter ceux des États du Midwest et de New York; la plupart, il est vrai, ne durent que le temps d'une rose. Du Connecticut au Maine, cette presse a surtout un caractère local, bien que les rédacteurs — une confrérie d'originaux que nous aimerions mieux connaître — échangent volontiers de la matière, de façon qu'on trouve par-ci par-là des articles d'un intérêt plus général.

Dans ce vaste ensemble, quelques titres méritent une mention spéciale. Lorsque, en 1893, Alexandre Belisle fonde *L'Opinion publique* à Worcester (Massachusetts), il prend la relève de Ferdinand Gagnon comme directeur d'un journal d'idées à portée régionale. Belisle, en effet, passera 30 ans à défendre les intérêts des Franco-Américains dans leurs revendications pour un clergé national. Il n'hésite pas à dénoncer la politique assimilatrice de l'épiscopat, surtout lorsque tel évêque, cherchant une solution nouvelle à un vieux problème, envoie des prêtres belges ou français dans des paroisses francos. En 1931, *L'Opinion publique* disparaît; il sera remplacé par *Le Travailleur* de Wilfrid Beaulieu.

Un autre fait digne de mention, c'est le séjour en Franco-Américanie du journaliste québécois Jean-Léon-Kemner Laflamme (1872-

1944), rédacteur à *La Tribune* de Woonsocket, de 1901 à 1907, où avait travaillé Olivar Asselin, l'un et l'autre «patriotes» fougueux. Après avoir rompu des lances en Nouvelle-Angleterre, Laflamme retourne au Québec, où il fonde, en 1908, *La Revue franco-américaine*, pour intéresser le public au sort des compatriotes émigrés.

La Semaine paroissiale (1911-1930), fondée par les pères dominicains pour les paroissiens de Sainte-Anne de Fall River (Massachusetts), connut une diffusion remarquable avant de disparaître soudainement en 1930. Ce journal était devenu, en 1913, l'organe officiel des paroisses franco-américaines de la ville, et, en 1920, on entreprit de publier des éditions spéciales pour le Rhode Island et le Maine. À côté de récits édifiants et de contes moralisateurs, on y trouve de longs récits sur la guerre de 1914-1918 et des textes d'Émile Nelligan, d'Albert Lozeau, de Blanche Lamontagne et de Lionel Groulx, entre autres. Il est quand même étonnant qu'un simple journal de paroisse ait ainsi contribué au rayonnement d'œuvres canadiennes aux États-Unis.

Les sociétés fraternelles ou de secours mutuels, appelées aussi sociétés «nationales», sont pour beaucoup dans la vie culturelle franco-américaine de la première moitié du 20ᵉ siècle. On remarque, dans l'histoire de ces sociétés deux phénomènes distincts et parfois liés: d'une part, une culture institutionnelle, de l'autre, un rôle d'animation culturelle au niveau local et régional.

L'Union Saint-Jean-Baptiste d'Amérique, par exemple, est marquée par un véritable culte de la structure hiérarchisée, presque militaire ou ecclésiastique, dont le sommet se trouve au bureau chef (Woonsocket, Rhode Island), où se réunissent les officiers généraux, et dont la base est constituée par un réseau de «conseils» (filiales) épars dans les centres francos de la Nouvelle-Angleterre, du New York et du Midwest. Chaque membre de cette hiérarchie, du président général au plus humble commissaire-ordonnateur, a des fonctions précises, définies avec une exactitude pointilleuse.

Cette hiérarchie fonctionne selon un protocole et un rituel contenus dans un *Cérémonial* (dont la 5ᵉ édition paraît en 1931) en usage dans tous les conseils. Tout est prévu, rigoureusement ordonné et soigneusement détaillé dans les prescriptions relatives à l'institution d'un conseil, à l'initiation des membres, à l'installation des «officiers», bref, à toute la vie officielle de la société.

Il en est ainsi, ou à peu de chose près, dans les autres sociétés du même genre, qui, en 1930, comptent environ 100 000 membres. Si l'on ajoute que les rencontres de ces sociétés revêtent, après les solennités, l'aspect d'une fête à laquelle sont conviés les Francos du lieu, et que les réjouissances — banquets, discours patriotiques, musique — attirent des gens en grand nombre, il devient évident que nous sommes en présence d'un phénomène culturel solidement ancré dans la vie franco.

Les sociétés «nationales» contribuent aussi à diversifier la vie culturelle au niveau local. Les cours et villas (filiales) de l'Association canado-américaine (l'ACA) multiplient les pièces de théâtre pour un public friand de comédies et d'opérettes. L'ACA encourage aussi la venue en Nouvelle-Angleterre de conférenciers canadiens-français. À Manchester, en 1918, par exemple, le père Louis Lalande, s.j., donne une conférence sur le comte Albert de Mun devant 1200 auditeurs; Henri Bourassa et l'abbé Lionel Groulx attirent aussi des foules. À partir de 1920, l'Orphéon canado-américain, groupe de 40 voix d'hommes, fait les délices des mélomanes de la région. L'ACA, enfin, inaugure en septembre 1927 une série d'excursions au Québec, qui plaisent aux membres et qui servent à maintenir vivants les liens avec la mère patrie, comme le veut d'ailleurs la politique officielle de la société. Le voyage de 1930, en Gaspésie, a inspiré à Edmond Turcotte (1898-1960), journaliste Lowellois avant de devenir ambassadeur du Canada, un mémorable compte rendu.

La culture franco-américaine a souvent, à cette époque, pris la forme de manifestations publiques, les observateurs contemporains soulignant «la splendeur» et «l'éclat» de ces occasions où la foi s'allie au patriotisme. Un exemple parmi des centaines: les fêtes du Rallie-ment franco-américain, à Manchester (New Hampshire), du 4 au 6 septembre 1910. Les hauts faits en sont trois congrès, celui de l'Asso-ciation de la jeunesse catholique franco-américaine (ACJFA), celui de la Société du denier de Saint-Pierre, celui enfin de l'Union Saint-Jean-Baptiste d'Amérique. Au congrès de l'ACJFA, on recourt à une for-mule qui a fait ses preuves dans bien des congrès francos: messe solennelle, communion générale, «magnifiques résolutions» et «magistrale séance publique» où l'orateur de circonstance parle pen-dant plus d'une heure.

La «grande démonstration» de ce ralliement débute à l'église Sainte-Marie, où une chorale de 100 voix exécute la Messe Royale harmonisée, avant la bénédiction des «roses du Sacré-Cœur». Au défilé, on remarque la Brigade des volontaires franco-américains, parmi plus de 1500 militaires et des milliers de délégués de diverses sociétés. Aux exercices du Grand tournoi militaire, des milliers de compatriotes acclament les vainqueurs.

«Succès» et «espérances pour le progrès de notre élément» (*sic*): voilà ce que voit un chroniqueur anonyme dans cet ensemble de manifestations. Et ce même chroniqueur de conclure: «Tous les citoyens de toutes les croyances avaient admiré en applaudissant les sentiments nobles qui animent notre peuple dans son attachement inviolable à l'Église, à la Patrie et à l'âme de notre race.»

Ainsi, même les fêtes franco-américaines revêtent cet aspect pragmatique qui caractérise la littérature franco-américaine: tout tend à *prouver*, à *démontrer*. Les autres groupes minoritaires font aussi preuve de cette tendance à afficher leur dévouement envers le pays d'adoption; celui-ci s'y attend d'ailleurs. Il n'en sera pas autrement à la «grandiose célébration» de la Saint-Jean-Baptiste, à Manchester, en juin 1926. De cette fête, on peut retenir deux composantes qui indiquent bien l'attachement à deux pays, à deux cultures. D'abord, au cours du défilé «monstre» qui réunit quelque 5000 participants, le sujet des chars allégoriques a de quoi étonner, car, en plus des représentations accoutumées des personnages historiques du 17e siècle canadien, on y relève les sujets suivants: «La Croix du Chemin», «L'Angelus», «Le Laboureur», «L'École de Campagne». Comme quoi, en 1926, les Francos de Manchester n'ont pas complètement quitté le Canada. Mais ce bain de nostalgie est compensé, le même soir, à la fête patriotique, où, après deux concerts de fanfare, le feu d'artifice se termine par «une détonation de 150 bombes en commémoration du 150e anniversaire de la Déclaration d'Indépendance Américaine».

Tout se passe comme si on cherchait des prétextes pour des expressions de ferveur collective favorables aux rassemblements. On aurait pu penser, par exemple, que le 25e anniversaire de fondation d'une société paroissiale méritait tout au plus une messe d'action de grâces. Au contraire, à Fall River (Massachusetts), en 1905, les Enfants de Marie de la paroisse Sainte-Anne profitent de l'occasion pour monter un «Festival des Noces d'argent» qui se prolonge pendant pas moins de six jours, avec force concerts et pièces de théâtre.

Le théâtre est d'ailleurs, parmi les activités culturelles goûtées par les couches populaires, une des moins connues. Certains centres ont la bonne fortune d'avoir à leur service, du moins pendant un an ou deux, un comédien de métier, et on en profite pour fonder un cercle dramatique. Tel est le cas, quand, en 1914, Paul Cazeneuve, directeur artistique du Théâtre national français, établit à Worcester (Massachusetts) le Cercle Sans-Gêne, dont le répertoire comprend des pièces de Victorien Sardou, d'Adolphe d'Ennery et d'Émile Fabre; ce cercle rayonne jusqu'à Lowell et Manchester. Parfois aussi, un groupement paroissial monte une pièce «au profit de la paroisse».

Les Francos aiment également la musique, à en juger par l'abondance et la diversité des organisations musicales. Il n'est pas rare qu'un centre ait sa fanfare et plusieurs professeurs de musique, et compte autant de chœurs de chant qu'il y a de paroisses francos. Dès 1924, la Chorale franco-américaine de Manchester est connue pour ses concerts de musique sacrée, et on apprécie surtout sa version de l'oratorio de Théodore Dubois, «Les sept dernières paroles du Christ». À partir de 1913, les chansonniers publiés à Lowell par E.-L. Turcot contribuent à diffuser des «chansons vieilles et nouvelles, patriotiques, comiques, classiques et populaires».

Pendant ces mêmes années, Adélard Lambert (1867-1946), marchand à Manchester (New Hampshire), accumule une collection de canadiana si riche que l'Association canado-américaine l'achète en 1918, pour s'assurer qu'elle restera accessible aux chercheurs. Cette «Collection Lambert», qui s'est accrue au cours des ans, est aujourd'hui l'une des plus importantes du genre aux États-Unis. Elle reste à la disposition des chercheurs, au bureau chef de l'Association canado-américaine, qui en est justement fière. Lambert était aussi ethnologue. Aidé par Marius Barbeau, Gustave Lanctôt et d'autres, il sauva de l'oubli des milliers de faits de folklore, notamment des contes et des chansons. À plusieurs reprises, le prestigieux *Journal of American Folklore* publia de ses «contes canadiens populaires». Chez un modeste immigrant dont l'instruction ne dépassa pas le niveau élémentaire, ces réalisations ont de quoi étonner, de même que les ouvrages qu'il a publiés sous forme de volumes — pamphlets, récits autobiographiques et romanesques.

Réalisée en partie pendant cette période 1900-1935, l'œuvre du photographe Ulric Bourgeois (1874-1963) connaît un regain de popularité dans les années 1980. Né à Fulford (Québec), il s'installe à Manchester (New Hampshire) vers 1900, et y acquiert une excellente réputation comme photographe professionnel, un des rares parmi les immigrants canadiens. Son principal mérite est d'avoir laissé une abondante documentation sur la région de Manchester et sur sa campagne natale, qu'il allait souvent revoir.

Le conflit sentinelliste

Pour bien comprendre l'affaire de la Sentinelle, il importe de se rappeler le contexte dans lequel elle se situe.

La Première Guerre mondiale suscite aux États-Unis une crainte envers tout ce qui est «étranger». Conscients de la présence parmi eux de dizaines de millions d'immigrés et de descendants d'immigrés, les Anglo-Américains éprouvent une profonde insécurité quant à l'avenir de leur culture et de leur identité nationale. Envahis depuis quelque 75 ans par des immigrants catholiques, maintenant bien organisés en paroisses et en diocèses, les Anglos protestants craignent une éventuelle mainmise papale sur le pays. Voilà pourquoi les écoles paroissiales et les langues dites étrangères sont partout menacées. Le slogan de l'époque rend bien cette atmosphère: «One country, one flag, one language!» (un pays, un drapeau, une langue!).

L'épiscopat, dominé par les Irlando-Américains qui n'ont pas de langue «étrangère» à protéger, cherche à sauver ce qui, pour lui, est l'essentiel — la religion — tout en réaffirmant sa politique d'anglicisation des immigrés, qui vise à faire de l'anglais la seule langue d'instruction dans les écoles catholiques. Comme il prévoit qu'il y aura résistance chez les immigrés, l'épiscopat a recours à la tactique déjà tentée par l'État: la centralisation des pouvoirs, cette fois au niveau diocésain, au préjudice des paroisses.

La polarisation créée par ces forces socio-politiques est particulièrement grande dans le Rhode Island, où, en 1922, l'assemblée législative adopte un projet de loi qui donne à l'État le pouvoir de légiférer en matière scolaire, même dans les écoles privées (Peck Education Bill). Face aux puissances tentaculaires de l'État et de l'épiscopat, qui cherchent à s'emparer de tous les leviers de commande capables de nuire au maintien de l'héritage culturel des groupes ethniques, les Franco-Américains épris de survivance réagissent d'une façon énergique. Or, en 1922, on n'aurait peut être pu prévoir ni l'étendue ni l'âpreté de cette réaction.

Le dicton canadien-français «Qui perd sa langue perd sa foi», pour simpliste et faux qu'il puisse paraître à des observateurs d'aujourd'hui, exprime néanmoins une croyance que les immigrés canadiens-français partageaient avec d'autres groupes venus s'établir aux États-Unis. C'est cette croyance qui, à la fin du 19e siècle, amena les immigrés allemands à revendiquer un clergé national. Pareille mentalité prévalut si bien chez les immigrés polonais qu'ils formèrent, au début du 20e siècle, la première Église schismatique du pays, la Polish National Catholic Church.

Cette situation était bien connue de ceux qui allaient devenir les chefs sentinellistes; les plus avertis connaissaient aussi le gallicanisme, et ils avaient suivi l'évolution de l'Action française, en France et au Québec; ils se tenaient au courant des luttes «nationales» en Ontario, qu'ils considéraient comme un champ d'honneur, et ils eurent des contacts avec les chefs franco-ontariens. Les sentinellistes étaient en outre imbus du nationalisme canadien-français tel qu'il se vivait au Québec depuis la Conquête. Mais ils étaient surtout bien renseignés sur les conflits religieux de leurs prédécesseurs et de leurs voisins des autres États de la Nouvelle-Angleterre.

Ces conflits n'avaient rien à voir avec le dogme ou la morale, mais concernaient plutôt l'établissement et l'administration des paroisses «canadiennes», c'est-à-dire franco-américaines. Ces luttes contre un épiscopat ouvertement assimilateur ne mettent en cause l'autorité ecclésiastique que dans un domaine clairement circonscrit: les droits des immigrés dans leur vie paroissiale. Les immigrés ont-ils le droit d'être desservis par un clergé de la même ascendance ethnique qu'eux, dans leur langue maternelle, dans des paroisses désignées «nationales», par opposition aux paroisses «territoriales» anglophones qui accueillent tous les catholiques d'un quartier ou d'un village: voilà la question essentielle.

Les chefs «patriotes» mêlés à ces conflits ont souvent mauvaise presse, parce que leurs adversaires ou même les observateurs indifférents ne comprennent pas leur point de vue, qui est celui de l'immigrant en pleine transition entre l'ambiance du pays natal, auquel il reste forcément attaché, et l'ambiance d'un nouveau pays. L'observateur indifférent ou hostile ne comprend pas qu'il existe, chez l'immigrant canadien-français, une double fidélité, à sa nationalité et à sa religion, fidélité par ailleurs hypothéquée par les exigences d'un épiscopat en mal d'assimilation.

Le même observateur ne comprend pas, non plus, que cette double fidélité puisse mener à une crise, si on contraint un individu à choisir entre sa foi et sa «race». Pourtant, il y aura crise de conscience, puisque, pour la majorité des immigrants, «nationalité» signifie «identité», et que, de cette identité, la foi est inséparable. Qu'on oblige des immigrants canadiens-français à assister à la messe dans une paroisse «territoriale» où ils ne comprennent ni la langue ni les coutumes — que, par conséquent, on exige d'eux une assimilation instantanée — et ils se sentiront «étrangers» dans l'acception moderne du mot. 'où l'insistance de l'élite et du peuple pour obtenir des paroisses «nationales» et des prêtres d'origine canadienne-française.

Les luttes pour la paroisse «nationale» ont accaparé une part énorme des énergies collectives, parce que les chefs «patriotes» croyaient profondément en la permanence de «la race». Pour eux, il était inconcevable qu'elle pût s'éteindre, ou que ses besoins pussent évoluer au cours des générations, même en Nouvelle-Angleterre, alors que les gens de l'extérieur avaient plutôt tendance à considérer les attaches raciales comme temporaires, rétrogrades, fondées sur la nostalgie, et, en fin de compte, nocives à l'avancement socio-culturel du pays.

L'affaire de North Brookfield (1897-1904), village situé dans le centre du Massachusetts, donne une idée de ces luttes. L'évêque du diocèse de Springfield, Mgr Thomas Beaven, ayant refusé de créer la paroisse séparée longtemps souhaitée par les immigrants canadiens-français, ceux-ci envoient une supplique au pape. Peu après, Mgr Beaven annonce aux membres du comité *ad hoc* que le préfet de la Propagande rejette leur supplique. Les protestataires rétorquent qu'une lettre adressée à l'évêque ne constitue pas une réponse directe. L'incertitude se maintient et devient fiévreuse par moments. Chez certains, l'exaspération l'emporte, et on accueille un prêtre français, l'abbé Jean Berger, dont le statut juridique paraît discutable, et qui est venu desservir les Franco-Américains de North Brookfield malgré la défense de l'évêque. Les partisans de l'abbé Berger forment l'Association religieuse canadienne-française, élisent des syndics, et bâtissent une chapelle.

Les journalistes épiloguent souvent et longuement sur cette controverse. Tantôt les rédacteurs eux-mêmes dissertent sur les droits des minorités, tantôt ils publient sous l'anonymat des articles fournis par des collaborateurs «patriotes». Le rôle des journaux dans ces conflits religieux nous en dit long sur la mentalité de l'époque, puisqu'il arrive, par exemple, qu'un «patriote» du Connecticut commente la lutte de North Brookfield dans un journal de Fall River. En 1900, lorsqu'il s'agit de paroisses «nationales», l'élite franco de partout se serre les coudes:

> Il a été démontré et prouvé bien souvent que pour desservir une paroisse, il ne faut pas seulement au pasteur la capacité de parler la langue de ses ouailles, mais il faut qu'il soit de leur origine, s'il veut que ses travaux soient féconds en bons résultats. Un prêtre de nationalité étrangère pourra commander le respect; mais, ne connaissant pas les us et coutumes de ses paroissiens, les traits particuliers qui sont le fond de leur caractère, il ne saurait leur inspirer la confiance sans bornes dont il a besoin pour mener à bien sa mission délicate. (*L'Indépendant*, Fall River (Massachusetts), 6 janvier 1900)

> Vouloir priver un peuple de ce droit [servir Dieu dans la langue qui lui convient] c'est donc vouloir commettre une injustice. Se servir de l'autorité spirituelle pour mettre virtuellement un peuple dans la nécessité d'abandonner sa langue sous peine de ne pouvoir faire sa religion, serait un abus de pouvoir sacrilège, une abominable tyrannie dont les auteurs encourraient une effroyable responsabilité devant Dieu et devant l'humanité. (*Ibid.*, 19 janvier 1900)

L'excommunication des insoumis, en septembre 1900, ne fait qu'envenimer la situation. L'abbé Berger continue de dire la messe jusqu'à ce que le conflit dégénère: chapelle cadenassée, procès, procédures judiciaires, menaces d'établir une église protestante de langue française, tout cela défraie les chroniques des journaux angloaméricains et ne crée pas une image favorable aux immigrés canadiens. De ce bruit et de cette fureur se dégage une note pathétique, quand un vieux Canadien déclare, dans une réunion de compatriotes: «Il y a 28 ans que nous demandons un curé canadien.»

L'affaire sombre dans l'oubli sans que les choses soient rentrées dans l'ordre, sans que les Francos aient obtenu leur paroisse. On en retient surtout la force de conviction de certains immigrés, prêts à braver les foudres de l'Église dans leurs tentatives pour obtenir gain de cause; on en retient aussi l'esprit de division qui, aux yeux d'autrui, affaiblit la collectivité franco. Enfin, il est loisible de formuler l'hypothèse que de semblables conflits, tout en servant d'inspiration et de «nobles précédents» aux sentinellistes, n'aient pas favorablement disposé les autorités romaines envers un groupe ethnique si réfractaire à la discipline ecclésiastique.

Dans l'affaire de la Sentinelle, les forces en présence sont au nombre de trois: l'évêque du diocèse de Providence (Rhode Island), Mgr William Hickey; un groupe de Francos, les sentinellistes, en révolte contre les exactions de l'évêque; un autre groupe de Francos, les antisentinellistes, soumis à l'autorité épiscopale. Mais avant qu'éclate le conflit, une lutte intestine divisait déjà les Francos du Rhode Island.

Vers 1920, des Francos de Woonsocket conçoivent le projet de créer une école technique et commerciale, même s'il existe une école semblable à Central Falls, à une dizaine de milles de Woonsocket. Ce projet devient prioritaire pour Mgr Charles Dauray, curé de la paroisse du Précieux-Sang de Woonsocket et doyen du clergé franco du sud de la Nouvelle-Angleterre. Comme le prestige de Mgr Dauray est considérable, il rallie bon nombre de gens à sa cause. L'enjeu est grave pour l'abbé Joseph-H. Béland, curé de Notre-Dame de Central Falls, fondateur de l'académie du Sacré-Cœur. On prévoit que cette académie devra fermer ses portes s'il s'en établit une à Woonsocket, la population locale n'ayant pas les moyens de payer deux écoles du même genre.

À cette époque, un petit groupe de Francos crée une société secrète, les Croisés. Il est possible que cette création ait fait suite à un vœu formulé par le cardinal Bégin, de Québec, lors d'une visite à Woonsocket. Il est certain que le cardinal-archevêque de Québec et un éminent canoniste québécois, le chanoine Gignac, ont approuvé la constitution et le cérémonial de cette nouvelle société, inspirés par ceux des Chevaliers de Colomb. Voués à l'action, les Croisés prennent le parti de l'abbé Béland contre Mgr Dauray, parce que, selon eux, l'école technique envisagée pour Woonsocket sera diocésaine, donc sous le contrôle d'un évêque assimilateur, et que le français y recevra la portion congrue. Les événements vont démontrer à quel point ils ont vu juste.

De 1920 à 1922, le projet évolue à tel point que cette nouvelle école prend figure de monument à Mgr Dauray, prélat vénérable qui a consacré plus de 50 années aux immigrés canadiens-français du diocèse de Providence. Mgr Hickey annonce, en 1922, une campagne de souscription en faveur des écoles secondaires diocésaines que l'on projette de construire, y compris le futur Mont Saint-Charles de Woonsocket. L'objectif est d'un million de dollars, la campagne devant se dérouler en trois étapes annuelles, de 1923 à 1925.

Il faut signaler aussi la parution, en 1922, du *Catechism of Catholic Education*, ouvrage publié par le National Catholic Welfare Conference, l'assemblée officielle des évêques américains. Ce texte ne permet aucunement de douter que le contrôle des écoles catholiques du pays revienne aux évêques, malgré les prescriptions de Léon XIII, qui, dans son encyclique *Sapientiæ Christianæ*, avait proclamé l'autorité exclusive des parents sur l'éducation de leurs enfants. Par ailleurs, le *Catechism of Catholic Education* exige que, dans les écoles catholiques du pays, toutes les matières soient enseignées en anglais.

Les Croisés décident donc de s'opposer aux écoles secondaires diocésaines (d'abord elles seront sous le contrôle de l'évêque, et, deuxièmement, on y assimilera les jeunes sur lesquels comptent les chefs «nationaux» pour assurer la survivance) et ils prennent le parti de contrecarrer la campagne de souscription, en mettant en doute le pouvoir de l'évêque d'exiger une participation financière des Francos.

En d'autres termes, pour les Croisés, la doctrine formulée dans le *Catechism of Catholic Education* et la campagne lancée par Mgr Hickey soulèvent deux questions: l'évêque a-t-il le droit de prélever un impôt sur une paroisse franco-américaine, et d'employer les revenus de cet impôt à des fins qui ne soient pas recevables pour des parents franco-américains? Les Croisés voient là un abus de pouvoir, et rejettent un impôt qu'ils jugent capricieux, arbitraire, conçu pour angliciser les jeunes Francos, et ils refusent que le rôle des paroissiens soit seulement d'«obéir et de payer».

Pour les Croisés, l'impôt de Mgr Hickey, camouflé en «campagne de souscription», présente un autre inconvénient: selon la loi de la Parish Corporation en vigueur dans le Rhode Island, il est illégal. Dirigés par Elphège Daignault, de Woonsocket, président général de

Elphège Daignault. Président général de l'Association canado-américaine de 1922 à 1936, il fut chef du mouvement sentinnelliste en Nouvelle-Angleterre. En tant que tel, il est resté un des Francos les plus controversés de l'histoire franco-américaine. Même de nos jours, il est loin de faire l'unanimité, soit parmi les chercheurs, soit auprès du peuple. (Collection Association Canado-Américaine)

l'Association canado-américaine et avocat fougueux, ils consultent des canonistes canadiens-français qui, sympathiques à toute cette argumentation, rédigent avec eux une supplique qui sera présentée au pape en janvier 1923. Cette supplique expose à Pie XI que la situation financière des catholiques du diocèse de Providence ne permet pas aux paroissiens de payer l'impôt «exorbitant» exigé par Mgr Hickey sans mettre en danger les œuvres paroissiales existantes, y compris les églises et les écoles. On demande la protection du Saint-Père contre cet impôt.

En mai 1923, espérant toujours une réponse favorable de Rome, les Croisés soumettent une requête au délégué apostolique, à Washington. Ils lui demandent notamment d'intervenir de façon que Mgr Hickey déclare volontaire sa campagne de souscription, et qu'il lui soit interdit de puiser dans les fonds paroissiaux pour atteindre ses objectifs. Ils lui demandent aussi sa protection contre les foudres épiscopales:

> Que protection soit accordée aux requérants. Votre Excellence sera sans doute surprise de savoir que, dans ce pays de toutes les libertés, il est une liberté qui est entravée très souvent: c'est celle qu'ont les catholiques d'aller déposer leurs griefs devant le Souverain Pontife ou son Représentant. La plainte qu'ils ont faite l'automne dernier leur a valu d'être dénoncés comme des rebelles à l'autorité; la requête qu'ils déposent aujourd'hui devant Votre Excellence va leur attirer de nouvelles dénonciations dont ils auront à souffrir.

Malgré ces démarches, la construction du Mont Saint-Charles commence, et la campagne de souscription est lancée, avec tout l'appareil de relations publiques dont dispose l'évêque: la concurrence entre les paroisses est encouragée, des communiqués de presse stimulent l'intérêt et des récompenses sont accordées aux équipes les plus efficaces. L'évêque lui-même admoneste les récalcitrants: «Learn to think in terms of the diocese» (Apprenez à penser en fonction du diocèse).

Des contemporains ont pu juger donquichottesque le combat mené par les Croisés contre un personnage aussi puissant que l'évêque du diocèse. Plus d'un demi-siècle plus tard, l'observateur est frappé par la part d'arbitraire dans la volonté de l'évêque, et aussi par le relativisme de certaines modalités administratives. Au cours du 19e siècle, dans l'Église catholique des États-Unis, la hiérarchie était parvenue à réduire d'une façon dramatique le pouvoir des syndics d'une paroisse. De fait, les corporations paroissiales étaient largement contrôlées par l'évêque.

Une autre considération aurait pu influer sur le jugement des contemporains. L'idée de la gestion des finances paroissiales par le curé et les paroissiens n'était pas une invention des Croisés. Au contraire, il s'agissait d'une coutume datant de l'époque de Mgr de Laval, et fondée sur une vision démocratique de la réalité, à savoir que ceux qui versent de l'argent à une œuvre devraient pouvoir déterminer la façon dont on emploie cet argent. Cette conception n'a pas pris racine aux États-Unis, pays par excellence de la démocratie, parce que depuis longtemps l'administration des paroisses y était devenue l'apanage des évêques.

Même s'ils n'ont pas le beau rôle, ni de leur temps ni par la suite, les Croisés ont néanmoins le mérite d'avoir perçu une question de justice immanente, qu'ils sont les seuls à formuler, bien que d'autres — clercs et laïcs — partagent leurs doutes sur la justice des tactiques employées par l'évêque. Mais l'autorité épiscopale de l'époque est à la fois intraitable et intimidante, dans le cadre d'un système qui ne prévoit pas de procédures d'appel contre les abus possibles, et la plupart de ceux qui se questionnent préfèrent rester cois.

La première étape de la campagne de souscription (1923) remporte un franc succès, deux paroisses seulement n'ayant pas atteint leur objectif: à Woonsocket, tout le monde sait que l'abbé W.-Achille Prince, curé de la paroisse Saint-Louis-de-Gonzague, n'est pas un partisan de Mgr Hickey; à Central Falls, surtout dans la paroisse de l'abbé Béland, Notre-Dame-du-Sacré-Cœur, la question est compliquée par l'établissement d'un hôpital franco-américain (sera-t-il sous contrôle local, ou diocésain?) et par la présence du pensionnat des frères du Sacré-Cœur, que la paroisse devra sacrifier au Mont Saint-Charles.

Pour mieux expliquer et propager leur point de vue, les Croisés s'apprêtent à fonder un journal semblable à *L'Action catholique*, de Québec, et au *Droit*, d'Ottawa. Ils sont encouragés dans ce projet par des laïcs et des prêtres, tant en Nouvelle-Angleterre qu'au Canada, où Elphège Daignault compte quelques évêques parmi ses sympathisants.

La Société Saint-Jean-Baptiste de Montréal, avant même la parution du journal, en appuie l'idée et exhorte ses membres à s'y abonner. Les Croisés décident qu'il sera une feuille de combat et choisissent comme rédacteur en chef J.-Albert Foisy, journaliste qui a fait ses armes au *Droit* et à *L'Action catholique*. Une ombre, toutefois, apparaît au tableau. À la demande de Mgr Hickey, le National Catholic Welfare Conference refuse au nouveau journal l'accès à son service de nouvelles.

Nonobstant ce refus, *La Sentinelle* commence à paraître le 4 avril 1924; d'abord quotidien, il devient hebdomadaire à la fin de 1924. Les premiers numéros publient des lettres d'encouragement signées par des évêques du Canada, en commençant par le cardinal Bégin:

> Vous me dites que le nouveau journal sera catholique avant tout et entièrement dévoué aux intérêts religieux et nationaux de la race

française, que son programme est de répandre la bonne lecture dans les
familles, d'affirmer la vérité, de combattre l'erreur, en un mot de faire
aux États-Unis ce que *L'Action Catholique* et *Le Droit* font au Canada
[...]

Il va sans dire que j'applaudis de tout cœur à cette bienfaisante entreprise, qui répond si bien aux désirs du Souverain Pontife et qui est une
belle manifestation de l'esprit de foi et du vrai patriotisme de ses zélés
promoteurs.

Les croisés — ou sentinellistes, selon le nom de leur journal —
multiplient leurs amitiés au Canada. Ainsi, l'abbé Édouard Lavergne,
rédacteur de *L'Action catholique*, qui prêche le carême à Pawtucket
(Rhode Island), assiste à des réunions de Croisés, s'enthousiasme pour
leur mouvement et dit son admiration dans son journal. Quand paraît
son ouvrage, *Sur les remparts*, dans lequel il défend la presse catholique et flétrit «les tièdes», les Croisés s'en font les propagandistes. *La
Tribune*, autre feuille franco-américaine de Woonsocket, blâme
l'attitude de *La Sentinelle*. C'est le premier choc entre ces deux
journaux.

D'autres figurants dans ce drame ethno-religieux jouent un rôle
de plus en plus actif. Élie Vézina, par exemple, secrétaire général
de l'Union Saint-Jean-Baptiste d'Amérique, redit sa confiance en
Mgr Dauray, quant au caractère français du Mont Saint-Charles. Mais,
à ce sujet, les sentinellistes restent persuadés que les événements leur
donneront raison, tout comme dans l'affaire du pensionnat de Central
Falls, qui, en août 1924, devient une simple école paroissiale. Les
raisons invoquées par les frères du Sacré-Cœur pour expliquer ce
changement sont l'insuffisance de personnel pour maintenir deux
écoles de la même envergure, et le manque d'espace au pensionnat de
Central Falls.

L'orientation de l'Union Saint-Jean-Baptiste d'Amérique, dont
Élie Vézina sera l'un des principaux porte-parole tout au long du
conflit, et la fermeture du pensionnat de l'abbé Béland, à Central
Falls, font monter la colère chez les sentinellistes, qui voient des manigances de l'évêque dans chaque décision importante, et qui comprennent de moins en moins l'orientation de l'Union Saint-Jean-
Baptiste d'Amérique, beaucoup trop empressée, selon eux, à plaire à
l'évêque et à Mgr Dauray.

Dans *La Sentinelle*, on reprend le principe dont les sentinellistes ne se départiront jamais: l'éducation des enfants revient aux parents, de par le droit naturel interprété par l'Église. Et ils haussent le ton: se servir de l'argent fourni par des Franco-Américains pour assimiler leurs enfants constitue un détournement de fonds. D'après une tradition dont il est difficile de vérifier le bien-fondé, ce genre d'article aurait été inspiré à *La Sentinelle* par des ecclésiastiques opposés au contrôle de l'éducation par l'évêque.

À la fin de 1924, Albert Foisy abandonne la rédaction de *La Sentinelle*, où il est remplacé par une équipe composée d'Elphège Daignault, de Phydime Hémond — anciennement de *L'Union*, organe de l'Union Saint-Jean-Baptiste d'Amérique — et d'Henri Perdriau, un Français qui possède une solide formation théologique. La rupture avec une partie imposante de l'*establishment* franco-américain paraît imminente, puisque les sentinellistes se mettent à dos l'Union Saint-Jean-Baptiste d'Amérique, forte de 52 000 membres, le Mont Saint-Charles, beau grand «collège» commercial (inauguré à l'automne de 1924), qui fait l'orgueil des Francos de Woonsocket, et, bien sûr, Mgr Dauray, pour qui le Mont Saint-Charles, situé dans sa paroisse du Précieux-Sang, est à la fois la réalisation d'un rêve et le couronnement d'une longue carrière.

De pareils adversaires, avec toutes les ressources dont ils disposent, auraient pu faire reculer des gens moins convaincus. Mais, si les sentinellistes ont connu des moments de découragement, de lassitude ou de doute, on n'en trouve trace nulle part, car le combat se poursuit, malgré les solennités qui marquent l'inauguration du Mont Saint-Charles, à l'automne de 1924. À ces grandes fêtes, on note la présence du délégué apostolique, de qui les sentinellistes avaient espéré une intervention capable de résoudre la crise, de plusieurs évêques canadiens-français, ainsi que d'une centaine de prêtres, représentant des paroisses franco-américaines de toute la Nouvelle-Angleterre. Au cours des cérémonies, Mgr Dauray reçoit la Légion d'honneur, et Mgr Hickey félicite les Franco-Américains d'être, dans l'ensemble, un peuple hautement estimé.

La Tribune voit en Mgr Hickey «l'ami, le protecteur» des Francos, et réitère son assurance que le français, au Mont Saint-Charles, aura une place de choix. Mais les sentinellistes relèvent un geste symbolique: à l'entrée principale du Mont Saint-Charles, les armoiries de Mgr Hickey remplacent celles des frères du Sacré-Cœur. On comprend que cette école secondaire, l'orgueil des Francos de Woonsocket, est devenue, ainsi qu'on l'avait prédit, une institution diocésaine et assimilatrice, puisque le latin et le catéchisme y sont enseignés en anglais, et qu'on conseille aux élèves de se confesser en anglais. *La Sentinelle* a beau jeu d'ironiser: «Ce collège a été bâti avec notre argent. Il est vrai que cet argent ne nous appartient plus, puisque, après avoir été versé à l'évêque du diocèse, celui-ci nous le prête, avec obligation de le lui remettre.»

Dès les premières années du conflit, on constate une participation croissante de la part des deux grandes sociétés fraternelles, l'Association canado-américaine et l'Union Saint-Jean-Baptiste d'Amérique, la première se rangeant du côté sentinelliste, derrière son président général, Elphège Daignault, la seconde prenant parti pour l'évêque. Ces prises de position reflètent l'orientation de chacune des sociétés. L'Association canado-américaine, qui recrute ses membres au Canada aussi bien qu'en Nouvelle-Angleterre, resserre ainsi les liens avec le pays d'origine, tandis que l'Union Saint-Jean-Baptiste d'Amérique, plus «étatsunienne», qui recrute seulement aux États-Unis, voudrait extirper de l'âme collective une «mentalité d'exil» jugée futile, sinon malsaine. Il est logique, d'ailleurs, que l'une et l'autre jouent un rôle de premier plan dans un conflit comme celui-là, les sociétés fraternelles ayant souvent servi comme groupes de pression dans l'établissement des paroisses «nationales». Autant par intérêt que par esprit de fraternité sans doute, ces sociétés sont restées solidaires de la collectivité, au niveau local et au niveau régional. Aussi est-ce en partie grâce à leurs succursales, répandues sur tout le territoire de la Nouvelle-Angleterre, que l'intérêt pour l'«affaire du Rhode Island» s'accroît de 1924 à 1929.

Les congrès de la Fédération catholique franco-américaine (FCFA) ont contribué à faire connaître le conflit: chaque année, des représentants de quelque 25 sociétés se rassemblaient, comme on le faisait au 19e siècle, lors des conventions générales, pour discuter de questions d'intérêt commun. Au congrès du 15 décembre 1924, à Willimantic (Connecticut), la crise sentinelliste s'est trouvée fermement enclenchée. Dans un discours retentissant, Eugène Jalbert, président de la FCFA et avocat-conseil de l'Union Saint-Jean-Baptiste d'Amérique, défend l'évêque de Providence et attaque Elphège Daignault:

Aussi bien ne suis-je pas insensible aux attaques qu'un certain journal
et certaines personnes «plus zélés qu'intelligents», pour me servir
d'une expression tombée un jour des lèvres d'un évêque de nos amis,
mènent depuis quelque temps contre Sa Grandeur l'Evêque de Providence et contre l'auguste vieillard qui dirige la paroisse du Précieux-
Sang de Woonsocket. [...] Si nous avons des griefs, Rome est là pour
nous entendre. Nous n'avons pas le droit d'étaler nos misères, réelles
ou imaginaires, devant le tribunal de l'opinion publique. [...] Rechercher l'approbation publique, sous prétexte de vouloir éveiller l'attention
de ses lecteurs, c'est, en définitive, méconnaître les droits de Rome,
c'est traîner le respect de l'autorité dans la boue, et jeter dans les âmes
le mépris et la haine qui précèdent le schisme.

Ce discours, suivi d'un débat acerbe entre les représentants des
deux partis, marque le véritable commencement de la guerre des idées
entre l'Association Canado-Américaine et l'Union Saint-Jean-Baptiste
d'Amérique. C'est ce que Daignault appellera «le coup de poignard de
Willimantic».

En janvier 1925, les sentinellistes soumettent à Rome une
deuxième supplique, dans laquelle ils en appellent du caractère obligatoire de la campagne de souscription organisée par Mgr Hickey.
D'après les sentinellistes, conseillés par des canonistes québécois, un
évêque n'aurait pas le droit de prélever pareils impôts. La réponse de
Rome se fait attendre.

Une nouvelle complication surgit dans le diocèse de Manchester
(New Hampshire), où l'Association canado-américaine a son siège
social. On avait cru pouvoir compter sur la sympathie de Mgr Guertin,
un Franco qui y avait été nommé évêque en 1907. Mais Mgr Guertin
juge «tout à fait répréhensible» l'attitude de l'ACA dans l'«affaire du
Rhode Island», il y voit «un complet mépris de l'autorité religieuse»,
et il exige de l'Association un désaveu formel et public de sa position.
Le 17 janvier 1925, celle-ci n'ayant pas publié de rétractation,
Mgr Guertin lui enlève ses aumôniers, ce qui soulève une question
capitale: l'Association, privée de ses aumôniers, reste-t-elle une
société catholique? Certains, malveillants ou non, en doutent.

Elphège Daignault et l'équipe de La Sentinelle n'en continuent
pas moins à critiquer les abus épiscopaux. Ils s'en prennent en particulier à l'évêque de Hartford (Connecticut) et à celui de Manchester
(New Hampshire), Mgr Guertin, en qui ils voient des «assimilateurs
mitrés». En étendant le conflit à d'autres diocèses, les sentinellistes

montrent l'ampleur du problème «franco» et portent le débat à l'échelle de la Nouvelle-Angleterre. Par ailleurs, Mgr Guertin, évêque franco-américain, sur qui on avait jadis fondé tant d'espoirs, déçoit cruellement les «patriotes». Voilà pourquoi les sentinellistes le dénoncent, en termes populaciers, d'autant plus qu'il refuse de créer des paroisses franco-américaines, ce qui fait dire à Daignault: «Monseigneur de Manchester travaille à notre dénationalisation.» *La Tribune* réprouve *La Sentinelle* «mangeuse d'évêques», et la violence verbale s'amplifie.

Malgré les protestations et les suppliques des sentinellistes, la campagne de souscription entre dans sa troisième étape. Le clergé franco-américain reste divisé sur la justice de cette campagne, et sur les réponses aux questions soulevées par les sentinellistes: qui, du diocèse ou de la paroisse, devrait avoir la priorité? Et quel devrait être le rôle des fidèles dans les décisions relatives à l'argent ou à l'éducation de leurs enfants? Du haut de la chaire, certains curés condamnent «les révoltés»; d'autres, discrètement, les encouragent.

Au cours de cette année 1925, les dénonciations réciproques fusent, dans lesquelles il est difficile de faire la part de la justice et de la vérité. Les sentinellistes dénoncent l'ambiance anglicisatrice du Mont Saint-Charles, tandis qu'Élie Vézina et ses partisans se réjouissent, au contraire, de la place d'honneur qui y est faite au français. Le père Antoine Rabel, supérieur provincial des maristes, semonce Daignault et ses collègues: «Quiconque attaque les évêques ou le clergé par la plume ou par la parole, et prétend ensuite rester fils dévoué de l'Église et servir une cause qui lui est chère, celui-là se ment à lui-même.» Ce qui amène de telles condamnations, c'est, rappelons-le, la question de l'administration des biens temporels de l'Église, et pas du tout une question de dogme ou de morale. Mais, dans ses déclarations publiques, l'ensemble du clergé de l'époque ne faisait pas de distinctions. Le point essentiel, celui qu'il fallait faire valoir, c'était l'audace des sentinellistes qui attaquaient l'autorité ecclésiastique. Pour les «bien-pensants», il y avait là, à peu de chose près, un sacrilège.

Certains membres du clergé canadien-français voyaient le conflit dans une optique différente, et les sentinellistes avaient de précieux appuis au séminaire de Québec, à l'évêché de Saint-Hyacinthe et dans la paroisse montréalaise de l'Immaculée-Conception. Même la ville de Nicolet était perçue comme un «foyer de sympathie sentinelliste».

À la fin de 1925, le bilan paraissait plutôt favorable au parti de l'évêque, qui avait réussi à obtenir le million de dollars escompté, bien que plusieurs paroisses franco-américaines du diocèse n'eussent atteint leur objectif qu'en puisant dans les fonds paroissiaux. Il n'existe pas d'explication satisfaisante à cet aspect du conflit, et pourtant la question est importante. Depuis toujours, les curés s'étaient montrés réticents à puiser dans les fonds accumulés lentement, péniblement, au cours de décennies. Pourquoi, dans certaines paroisses, les fidèles avaient-ils contraint les curés à recourir à ce moyen radical pour atteindre l'objectif fixé par l'évêque? Par indifférence? Par lassitude devant la multiplication des collectes? Ou bien le mouvement sentinelliste avait-il exercé une influence réelle? Enfin, en décembre 1925, la Sacrée Congrégation du Concile avait rejeté la supplique sentinelliste soumise en janvier. Sur ce point aussi des questions restent entières: à Rome, avait-on interprété correctement la démarche des sentinellistes, ou, «renseigné» par l'épiscopat irlando-américain, n'avait-on vu, dans toute l'affaire, qu'une révolte à réprimer?

Au début de 1926, les sentinellistes soumettent au pape une dernière supplique sur la «question nationale» franco-américaine, en ayant soin de préciser qu'ils ne sont pas mus par «ce nationalisme outrancier si justement condamné par Votre Sainteté». Les divers aspects de la question sont évoqués, surtout le «système illégal» de prélèvements de fonds par l'évêque, la nécessité d'un clergé «national», et le droit des parents en matière d'éducation. Les requérants demandent au Saint-Siège une enquête approfondie sur la situation faite aux Franco-Américains dans le diocèse de Providence.

Pendant qu'on attend la réponse de Rome, au cours de 1926, la crise s'aggrave. Chez les sentinellistes, néanmoins, les motifs d'espoir ne manquent pas. Pour renflouer une caisse souvent vide, ils lancent le «dollar du patriote», auquel souscrivent des prêtres et des laïcs de toute la Nouvelle-Angleterre. Par ailleurs, la «grève des offrandes» recommandée par les sentinellistes connaît du succès. Des journaux canadiens, dont *Le Courrier de Saint-Hyacinthe*, *Le Droit* et *Le Patriote de l'Ouest*, appuient le mouvement. Du Canada, proviennent aussi des contributions financières et des lettres d'encouragement signées «X — prêtre». Mgr Raymond-M. Rouleau, avant de devenir archevêque de Québec, avait lui aussi manifesté son appui. Les chefs de la lutte franco-ontarienne, comme Samuel Genest, se sentent solidaires des sentinellistes, et Genest exhorte Daignault à continuer son «admirable lutte».

Des canonistes canadiens-français fournissent aussi à Daignault des arguments puisés dans la doctrine officielle de l'Église. Les noms du chanoine Gignac et de Mgr L.-A. Pâquet reviennent souvent dans la correspondance des chefs du mouvement. Et quand Mgr Pâquet publie, dans *Le Canada français* en octobre 1926, un article sur «l'Église et les clergés nationaux», les sentinellistes y voient un encouragement public, puisque l'auteur développe des thèses déjà élaborées au cours de leurs consultations secrètes avec lui.

Les réunions pro-sentinellistes contribuent également à soutenir le zèle des combattants. Le grand rassemblement tenu à Manchester, en octobre 1926, pour célébrer le trentième anniversaire de fondation de l'Association canado-américaine, prend l'allure d'une manifestation sentinelliste. En présence d'invités québécois, Daignault est accueilli comme le héros de la fête. À Woonsocket, le 12 décembre 1926, un banquet sentinelliste attire 1500 convives, et des amis canadiens-français y prennent la parole, dont l'abbé Édouard Lavergne, qui dénonce l'épiscopat irlandais: «Il y a du scandale, c'est vrai; mais il vient de la National Catholic Welfare Conference; il vient des évêques qui s'y assemblent pour tromper Rome et conspirer contre toutes les races qui ne veulent pas se mettre à l'irlandaise.» Samuel Genest, pour sa part, déclare que le combat mené en Nouvelle-Angleterre est le même qu'en Ontario.

Mais des nuages se profilent à l'horizon. Rome condamne l'Action française de Paris, et l'émoi est grand à l'Action française de Montréal et dans les cercles sentinellistes, où certains, dont Henri Perdriau, sont partisans de l'Action française parisienne. Le coup est rude, en Amérique française, où l'on s'était évertué, de la Nouvelle-Angleterre à l'Ouest canadien, à maintenir dans un état d'harmonie nationalisme et soumission à l'autorité religieuse. Qu'en sera-t-il désormais de «la langue gardienne de la foi»? Qu'en sera-t-il du nationalisme? Henri Bourassa reçoit sa réponse à lui des lèvres mêmes de Pie XI, qui, pendant une audience privée d'une heure (18 novembre 1926), fait le procès du nationalisme. Cette audience ne sera pas sans influence sur le mouvement sentinelliste.

Le combat s'intensifie au cours de 1927. En février, les sentinellistes intentent un procès à 12 corporations paroissiales — dont l'évêque fait partie *ex officio* — pour détournement de fonds; ce procès sera instruit en octobre. Une démarche aussi osée («traîner l'évêque devant les tribunaux», comme dit l'opposition) attire sur Daignault une nouvelle grêle d'insultes et d'injures de la part du *Providence Visitor* organe officiel de l'évêque, et de *La Tribune*. Celle-ci s'efforce, dans ses reportages, de limiter l'influence du mouvement sentinelliste, prétendant n'y voir qu'un petit nombre d'«exaltés» qui s'acheminent vers le schisme et mènent une «œuvre diabolique». La violence verbale de part et d'autre indique la dégénération d'un combat idéologique en un conflit de personnalités. Trop souvent, désormais, la suffisance, la rancœur, la hargne et un langage qui n'est pas loin de rappeler Zola prennent le dessus. Serait-ce un signe que déjà la crise a trop duré?

L'intérêt populaire ne continue pas moins de croître, comme le constatent les sentinellistes dans leurs tournées de conférences et lors de manifestations qui ont lieu, ici et là, en Nouvelle-Angleterre. Du point de vue antisentinelliste, un phénomène aussi grave sinon pire que l'intérêt du peuple, c'est le concours des prêtres. Au dire de certains, il y aurait, en 1927, 52 prêtres sentinellistes sur les 55 membres du clergé franco-américain de l'archidiocèse de Boston. *La Tribune* flétrit ces prêtres «qui montent sur les tréteaux pour fanatiser les fidèles contre leurs évêques».

Au sein de l'Union Saint-Jean-Baptiste d'Amérique, dont le secrétaire général Vézina dirige la lutte antisentinelliste, l'unanimité ne se fait pas. Des succursales protestent contre l'orientation adoptée par le bureau chef, des membres démissionnent, et les effectifs de la société, de 52 000 en octobre 1925, tombent à 50 000 en 1927. Les artisans et les forestiers aussi sont partagés, de même que les journalistes, les rédacteurs de *L'Étoile* de Lowell (Massachusetts) et de *L'Opinion publique* de Worcester (Massachusetts) appuyant seuls *La Sentinelle*.

Les ralliements en faveur du mouvement contestataire se poursuivent. Devant un auditoire de 2500 personnes, à Worcester, le 3 avril 1927, l'abbé Georges Duplessis, de l'archidiocèse de Boston, résume de la façon suivante la doctrine sentinelliste: inviolabilité des fonds paroissiaux; érection de paroisses nationales; ouverture d'écoles bilingues où seront respectés les droits des parents en matière d'éducation; opposition à l'américanisation au sens de la National Catholic Welfare Conference.

Mais les sentinellistes vivent des heures pénibles au cours de l'été 1927. Pour leur rôle dans «l'agitation sentinelliste», l'abbé Joseph Béland (curé de Notre-Dame-du-Sacré-Cœur, à Central Falls) et l'abbé W.-Achille Prince (curé de Saint-Louis-de-Gonzague, à Woonsocket) sont interdits par M⁹ʳ Hickey. Hautement estimés par la population franco-américaine, ils font figure de martyrs. Ne s'étant pas repenti, l'abbé Prince est destitué, malgré son statut de curé inamovible. Une assemblée de protestation réunit plusieurs milliers de sympathisants, et, à l'automne, l'abbé Prince ira plaider sa cause à Rome. Ses nombreux amis se souviendront longtemps de son adieu, au cours duquel il déclare: «Je me recommande d'une manière spéciale aux prières de vos petits enfants pour que mon exil ne dure pas longtemps.»

Toujours en juillet 1927, l'inauguration du nouvel immeuble de l'Union Saint-Jean-Baptiste d'Amérique devient une contre-manifestation antisentinelliste. Le défilé, la messe pontificale chantée par M⁹ʳ Alphonse Deschamps, évêque auxiliaire de Montréal, en présence de M⁹ʳ Hickey et de M⁹ʳ Guertin (évêque de Manchester), le banquet resplendissant, tout ce faste affirme le triomphe des forces de l'ordre. Au cours des solennités, comme pour souligner la raison de ce triomphe, le président général de l'Union Saint-Jean-Baptiste d'Amérique, Henri Ledoux, exprime la soumission et la reconnaissance des Franco-Américains aux autorités religieuses.

Le «Manifeste catholique franco-américain», que publie *La Sentinelle* du 18 juillet 1927, donne de nouvelles armes aux adversaires, même s'il est adopté par des milliers de Francos rassemblés à Woonsocket, le 28 juillet. L'aspect le plus controversé de ce document est sans aucun doute sa recommandation de s'abstenir complètement «de verser des argents [*sic*] aux fonds paroissiaux». Pour le reste, les sentinellistes y réclament encore une fois des paroisses et des écoles «nationales», des «prêtres patriotes», et le droit pour les Franco-Américains de gérer les biens paroissiaux. Justifiée par le «manifeste», la grève des offrandes se répand, et lorsque le curé de Daignault, l'abbé Camille Villiard, de la paroisse Sainte-Anne de Woonsocket, proteste auprès du leader sentinelliste, ce dernier lui rappelle qu'il doit sa propre cure aux «révoltés» de 1914, qui avaient remporté une victoire sur l'évêque de l'époque, et justement par une grève des offrandes. Bien entendu, ce «manifeste» paraît inacceptable à Mgr Hickey, car, si l'on en appliquait les points principaux, l'évêque perdrait tout contrôle des fonds au profit des paroisses et des laïcs.

En octobre, malgré une menace d'excommunication dont les antisentinellistes ne manquent pas de se réjouir, Daignault instruit le procès des 12 corporations paroissiales (et donc de Mgr Hickey) devant la Cour supérieure du Rhode Island. La cour rend un triple jugement, qui suscitera une abondance de commentaires: elle affirme d'abord sa propre juridiction en matière ecclésiastique; elle reconnaît aux sentinellistes une existence juridique, c'est-à-dire le droit de ceux qui contribuent aux fonds paroissiaux à une reddition de comptes; mais elle décide, contre les arguments de Daignault, que les biens paroissiaux ne sont pas limités, dans leur usage légal, à une paroisse en particulier, et qu'ils sont disponibles à l'Église en général.

Les antisentinellistes font ressortir les aspects négatifs de ce jugement: l'Église se voit assujettie au pouvoir civil, et la cour semble permettre à tous les insoumis de «traîner» les autorités ecclésiastiques devant les tribunaux. Le fait d'avoir entraîné l'Église dans une telle dégradation constitue pour les antisentinellistes une infamie imputable au chef des révoltés, Elphège Daignault lui-même. Ce dernier, encouragé par des canonistes canadiens-français, annonce qu'il en appelle à la Cour suprême du Rhode Island.

Le 16 novembre 1927, Daignault part pour Rome, espérant y faire à qui de droit un exposé complet de l'aspect religieux de la vie franco-américaine, et montrer à quel point, en Franco-Américanie, le maintien de la religion dépend de la survivance. Averti par un prêtre québécois que «les Chevaliers de Colomb ont juré de [lui] casser les reins», Daignault trouve au Vatican une ambiance peu accueillante en partie parce que, l'Église venant de condamner l'Action française, les autorités sont prévenues contre tout ce qui, de près ou de loin, peut ressembler à «l'hérésie nationaliste». Il semble évident, aussi, que les adversaires de Daignault ont exagéré l'aspect séparatiste de son mouvement et sa faiblesse numérique, et qu'ils ont insisté sur le dangereux précédent créé, à la demande des sentinellistes, par un tribunal civil américain qui affirme sa juridiction en matière ecclésiale.

Daignault retient surtout, de tout cela, le besoin d'impressionner les cardinaux par la force numérique de ses partisans. Il apprend aussi, et l'on touche maintenant à un point déterminant de cette controverse, qu'en 1925 Rome avait envoyé à Mgr Hickey un *monitum* secret lui défendant d'imposer des taxes aux paroissiens. Ce *monitum*, qui, dès 1925, donnait raison aux sentinellistes, permet de situer le conflit dans une perspective tout autre que celle de l'historiographie traditionnelle.

Le dénouement du drame a lieu au cours de 1928 et 1929, deux années pénibles. De janvier à mars 1928, les sympathisants recueillent les signatures réclamées par Daignault, pour démontrer à Rome l'envergure de son mouvement et pour appuyer la demande d'une enquête pontificale. Daignault reste confiant: «Car, je le répète, le jour où Rome saura tout, nous obtiendrons justice.» En même temps, les sentinellistes poursuivent la grève des offrandes, condamnée par Mgr Hickey comme une «conspiration contre l'existence même de l'Église et de ses institutions essentielles». Rien n'y fait. À la quête, les contrevenants montrent une carte sur laquelle est inscrit le mot «Justice».

Daignault arrive à Rome, muni de 15 000 signatures, le Jeudi-Saint, 5 avril 1928. *L'Osservatore Romano*, dans son édition du dimanche de Pâques, annonce l'excommunication de 62 sentinellistes — ceux qui ont signé les documents citant en justice les corporations paroissiales — et l'interdiction du journal *La Sentinelle*. La nouvelle retentit partout en Nouvelle-Angleterre et au Canada. Les sentinellistes se contentent de redire leur confiance que justice leur sera rendue dès que le Saint-Siège sera mieux renseigné.

Nonobstant l'interdiction, qui rend coupable de péché mortel quiconque lit *La Sentinelle*, le journal perd peu d'abonnés. Il est vrai que *La Sentinelle* est «remplacée» par *La Vérité*, à partir du 31 mai 1928; mais seul le nom du journal est changé. On y lit des articles d'Henri Perdriau, du genre: «Abandonner nos justes revendications? Jamais.» Or ce même Perdriau et d'autres partisans ont des contacts avec Casimir Durand, évêque d'une secte schismatique, qui tente de les convertir à son Église orthodoxe latine, dite aussi Église catholique américaine. De ces contacts, il ressort au moins un résultat concret, la publication, au cours de ce printemps 1928, d'une brochure intitulée *Fiat Lux! Le bon sens et la logique*, parue sans nom d'auteur, mais attribué à Perdriau, et portant un *Imprimatur* de «*Casimir, episcopus*». Malgré la note suivante de la page titre, «par un catholique qui veut le devenir davantage encore», ce petit ouvrage, imprimé à 10 000 exemplaires, est interprété comme un appel au schisme.

Rentré de Rome, Daignault apprend que la Cour suprême du Rhode Island maintient la décision de la Cour supérieure: le recours aux tribunaux civils se résout donc par la victoire du parti de l'évêque. Puis, réagissant à la portée schismatique de la brochure attribuée à Perdriau, Daignault en brûle la presque totalité des exemplaires.

Les événements favorisent de moins en moins le sentinellisme, à mesure qu'avance l'année 1928. Élie Vézina, le stratège laïque des forces de l'ordre, décide cependant que «l'agitation» garde encore trop de partisans, surtout après l'excommunication et la décision des tribunaux civils. Il imagine un moyen d'asséner au mouvement qu'il exècre un coup de massue peut-être fatal: faire intervenir Henri Bourassa, personnage qu'admirent tous les nationalistes francophones du continent. Bourassa promet d'écrire, dans *Le Devoir*, une série d'articles pour dénoncer le sentinellisme.

Pendant que se trame ce complot, Perdriau et Antonio Prince sont interdits par l'évêque pour leurs menées sentinellistes. Une foule nombreuse participe toutefois à la fête de la Saint-Jean-Baptiste de 1928, organisée par *La Vérité* à Bellingham (Massachusetts), village voisin de Woonsocket, mais faisant partie de l'archidiocèse de Boston, dont l'archevêque, le cardinal O'Connell, tolère le mouvement sentinelliste, peut-être, dit-on, par antipathie pour son collègue de Providence.

La fête du 24 juin, à Bellingham, a l'allure d'un ralliement sentinelliste; il en est de même du quatorzième congrès de l'Association canado-américaine, tenu à Québec le 31 juillet. Malgré l'excommunication, encore en vigueur, du président, Elphège Daignault, et de plusieurs délégués, divers organismes collaborent pour accueillir le plus chaleureusement possible ces frères d'outre quarante-cinquième. Le gouvernement provincial, la ville de Québec, la Société Saint-Jean-Baptiste de Québec, la paroisse Notre-Dame-de-Grâce, dont le curé, l'abbé Édouard Lavergne, n'oublie pas ses vieux amis, les journaux, y compris *L'Action catholique*, offrent aux «Canados» ce que ceux-ci appellent «les heures d'or de l'hospitalité canadienne-française». Les antisentinellistes comprennent mal, cependant, comment une société qui se dit catholique peut réélire un excommunié, Elphège Daignault, au poste de président général.

Fin 1928, le journal sentinelliste *La Vérité* est condamné et remplacé par *La Bataille*, dont il ne paraît qu'un seul numéro (8 novembre 1928). À partir du 13 décembre, Daignault et ses collègues publient *La Défense*, après avoir «sacrifié» Perdriau, ce qui, selon l'administration du journal, en fait «une nouvelle entreprise». *La Défense* paraîtra jusqu'au 14 février 1929.

Du 15 au 19 janvier 1929, Henri Bourassa donne dans *Le Devoir* cinq articles qui sont un éreintement de Daignault et du mouvement sentinelliste. Après des observations préliminaires dans lesquelles il dénonce l'«animosité aveugle» d'un trop grand nombre de Canadiens français et de Franco-Américains envers les Irlandais, l'auteur fait l'historique du mouvement, mais d'une façon succincte et tendancieuse qui infirme son propos. Lorsqu'il déclare, par exemple, que ce mouvement, «c'est la répétition, en raccourci, de l'histoire de l'Action française», le caractère excessif de cette simplification saute aux yeux.

Dans son troisième article, «Schisme gallican orthodoxe», Bourassa donne l'impression que la brochure *Fiat Lux*, attribuée à Perdriau et détruite par Daignault (à quelques exemplaires près), résume la position sentinelliste. Il consacre donc toute une partie de sa polémique à «démolir» *Fiat Lux*, en criblant de sarcasmes l'auteur de la brochure et l'évêque schismatique Casimir Durand, disciple du patriarche d'Antioche. Encore une fois, l'auteur dénature la doctrine sentinelliste.

Dans un quatrième article, «Haine de l'autorité», Bourassa accuse les dissidents de méconnaître le principe d'autorité inhérent à l'Église, «société parfaite». Pour lui, leur «erreur capitale» fut «la campagne de violences, d'injures et de diffamation» menée contre l'évêque. Dans un dernier article, «Démocratisme et nationalisme outrancier», l'auteur reprend les propos que lui a tenus Pie XI lors de son audience privée du 18 novembre 1926, et formule des vœux de paix chrétienne pour les révoltés.

Cette série d'articles fut reprise en un fascicule (*L'Affaire de Providence et la crise religieuse en Nouvelle-Angleterre*) largement distribué par l'Union Saint-Jean-Baptiste d'Amérique. La démesure et la violence de ce pamphlet étonnent et choquent encore aujourd'hui, d'autant plus que Bourassa savait les excommuniés sur le point de se soumettre. À l'époque, le retentissement de ces articles fut considérable, particulièrement dans les milieux ecclésiastiques du Québec et de la Nouvelle-Angleterre franco-américaine. Quelques voix osèrent s'élever contre le grand tribun canadien. Pour certains, dont

Philippe-Armand Lajoie, de *L'Indépendant* (Fall River, Massachusetts) et Edmond Turcotte, de *L'Étoile* (Lowell, Massachusetts), Bourassa n'avait manifestement présenté qu'une caricature du mouvement sentinelliste. Selon Lajoie, Bourassa n'avait pas du tout compris que ce mouvement était une expression de la «conscience nationale», un véritable cri de détresse.

Ses articles publiés, Bourassa poursuit sa correspondance avec Élie Vézina. Il est curieux de le voir reprendre à son propre compte un des principaux thèmes sentinellistes: «Les droits de l'autorité étant nettement établis et reconnus, il faudra tout le même faire entendre à qui de droit que les Irlandais doivent cesser de se considérer les chefs nécessaires de l'Église catholique d'Amérique.» Vézina, pour sa part, exprime une autre idée chère aux sentinellistes:

> On devrait laisser à la paroisse plus de latitude dans l'administration des deniers versés pour la cause catholique, mais tout spécialement pour le développement de l'œuvre paroissiale. Sans doute, l'évêque du diocèse doit prendre les moyens de donner aux différentes paroisses les institutions dont elles ont besoin, mais il ne faut pas pour cela amortir la générosité des fidèles qui veulent garder aussi près d'eux que possible les sommes qu'ils versent au curé de la paroisse.

Encouragés par des prêtres amis, les sentinellistes accomplissent les formalités de soumission à l'autorité ecclésiastique, et le dernier numéro de *La Défense* paraît le 14 février 1929. Les membres du clergé, dans l'ensemble, se réjouissent de cette soumission, dont les dissidents sortent «grandis», selon eux. Mais l'évêque de Providence multiplie les récompenses et les punitions avec une telle fougue que les ex-révoltés ont du mal à y voir de la charité ou même de la justice. Ils sont particulièrement ulcérés que Mgr Hickey ait démis ou expulsé du diocèse les abbés Achille Prince, J.-Alfred Fauteux et J.-Albert Forcier, et qu'il ait exigé la démission de l'abbé Joseph Béland. Peut-être pas par coïncidence, au congrès de l'Union Saint-Jean-Baptiste d'Amérique, à Burlington (Vermont), en octobre 1929, le président général, Henri Ledoux, et le secrétaire général, Élie Vézina, sont décorés par l'ambassadeur de France à Washington, Paul Claudel, «au nom du Président de la République».

Dans pareille atmosphère, il est difficile de concevoir que la paix soit dans les cœurs. Pourtant Daignault se dit satisfait de son troisième voyage à Rome (printemps 1929), au cours duquel il a pu exposer au complet le point de vue qu'il défend, avec ses compagnons de lutte, depuis le début des années vingt.

Dans l'immédiat, Perdriau lance la publication, à Central Falls (Rhode Island), du *Cahier des communiqués de la vérité*, hebdomadaire bilingue semblable à *La Sentinelle* et d'une parfaite orthodoxie. Cette feuille, devenue *L'Intransigeant*, ne paraît qu'en avril-mai 1929. Dans le New Hampshire, quelques «officiers généraux» de l'Association canado-américaine, des «Sentinellistes notoires», relancent *Le Progrès*, hebdomadaire de Nashua qu'ils établissent à Manchester, invitant J.-L.-K. Laflamme, vieux routier des luttes nationales, à en prendre la direction. Ce journal, qui reçoit une aide financière de la Société Saint-Jean-Baptiste de Montréal, sera absorbé par *Le Travailleur* de Wilfrid Beaulieu, au début des années trente.

Voilà donc comment se termine l'histoire connue du mouvement sentinelliste. Malgré la soumission officielle, le point de vue défendu par Daignault et ses partisans restera intact chez plus d'un, si bien qu'il se trouve encore aujourd'hui, ici et là, des octogénaires heureux de se dire «sentinellistes».

De nos jours, la sentinelle continue d'être diversement appréciée. Des archives fermées et des gens obstinément discrets excitent la curiosité sur l'épisode le plus retentissant de l'histoire franco-américaine, fâcheux coin d'ombre dans le passé collectif du Québec et de la Franco-Américanie.

En attendant l'ouverture des archives, quiconque relit les documents disponibles reste songeur face à un tel déchaînement de passions — songeur et désireux d'en savoir plus long sur les motifs profonds des parties adverses, sur le degré d'intérêt populaire soulevé par ce conflit tant au Canada qu'en Nouvelle-Angleterre, sur le rôle précis de certains personnages, dont les cardinaux Bégin et Rouleau, Mgr Georges Courchesne (évêque de Rimouski), Mgr Louis-Adolphe Pâquet, le chanoine Gignac et l'abbé Édouard Lavergne, pour n'en nommer que quelques-uns; désireux d'en savoir plus long, de fait, sur toute l'affaire, y compris la validité de l'excommunication, mal motivée selon certains, ceux qui ont eu recours aux tribunaux n'étant pas, semble-t-il, passibles d'une telle sentence.

Si l'on tente, par exemple, de mesurer l'influence du mouvement, aucune certitude n'est possible. Dans un compte rendu publié en

1936, *Le vrai mouvement sentinelliste en Nouvelle-Angleterre (1923-1929) et l'Affaire du Rhode Island*, Elphège Daignault n'hésite pas à parler d'un «drame sauveur» et à affirmer que le mal inhérent à la crise fut largement compensé par les réformes qu'elle a provoquées. Pour lui, le mouvement s'est soldé par une victoire, parce que le système de taxation arbitraire, par la suite aboli dans le diocèse de Providence, n'a pas été adopté par d'autres évêques.

Robert Rumilly, qu'on ne saurait soupçonner de sentinellisme, puisqu'il écrit son historique pour l'Union Saint-Jean-Baptiste d'Amérique, donne partiellement raison à Daignault: «La grande affaire sentinelliste a peut-être été la crise, quasi fatale, d'une période de consolidation. Ses conséquences, bonnes et fâcheuses, se font à peine sentir en 1930. La crise sentinelliste a révélé la force des Franco-Américains. Elle fera hésiter des assimilateurs. Mais elle engage des évêques à cesser le recrutement du clergé franco-américain au Canada.»

Il est un autre jugement, favorable au sentinellisme, attribué à un personnage de l'époque, anonyme comme bien d'autres figurants de ce drame. Il aurait déclaré aux chefs du mouvement: «Vous avez tout gagné, sauf l'apparence d'avoir gagné.» Cette déclaration, peut-être apocryphe, pourrait contenir une part de vérité, impossible à confirmer aussi longtemps que les archives demeureront scellées.

Quant à l'influence du sentinellisme sur la survivance, elle semble plutôt négative parce que le recours à des moyens extrêmes — tribunaux civils, assemblées «anticléricales», critique publique de l'évêque — suivi par l'excommunication et la mise à l'index du journal *La Sentinelle*, tout ce scénario n'était pas fait pour attirer vers la survivance les tièdes ou les indifférents. Déjà, il s'en trouvait, dans les années vingt, qui dénonçaient «la mentalité d'exil» des «patriotes», alors que l'américanisation des esprits et des mœurs faisait son chemin, surtout chez les jeunes. D'avoir compliqué la question de la survivance et d'en avoir fait un objet de controverse, au moment où on la jugeait de plus en plus inintéressante ou surannée, n'a vraisemblablement pas contribué à lui gagner des adeptes. Il y a à ce sujet, le témoignage de Wilfrid Beaulieu, un des excommuniés, qui fait remonter à l'époque de la Sentinelle la démission des clercs, c'est-à-dire la perte du clergé dans la cause de la survivance:

C'est à partir de ce moment-là surtout [...] que la démission chez notre clergé a commencé à s'accentuer; car à la vue d'aussi grandes injustices, qu'on s'est plus évertué, en haut lieu, à atténuer et à «couvrir» qu'à condamner, le clergé épousa l'attitude de l'«à quoi bon»; il en a été de même d'un grand nombre d'intellectuels, d'hommes de profession et d'affaires laïques, par toute la Franco-Américanie. (*Le Travailleur*, 4 février 1954)

Nonobstant les aspects négatifs de la Sentinelle, il est plus d'un angle sous lequel le mouvement nous paraît positif, voire légitime, même si la plupart des commentateurs ont insisté sur son côte négatif. Dans *Le vrai mouvement sentinelliste...*, par exemple, Daignault donne le texte d'une lettre (du 22 janvier 1926) dans laquelle son procureur romain lui affirme que, à Rome, la demande de contributions de la part de Mgr Hickey est interprétée non pas comme un impôt ou un ordre, mais comme «une prière pressante». Y aurait-il eu malentendu entre le Saint-Siège et l'évêque de Providence? Chose certaine, ceux qui ont écrit sur la Sentinelle sont d'accord que, dans les contacts entre Mgr Hickey et ses curés, il a toujours été question de taxe et non pas de «prière pressante». Le contenu de la lettre du procureur romain soulève donc une question de première importance sur les renseignements fournis à Rome par Mgr Hickey, question que des documents d'archives, pour l'instant inaccessibles, pourraient sans doute aider à tirer au clair.

Une autre question capitale restée sans réponse, c'est le droit de l'évêque de taxer les paroisses. Selon Daignault, la Sacrée Congrégation du Concile n'a pas tranché la difficulté, se contentant de «rejeter» simplement la requête sentinelliste. Ce rejet, aux yeux de Daignault, ne constitue pas une réponse à la question soulevée par la requête. Enfin, le *monitum* secret de 1925, adressé par Rome à Mgr Hickey, donnait raison aux sentinellistes, puisqu'il enjoignait à l'évêque de ne pas taxer les membres de son diocèse.

Dans un cadre plus large, les sentinellistes avaient certainement raison de faire valoir les droits des parents en matière d'éducation, ces droits ayant été affirmés à mainte reprise par le pape et les évêques. Ce qui par contre avait apparemment été laissé à la discrétion de l'épiscopat de chaque pays, c'était la façon d'intégrer les communautés d'immigrants dans l'Église du pays d'adoption. En plus, on semble n'avoir prévu aucune façon de régler un quelconque conflit entre un évêque et un groupe minoritaire.

Mais le tronc central de la doctrine sentinelliste, c'est une certaine conception de la paroisse, et le refus du rôle secondaire que lui réservait l'épiscopat américain. Sous-jacente à ce refus, il y a la conscience du relativisme de l'Église en ce domaine: au Canada, la paroisse avait une importance considérable, alors qu'aux États-Unis la paroisse était nettement subordonnée au diocèse. Les antisentinellistes, par contre, étaient ralliés au principe d'autorité qui, selon eux, rendait obligatoire la soumission entière à l'Église, par-delà toute question de nationalité.

Or les sentinellistes avaient déjà contre eux la politique de l'épiscopat étatsunien, disposé tout au plus à établir temporairement des paroisses dites «nationales» pour les immigrants des différents pays, aux seules fins de faciliter la transition des immigrants vers des paroisses unilingues anglophones. Pour les Franco-Américains, toutefois, et surtout pour les sentinellistes, les paroisses francos possédaient deux caractéristiques, que l'épiscopat n'accepta jamais: elles étaient permanentes, et l'administration devait en être locale plutôt que diocésaine.

D'autres aspects de cette conception de la paroisse devaient contribuer beaucoup à aggraver le conflit. Pour les sentinellistes, et pour ceux qui les appuyaient ouvertement ou secrètement, la paroisse était le prolongement du foyer en plus d'être le lien principal entre l'individu et l'Église universelle. Dans l'historique du mouvement sentinelliste d'Elphège Daignault, il est un passage particulièrement révélateur à cet égard. Exhortant son lecteur à juger la conduite des sentinellistes, l'auteur offre des considérations capitales dont, jusqu'à présent, on n'a pas suffisamment fait état:

> Mais, avant de juger, qu'il [le lecteur] veuille bien songer à l'état d'âme qui devait être celui de ces catholiques sincères voyant, un beau matin, leur rêve de plus d'un demi-siècle fini: la forteresse de leur foi, de leur langue et de leurs traditions ancestrales — leur paroisse — devenue la propriété d'autrui. Elle n'est plus à ex. Un grand changement s'est opéré dans la conception des droits qui s'y rattachent.
>
> Ils se croyaient dépossédés du bien le plus précieux qu'ils avaient sur la terre, par cette nouvelle politique d'administration paroissiale qui sacrifiait la paroisse aux exigences du diocèse et aux multiples œuvres

de l'Église Universelle. L'église et l'école paroissiales, les richesses qu'ils versaient à large main dans les fonds paroissiaux, cessaient d'être leur chose propre. C'était l'effondrement de l'effort paroissial séculaire!

Ce texte dit bien à quelle profondeur était ancré le sentiment de propriété à l'égard de la paroisse, et aussi le choc causé par une dépossession inattendue. Le texte indique aussi que la solution du conflit signifia, pour Daignault et ses sympathisants, l'usurpation, le massacre d'un bien patrimonial. Le fait d'avoir entrevu cette possibilité dès 1923 avait causé chez les sentinellistes le choc qui les conduisit à la révolte.

L'affaire de la Sentinelle est donc l'expression extrême, ultime, d'un sentiment qu'on retrouve chez les Franco-Américains en général, soit le malaise qu'ils ont éprouvé, au cours des ans, à voir *des étrangers* s'immiscer dans un des domaines les plus intimes et les plus sacrés de leur vie. La méfiance franco-américaine envers les *étrangers* a toujours été considérable, et quand il s'en est trouvé pour s'ingérer dans leur vie religieuse, il s'est toujours trouvé aussi une minorité pour protester — une minorité qui savait que ses protestations n'avaient pas l'appui unanime de ses congénères.

Pour bien comprendre la Sentinelle, il faut encore rappeler le mépris du clergé irlando-américain pour les Francos, que certains curés irlandais n'étaient pas loin de considérer comme des catholiques de seconde zone. Ainsi, dans plusieurs villes, des prêtres irlandais se targuaient de ce que leur église à eux était l'église *catholique*, alors que celle des Franco-Américains était «only French» («seulement une église canadienne»). Il n'est donc pas étonnant que l'Irlandais soit devenu «l'ennemi naturel», et que son mépris bien connu ait, pour les sentinellistes, jeté de l'huile sur le brasier.

Les commentateurs de la Sentinelle n'ont jamais signalé, croyons-nous, que, dans ce conflit, il s'agit au fond d'une lutte entre deux conservatismes, deux fidélités, même si les dissidents y font figure de radicaux ou de révoltés. Les sentinellistes, en effet, ont voulu rester fidèles à la conception canadienne-française de la paroisse, alors que les antisentinellistes ont préféré se conformer au régime en vigueur dans le pays d'adoption. Il nous paraît bien significatif que l'événement choc en histoire franco-américaine, le conflit percutant entre tous, mette en jeu, d'un côté comme de l'autre, cette vertu bien «canadienne» qu'est la fidélité.

Mais nous trouvons particulièrement regrettable que les indifférents ou les adversaires n'aient pas compris la double fidélité sentinelliste, pas plus qu'ils n'ont compris qu'elle puisse susciter une crise si un individu est — ou se croit — mis en demeure de choisir entre sa foi et sa race. De fait, les adversaires, à l'époque et par la suite, ont eu beau jeu de souligner les erreurs et les abus des sentinellistes, et ceux-ci, pour avoir été excommuniés, ont dû subir le mauvais traitement que l'*establishment* et les «bien-pensants» — ceux qui se trouvent du côté de l'ordre — réservent à des rebelles jugés coupables, dénoncés comme «fanatiques», punis, et mis au rancart.

Loin de nous, cependant, l'idée de dissimuler ou de voiler les erreurs et les abus des sentinellistes, en particulier la violence déplorable avec laquelle ils menèrent leur campagne, leur manque de tact, de sens diplomatique ou de bon goût. Mais toutes ces caractéristiques, de même qu'une intransigeance indéniable, ont marqué la conduite des deux partis adverses.

En évaluant ce conflit dans le contexte de l'histoire canadienne-française et franco-américaine, l'idée, déjà citée, du journaliste Philippe-Armand Lajoie nous revient à l'esprit. Cet observateur lucide de la vie franco voyait, dans le mouvement sentinelliste, une «expression de la conscience nationale». Nous faisons volontiers nôtre cette assertion, tout en admettant le rôle possible du parti pris chez les sentinellistes. Les historiens, à notre avis, ont eu tendance à minimiser ce que le mouvement a eu de positif — ils n'y ont pas vu une «expression de la conscience nationale», ni même la probité que suggère cette formule. Le milieu franco-américain, dominé largement par une élite clérico-antisentinelliste, ne favorisait pas, il est vrai, une telle perception de la réalité. Pourtant, il est plusieurs «sentinellistes notoires» qui ont fait preuve de cette probité, de cette intégrité pendant de longues carrières, après la crise. Les journalistes Wilfrid Beaulieu et Philippe-Armand Lajoie sont parmi les plus connus.

Mais pourquoi, demandera-t-on, le sentinellisme n'a-t-il pas fait l'unanimité ou la quasi-unanimité chez les Francos? Disons d'abord que nous ne connaîtrons jamais le nombre exact de ceux qui ont pu appuyer le mouvement dans leur for intérieur, tout en se comportant, par prudence, comme s'ils étaient du parti de l'évêque. Mais nous dirons que ces deux réactions opposées à ce qui était pour tous les immigrants une réalité nouvelle, expriment deux traits contradictoires de l'âme canadienne-française et franco-américaine, ou, si l'on veut, de la «conscience nationale». D'une part, il y a la passivité, la résignation, la tendance à se soumettre à l'autorité, même quand la soumission répugne et se fait coûteuse; d'autre part, il y a l'instinct contraire, celui des rebelles, qui a fait de certains Canadiens français des partisans de la Révolution américaine, qui explique le comportement des insurgés de 1837-1838, et qui a motivé les sympathisants de Louis Riel.

Au cours de l'histoire canadienne-française et franco-américaine, la majorité a trouvé la soumission — réelle ou apparente — plus facile, peut-être plus naturelle, que la révolte. Pour les antisentinellistes, la soumission à l'autorité de l'Église faisait partie des devoirs du catholique pratiquant, au même titre que la croyance en un seul Dieu. Sans compter qu'il était relativement inusité, en Franco-Américanie, de passer de la parole aux actes, comme l'indique Daignault dans son historique du mouvement. Malgré une dizaine de conflits ethno-religieux connus, il était plus caractéristique de se ranger, de se conformer, après avoir dénoncé ou formulé quelques résolutions au cours d'un congrès.

Nous croyons que les sentinellistes, en revanche, étaient animés en partie par un esprit français, par un atavisme gallican, et, à un degré moindre, par une certaine admiration pour l'Action française. Car l'esprit sentinelliste sait faire la part des choses, il sait départager, par exemple, l'humain et le divin, en matière de religion; pour lui, une foi sincère n'implique pas nécessairement une obéissance aveugle à l'autorité religieuse. Dans cet esprit, l'individu garde le droit de discuter, de critiquer, de n'être pas d'accord avec les représentants de l'Église, surtout dans un domaine aussi manifestement humain, relativisé et arbitraire que peut l'être l'administration des paroisses.

Dans la discussion qui précède nous avons, de propos délibéré, insisté sur les idées et les principes, qui prêtent mieux à une réflexion critique que le rôle des personnalités ou des sociétés rivales, surtout dans la demi-obscurité où nous laisse l'interdiction des archives. Il a pu paraître, au cours de cette discussion, que nous avons favorisé le parti sentinelliste plutôt que celui de l'évêque. Nous concédons qu'il y a eu, en effet, de notre part, volonté de faire ressortir, dans le mouvement sentinelliste, le bon côté des choses, négligé par l'historiographie traditionnelle, celle-ci étant davantage portée à distribuer le blâme et le reproche qu'à faire valoir l'aspect positif d'un mouvement condamné par le Saint-Siège. Le point de vue de l'Église, par contre, a déjà été abondamment expliqué et défendu par la plupart des historiens. Ce point de vue, d'ailleurs, a été gouverné avant tout par le souci de sauvegarder le principe d'autorité, et, du commencement à la fin, il semble bien que la raison d'État ait prévalu. Ce principe ne nous a pas semblé appeler de nouvelles considérations.

Il faut convenir, aussi, que le sujet de la Sentinelle ne laisse pas indifférent; les écrits d'Hélène Forget et de Richard Sorrell, qui sont pourtant des universitaires d'une génération post-sentinelliste, sont là pour le prouver. Remédier un tant soit peu à la mauvaise presse qu'a eue ce mouvement depuis plus d'un demi-siècle, commencer à dresser un nouveau bilan plus équitable, tel a été notre propos. Mais il est probable que cet épisode controversé demeurera longtemps encore un domaine fertile pour les chercheurs.

* * *

Ainsi prend fin la période des principaux conflits ethno-religieux. Nous sommes conscient de ne pas avoir tout dit à ce propos (loin de là!), n'ayant même pas mentionné la controverse dite de la Corporation Sole qui sema la zizanie dans le Maine (et ailleurs) au début du 20ᵉ siècle. Des contraintes d'espace, le souci d'éviter les redites, et surtout le trop peu de savoir, résultat d'archives prohibées, nous ont imposé cette version abrégée des faits.

III

———

BILAN 1935: LA SURVIVANCE MENACÉE

S'il a existé un âge d'or chez les Franco-Américains, c'est dans l'entre-deux-guerres qu'il se situe. La grande immigration ayant pris fin vers 1930, tous les effectifs sont sur place, soit près d'un million d'immigrés, sans compter l'accroissement naturel. Le gros de cette population s'est regroupé dans les Petits Canadas des villes industrielles, où les gens sont partagés, à des degrés variables, entre les forces contradictoires de l'assimilation et de la survivance.

La grande majorité reste catholique et fréquente une église dite «canadienne», où les exercices du culte se font en français. La présence continue des «anciens» — ceux qui ont eux-mêmes vécu l'immigration — contribue beaucoup au maintien d'une atmosphère «canadienne», surtout dans la vie familiale et paroissiale. La plupart des paroisses ont des écoles bilingues, où le personnel enseignant appartient à des communautés religieuses canadiennes ou françaises. Une élite participe au mouvement des idées, ou s'adonne à la pratique des beaux-arts et de la musique. La multiplicité des organismes est un indice, parmi d'autres, de l'intensité de la vie franco-américaine au cours de ce premier tiers du 20ᵉ siècle.

La plupart des composantes socio-culturelles de la réalité franco-
américaine étant maintenant réunies, et la décennie 1930 représentant
un moment de calme relatif avant qu'éclate la Deuxième Guerre
mondiale, cette période se prête bien à un bilan.

Américanisation et survivance

Pendant que l'immigration se poursuit, jusqu'en 1930, les chefs
«patriotes» continuent à prôner la survivance et les groupements pour
le maintien de la foi et de la langue se multiplient; d'autres organismes
travaillent à l'intégration des immigrés dans le système socio-politique
des États-Unis. Les clubs de naturalisation sont à l'avant-garde de ce
mouvement.

Fondés à la fin du 19e siècle pour aider les immigrés à obtenir
et à protéger leurs droits, ces clubs ont à vaincre l'incurie, l'ignorance
des avantages de la citoyenneté, le rêve d'un retour définitif au
Canada, et peut-être aussi la crainte d'assumer de nouvelles responsabilités, comme la conscription. Persévérants, les chefs de ces clubs,
qui ont parfois des ambitions politiques, parviendront à faire passer
leur message, aidés dans leurs efforts par le fait que les enfants des
immigrés, nés aux États-Unis, sont eux-mêmes citoyens américains.

En même temps, on décuple les efforts pour amener les immigrants canadiens à s'engager, en participant à la vie politique des
États-Unis. À la dernière des conventions générales, tenue à Springfield (Massachusetts) en 1901, l'avocat Godfroy Dupré, de Biddeford
(Maine), exhorte les siens en des termes souvent repris par la suite:

> Au lieu de se faire des compliments les uns les autres, au lieu de ces
> évocations du souvenir de nos ancêtres qui semble être le seul thème
> de nos orateurs et de se flatter d'un passé glorieux à la grandeur duquel
> nous n'avons aucunement contribué, il serait plus sage et plus patrio-
> tique de faire notre examen de conscience, de s'instruire et de s'immis-
> cer dans les affaires publiques. (Gatineau, p. 421)

Encore en 1919, au congrès de la Fédération catholique franco-
américaine, on parle de la nécessité de former des comités permanents
de naturalisation et d'encourager les citoyens à participer aux
élections. Peu à peu, on se laisse persuader, et, à partir de 1900, le
nombre de citoyens naturalisés s'accroît sans cesse. Mais les progrès

Hugo A. Dubuque. Procureur de la ville de Fall River, puis député à la législature de Boston, il fut le premier Franco des États-Unis à être nommé juge de la Cour supérieure. Patriote ardent, il fut de tous les combats touchant la Franco-Américanie (*Programme souvenir des noces d'or de la paroisse de Notre-Dame-de-Lourdes.*). (Collection Armand Chartier)

Aram Pothier. Des débuts de l'émigration à nos jours, trois Francos ont réussi à se faire élire gouverneur d'un État, tous trois dans le Rhode Island. Aram Pothier détient le record de longévité à ce poste, y ayant été réélu à plusieurs reprises (*Programme souvenir des noces d'or de la paroisse de Notre-Dame-de-Lourdes.*). (Collection Armand Chartier)

sont lents, car les immigrés ont tendance à se tenir loin de la vie politique américaine même au niveau local. Ils mettent du temps à vaincre leur réticence, leur indifférence pour la chose publique, et un relent d'anti-étatisme qui fait partie de leur mentalité.

Malgré cette lenteur, les succès s'accumulent. Au tournant du siècle, des Francos sont membres de la législature de tous les États de la Nouvelle-Angleterre, et le défi qu'ils lancent aux Anglos et aux Irlandais n'est pas négligeable. De 1900 à 1930, des Francos sont élus maires dans une dizaine de municipalités, de Lewiston (Maine) à Danielson (Connecticut). Là où le permet la densité de la population canadienne, comme à Southbridge (Massachusetts), ils accaparent les emplois gouvernementaux et presque tous les postes politiques importants.

Quelques «patriotes» se signalent d'une façon particulière, comme Hugo Dubuque, le premier Franco nommé juge de la Cour supérieure (1911). En 1916, le député Henri Achin, de Lowell, mène à bon terme un projet de loi grâce auquel le Jour de l'An devient fête légale dans le Massachusetts — une tradition canadienne qui, avec le temps, sera intégrée à la culture américaine dans tout le pays.

En fait de réalisations francos, dans le domaine politique, le Rhode Island brille d'un éclat spécial au cours de cette période, car, outre plusieurs maires, on y élit un Franco, Aram-J. Pothier, au poste de gouverneur, en 1908. Né à Saint-Jean-Chrysostome (comté de Châteauguay, Québec) en 1854, Aram Pothier suit sa famille à Woonsocket, où après des débuts modestes, il devient banquier et occupe successivement plusieurs postes clés, dont ceux de maire en 1894 et 1895, et de représentant du Rhode Island à l'exposition universelle de Paris, en 1900. Il sera gouverneur de 1908 à 1914, et de 1924 à 1928, année de son décès. Aram Pothier s'est donc adapté très vite à l'*american way of life*, sans répudier ses origines, mais en insistant pour que les Canadiens immigrés ne fassent pas bande à part. Un autre Franco, Emery-J. Sansouci, fut gouverneur du Rhode Island de 1921 à 1923, Louis Monast représenta l'État au Congrès de Washington de 1927 à 1929, et Félix Hébert (de West Warwick) fut sénateur des États-Unis, pour l'État du Rhode Island, de 1929 à 1935.

Il ne faudrait pas conclure pour autant que le groupe est unanime et solidaire en politique; il s'est rallié à l'un ou à l'autre des deux

Annonces publicitaires. Les grandes occasions, et parfois les moins grandes, ont souvent donné lieu à la publication d'un programme souvenir. Les annonces publicitaires aidaient à défrayer l'impression et parfois le programme. Aujourd'hui, elles nous renseignent sur les aînés (*Programme officiel. Noces d'argent. Ligue des Patriotes*, 26 décembre 1910, Fall River, Mass.). (Collection Armand Chartier)

Annonces publicitaires. Le «célèbre composé Trousseau pour les femmes pâles et débiles» ne fut pas le seul de son espèce. Il y eut, à l'époque 1900, auparavant et par la suite, des produits semblables qui furent l'objet de battage publicitaire, dans les journaux comme dans le programmes souvenirs. Signe de la popularité et de l'efficacité de ces produits? (*Programme officiel. Noces d'argent. Ligue des Patriotes,* 26 décembre 1910, Fall River, Mass.). (Collection Armand Chartier)

principaux partis, et, depuis les débuts, les démocrates et les républicains se partagent les votes francos. Certains observateurs dénoncent ce manque de cohésion, imputable, dit-on, aux défauts traditionnels des Canadiens: jalousie, esprit chicanier, individualisme, mépris pour tout ce qui est canadien, surtout si on a l'occasion de prendre ses distances en s'américanisant; d'autres voient dans ces divisions un moyen sûr d'obtenir une bonne part de patronage, quel que soit le parti au pouvoir.

Il est impossible, dans l'état actuel de la recherche, de déterminer si les Francos ont favorisé le parti démocrate plutôt que le parti républicain. Il est certain que l'antagonisme entre les Irlandais et les Francos, suscité par la concurrence sur le marché du travail et par la volonté des évêques irlandais d'américaniser les immigrants, a souvent joué en faveur du parti républicain, les Irlandais ayant la haute

Camions de la My Bread Baking Company. Fondée au tounant du siècle, dans une cave à New Bedford, Mass., par Paul-A. Duchaine, un émigrant canadien qui vendait «Mon pain» de porte en porte, cette compagnie est devenue une multinationale. Ses produits se vendent partout en Amérique du Nord, en Europe et au Japon. L'actuel PDG, Paul Duchaine, est le petit-fils du fondateur. Les camions sur la photo datent des années 1910-1920. (Gracieuseté de My Bread Baking Company)

main sur le parti démocrate avant même l'arrivée des Canadiens aux États-Unis — mais on ne saurait dire dans quelle mesure.

En ce domaine si peu étudié, toute généralisation paraît téméraire, mais les faits suggèrent que, devant la volonté croissante des immigrants canadiens d'être reconnus, du moins comme puissance numérique, les candidats aux postes électoraux ont dû tenir compte, de plus en plus, du *French vote*. «Être reconnus» signifiait, à l'époque, que les candidats devaient se montrer favorables aux intérêts francoaméricains en général, et devaient faire preuve de bonne volonté lors de la distribution des emplois, après une élection.

Le nombre sans cesse croissant de petits commerçants, d'hommes d'affaires, de banquiers et de professionnels est un autre signe que les immigrés s'accommodent de la vie aux États-Unis, et qu'ils saisissent bien le sens du vieux dicton: «The business of this country *is* business.» On les retrouve dans à peu près toutes les sphères de l'activité économique et industrielle, et dans les professions libérales.

Il serait fastidieux d'énumérer les domaines où, après des débuts modestes, des immigrés canadiens apprennent le métier et font montre d'un esprit d'entreprise suffisant pour ensuite devenir propriétaires d'un commerce. Mais les choses se passent ainsi pour bon nombre d'épiciers, de boulangers, de charpentiers, de pharmaciens. Il y aurait d'ailleurs toute une étude à faire pour déterminer quels commerces ont attiré les immigrés. Pareille étude pourrait en dire long, par exemple, sur l'attrait qu'a exercé l'immobilier sur ces gens. Dans telle ville (et peut-être ailleurs aussi), un groupe d'associés dénommés «les quarante voleurs», hommes d'affaires et de profession à la poigne dure, a fait fortune, à cette époque, grâce à sa capacité de spéculer savamment sur les biens-fonds.

Au cours des années 1900-1935, certaines carrières se font particulièrement remarquables. Aram Pothier, gouverneur du Rhode Island réussit à attirer à Woonsocket plusieurs compagnies, spécialisées dans le textile, du nord de la France. Ces compagnies, en créant des milliers d'emplois, contribuent largement à l'essor industriel de la Nouvelle-Angleterre. À Manchester (New Hampshire), Frédéric Dumaine (1865-1951), d'ascendance québécoise, se hisse au prestigieux poste de trésorier de l'Amoskeag Manufacturing Company, vaste complexe industriel qui emploie de 15 000 à 20 000 personnes. En 1908, l'immigrant William-E. Aubuchon (1885-1971) établit sa première quincaillerie à Fitchburg (Massachusetts); aujourd'hui, la Aubuchon Hardware Company compte 124 magasins et constitue un des plus vastes réseaux de ce genre aux États-Unis.

L'*establishment* yankee ne manque pas de reconnaître les réalisations de ces hommes d'affaires et professionnels franco-américains. Il est un signe éloquent de cette reconnaissance: les auteurs anglo-américains d'histoires locales incluent dans leurs ouvrages des esquisses biographiques de ces notables. Il y a là l'indice d'une intégration parfaite à l'*american way of life* et de l'atteinte d'un niveau économique supérieur à la moyenne. En parcourant ces esquisses, le lecteur

Le Clairon. Cette revue paroissiale, publiée pendant environ deux ans, réussit à atteindre son objectif: soulever les fonds nécessaires pour faire sculpter un monument qui commémorerait les paroissiens «morts au champ d'honneur» pendant la Première Guerre mondiale. Le monument, une œuvre du sculpteur franco-américain Lucien Gosselin, situé à quelques pas à peine de la deuxième église Notre-Dame, échappa aux flammes dans lesquelles disparut celle-ci le 11 mai 1982. Pour nombre d'observateurs, ce fait n'est pas dépourvu de signification. L'inscription à la base, à peine déchiffrable, se lit comme suit: «Hommage des 800 soldats et marins de la paroisse — 1920.» (Collection Armand Chartier)

Le Clairon: Médaillon «Nos morts». *Le Clairon* consacre une page à chacun des combattants tombés «pour la patrie». (Collection Armand Chartier)

Statue du Sacré-Cœur surplombant le
monument au Sacré-Cœur sur le terrain
de l'église Notre-Dame-de-Lourdes,
Fall River, Mass.
(Collection Armand Chartier)

Monument au Sacré-Cœur: l'archange.
(Collection Armand Chartier)

Monument au Sacré-Cœur: plaque indiquant les noms des paroissiens de Notre-Dame, Fall River, Mass., qui sont morts au combat lors de la Première Guerre mondiale. L'usure du temps rendant difficile la lecture de certains noms, nous les reproduisons ici: Lepage, Jean. Richmond, Alfred. Pelletier, Horace-A. Renaud, Pierre-R. Canuel, Adhémar. Turcotte, Georges. Richmond, Arthur. Delisle, Alfred. Gignac, Aimé. Nadeau, Étienne. Ferland, Alfred. Anctil, Omer. Gagnon, Joseph. Millot, Théodore. Bastille, Henri. Bernier, Ovila. Caya, Alfred. Maynard, Albert. Cournoyer, Alphonse. LaForest, Eugène. Daudelin, Omer. (Collection Armand Chartier)

d'aujourd'hui, conscient de l'emprise de la survivance sur la majorité des immigrés, sera peut-être étonné de constater combien de ces hommes d'affaires et de ces professionnels étaient membres de sociétés neutres (Brotherly and Protective Order of Elks, Fraternal Order of Eagles, etc.), alors que les chefs de la survivance déconseillaient l'adhésion à semblables sociétés. Il est tout aussi vrai, cependant, que certains pratiquaient l'intégration totale en faisant partie à la fois de sociétés neutres et de sociétés franco-américaines. Ces mêmes esquisses biographiques révèlent aussi que plusieurs se réclament d'un ancêtre qui a participé aux rébellions de 1837-1838. Le grand-père de Frédéric Dumaine, par exemple, a fait le coup de feu à Saint-Charles en 1837, et son petit-fils rappelle cet exploit avec une évidente fierté.

Rappelons enfin que le développement des caisses populaires et des sociétés fraternelles (ou mutuelles) d'assurance-vie contribue beaucoup aussi à la prospérité du pays pendant l'époque de 1900-1935, d'autant plus que leur chiffre d'affaires atteint plusieurs millions de dollars.

En 1917-1918, un nombre considérable de Franco-Américains accepte un autre moyen de s'américaniser, l'enrôlement sous les drapeaux, et les mutuelles participent financièrement à l'effort de guerre, selon des modalités fixées par le gouvernement américain. De fait, la guerre touche l'ensemble de la collectivité, soit par le boom économique dans diverses industries (munitions, textiles, chaussures), soit par le départ d'un proche parent, volontaire ou conscrit.

Cette guerre est l'occasion par excellence, pour tous les immigrants, de prouver leur fidélité au pays d'adoption, et, à vrai dire, l'ambiance de fébrilité patriotique exige cette preuve. Les sociétés franco-américaines multiplient les manifestations, et la population en général prodigue ses encouragements aux militaires, d'autant plus qu'ils combattent pour libérer le sol du pays ancestral, la France, à Soissons, à Château-Thierry, à Saint-Mihiel, à Verdun. Bientôt on sonne le glas pour les héros «morts au champ d'honneur», et, après la cessation des hostilités, les paroisses franco-américaines organisent une «fête du retour», pour marquer la rentrée des combattants. Drapeaux, chants patriotiques, acclamations et panégyriques, voilà des fêtes que n'oublieront jamais les témoins et les participants. À Manchester (New Hampshire), on est particulièrement fier de ce que l'American Legion, prestigieuse organisation nationale d'ex-militaires, permette qu'une de ses succursales soit nommée l'American Legion William H. Jutras Post Number 43, pour immortaliser la mémoire d'un fils de la paroisse Saint-Augustin, mort héroïquement en France.

La Première Guerre s'accompagne aussi d'un relâchement dans les liens entre le Québec et les Franco-Américains, qui ne comprennent pas l'attitude de la province d'origine à l'égard de la guerre. Malgré sa proximité et en dépit de l'immigration qui se continue, la présence du Canada s'estompe à mesure qu'avance le siècle. Une proportion croissante des enfants, désormais, naît aux États-Unis. Cette nouvelle génération sera bilingue, forcément plus américaine que la précédente, et s'intéressera assez peu au Canada, perçu comme un pays de misère qu'on a dû fuir. Mais il existe encore, surtout parmi l'élite, un fort noyau qui veut résister à l'américanisation intégrale et resserrer les liens avec le Canada français, et qui défend, souvent d'une façon agressive, la survivance.

Une bonne partie de la population vit spontanément la survivance dans la mesure où le patrimoine culturel canadien-français constitue un système de valeurs, une explication de la vie, un univers mental et spirituel qui, réunis, guident les immigrants canadiens dans leur comportement quotidien, dans leur adaptation à leur nouveau milieu, dans cette lutte qu'est l'existence. Tout cela est beaucoup moins vrai chez les générations montantes, que vise précisément l'élite dans d'innombrables discours patriotiques et articles de journaux, et aussi dans quelques ouvrages, dont *L'Âme franco-américaine*, (1935), de Josaphat Benoit, et *Les Franco-Américains peints par eux-mêmes* (1936), recueil réalisé par l'Association canado-américaine.

Pour l'élite, la survivance est avant tout une question d'identité et de volonté de préserver l'identité individuelle et collective des Franco-Américains. Car les notions d'identité et de patrimoine culturel sont presque identiques, surtout en ce qui concerne la foi, la langue et les traditions. Pour les inconditionnels de la survivance, cet ensemble foi-langue-traditions constitue un bien sacré à maintenir et à transmettre. La réflexion soutenue que mène l'élite à ce sujet, dans un contexte social peu favorable au pluralisme culturel, finit par ériger la survivance en un système qui, en bien des points, ressemble à l'idéologie clérico-nationaliste du Canada français.

L'essentiel de leur pensée, c'est au Canada que vont le puiser les idéologues de la survivance. Au Canada français — et l'élite franco-américaine ne l'oubliera jamais —, dès le lendemain de la Conquête, la résistance à l'Anglais est déjà en voie de devenir une tradition. Et cette tradition fait partie du patrimoine — de l'identité — des immigrants canadiens-français. Le respect pour cette tradition de résistance, comme le culte pour tout le passé français de l'Amérique du Nord, pierres d'assise de l'idéologie de la survivance presque au même titre que la religion catholique et la langue française, sont vers 1935, comme la religion et la langue, des pierres d'achoppement dans les relations entre l'élite franco-américaine et les autres groupes ethniques des États-Unis.

D'abord, ce passéisme ne favorise pas la bonne entente entre les fervents de la survivance et les jeunes Francos, surtout dans un pays où la majorité, indifférente à l'égard du passé, est tournée vers l'avenir. Les partisans de la survivance n'en continuent pas moins à vouloir opérer une fusion du passé et de l'avenir, à projeter le passé dans l'avenir, comme si une solution de continuité entre l'héritage et la destinée était un sacrilège. D'où le caractère de permanence, ou de fixité, que revêt l'idéologie de la survivance, autre source de conflit avec la culture anglo-américaine, fondée sur la mobilité. Avec le temps, et surtout à partir des années 1940, les jeunes Francos rejetteront cet enracinement, jugé paralysant. Par le fait même, ils rejetteront la symbiose foyer-église-école-société «nationale»-journal franco-américain, c'est-à-dire l'intégration des principaux éléments de l'existence dans le tout harmonieux qu'appelait cette fixité. Celle-ci avait prévu, à tous les problèmes que pouvait présenter l'existence, des réponses formulées en fonction d'un passé et d'un rigorisme moral qui seront jugés désuets par une jeunesse en mal de changement et d'attachement à des modèles anglo-américains.

À forte tendance conservatrice, les tenants de la survivance n'étaient pas loin de l'identifier avec l'ordre, et de voir dans l'américanisation ou l'assimilation une sorte de désordre, une manifestation du chaos, un phénomène contre nature, d'autant plus que la survivance impliquait toujours, pour certains, le messianisme: s'assimiler n'était-ce pas forfaire à la mission providentielle de la race — rester catholique et français afin de convertir l'Amérique protestante? C'était, à tout le moins, devenir infidèle au passé collectif, et ce manquement suffisait déjà à mettre la rage au cœur des vrais «patriotes». D'où le dogmatisme qui est aussi une des principales caractéristiques de cette idéologie.

Sans discontinuer, l'élite «patriote» blâme, réprouve, accuse, exhorte le peuple. Cette élite dénonce le mode de vie américain, surtout la radio, le cinéma, le sport, l'automobile, le journal de langue anglaise et la société neutre, voyant là un réseau de séductions, un complot tramé contre la foi, la langue et les traditions. Les idéologues de la survivance condamnent le matérialisme, l'adoration du veau d'or, qui rendent les gens indifférents à leur race. L'élite semble ne pas comprendre, ou ne pas vouloir accepter que les immigrés, en train de se libérer d'un état miséreux, n'aient pas tous l'énergie requise pour consacrer leurs loisirs à la cause de la survivance, institutionalisée dans les sociétés, les mouvements et les journaux.

Bref, au cours du premier tiers du 20ᵉ siècle, une élite assez nombreuse et assez «patriote» multiplie encore les analyses du comportement populaire, et ces analyses vont presque toutes dans le même sens. À quoi attribuer ce raidissement et cette intransigeance, et dans quelle mesure sont-ils justifiés? On peut les attribuer en grande partie à la valorisation, par l'élite, de la fidélité et de la fixité, qui rappellent le personnage de Maria Chapdelaine. «Se maintenir», «ne pas changer», rester fidèle au passé: voilà l'essentiel de la motivation d'une élite imbue d'un idéalisme et d'un zèle que, selon certains, le peuple ne partage pas. Mais, dans ces analyses, il entre une bonne part de subjectivité, et il semble, en rétrospective, que le peuple soit resté plus «fidèle» que ne le laissent entendre les commentaires acerbes des «patriotes».

Dans l'ensemble, le peuple (c'est-à-dire les Franco-Américains adultes de 1935) reste catholique et «canadien», même s'il continue à s'angliciser, mais l'élite ne cesse de dénoncer son «anglomanie». L'élite prétend ne pas comprendre pourquoi tous les Franco-Américains n'enseignent pas le français aux petits, pourquoi tous n'envoient pas leurs enfants à l'école paroissiale bilingue, pourquoi tous n'emploient pas constamment le français. Adolphe Robert, par exemple, devenu président général de l'Association canado-américaine en 1936, fait la constatation suivante:

Mais comme il est triste de voir que nous en sommes rendus à l'obligation de faire de la propagande en faveur de notre propre langue maternelle, parmi notre propre peuple. Il y a là une anomalie, un symptôme inquiétant de faiblesse de caractère. Et cette anomalie est d'autant plus évidente que la langue française est de celles qui ne se défendent pas, tellement son clair et souple génie s'impose aux esprits avides de connaissances et de vérité. (*Les Franco-Américains peints par eux-mêmes*, p. 122)

Dans le même recueil, on propose la refrancisation des demeures et le «rétablissement de notre âme française», ce qui suggère fortement que, dès les années 1930, la situation s'était «détériorée», du point de vue des «patriotes». Des propos comme ceux-là, qu'on entendra jusque dans les années 1970, indiquent que le peuple et l'élite non «patriote» ne sont plus attachés au patrimoine avec la même ferveur que l'élite «patriote»

Celle-ci, pourtant, s'évertue à persuader les gens de rester ce que les ancêtres ont été. Or le peuple évolue, tandis que l'élite tient mordicus à une vision statique et partielle de la réalité. La ténacité de ce point de vue, qui d'ailleurs ne rallie pas tous les suffrages, même parmi l'élite, s'explique en partie par les liens qu'entretiennent certains chefs franco-américains avec le Québec où Henri Bourassa et ses partisans conçoivent la Franco-Américanie et les provinces de l'Ouest canadien comme les avant-postes du Québec, forteresse assiégée par les forces anglo-américaines. Cela explique l'accueil chaleureux réservé aux Francos qui participent aux grands ralliements de la francophonie nord-américaine, dont les congrès de la langue française de 1912 et de 1937.

Mais d'autres membres de l'élite sont loin d'avoir la même optique, qui est celle, notamment, de l'Association canado-américaine. Pendant le conflit de la Sentinelle, par exemple, les Assomptionnistes du Collège de l'Assomption de Worcester (Massachusetts) avaient gardé leur distance, en établissant une distinction longtemps considérée comme valable entre le culturel et le racial. On adopte alors une politique qui consiste à propager la culture française, tout en refusant de participer aux conflits de la race. En 1924, Georges Filteau, futur secrétaire général de l'Union Saint-Jean-Baptiste d'Amérique, avait publié un texte qui reflétait une attitude semblable à celle des

Assomptionnistes, et qui allait caractériser l'attitude officielle de cette société:

> En prêtant serment au drapeau étoilé, nous n'avons pas juré d'oublier notre langue, nos traditions ou notre foi, car on ne nous le demandait pas. Nous avons cependant pris l'engagement solennel de renoncer à tout attachement au Canada, une colonie de l'Angleterre, où nous ne voulions plus vivre [...] Nos anciens patriotes de 1880 sont grandement responsables de ce qui nous arrive aujourd'hui. Ils ont plus ou moins faussé notre mentalité et c'est grâce à eux si nous sommes encore, par le cœur, presque aussi Canadiens qu'Américains. [...]
>
> Il est plus temps que jamais de changer notre mentalité, et nous n'y arriverons qu'en renonçant radicalement au Canada, d'une manière morale autant que pratique. Cela ne nous empêchera pas de garder un respectueux souvenir de la patrie de nos ancêtres, et d'aller de temps en temps faire une pieuse visite là-bas. (Cité dans Rumilly, *Histoire des Franco-Américains*, p. 380)

En récusant la mentalité d'exil de certains compatriotes, Georges Filteau, dans ce texte capital, exprime une idée qui se répand: il rejette toute visée d'impérialisme culturel du Québec à l'égard des Franco-Américains, et formule une notion dont la popularité ne fera que s'accroître avec les ans, à savoir que les Franco-Américains forment une réalité socio-culturelle séparée, distincte du Canada français. En même temps, il soulève d'une façon implicite une question critique relative à la survivance elle-même: celle-ci est-elle, pour les Francos, facteur de solidarité ou d'isolement? En rétrospective, il semble bien que la survivance, en Nouvelle-Angleterre, se soit révélée davantage source d'isolement que de solidarité, mais encore faut-il nuancer cette assertion.

Aucun doute que la survivance n'ait été un facteur de solidarité pour les premières générations d'immigrants et, en grande partie, pour les membres de l'élite des années 1930-1940. Mais, à partir de ces mêmes années, il est manifeste qu'elle a éloigné l'élite du peuple, et que peuple et élite se mettent à suivre une évolution différente. La documentation disponible concernant la Franco-Américanie des années 1930-1940 révèle toutefois l'existence d'un phénomène socio-culturel sur lequel les historiens n'ont pas suffisamment insisté: tandis que l'élite franco-américaine dénonce l'anglomanie et voit partout des signes d'assimilation, les observateurs yankees dénoncent, pour leur part, le refus des Franco-Américains de s'assimiler et leur volonté obsessive de préserver une sorte de séparatisme culturel nocif à l'unité nationale américaine.

Cette perception anglo-américaine de la réalité se fonde sur des considérations pratiques et humaines aussi bien qu'idéologiques, en commençant par les écoles paroissiales franco-américaines, sources possibles de complications quand les administrateurs d'un système scolaire public soumettent leurs demandes budgétaires aux autorités municipales. Dans les grands centres, les Francos n'appuient pas ces demandes; bien plus, ils votent contre l'augmentation des budgets. Selon les Anglos, de telles dispositions retardent l'avancement du système scolaire public.

Il y a aussi d'autres incompatibilités. Quand les chefs «patriotes» exhortent les immigrés à prier pour la conversion des États-Unis, pays «impie», «barbare», «dégénéré», de pareils propos ne sont pas faits pour réconcilier les deux groupes. Par ailleurs, quand ces mêmes chefs encouragent les Franco-Américains à participer de plus en plus à la vie civique américaine, tout en préservant leur identité, les Anglos n'entendent pas la première partie de ce message, mais ils en retiennent la deuxième, et ils y voient du mépris. D'une façon générale, les Anglo-Américains perçoivent surtout, dans tout ce phénomène de la survivance, de l'hostilité à l'égard des États-Unis; certains croient même y discerner une attitude franchement antipatriotique.

Il est évident que le discours idéologique de la survivance contenait, pour les Anglo-Américains des année trente, une charge émotionnelle et une menace peut-être difficiles à imaginer aujourd'hui. Nous avons insisté sur la présence décroissante du Canada en Franco-Américanie au cours de ces années, et nous avons souligné que, dans certains milieux, on prenait ses distances à l'égard du Québec. Tout cela reste vrai, mais cela aurait semblé nuance négligeable à des Anglos qui voyaient arriver, en Nouvelle-Angleterre, quelque 25 000 exemplaires par jour de journaux québécois (*La Presse* et *La Patrie* surtout). Et ces journaux, pour des Yankees protestants, étaient des feuilles catholiques qui venaient étendre le pouvoir d'un personnage honni entre tous: le pape.

Nous touchons là le fond du problème. Les Anglos se sentaient menacés, dans leur redoute de Nouvelle-Angleterre, par cette invasion de catholiques canadiens-français, dont plus d'un se disait fier d'avoir été zouave pontifical! Pour eux, l'immigration des Canadiens français, est une extension du catholicisme et du papisme. Ils n'en veulent pour preuves que le refus de nombreux immigrés de devenir américains et la domination exercée par l'Église sur la collectivité franco-américaine. Des écrits publiés en Nouvelle-Angleterre alimentent encore les craintes des Anglos, qui relèvent par exemple, dans le *Guide français de Fall River* (1910), que le mariage avec des *étrangers*, c'est-à-dire des non-Canadiens français, constitue «un crime contre Dieu et une abomination nationale». Par ailleurs, les lois de l'Église interdisant le contrôle des naissances ajoutent à l'hostilité des Anglos, qui voient là un autre signe de complot papal dont le but serait, par le moyen des familles nombreuses, de peupler et de contrôler au moins la moitié des États-Unis, soit toute la partie située à l'est du Mississippi. En un mot, on craint la réalisation du vieux rêve exprimé par le père Édouard Hamon dans *Les Canadiens français de la Nouvelle-Angleterre*: une race unie par-delà le 45e parallèle, dont les forces numériques permettraient, un jour, la conquête de la région, sinon du continent.

De pareilles craintes paraissent peut-être, aujourd'hui, avoir été mal fondées, ou avoir été limitées à un nombre restreint de patriotes anglo-américains particulièrement pusillanimes et francophobes. Rappelons pourtant qu'un historien de la taille d'Arnold Toynbee voyait le Canadien français en train de conquérir la Nouvelle-Angleterre. Pour ce qui est du bien-fondé des craintes et de l'hostilité des Yankees, comment pouvait-il en être autrement, compte tenu de la combativité des chefs de la survivance? Le seul fait de reprendre à satiété les vieux thèmes de la mission providentielle de la race française en Amérique, de la langue française comme expression de la plus brillante civilisation au monde, ou de dénoncer les sociétés neutres comme autant de sociétés *étrangères*, cela rendait impossible toute entente entre les tenants de la survivance et la majorité anglo-américaine.

Avec le temps, le discours officiel de la survivance semblera, aux nouvelles générations de Franco-Américains, anodin, banal et désuet. Pour leur part, les Yankees des années 1930 ne pouvaient pas ne pas trouver ce discours outrageant. Sans défendre l'un ou l'autre point de vue, il convient de formuler une question qui restera sans doute sans réponse: pourquoi les chefs «patriotes» franco-américains propageaient-ils semblables propos dans leur pays adoptif? Faut-il voir là insensibilité aux sentiments des Anglos, indifférence à leurs réactions, mépris conscient ou inconscient, haine de l'ennemi traditionnel de la France et du Canada? S'imaginaient-ils que les Anglos ne prendraient pas connaissance de leurs propos? Se livraient-ils à ces excès de langage par zèle pour la cause de la survivance?

Tandis que l'élite franco-américaine continue de dénoncer «les forbans de l'assimilation», le peuple, tranquillement, poursuit son adaptation au nouveau pays et se situe quelque part entre la survivance et l'assimilation. L'individu, évidemment, fait son propre choix d'éléments culturels, soit «francos» soit «américains», et les intègre dans son existence. Sans affirmer que l'on atteigne, d'une façon générale, un équilibre parfait entre la force du sang et celle du milieu — car il y a trop de variations, trop de nuances dans la vie des individus pour permettre une telle assertion —, on peut soutenir que le phénomène de la bipolarité devient une réalité de plus en plus courante, de 1920 à 1940. La vie se divise en deux sphères: la vie privée au foyer et à l'église se passe en français, et la vie publique à l'usine, au marché, en politique, en anglais. Il est aussi une zone mitoyenne bilingue, composée, pour l'essentiel, du voisinage, de l'école paroissiale, et des maisons d'affaires franco-américaines.

Devant cette réalité, les chefs «patriotes» restent engagés dans la cause de la survivance, ils agissent comme groupe de pression pour que le peuple préserve l'héritage culturel et pour que les hommes politiques reconnaissent les intérêts des Francos, mais ils restent inquiets, sinon angoissés, face à l'assimilation. Il faut ajouter que ces mêmes chefs «patriotes» réclament, de la part du peuple, une participation entière à la vie américaine, surtout sur le plan politique. Et ces chefs rappellent à tous que, lors de la Première Guerre mondiale, certains Franco-Américains ont défendu de leur sang leur pays d'adoption. Ainsi, lorsque les commentateurs yankees de l'époque glosent sur le «séparatisme culturel» des Francos, il faut savoir nuancer cette sorte de jugement hâtif, sans pour autant nier le militantisme des «patriotes».

Ceux-ci poursuivent la lutte, en effet, quoi que disent leurs détracteurs sur le caractère utopique ou compensatoire de leur combat.

Que l'on voie dans cet acharnement mentalité d'exil, évasion dans un beau rêve, tentative pour retarder l'inévitable, ou effort de grande classe, le mot d'ordre formulé par Josaphat Benoit, en 1935, inspirera les «patriotes» encore quelques décennies:

> Le foyer, la paroisse et l'école s'occupent directement de la formation de l'âme franco-américaine; ils enseignent la langue et les prières des ancêtres, inculquent le sens national et catholique, fortifient les intelligences et les cœurs contre le flot menaçant de l'assimilation. Quand ces trois institutions ont fait pleinement leur œuvre, les Franco-Américains peuvent entrer sans crainte dans la lutte pour la survivance, cette bataille où il s'agit moins d'assaut que de durée, moins de victoire que de défense, moins de gestes éclatants que de fidélité obscure des esprits à l'héritage du passé.

Les Petits Canadas

Jack Kerouac, dans ses romans autobiographiques *Docteur Sax* et *Visions de Gérard*, a laissé des descriptions mémorables du Petit Canada de Lowell, tel qu'il l'a connu dans son enfance (années 1920-1930). Comme un pourcentage très élevé de Franco-Américains a grandi dans une ambiance semblable, ces deux romans constituent un précieux témoignage sur un aspect essentiel de la vie franco-américaine.

Vers 1935, la plupart des Francos habitent un quartier souvent nommé le «Petit Canada», où les premiers arrivants s'étaient installés dans les années 1870-1880. Dans nombre de villes, cependant, les quartiers canadiens sont désignés simplement par le nom des paroisses canadiennes. Quoi qu'il en soit, ce quartier a une grande importance dans l'histoire des villes industrielles, puisque dans bien des cas il aura existé pendant près d'un siècle. Il semble aussi que le phénomène ait évolué, puisqu'en 1919, dans un discours à Sainte-Anne de Fall River (Massachusetts), Henri Bourassa évoque comme révolue l'époque «où l'on parlait d'un "Petit Canada" comme d'une réserve sauvage».

L'aspect physique d'un Petit Canada varie, selon qu'il s'agit d'une ville ou d'un village, mais il est permis d'en généraliser la description jusqu'à un certain point. À proximité, se trouvent les usines, souvent situées sur le cours d'eau qui fournit l'énergie hydraulique requise pour leur fonctionnement. Des dizaines, parfois des centaines de maisons à étages, distribuées symétriquement dans des rues dont l'ensemble forme une grille, témoignent de la *three-decker madness* («la folie des maisons à trois étages») qui est une des caractéristiques de l'architecture résidentielle, en Nouvelle-Angleterre, au cours des années 1900-1920. Ces maisons à trois et parfois à quatre étages contiennent un ou deux appartements dits «tenements» ou «logis» par étage, et des «blocs», à Lowell, par exemple, comptent jusqu'à 48 appartements. Une artère commerciale rend le quartier à peu près autosuffisant, et le clocher d'une église «canadienne» le domine.

Surpeuplés jusque vers 1950 et loin d'être luxueux, ces quartiers n'ont jamais été connus pour leur beauté physique; ils exercent pourtant un attrait incontestable sur les nouveaux venus du Canada. Car un Petit Canada, de 1900 ou de 1935, c'est avant tout un univers sécurisant, où l'intégration au pays adoptif et les relations sociales sont facilitées par la présence de compatriotes immigrés. L'esprit de solidarité et d'entraide y est courant, et l'ensemble forme un monde qui est l'antithèse du monde dépersonnalisé de 1900. C'est également un quartier plutôt varié, animé et pittoresque, comme le montre la description suivante, empruntée au père Armand Morissette, o.m.i., de Lowell:

> La rue Moody était la rue principale des Franco-Lowellois, avec ses rues transversales et parallèles, depuis la «négresse» de l'hôtel-de-ville, le Yorick Club et la bibliothèque municipale jusqu'à la résidence des Frères Maristes «en haut d'la côte».
>
> Il y avait la Dutton, la Worthen, la Coburn, la Tilden, la Tremont, la Prince, où se trouvaient les bureaux de *L'Étoile*, la Hanover, la Suffolk, la Ford, la Dodge et la Race, où demeura, un temps, la future actrice Bette Davis, puis la Cabot, la Austin, la Aiken, la Spaulding et la James. [...] Il y avait de tout sur la Moody et ses ramifications. [...]
>
> Il y avait des restaurants, des cafés, des épiceries, des charcuteries, des boulangeries, des magasins de variétés, petits et gros, des garages, les bicyclettes Bellerose, les beignets Rousseau, la poolroom de Philias «Garçon» Rochette, les automobiles Rochette, le bloc du maire Beaudry, le singe de Monsieur Rocheville, les chaussures Brownstein puis celles de Harvey Saucier, le vieux cireur de bottes grec, qui aussi

nettoyait les chapeaux d'hommes, l'aimable cordonnier April, la buanderie chinoise. Au temps de la Prohibition il y avait aussi les «malheureux faiseurs et vendeurs de boisson» qui, en fin de compte, devenaient de gros messieurs prospères.

Puis il y avait le photographe Charlie Landry, beau parleur, bon gars, promoteur de lutte et de boxe à la C.M.A.C. Il y avait aussi le Lambert's Lounge, devenu le Cabot Lodge, où l'on pouvait assister souvent à des spectacles «de première classe», coin Cabot et Moody, dans l'immeuble qui est maintenant le Club Passe-Temps lui-même.

Il y avait aussi des barbiers-coiffeurs, des filles de joie, des petits nains, des pharmacies, la succursale des postes, l'inventeur des «potato chips», la Librairie Baron, les frères Champagne au coin de la Spaulding, le professeur de violon Bergeron à l'autre coin, Mlle Georgianna Desrosiers, maîtresse de piano, puis plus tard Raymond Tremblay avec ses pianos.

Il y avait aussi le petit magasin de «La Pipe» Geoffroy, près du couvent Saint-Joseph et de la maison des Sœurs Grises.

Il s'en passait des choses sur la Moody. L'été avec ses pétards du quatre juillet et ses grands défilés, les «pedleurs» Dubois et les «passeurs» de glace. L'automne avec la Halloween, la Thanksgiving, les bancs de neige, les lueurs de Noël, les rencontres du Jour de l'An, — «et le Paradis à la fin de vos jours», — les traîneaux, les grelots, et puis le carême, sans «candy», avec au bout la visite des reposoirs du Jeudi-Saint, puis le grand Jour de Pâques, ensuite les lilas du mois de Marie, et la distribution des prix, les mariages, les vacances. (*Le Journal de Lowell*, octobre 1977)

Le Petit Canada réunit donc les principaux pôles autour desquels gravite la vie des Franco-Américains: la famille et le foyer, l'usine, l'église et l'école.

Selon une coutume dont la motivation précise reste obscure, les industriels yankees du 19e siècle ont donné à leurs usines des noms amérindiens. Ces noms envoûtants — Androscoggin, Wamsutta, Waumbec et combien d'autres — sont entrés dans le langage courant des Canadiens immigrés, puisqu'ils désignent les endroits où, pendant plusieurs décennies, deux ou trois générations d'entre eux gagnèrent leur vie.

Cette vie dure est axée sur les exigences du travail et de la foi, celle-ci aidant à supporter celui-là. Les devanciers et devancières anglo-américains, au 19ᵉ siècle, percevaient le travail dans les usines comme une forme de prière. Les Francos ne sont pas allés jusque-là, mais il serait faux d'affirmer qu'il y eut cloison étanche entre le travail et la vie spirituelle d'un ouvrier d'usine. Il serait plus exact de soutenir que, du moins chez les plus pieux, parmi la classe ouvrière de 1920 ou de 1930, la spiritualité a informé la routine quotidienne de l'usine. La religion du travaillant franco-américain reste à étudier, mais nous savons que cette culture religieuse n'était pas négligeable, loin de là. Saint Joseph ouvrier, proposé en modèle aux pères de famille, et la messe spéciale célébrée à cinq heures du matin, pour «les travaillants», les jours de fête d'obligation, sont deux exemples de ce vécu religieux. Faisons remarquer aussi que la notion du devoir d'état était fort répandue à l'époque.

Il fallait certes du cœur à l'ouvrage pour tolérer l'atmosphère déshumanisante des usines de textile: bruit infernal des énormes machines, qui faisaient vibrer, sans arrêt, planchers, murs et plafonds; humidité malsaine, mais nécessaire à la préparation des cotonnades; poussière cotonneuse que l'on évitait d'aspirer en se couvrant le visage; chaleur asphyxiante pouvant dépasser 100 °F. Les ouvriers parvenaient néanmoins à passer 60, parfois 72 heures par semaine dans cette atmosphère, encouragés par le fait que les heures de travail étaient quand même moins longues à l'usine qu'à la ferme, puisqu'on n'avait pas à travailler le dimanche.

Pour un labeur exténuant, les ouvriers recevaient des salaires qui nous paraissent minables. Il est vrai que les salaires moyens sont passés de 3 $ dollars par semaine, en 1900, à 20 ou 25 $, à partir de la Première Guerre mondiale. Il est également vrai que, pendant nombre d'années, cette rémunération, jointe à la régularité de l'emploi, assurait à ces ouvriers une situation supérieure à celle de l'agriculteur au Canada. Ces salaires restaient néanmoins trop bas, si bien que, souvent, toute la famille, y compris les enfants en bas âge, se voyait obligée de travailler, pour joindre les deux bouts.

Or, cette coutume de faire travailler les jeunes au détriment de leur éducation reste, malgré tout ce qu'on en a écrit, une question controversée. Qu'il y eût souvent nécessité économique, cela paraît incontestable. Mais nier le rôle qu'a pu jouer l'avarice dans la décision, hélas trop fréquente, de contraindre des enfants à travailler à partir de 10 ou 12 ans serait présenter une version idéale, mais fausse, de la réalité. Camille Lessard, chroniqueuse de l'immigration, nous a laissé une attestation utile, à cet égard, dans son roman de mœurs, *Canuck* (1936).

Tout aussi discutable la question du travail des femmes dans l'industrie textile. Il est possible qu'elles y aient trouvé leur compte, malgré les conditions de travail. Certaines ont peut-être perçu le travail industriel comme un moyen de s'affranchir de la routine domestique; d'autres ont pu y voir un moyen d'accéder à un statut d'égalité avec les hommes. Mais la question mériterait une étude approfondie.

Les immigrés canadiens-français qui sont entrés dans l'industrie textile après 1900 y arrivaient à un moment propice en apparence, mais qui se révéla tout le contraire, la conquête du marché textile par le Sud progressant rapidement. Les syndicats essayant d'améliorer la situation de leurs membres, il en résulta une série de grèves dont les ouvriers eurent le plus à souffrir, au dire d'un témoin de la grève de 1922 à la compagnie Amoskeag de Manchester (New Hampshire):

> Ils [les ouvriers] perdirent toutes leurs épargnes, s'endettèrent profondément, et vécurent de fèves au lard tandis que l'on faisait miroiter devant eux l'espoir de gagner. Presque chaque jour, les chefs de la grève leur disaient d'être patients et de serrer leur ceinture parce que la victoire était à l'horizon. Mais il n'y a pas eu de victoire, il y a eu seulement une défaite pour tous les intéressés. (Philippe Lemay, dans Doty, *The First Franco-Americans*, p. 24)

Certains immigrés trouvèrent du travail soit dans une autre industrie, soit dans une autre ville, et un nombre indéterminé gagnèrent le Canada. Après la Première Guerre mondiale, le déclin de l'industrie dans le nord du pays devint irréversible, et la dépression généralisée des années trente finit de répandre la misère dans toute la région. Le pays n'allait se remettre sur pied qu'à la Deuxième Guerre mondiale.

Pour les immigrés canadiens-français, le travail dans les manufactures de textile de la Nouvelle-Angleterre offre encore ceci de particulier qu'il met en relations étroites le monde de l'usine et celui de la famille. En constituant un réseau de renseignements efficace sur la disponibilité des emplois, les conditions de travail, les patrons à éviter, etc., la parenté joue un rôle d'intermédiaire entre l'individu et le monde du travail.

Cet esprit d'entraide se manifeste encore pendant la période d'apprentissage que doit subir le nouvel employé, de nombreux travailleurs nouvellement embauchés apprenant leur métier auprès d'un parent, proche ou éloigné. En cas de chômage, la parenté rend service, en tâchant de subvenir aux besoins les plus pressants d'une famille sans travail, et les membres de la famille qui habitent une autre ville industrielle restent à l'affût d'emplois possibles.

Il est plus que probable que la décision de faire travailler un enfant de moins de 14 ans fut aussi une affaire de famille. Nous sommes mal renseignés sur cet aspect de la question ouvrière franco-américaine, mais il est vraisemblable que la tradition canadienne de faire travailler à la ferme tous les membres de la famille a joué contre le prolongement de l'éducation des jeunes, en faveur de leur intégration rapide et définitive au monde du travail. Les salaires étant tout à fait lamentables, dans les usines de la Nouvelle-Angleterre, les jeunes travaillaient, eux aussi, et remettaient chaque semaine leur paie à leurs parents, se contentant d'une somme modique pour leurs petites dépenses. Certains jeunes, à n'en pas douter, voyaient, dans leur affranchissement de la routine scolaire, une possibilité d'indépendance économique.

L'état actuel de la recherche permet à peine quelques généralisations concernant l'attitude du travaillant de 1920 ou de 1935 devant son travail. Les témoignages des ouvriers eux-mêmes sont tantôt négatifs, tantôt positifs. Chez une minorité, l'espoir de retourner au Canada a pu alléger le fardeau et diminuer l'intensité de l'engagement envers la vie industrielle. Mais le grand nombre paraît s'être dévoué corps et âme à ce qui se révélait quand même le salut économique et l'assurance du pain quotidien.

Nombreux les immigrés qui remercient «le bon Dieu» d'avoir été embauchés, et qui ne lui demandent que la santé requise pour donner un plein rendement. Ces ouvriers veulent surtout faire de leur mieux, et l'on retrouve chez eux ce souci du travail bien fait qui n'est pas sans rappeler l'idéal de l'artisan médiéval. Certains sont fiers d'être associés à une entreprise reconnue, et participent à sa bonne renommée: ils sont fiers de pouvoir montrer à leur parenté ou à leurs amis des produits à la confection desquels ils ont pris part: draps, couvertures de lit, robes, chemises.

Cette loyauté envers l'usine est accompagnée d'une persévérance résumée par le dicton «petit train va loin». Si loin que des immigrés ont pu, en quelques années, acheter leur propre maison, et les plus débrouillards (ou les plus «chanceux») en acheter une deuxième ou une troisième pour arrondir leurs revenus. Consciencieux, fidèle, persévérant, l'ouvrier franco-américain est surtout résigné, docile, dévoué à une tâche ingrate sinon aliénante, et stoïque dans son acceptation d'une conjoncture qui ressemble fort à une servitude. Mais, stimulé dans certaines usines par le système du travail «à la pièce», qui lui permet d'améliorer son salaire de base, ragaillardi par les brefs moments de répit qui permettent d'échanger un mot avec un compagnon, une compagne de travail, appuyé par sa parenté dans son labeur esquintant, il est possible qu'il se soit senti moins esseulé, moins «aliéné», ou «étranger» qu'on ne pourrait le croire. Car, en quittant l'usine, chaque jour, il avait la certitude de retrouver une vie sociale animée, où la solitude, de fait, était peu probable, sinon impossible.

La famille et la parenté ont joué un rôle essentiel dans cet événement majeur qu'est l'immigration. Pendant près d'un siècle (1840-1930), l'élite canadienne-française a beau s'opposer à l'émigration, la dénoncer pour toutes sortes de raisons, les gens continuent à émigrer, encouragés par la parenté déjà établie aux États-Unis — qui aide les immigrants à se trouver travail et logement, et qui contribue beaucoup à les orienter vers une vie nouvelle.

Le plus souvent, ce sont des familles entières qui vont tenter fortune en Nouvelle-Angleterre, et ces familles retiennent leurs traits distinctifs — solidarité, sociabilité, caractère patriarcal — pendant un nombre variable d'années, selon l'inclination de leurs membres à s'américaniser. Assez tôt, les tendances autarciques traditionnelles et la primauté de la famille sur l'individu vont placer les jeunes devant des choix difficiles: doit-on rester fidèle à cette mentalité, à cette façon d'agir séculaires, ou céder à l'esprit d'entreprise et d'initiative personnelle valorisé par la société américaine?

Pendant que l'individu fait son choix, il continue de participer à une vie familiale assez intense, si on la compare à celle d'aujourd'hui,

car avant que la télévision devienne courante (fin des années 1940), la
parenté se visite beaucoup dans les quartiers canadiens de la Nouvelle-
Angleterre. Déjà, dans ces familles nombreuses, les principaux
événements de la vie — mariages, baptêmes, funérailles — ainsi que
«le temps des Fêtes» fournissent, au cours de l'année, plusieurs
occasions de se revoir, et les veillées, fréquentes aussi, réunissent les
gens, tantôt chez l'un, tantôt chez l'autre membre de la famille. Chez
un peuple grégaire, cela n'a rien d'étonnant, mais il importe d'insister
sur ces manifestations de sociabilité ethnique pour détruire le stéréo-
type qui réduit à «religion et travail» la vie des générations antérieures
à la nôtre.

Sur semaine, pendant la belle saison, les membres d'une famille
«veillent» sur la galerie attenante à leur appartement, alors que des
veillées plus animées ont lieu le samedi ou le dimanche. En ces occasions, la culture populaire se manifeste de plusieurs manières, puisque
la musique et la danse traditionnelles font partie des réjouissances, au
même titre que l'art de raconter, hautement prisé, et que différents
jeux de cartes, d'origine canadienne ou américaine.

Dans cette culture traditionnelle franco-américaine, on remarque
d'abord le caractère primordial de la langue française, restée québécoise ou acadienne, bien qu'elle soit en train de se «franco-améri-
caniser», et la grande importance que les gens du peuple, tout comme
l'élite, continuent d'y attacher. Tels immigrants se refusent à parler
anglais, soit par incurie, soit par antipathie pour la langue de l'ennemi
traditionnel. Mais ces mêmes gens comprennent l'anglais assez bien
pour se tirer d'affaire avec les commerçants anglophones, et sont les
premiers à encourager leurs enfants à devenir bilingues, en soutenant
la thèse communément admise par les grands-parents franco-
américains en Nouvelle-Angleterre: «Un homme — une femme — qui
connaît deux langues en vaut deux.»

Dans certains centres, comme Biddeford (Maine), le pourcentage
de la population franco-américaine devient si élevé que les immigrants
canadiens ne sont pas obligés d'apprendre l'anglais. Dans ces centres,
le français sera même la langue de travail, les patrons apprenant
quelques mots de français pour communiquer avec leurs employés, ce
qui ne manque pas de faire les délices des chefs «patriotes».

Avant la Deuxième Guerre mondiale, les immigrants canadiens
s'adaptent progressivement à la vie américaine, mais, d'une façon

générale, l'âme collective s'exprime encore volontiers en français. Une bonne partie du peuple n'est pas loin de partager l'opinion de l'élite, qui établit une équivalence entre l'identité et la langue, comme l'indique l'expression «un Canadien manqué», pour désigner un immigré canadien qui refuse de parler français. De fait, malgré ses dénonciations, l'élite conserve l'appui d'un grand nombre d'immigrés dans ses efforts en faveur de la survivance. Car même si le peuple ne soutient pas de ses deniers toutes les institutions, toutes les œuvres, tous les projets de la survivance, et même s'il s'accommode de plus en plus à son pays d'adoption, trop bien même selon certains idéologues, ce même peuple reste catholique, il s'exprime en français, du moins en présence des aînés, et, dans l'ensemble, il tâche de transmettre aux générations montantes certaines traditions orales et musicales.

Car le fondement de l'imaginaire franco-américain, en ce premier tiers du 20ᵉ siècle, c'est encore en bonne partie au Québec et en Acadie qu'on le trouve, comme en témoigne l'abondance des loups-garous, des feux follets, des lutins et des revenants qui peuplent les contes, les légendes et les «peurs» propagés par les ainés. Les variantes de ces contes et légendes n'ont pas encore été étudiées en détail, mais nous savons que certains de leurs éléments se sont urbanisés. Les prouesses de Jos Montferrand, par exemple, ont été appréciées, dit-on, par ses compagnons de travail à la grande compagnie de textile Amoskeag (à Manchester, New Hampshire); et, dans la région de Lowell (Massachusetts), le canot d'écorce de la chasse-galerie s'est métamorphosé en un autobus décapotable. Bref, le «racontage» est encore important chez les Franco-Américains, vers 1935.

Au vieux fonds québécois et acadien, viennent s'ajouter des récits du cru: histoires de famille, anecdotes puisées à même la petite histoire locale, récits d'immigration (départ, voyage, arrivée), aventures d'«hommes forts», dont Louis Cyr, héros lowellois. D'autre part, il serait faux de soutenir que le commérage, les histoires salées ou les gauloiseries fussent exclus de cette tradition orale.

Parmi les formes courtes les plus en vogue à l'époque, on trouve un grand nombre de croyances, parfois superstitieuses, dont voici un exemple: pour qu'un enfant marche tôt, on lui fait faire ses premiers pas pendant la grand-messe. Les dires, proverbes, expressions de toute sorte abondent aussi. Exemples:«Ils étaient assez fâchés que les portes en faisaient du feu; «Il est fin comme un petit Jésus de Prague»; «Il a toujours des fours à bénir.»

Ingénieuses, ces expressions révèlent la créativité populaire, le génie de l'invention sous diverses formes: fantaisie et exagération dans la première phrase; dans la deuxième, façon raccourcie, presque télégraphique, d'indiquer qu'un homme est parfait; et, dans la dernière, le don de peindre quelqu'un d'un seul trait, d'en faire un type.

Le chant, la musique et la danse font également partie de la culture populaire franco-américaine de la première moitié du siècle. Chansons d'amour, complaintes, chants patriotiques et berceuses sont les genres préférés; les chansons grivoises sont parfois admises. Lowell (Massachusetts) a la chance de compter, parmi les siens les frères Champagne, dont l'orchestre et la maison d'édition font connaître leurs propres compositions, en plus de la musique traditionnelle. Dans les meilleures veillées, il se trouve un joueur d'accordéon, d'harmonica ou de piano, qui stimule le goût des chansons à répondre ou l'envie de danser une gigue ou un quadrille.

Le folklore franco-américain comporte aussi des éléments de médecine populaire et toute une cuisine traditionnelle. Sauf quelques exceptions — les sculptures sur bois d'Adelard Côté et les tableaux de Gilbert Roy, par exemple —, la culture matérielle n'a pas encore été étudiée.

Un examen détaillé de la culture populaire franco-américaine refléterait la présence importante du Canada dans la vie des émigrés. Les contacts se maintiennent, parmi les membres de la famille étendue, par des échanges réguliers de lettres et de visites. L'automobile et les voyages touristiques favorisent ces visites de famille; nombreux les Francos qui veulent «faire le tour de la Gaspésie». Par ailleurs, les séminaires, collèges et couvents du Canada français continuent de recruter de jeunes Franco-Américains, ce qui multiplie les contacts. Des sanctuaires comme Sainte-Anne-de-Beaupré et l'Oratoire Saint-Joseph attirent les pèlerins, et les revues pieuses qu'ils publient touchent un public lecteur très nombreux en Nouvelle-Angleterre. Le Canada est présent aussi par les journaux à grand tirage qui concurrencent les journaux franco-américains, et encore par ses troupes théâtrales, ses groupes de chant et de danse, souvent en tournée dans le nord-est des États-Unis.

Faudrait-il conclure de tout cela que la culture populaire franco-américaine est plus riche du côté oral que du côté matériel? En attendant des fouilles exhaustives, il serait imprudent de trancher. Chose certaine, les Francos, de 1900 à 1935 au moins sont, comme leurs ancêtres, gens de parole, à en juger d'après leur culture populaire. Ces gens qui se plaisent à écouter de bons orateurs sacrés ou patriotiques, et qui prisent l'art de raconter, nous ont transmis une tradition orale qui révèle une foi naïve, un gros bon sens, une honnêteté foncière et une prédisposition à l'hospitalité («Soyez chez vous chez nous», disait-on) tout autant que la noblesse de l'âme collective. L'ensemble de cette tradition indique à quel point se maintient aussi la sagesse des générations. Il est évident que ces immigrants canadiens, contrairement aux assertions de leurs détracteurs, ne négligent pas les besoins de l'imagination et de la sensibilité. La persistance de cette tradition atteste enfin l'influence de la foi et des origines rurales chez ces nouveaux citadins.

Religion populaire

En 1935, la presque totalité des Franco-Américains continue de pratiquer un catholicisme d'inspiration québécoise ou acadienne, plutôt qu'américaine. À divers degrés selon les individus, la religion est un des aspects les plus importants de la vie du peuple, et, chez un bon nombre, c'est même *la grande affaire*, à laquelle est subordonnée toute la vie sociale et privée. Même si tous ne sont pas dévots jusqu'au scrupule, la pratique religieuse fait partie intégrante de leur façon de vivre, et pour beaucoup elle est une source quotidienne de force au long d'une existence laborieuse.

Affaire de cœur plus que de raison, cette foi simple, souvent naïve, frôlant parfois la superstition, est centrée sur la paroisse. Entre ces gens qui se disent encore «canadiens» et leur paroisse, il existe un sens d'appartenance réciproque: la paroisse est à eux, comme eux-même *appartiennent* à telle paroisse, comme ils le disent si bien. Une multiplicité d'associations pieuses recrutent des membres auprès des divers secteurs de la population paroissiale (hommes, jeunes hommes, femmes mariées, femmes célibataires, etc.). Pour retenir ces membres et en attirer de nouveaux, les paroisses augmentent le nombre de leurs activités, en ajoutant des programmes sportifs, en formant des corps de tambour et des «gardes», et en organisant des pèlerinages à des sanctuaires québécois ou franco-américains.

Ce sont là autant de façons d'imprimer un sceau religieux à toutes les facettes de la vie, et de développer le sens religieux chez les adhérents, afin que chacun ait sans cesse présent à l'esprit le souci du salut éternel. On veut aussi protéger les âmes contre les mauvaises influences, toujours possibles, du socialisme ou du protestantisme, par exemple. Ce sont là aussi des moyens efficaces de développer une foi agissante, qui fasse avancer les bonnes œuvres. Ce déploiement d'efforts résulte, dans chaque paroisse, en la formation d'un noyau de zélateurs, et, dans une partie appréciable de la population, en une symbiose foyer-église-école que rien ne viendra déranger avant le Concile Vatican II, dans les années 1960.

Les personnages clés de la vie paroissiale demeurent le curé et, à un degré moindre, les vicaires. Après la crise sentinelliste, les membres du clergé qui parlent encore du rôle «patriotique» du prêtre sont peu nombreux. Le français se maintient à l'église, mais, sauf exception, peu de prêtres sont actifs dans le mouvement de la survivance. Il est manifeste que le spirituel a la primauté sur la race, et que, pour éviter un renouveau sentinelliste, le clergé s'en tient aux aspects purement religieux de sa tâche.

Le pouvoir et l'influence du prêtre, et surtout du curé, restent grands à cette époque. Le curé surveille tout ce qui peut, de près ou de loin, affecter la vie de ses ouailles, et n'hésite pas, par exemple, à dénoncer du haut de la chaire tel journal franco-américain qui lui semble s'éloigner de la droite voie. Curé et vicaires sont généralement accessibles aux paroissiens pour des consultations privées, et les visites de paroisse, une ou deux fois par année, resserrent les contacts, tout en tenant le curé au courant du zèle des familles.

En attendant des études détaillées, il serait imprudent d'aller au-delà des témoignages offerts par les aînés d'aujourd'hui, ou des indications fournies par les journaux francos, entre autres documents de l'époque. D'après ces diverses sources, la prière du soir en famille est une pratique courante jusqu'à la Deuxième Guerre mondiale. Cette prière prend souvent la forme du chapelet, récité autour de la table de cuisine et suivi du «Souvenez-vous...»

L'événement religieux le plus important de la semaine est la messe du dimanche. Les assistants sont assez nombreux pour remplir l'église plusieurs fois au cours de la matinée, et se répartissent comme suit, selon l'abbé Denis Magnan:

> Aussi, le spectacle offert, le dimanche, par les quartiers des villes américaines où les nôtres sont en nombre est-il véritablement intéressant. Dès les premières heures du jour, l'église paroissiale canadienne devient le centre vers lequel on afflue de toutes parts. Ce sont d'abord les fervents qui se rendent aux messes de communion; puis vient la population enfantine, joyeuse, alerte, pleine de vie et d'exubérance, mais pieusement recueillie dès qu'elle a franchi le seuil de la maison de Dieu; puis encore, se rendant à une messe plus tardive, la brillante jeunesse dans tout l'éclat de son printemps; enfin, pour la grand'messe cette fois, la partie plus rassise de la paroisse, les pères et mères de famille et les notables de la colonie canadienne. (Magnan, *Histoire de la race française aux États-Unis*, p. 343)

Pour ce peuple friand d'apparat, le clergé et le sacristain auront multiplié les éléments d'un spectacle solennel, selon que le permet la saison liturgique: cierges et fleurs à profusion autour du maître-autel, ornements sacerdotaux somptueux, cérémonial solennel et élégant, le tout rehaussé de cantiques bien connus et vivement goûtés.

Le cycle de l'année liturgique ne diffère pas sensiblement de celui que les Canadiens français connaissent depuis des générations. Après la période tranquille qui suit Noël et le Jour de l'An, l'hiver amène le carême et quatre semaines de retraites «sectorielles» pour les hommes, les jeunes gens, les femmes mariées et les demoiselles. Les «enfants d'école» auront droit à trois jours de retraite au début de la semaine sainte. À cette époque, la retraite est une obligation et une utile tradition, parce que «faire une bonne retraite, ça nettoie la conscience». Voilà pourquoi il y a «grande assistance» pour écouter prêcher un rédemptoriste (venu de Sainte-Anne-de-Beaupré), un oblat ou encore un dominicain, «Canadien du Canada» ou «Canadien de Nouvelle-Angleterre». L'affluence est telle que, dans certaines églises, on compte jusqu'à huit ou dix prêtres qui entendent des confessions, dans les confessionnaux, ou derrière de petites grilles installées à la balustrade. Il est possible que ce zèle ait été stimulé en partie par la coutume des retraites dites «apologétiques», où l'on encourageait les paroissiens à soumettre, par écrit et sans signature, des questions

Une stigmatisée canadienne
résidente aux États-Unis

MARIE ROSE FERRON

1902-1936

Rose Ferron. Page couverture d'une biographie; dépliant (page suivante): biographie et prière. Le culte de cette sainte femme se maintient depuis son décès en 1936 (et même avant) ainsi qu'en témoignent des biographies et des dépliants traduits en une dizaine de langues. Certains voient en elle la première sainte franco-américaine, d'autres préfèrent ne pas se prononcer. (Collection Armand Chartier)

BIOGRAPHIE

Marie-Rose Ferron, surnommée La petite Rose, est née à St-Germain de Grantham, le 24 mai 1902; ses parents émigrèrent à Fall River, Etats-Unis, en 1905. C'est vers ce temps-là qu'elle devint extatique et y resta jusqu'à sa mort; le phénomène de Pesanteur accompagnait ses extases, et pendant l'une d'elles, le 13 avril 1929, en présence de cinq témoins, Rose demanda à N.-S. combien de temps elle avait encore à souffrir et répéta la réponse en disant: ...Sept ans! Elle compta sur ses doigts l'âge qu'elle aurait alors et s'arrêta à 33. Rose avait alors 26 ans et mourut à l'âge de 33 ans.

En 1925, La petite Rose arriva à Woonsocket, R. I., au moment où les troubles éclatèrent entre Mgr Hickey et les Sentinellistes. A la fin de 1926, les Stigmates de la Flagellation apparaissent; pendant le carême de 1927 ceux des mains et des pieds; en novembre 1927 ou s'aperçoit qu'elle reçoit la communion sans déglutition; en janvier 1928 les stigmates d'épines font leur apparition; au carême de 1928 celui du coeur; au mois d'août 1929 le sang commence à jaillir des yeux et tombe en gouttes comme des larmes. A partir de ce temps-là, à chaque vendredi, elle représente la sainte Face. Vers la fin de 1929, apparition de la couronne sous forme de deux gros bourrelets de chair qui font le tour de la tête en s'entrecroisant. En 1930 pendant juillet, le mois du Précieux Sang, le phénomène de la sainte Face se répète chaque jour. Le 1er août 1930 les stigmates disparaissent; mais les douleurs persistent aux lieux d'élection avec plus d'intensité. Cependant, aux jours des grandes souffrances, quelques-unes de ses anciennes stigmates rougissent et suintent une espèce de sérum.

A sa mort, le 11 mai 1936, on voyait encore une des deux branches de la couronne et les stigmates d'épines.

L'extase et les stigmates ne sont que des charismes et en soi ne sanctifient pas. Ce qui a sanctifié la Petite Rose c'était sa charité envers Dieu qu'elle communiquait en nous parlant, et sa patience au milieu d'une vie qui n'était qu'un martyre et qu'elle offrait pour le bien de l'Eglise. La Petite Rose a pratiqué la vertu d'une manière héroïque.

Durant sa vie on allait la voir, on demandait ses prières; de nombreuses faveurs en étaient obtenues. Depuis sa mort les faveurs continuent et ceux qui l'invoquent se multiplient.

Un livret sur les extases et la stigmatisation de la Petite Rose sera bientôt publié.

Neuvaine pour demander l'aide de La Petite Rose

O Jésus, en ce temps où les hommes ne veulent pas se renoncer ni prendre votre croix et vous suivre, mais ne cherchent que le plaisir et les fruits de Mammon, soyez béni d'avoir suscité parmi nous La Petite Rose, modèle de renoncement dans la folie de la croix.

Dès son enfance, vous lui avez inspiré de méditer votre Passion, de s'offrir comme victime, et d'achever à l'exemple de St-Paul, ce qui manque à vos souffrances.

Touché de ce sacrifice en ce monde d'ingratitude, vous avez fait d'avantage, Seigneur, en signe d'approbation pour La Petite Rose, et pour toucher plus surement nos coeurs endurcis, vous avez stigmatisé, semble-t-il, votre servante du sceau de vos plaies sacrées.

Nous vous prions donc, Seigneur, de faire connaître maintenant la puissance de votre servante, en exauçant les prières que nous vous adressons en union avec les siennes.

De grâce, accordez-nous, par son intercession, non-seulement la faveur que nous sollicitons dans cette neuvaine, mais aussi l'ardente volonté de vous suivre, vous qui êtes la voie, la vérité et la vie.

Ainsi soit-il.

concernant tous les aspects de la foi, du dogme et de la morale. Ce phénomène de la retraite (paroissiale ou fermée) connaît un tel succès qu'en 1937 on fonde l'Association des retraitants franco-américains.

Le dimanche de Pâques, si on se lève tôt, on verra le soleil danser, tout à fait comme au Canada. Et les pratiques pieuses se poursuivent, elles aussi d'inspiration québécoise ou acadienne: messe et communion le premier vendredi du mois (faire neuf «premiers vendredis du mois» consécutifs assure, dit-on, la présence d'un prêtre au moment de la mort); exercices à l'église chaque soir de mai, mois de Marie (où l'on chante des cantiques d'une mélancolie notoire, dont «J'irai la voir un jour» et «Nous vous invoquons tous», sur l'air de «God Save the King» et de «My Country, 'Tis of Thee», entre autres); des exercices semblables seront repris en octobre, mois du Rosaire, mais, entre-temps, il y aura eu des triduums pour les fêtes du Sacré Cœur, en juin, de sainte Anne, en juillet, et de l'Assomption, en août. En novembre, on prie pour les défunts, et l'avent fait de nouveau penser à Noël.

Dans l'intervalle, chacun aura trouvé le temps de s'occuper de ses «dévotions spéciales», qui, à vrai dire, méritent une étude fouillée. Certains paroissiens, par exemple, aiment faire les 13 mardis de saint Antoine, surtout s'ils sont à la veille de prendre une décision majeure, comme le mariage; d'autres récitent quotidiennement 24 «Gloire soit au Père», en l'honneur des 24 années que sainte Thérèse de l'Enfant-Jésus a passé sur la terre; d'autres encore répandent la dévotion à saint Joseph, en donnant aux malades «le jonc de saint Joseph», façon d'invoquer le pouvoir guérisseur du saint. Ces prières, y compris les oraisons jaculatoires, comportent souvent un nombre précis de «jours d'indulgence», qui réduisent le temps que l'on aura à passer au purgatoire.

Dans le domaine des dévotions populaires à l'époque, il faut signaler l'influence considérable de deux personnalités marquantes: Rose Ferron (1902-1936), la stigmatisée de Woonsocket (Rhode Island), et le frère André (1845-1937), le grand thaumaturge montréalais. La vie de Rose Ferron, née à Saint-Germain-de-Grantham (comté de Drummond, Québec) avait de quoi frapper l'imagination et le cœur des immigrés canadiens. Immigrée comme eux, habitant d'abord Fall-River (Massachusetts) et ensuite Woonsocket (Rhode Island), dixième d'une famille de 15 enfants, Rose Ferron fut, très jeune, atteinte d'une maladie mystérieuse qu'elle accepta comme sa vocation et qui la garda alitée les 20 dernières années de sa vie. Ses extases, ses stigmates, d'autres souffrances, son acceptation du «martyre» pour l'amour du Christ attirèrent à son chevet un grand nombre de visiteurs et lui firent une réputation qui reste controversée encore de nos jours.

Certains ont déclaré l'avoir vue, stigmatisée, saigner du front, et n'ont jamais douté d'avoir été en présence d'une vraie élue de Dieu. Une dame qui lui rendait visite vers 1928, lui ayant dit qu'elle rayonnait de joie, Rose aurait répondu: «Quand on comprend sa vocation, on est très heureuse, et c'est la beauté de l'âme qui rayonne.» Son biographe, l'abbé O.-A. Boyer, affirme que Mgr William Hickey a rendu visite à Rose Ferron pendant le conflit sentinelliste, et que Rose, de son propre gré, est devenue «victime officielle pour le diocèse de Providence», afin de hâter la solution de la crise.

D'une façon générale, on ne parle plus de l'éventuelle canonisation de «la petite Rose», mais ceux qui croient à ses vertus et à ses dons surnaturels parlent volontiers d'elle. Pour sa part, Victor-Lévy Beaulieu, dans son *Manuel de la petite littérature du Québec*, la range parmi «les authentiques religieux», en insistant sur l'horreur qu'inspire sa vie. Il est certain que, un demi-siècle après sa mort, le «cas» de Rose Ferron ne manque pas de laisser perplexe quiconque s'interroge objectivement sur cette étrange destinée.

Plus répandu que celui de Rose Ferron, le culte du frère André est bien établi, parmi les Francos, longtemps avant son décès en 1937. Issu lui-même de la classe populaire, le frère André plaît au peuple autant par sa propagation de la dévotion à saint Joseph que par ses œuvres de guérisseur et de bâtisseur. Ses contacts personnels sont nombreux en Nouvelle-Angleterre, où il fait des tournées qui stimulent l'intérêt de pieux malades aussi bien que de braves ouvriers. Sa foi agissante a de quoi captiver ces gens qui, en train de s'américaniser, prisent hautement l'efficacité et le pragmatisme. À la fois humble, pieux et pratique, le frère André représente en quelque sorte «un homme fort» dans le domaine spirituel. Tôt après son décès, ses images, de même que ses statues et des exemplaires de sa biographie se retrouvent en nombre croissant dans les foyers francos, où l'on prie pour obtenir sa béatification et son intercession.

Parmi les «saints» personnages contemporains des Francos de 1935, Rose Ferron et le frère André ne sont que les plus connus. Le peuple commence aussi à reconnaître la sainteté du père Zénon Décary (1870-1940), thaumaturge de Biddeford (Maine), du père Marie-Clément Staub, augustin de l'Assomption (1876-1936), fondateur des sœurs de Sainte-Jeanne-d'Arc, et du père Vincent Marchildon, dominicain (1876-1972), animateur du sanctuaire de Sainte-Anne à Fall River (Massachusetts). L'œuvre à laquelle le père Marchildon dévoue sa vie, le culte de la «bonne sainte Anne», nous permet d'entrer de plain-pied dans le panthéon spirituel des Francos de l'époque. Sainte Anne, la sainte Vierge, saint Joseph et, bien sûr, Jésus Christ sont alors les personnages principaux de la spiritualité franco-américaine.

Le catholicisme orthodoxe auquel adhèrent ces gens étant christo-centrique, il est normal que l'on valorise au maximum les aspects connus du «Dieu fait homme». Libre à chacun de s'approprier les aspects qui lui agréent, le clergé de l'époque se chargeant de rappeler à ce peuple ouvrier les phénomènes les plus capables de frapper l'imagination et d'émouvoir la sensibilité populaires, surtout le Christ crucifié, le Christ ressuscité, le Sacré-Cœur de Jésus et le Précieux Sang. Auprès des jeunes, on insistera sur la Nativité et sur l'Enfant-Jésus soumis à ses parents.

Comme au Canada français, la dévotion à la sainte Vierge se répand par les efforts du clergé et des communautés religieuses. Les communautés de femmes, consacrées tout spécialement à Marie, propagent son culte. Les religieuses enseignantes et hospitalières sont secondées par les communautés d'hommes franco-américaines, dont la plupart sont elles aussi vouées au culte de la Vierge: les oblats de Marie Immaculée, les missionnaires de La Salette, les pères et les frères Maristes, les augustins de l'Assomption, entre autres.

L'iconographie catholique franco-américaine de la première moitié du 20ᵉ siècle indique également une dévotion particulière pour la sainte Famille, saint Joseph y faisant figure de père idéal proposé en modèle aux pères de famille, et aussi pour les anges gardiens. Chez les femmes et les jeunes filles surtout, sainte Thérèse de l'Enfant-Jésus jouit d'un prestige peu ordinaire, et l'on retrouve sa statue ou son image dans bon nombre d'églises franco-américaines. Saint Antoine, qui aide à retrouver les objets perdus, saint Jude, avocat des causes

Image sainte trilingue. Les images en papier dentelé ont connu une certaine vogue au début du siècle alors qu'on les offrait aux jeunes au moment de leur première communion ou d'une autre occasion spéciale. La légende trilingue suggère que ce modèle a circulé dans plusieurs pays. Aujourd'hui ces images sont rarissimes, du moins en Nouvelle-Angleterre. (Collection Armand Chartier)

désespérées, et sainte Cécile, patronne des musiciens, ont, eux aussi, de très nombreux disciples. Une étude toponymique des paroisses franco-américaines confirmerait d'ailleurs ces assertions.

Un inventaire interprétatif des objets de piété en usage chez les Francos en révélerait long sur leur vie de prière. Si, par exemple, vers 1935, on avait fait le tour d'un appartement typique, on aurait trouvé

SOUVENIR DU ST. SACREMENT DE MARIAGE

Je, soussigné, certifie que *Emile Chartier* A.M. *Bertha Lemaire*
ont été unis dans les liens du mariage à *New Bedford Eglise du Sacré Coeur*
le ..... *26e* ..... jour du mois de *Juin* 19 *34*
SELON LE RITE DE L'ÉGLISE CATHOLIQUE ROMAINE
et conformément aux lois de l'état *de Massachusetts*
par le Rév *T.A. Carvaijal*
Témoins { *Cleophas Lemaire*
         Alfred Crudet   *Anna Baron*

Souvenir du sacrement de mariage. Aux temps forts de la vie religieuse d'un individu
— baptême, première communion, confirmation, mariage — le curé offrait
aux intéressés une image certificat grand format pour commémorer l'événement.
(Collection Armand Chartier)

Scapulaire. En satin, brodé à la main, datant d'environ 1890, ce scapulaire n'a probablement servi que pour les grandes occasions comme le baptême ou la première communion. Les lettres J et M signifient «Jésus» et «Marie». (Collection Cécile Giguère Plaud)

un crucifix dans chaque pièce et, dans nombre de demeures, un béni-
tier dans chaque chambre à coucher. Les plus fortunés pouvaient se
permettre des statues, y compris celle de l'Enfant Jésus de Prague,
dont la dévotion se propage, entre les deux guerres, sans doute parce
qu'il apporte de la chance, dit-on, ou du travail régulier si sa statue fait
face à la porte d'entrée d'un appartement, ou encore si on garde sur
soi en tout temps une statuette qui le représente.

Comme au Canada, les médailles sont en vogue, et il en existe
pour évoquer tous les aspects de la vie du Christ et des saints cités
plus haut — et surtout, en ce qui concerne la Sainte Vierge, la
médaille dite «miraculeuse». Parmi les scapulaires en usage, le
scapulaire brun, dit du Mont Carmel, est le plus populaire, les enfants
en reçoivent un le jour de leur première communion. Le scapulaire
vert est pour ceux qui ont à demander une faveur toute spéciale:
conversion d'un pécheur endurci ou guérison, par exemple. Le
scapulaire rouge était porté par les membres d'une archiconfrérie
dirigée par les sœurs du Précieux-Sang de Saint-Hyacinthe (Québec),
qui encourageaient la récitation du petit office du Précieux Sang, et
dont les publications se retrouvent depuis longtemps chez les Francos.
Il existe aussi une multitude de missels et de livres de prières qu'il
serait utile de répertorier.

Bref, les Franco-Américains de 1935 vivent d'une foi simple et
robuste, adaptée à leur condition d'ouvriers et régulièrement stimulée
par des aspects concrets — objets de piété ou cérémonies liturgiques
élaborées. Le discours clérical n'est pourtant pas insensible aux particularités des individus, à condition évidemment que ceux-ci respectent
l'orthodoxie. Ainsi, dans telle demeure, on trouvera la photo du père
Jacquemet, l'apôtre de la tempérance, tandis que les voisins, pour des
raisons bien à eux, portent leur dévotion vers mère d'Youville. S'il est
vrai que certains immigrés ou descendants d'immigrés s'éloignent de
la religion, la grande majorité jette sur eux un regard réprobateur, et,
en général, on veut éviter d'être traité de catholique «à gros grain»
(— celui qui se satisfait de l'essentiel) ou encore de «rongeux de
balusses» (pieux hypocrite).

Chez les Francos, la foi aime s'exprimer par les œuvres, et,
pendant les années 1900-1940, le service social et hospitalier prend
de l'expansion, surtout dans les grands centres, de Lewiston à
Woonsocket et Fall River. Comme la plupart des institutions —

Procession: Femmes Tertiaires et prêtre sous le dais. Ce genre de spectacle, dans les rues de Lowell, Mass., vers 1910, dut être jugé étrange par les Yankees du lieu qui, pourtant, le toléraient au même titre que les reposoirs ici et là dans les quartiers canadiens de la ville (*Album souvenir et historique de la paroisse Saint-Joseph de Lowell, Mass.*, 1916). (Collection Armand Chartier)

hôpitaux, hospices, orphelinats — n'ont pas publié d'historique, il est impossible de présenter une vue d'ensemble de leurs réalisations. Il est certain, toutefois, que l'établissement d'une maison de bienfaisance à tel endroit, à tel moment, dépend en grande partie du clergé local, de la volonté de l'évêque et de la disponibilité du personnel. Un facteur commun à toutes ces œuvres, c'est la générosité des fidèles, mieux disposés, dans l'ensemble, à contribuer au développement d'un hôpital ou d'un hospice «canadien», dans leur propre ville, qu'à celui d'une institution «irlandaise».

Pourtant, certains fondateurs font preuve d'un esprit œcuménique, même au début du siècle. Ainsi, en fondant à Fall River (Massachusetts) l'hôpital Sainte-Anne (1906), le père Raymond Grolleau, o.p., curé de la paroisse Sainte-Anne, précise que cette institution sera catholique de langue française, mais ouverte à tous ceux qui en auront besoin, sans égard à leur religion ou à leur nationalité. Le père Grolleau assure à son œuvre un personnel compétent, en faisant venir de Tours (France) les sœurs Dominicaines-de-la-Présentation. Grâce à la générosité de nombreux bienfaiteurs et au zèle des «dames patronnesses» — groupe de bénévoles dont on retrouve l'équivalent dans plus d'un centre franco-américain — qui de concert avec le père Henri Beaudé organisent des tombolas, des carnavals et des campagnes de souscription au profit de l'hôpital, grâce aussi au dévouement des religieuses, en 1935 l'hôpital Sainte-Anne est en plein essor, et même doté d'une école pour infirmières (depuis 1927).

De fait, en 1935, il existe un nombre considérable d'hôpitaux, d'hospices et d'orphelinats francos, ici et là en Nouvelle-Angleterre. Certains sont dirigés par des laïcs, mais la plupart sont sous la direction de communautés religieuses de femmes en provenance du Québec. Parmi celles-ci, il semble bien que les sœurs de la Charité de Saint-Hyacinthe aient, en 1935, le plus grand nombre de religieuses au service des Francos. Elles dirigent, à Lewiston (Maine), des institutions fondées avant 1900, dont l'hôpital général Sainte-Marie (fondé en 1889, le premier hôpital catholique du Maine) et un orphelinat (fondé en 1893) nommé l'Asile Healy; en 1908, elles avaient établi une école pour infirmières; en 1928, elles avaient fondé l'hospice Marcotte, pour vieillards. On retrouve cette même communauté dans d'autres centres, notamment à Manchester, Berlin, Rochester, dans le New Hampshire, et à Woonsocket, dans le Rhode Island. Les sœurs de la Charité de Québec, les sœurs de la Charité de Montréal, et les Petites Franciscaines de Marie, ces dernières fondées à Worcester (Massachusetts) en 1889, sont d'autres communautés en pleine activité vers 1935. Il convient de mentionner également les sœurs de Sainte-Jeanne-d'Arc, congrégation au service du clergé, fondée à Worcester (Massachusetts), en 1914, par un assomptionniste, le père Marie-Clément Staub (1876-1936), dont la maison mère fut, en 1918, transférée à Bergerville (aujourd'hui Sillery, Québec). Il est à noter que la plupart des œuvres de bienfaisance qui existent en 1935 ont été établies sur des bases assez solides pour durer de 50 à 75 ans. Certaines existent encore aujourd'hui, autonomes ou intégrées à d'autres institutions.

On remarque aussi, en 1935, la croissance d'une œuvre d'un autre genre, celle des sanctuaires fondés et desservis par des communautés religieuses d'hommes. Le sanctuaire franco-américain le plus fréquenté avant 1940 semble avoir été celui de Sainte-Anne, situé à l'intérieur de l'église du même nom, à Fall River (Massachusetts). Établi en 1892, il ne cesse, au cours des ans, de prendre de l'envergure, surtout sous la direction d'un «saint» prêtre, le père Vincent Marchildon, (1876-1972) o.p., natif de Batiscan (Québec), qui s'y dévoue pendant près de 60 ans. Comme directeur, le père Marchildon, non seulement maintient les multiples activités de ce centre de prière, mais en ajoute. Les pèlerins affluent, seuls ou en groupes qui dépassent parfois 1000 personnes, désireux de prier devant la statue dite miraculeuse. Ils sont attirés aussi par la neuvaine perpétuelle à sainte Anne (le mardi), par les dévotions spéciales du dimanche après-midi, ou par la neuvaine solennelle, préparatoire à la fête de Sainte-Anne, le 26 juillet. De son vivant déjà, le père Marchildon avait la réputation d'un thaumaturge. Toute sa vie serviteur des pauvres et des affligés, il contribua beaucoup au rayonnement du sanctuaire, qui attire, depuis près de cent ans, des fidèles d'un peu partout aux États-Unis.

Au nombre des œuvres francos les plus négligées par la recherche, il faut souligner avec insistance celle des missions. Que d'efforts déployés au cours des décennies, par les oblats, par exemple, qui, regroupés en province séparée depuis 1921, sont concentrés dans la région de Lowell (Massachusetts) et possèdent leurs propres maisons de formation, juniorat, noviciat et scolasticat, dans le New Hampshire et le Massachusetts.

Les oblats recourent, pour recruter leurs sujets, à des slogans plutôt énergiques, du genre: «Sauve ton âme — fais-toi oblat!» Savants publicitaires, ils emploient une multitude de moyens pour sensibiliser les fidèles à l'urgence de la cause des missions. *L'Apostolat des Oblats de Marie Immaculée*, «revue mensuelle de la province de Saint-Jean-Baptiste de Lowell», exhorte les membres de l'Association missionnaire de Marie-Immaculée à trouver de nouveaux adhérents et à soutenir les missionnaires par la prière, le sacrifice et l'aumône. La revue transmet des nouvelles des endroits les plus éloignés du Petit Canada lowellois: du Laos, du Ceylan, du Grand Nord canadien, du Congo belge, de la Bolivie, d'Australie, bref, de tous les pays de mission des oblats. Pour toucher les jeunes, on publie la «page des petits missionnaires», et, pour stimuler la curiosité des lecteurs de tout âge, on inclut un quiz sur le contenu des différents articles.

Les oblats de Lowell font aussi un grand battage publicitaire autour des expositions qu'ils montent au cours des années trente. Des milliers de visiteurs défilent devant les kiosques, où ils trouvent des reproductions d'autels en usage dans les pays de mission et d'exotiques miniatures de villages africains, esquimaux, indiens. Ne voulant rater aucune occasion de propagande, les oblats impriment, sous la forme de cartes postales, des photographies de ces kiosques, et l'achat de ces cartes est encore, bien sûr, un moyen d'aider les missions. C'est dans ce même esprit de propagande missionnaire que deux oblats lowellois, les pères Armand Morissette et Ovila Fortier, écrivent une pièce de théâtre sur la vie de Kateri Tekakwitha, «la Princesse des Mohawks», spectacle dramatique en trois actes qui réunit une cinquantaine de figurants; agrémenté de danses et de chants amérindiens, ce drame suscite assez d'intérêt pour qu'on en donne plusieurs représentations.

L'activité des oblats n'est, évidemment, qu'un aspect de l'effort missionnaire de l'Église. L'esprit missionnaire fait partie de l'enseignement, et c'est un thème qui revient au prône plusieurs fois au cours de l'année. Le clergé, parfois même un prêtre membre d'une communauté missionnaire, exhorte les fidèles à se faire «apôtres» en priant pour la conversion des païens et en offrant aux missions de généreuses

Sainte-Anne. Cette statue, située au sanctuaire du même nom,
à Fall River, Mass., est considérée par certains comme source de miracles;
d'autres sont moins enthousiastes. (Collection Armand Chartier)

aumônes. On développe le sens de la solidarité spirituelle, car, en aidant les missionnaires par la prière et l'aumône, les fidèles s'assurent des prières et des messes de ces mêmes missionnaires, qui deviennent ainsi des sources de grâce pour ceux qui les appuient.

Parmi les autres œuvres de bienfaisance, il faut au moins nommer les cercles Lacordaire et Sainte-Jeanne-d'Arc, institution fondée le 5 février 1911 dans la paroisse Sainte-Anne de Fall River (Massachusetts) et vite devenue le fer de lance du mouvement antialcoolique en Franco-Américanie et au Canada. Le fondateur de ces cercles, fédérés en 1912, est un dominicain français, le père Joseph-Amédée Jacquemet (1867-1942), qui avait pu constater, en exerçant son ministère paroissial, les problèmes causés par l'alcoolisme. L'abstinence totale ayant paru au père Jacquemet la seule solution efficace, il s'en fit l'apôtre zélé. Le mouvement se répandit assez rapidement dans les six États de la Nouvelle-Angleterre et au Canada. En 1939, les cercles canadiens, qui regroupaient alors quelque 3000 membres, se séparèrent, sur le plan administratif, du bureau général de Fall River. Le père Jacquemet, qui consacra plus de 30 ans à cet apostolat, multiplia les moyens d'action: conférences, réunions, consultations privées et publications, dont une revue, *Le Réveil*. Il fut puissamment secondé par Victor Vekeman (1867-1947), dont les nombreuses pièces de théâtre antialcooliques connurent du succès tant au Canada qu'en Nouvelle-Angleterre.

La formation des jeunes

En 1935, même si tout le monde ne trouve pas optimal le nombre d'écoles francos — il en existe tout de même plus de 200 —, l'infrastructure du système scolaire paroissial est en place, et l'enseignement secondaire se développe. Cependant, on n'est pas tous d'accord sur l'orientation à donner aux études primaires.

Les autorités civiles, reflétant l'esprit anglo-américain, préconisent la fréquentation de l'école publique, en principe neutre du point de vue religieux. Après de vaines tentatives pour contrôler, sinon pour abolir, les écoles catholiques, le Department of Education et la commission scolaire veillent à ce que les jeunes reçoivent une instruction dans les matières de base — lecture, écriture, arithmétique, géographie, histoire des États-Unis, etc. — et une certaine formation civique visant à faire d'eux de bons cioyens américains. Les tenants de l'école publique et ceux de l'école catholique s'accusaient mutuellement d'intolérance ou de dogmatisme, et les mauvaises langues, chez les Anglos, répétaient à satiété que les religieuses enseignantes manquaient de préparation pédagogique, et qu'au surplus, immigrantes elles-mêmes, elles n'étaient pas du tout compétentes pour enseigner l'anglais et pour préparer leurs élèves à participer à la vie civique américaine. Selon les critiques les plus malveillants, ces élèves passaient à l'église des heures enlevées à une journée scolaire déjà hypothéquée par l'enseignement de la religion et du français.

Pour leur part, les autorités diocésaines, voulant que les écoles catholiques fussent reconnues par les autorités civiles, luttaient d'arrache-pied pour que les enseignantes et les programmes dont elles étaient responsables ne fussent nullement inférieurs à ceux des écoles publiques, sans quoi l'avenir de l'enseignement confessionnel eût été menacé. Encore faut-il parler de la concurrence des écoles publiques, où, disait-on, la surveillance étant peu sévère, les mœurs étaient plus libres que dans les écoles catholiques, ce qui ne manquait pas de rendre ces écoles attrayantes pour une jeunesse avide de liberté.

Forcément les curés, franco-américains ou autres, défendaient le point de vue des écoles paroissiales. De concert avec les communautés religieuses, ils firent en sorte que les enseignantes et les élèves fussent à la hauteur des normes imposées aux écoles publiques. Par le sermon et l'article de journal, les curés franco-américains défendirent l'enseignement de la religion et du français, les deux points névralgiques du débat. Par le fait même, ils eurent à soutenir que ce surcroît de travail, loin de nuire aux jeunes Francos, leur fournissait une éducation de beaucoup supérieure à celle des partis rivaux, irlandais ou anglo-américains. À cet ensemble déjà complexe, il faut encore ajouter l'influence des parents, celle des idéologues de la survivance (les «patriotes»), et celle des communautés religieuses.

Question difficile que l'influence des parents en matière d'éducation. Leur pouvoir se limitait-il au «droit» — contesté par les curés — de retirer leurs enfants d'une école paroissiale pour les placer dans une école publique? Ou prenait-il d'autres dimensions que la recherche saura un jour préciser? Affirmons provisoirement que les droits des parents, en 1935, paraissent minimes comparativement à ceux de l'État et de l'Église.

Les idéologues de la survivance ont joué, quant à l'enseignement, un rôle aussi difficile à définir que celui des parents. Journalistes (tels Wilfrid Beaulieu, Philippe-Armand Lajoie), essayistes (dont Josaphat Benoit, Alexandre Goulet) ou prêtres (les abbés Adrien Verrette et Georges Duplessis, par exemple), ils se sont amplement servis de la plume comme arme de combat pour multiplier les rappels à l'ordre, les exhortations et les critiques, tant et si bien qu'on ne saurait passer sous silence leur influence possible sur l'enseignement. Ces gardiens de l'héritage culturel sont d'accord pour affirmer que, sans le concours des écoles, les forces de l'assimilation auront tôt fait de mettre un terme à la survivance. Encore faut-il insister, tant leur point de vue a été mal compris, sur le fait que ces gens ne sont pas du tout des séparatistes culturels. Ils sont d'accord avec l'ensemble de la collectivité sur la nécessité d'un enseignement biculturel. Mais l'unanimité cesse après qu'on a assigné la formation catholique des jeunes comme le but premier de l'enseignement paroissial, et dès qu'il s'agit de doser la part «canadienne» et la part étatsunienne de ce biculturalisme.

L'école rêvée par les plus ardents «patriotes» de 1935 — une minorité décroissante — serait «un coin du Canada» implanté dans une paroisse franco-américaine. Le père Jean-Dominique Brosseau, o.p., par exemple, à qui l'on attribue l'historique de la paroisse Sainte-Anne de Fall River (Massachusetts) paru vers 1919, après avoir déclaré que la fonction première d'une paroisse catholique est d'assurer l'éducation chrétienne des enfants, ajoute: «Ici, l'école catholique a de plus la mission de sauvegarder la nationalité, les coutumes familiales, les vertus domestiques.» À l'époque présentinelliste, il est encore possible pour un prêtre d'unir ainsi, d'une façon étroite, religion et nationalité dans une réflexion sur l'enseignement. Le phénomène deviendra plus rare par la suite.

Dans son livre sur la survivance, *L'Âme franco-américaine* (1935), Josaphat Benoit fait l'apologie de l'école franco et dresse un réquisitoire contre le régime scolaire étatsunien, perçu comme «essentiellement protestant». En mettant ses compatriotes en garde contre la prétendue neutralité des écoles publiques américaines, Josaphat Benoit fait écho au père Édouard Hamon, qui, dans *Les*

Canadiens français de la Nouvelle-Angleterre (1891), tenait le même discours. Après avoir affirmé que la «formation religieuse et morale» est «la première raison d'être des écoles paroissiales», Benoit ajoute qu'il est une autre raison urgente pour laquelle on doit continuer de fonder des écoles franco-américaines, et c'est d'enseigner aux enfants «la langue française et l'histoire nationale, considérées à bon droit comme la pierre d'assise de leur survivance ethnique et la condition nécessaire de leur développement complet». Pour les idéologues de 1935, les concepts de survivance et d'identité sont donc étroitement liés. L'ouvrage de Josaphat Benoit démontre également la persistance et la continuité de la pensée chez l'élite, des années 1860 aux approches de 1940. En ce qui concerne les origines intellectuelles et spirituelles de l'enseignement chez les Francos, l'idéologie cléricо-nationaliste canadienne-française aura prévalu, et aura dominé les esprits, du commencement à la fin de la période de l'immigration.

Mais cette idéologie n'est pas partout mise en pratique. Toujours dans les années 1930, des observateurs, dont l'abbé Georges Duplessis, de l'archidiocèse de Boston, trouvent que «l'éducation nationale» manque dans telle ou telle école franco-américaine. L'abbé Duplessis fait valoir le point de vue du cardinal Bégin, de Québec, selon qui l'enseignement en milieu franco comporte une «mission patriotique aussi bien que religieuse». D'après l'abbé Duplessis, il s'agit de garantir «la formation de l'âme franco-américaine», surtout par l'enseignement de l'histoire du Canada et des États-Unis, pour inculquer la fierté aux jeunes.

Qu'en 1935 «l'éducation nationale» ait pu manquer dans telle ou telle école ne surprend guère, après la condamnation de «l'hérésie nationaliste» par Pie XI, et après la crise du sentinellisme, surtout si l'on tient compte du caractère conservateur de la plupart des curés et des quelque 40 communautés religieuses d'hommes et de femmes qui enseignent dans les écoles francos. Voués d'abord à la tâche de faire accepter l'enseignement catholique dans un pays protestant, obligés en plus d'enseigner le français puisqu'ils se trouvent au milieu d'immigrés francophones, les curés et les communautés religieuses voient mal comment ajouter une dimension «patriotique» ou «nationale» à un programme scolaire déjà chargé. Dans bien des cas ils réussiront ce tour de force, mais à des degrés variables.

Quant aux communautés religieuses, on n'a pas assez dit à quel point elles ont été indispensables au développement du réseau d'écoles franco-américaines. Seuls le vœu de pauvreté et un esprit de sacrifice renouvelés quotidiennement pendant un siècle ont rendu possible la mise sur pied d'un système d'enseignement qui, autrement, n'aurait jamais existé. Car la situation économique des immigrés n'aurait pas permis d'embaucher un nombre suffisant d'instituteurs et d'institutrices laïques pour pourvoir à l'éducation de plusieurs milliers d'élèves. En 1935, ces communautés religieuses, en provenance du Canada ou de la France, ont déjà touché deux générations de Francos — les premières religieuses étant parties pour la Nouvelle-Angleterre à la fin des années 1860.

L'influence de ces communautés a varié, bien sûr, mais il ne semble pas exagéré d'affirmer que la consécration totale à la vie spirituelle des religieux et religieuses a marqué en profondeur l'existence de la collectivité franco-américaine, dont un nombre appréciable a reçu son éducation dans une école de sœurs ou de frères. Les réactions des élèves à cette spiritualité totalisante vont de l'indifférence à une volonté d'émulation, nombre de jeunes s'étant par la suite faits religieuses, frères enseignants ou prêtres. Aucun doute que les communautés aient largement réussi à remplir leur fonction première: former une jeunesse catholique. Mais ont-elles réussi à atteindre leur but second, qui était de former également une jeunesse bilingue et biculturelle? Il semble que oui, bien que déjà, en 1935, des observateurs notent, à cet égard, un fléchissement sérieux.

En 1935 encore, il n'existe pas de programme uniforme, commun à toutes les écoles paroissiales franco-américaines, les programmes et les manuels variant selon la volonté des curés et des communautés enseignantes, mais sans déborder le cadre prescrit par les autorités diocésaines. Les écoles présentent néanmoins plus de ressemblances que de différences. Il est évident, par exemple, que les diverses démarches pédagogiques ont été marquées par le *Ratio studiorum* développé par les jésuites au 16e siècle; d'où la discipline rigide dans l'enseignement, la tradition de tout faire apprendre par cœur, et la coutume d'encourager l'émulation chez les élèves.

À cette époque, l'enseignement dispensé dans les écoles francos dénote une haute conscience professionnelle et un grand souci de perfection chez les instituteurs et institutrices. On s'efforce de donner un enseignement complet, qui comprend la formation de l'esprit, de la volonté et du cœur, et l'on cherche à maintenir un savant dosage de la tradition et du progrès, en modifiant les programmes et en choisissant les manuels en fonction des découvertes de la science et de la pédagogie.

Nombre d'écoles retiennent encore, en 1935, la formule des demi-journées: les classes — de 60 à 70 élèves dans les paroisses populeuses — sont divisées en deux groupes, l'un recevant l'instruction en français le matin, en anglais l'après-midi, alors que l'autre suit l'horaire inverse. La journée scolaire compte environ cinq heures et demie d'enseignement, et l'année scolaire, 40 semaines. La religion, la langue française, l'histoire du Canada, parfois les arts et la musique, s'enseignent en français; en anglais, on étudie, outre la langue anglaise, l'arithmétique, l'histoire, la géographie et l'hygiène. L'instruction civique figure aussi au programme anglais.

La religion constitue le fondement de ce programme, non seulement comme matière enseignée, mais comme atmosphère à créer et à maintenir. Car on veut «buriner le Christ au cœur de l'enfant», selon l'énergique expression de mère Marie Rivier. De fait, les élèves sont en contact constant avec des exemples vivants d'un idéal religieux, ces institutrices dont la vie tout entière rappelle aux jeunes que la sanctification personnelle est le but premier de l'existence, et qu'elle s'acquiert seulement au prix d'efforts répétés. Soumises à une règle de vie faite de pauvreté, de pénitence, d'abnégation et d'obéissance, les religieuses prêchent constamment, par la parole et par l'exemple, les vertus de foi, d'espérance et de charité. Elles s'efforcent aussi de transmettre aux élèves quelque chose de leur propre spiritualité, centrée sur la vie du Christ et le culte de la sainte Vierge. Elles tâchent, enfin, de faire tout avec ferveur et zèle, car les supérieures de ces communautés ne tolèrent pas les âmes tièdes.

La journée scolaire commence par une prière récitée à haute voix, suivie généralement par l'instruction religieuse. Celle-ci, au cours des huit années du cours primaire, prend tour à tour la forme du catéchisme, de l'histoire sainte, de la liturgie et parfois de l'histoire de l'Église. Le manuel le plus répandu semble bien être le *Catéchisme de la doctrine chrétienne*, prescrit par le troisième concile plénier de Baltimore. *Le Catéchisme préparatoire à la Première Communion*, du père J.-A. Charlebois, c.s.v., et un *Abrégé du Catéchisme de persé-*

vérance, de Mgr Gaume, connaissent aussi, à cette époque, une certaine popularité.

Le catéchisme dit «de Baltimore» contient les prières jugées indispensables, de même que les enseignements fondamentaux de l'Église, les unes comme les autres appris par cœur par plusieurs générations de Francos. Si la formule même du catéchisme paraît aujourd'hui trop rigide, personne à l'époque ne met en doute son efficacité. Les réponses lapidaires qu'il offre aux questions les plus épineuses seront retenues, toute leur vie durant, par ceux qui les auront étudiées.

On a loué la clarté de ce catéchisme, son caractère succinct, et la netteté avec laquelle il présente l'essentiel de la doctrine catholique, mais certains ont regretté que sa formule même ne se prête guère au dialogue ou à la discussion.

Selon les manuels employés dans telle école il a pu y avoir recoupement entre le catéchisme et ce qu'on nommait «l'histoire sainte». Vers 1935, l'*Abrégé d'histoire sainte*, paru d'abord en 1888 et préparé par les sœurs de la Congrégation Notre-Dame de Montréal, est encore en usage. Même si on y retrouve la formule question-réponse, l'étude en a semblé moins aride, puisqu'il s'agit d'un ensemble de récits, tantôt terrifiants (Caïn et Abel, le déluge), tantôt rassurants (Moïse sauvé des eaux). Souvent les illustrations vont graver à tout jamais dans la mémoire impressionnable des jeunes le caractère étrange de ces histoires qui ne peuvent manquer de leur sembler déroutantes, comme cette gravure du jeune David tenant à la main la tête tranchée de Goliath, ou encore celle de la flagellation de Jésus.

Il n'eût pas été étonnant qu'un enfant se sentît inquiet, voire troublé, en réfléchissant à la doctrine exposée dans son catéchisme ou à des récits racontés par l'histoire sainte, tellement on y insiste sur la puissance de la colère de Dieu. Contraint d'accepter la réalité d'un Dieu souvent courroucé et l'aspect incertain du salut éternel — but de l'existence, ne l'oublions pas — on comprend que cet enfant se soit tourné avec espoir et optimisme vers l'étude de la liturgie, troisième volet de l'enseignement religieux dans les écoles élémentaires de 1935.

La liturgie, en effet, est bien propre à retenir son attention, puisqu'elle lui apprend ce qu'il est en son pouvoir de faire pour accomplir des progrès dans la voie du salut, tout en lui offrant des connaissances précises sur les divers aspects du culte: la messe, les temps sacrés de l'année, et les sacrements. Par ailleurs, l'étude des ornements sacrés, du luminaire et des processions permet à l'élève une évasion vers un monde riche en symbolisme, en valeur esthétique et en mystère, loin du train-train de la vie. Ces possibilités d'évasion sont multipliées par les illustrations de choix contenues dans tel *Précis de liturgie*, où l'on trouve par exemple des photographies de cathédrales de France, des gravures montrant des objets du culte en usage au Moyen Âge, des estampes et des tableaux des grands peintres religieux.

Le français est à la fois matière à étudier et langue d'enseignement. Ainsi, pendant une période qui varie d'une heure à deux heures et demie selon les écoles, les élèves se servent du français. De ce genre d'enseignement, ininterrompu depuis le cours préparatoire (où les enfants entrent à cinq ans) jusqu'en huitième année inclusivement, il résulte la formation d'élèves bilingues. Et la majorité de ceux qui complètent leur cours élémentaire à cette époque resteront bilingues toute leur vie, signe de l'efficacité de cette méthode pédagogique.

Aujourd'hui, la démarche peut sembler austère, le programme insistant beaucoup sur l'importance de la grammaire, dont l'étude commence dès les premières années (avec l'épellation). Les élèves sont astreints à apprendre la conjugaison complète des verbes; tous les temps, tous les modes y passent, sans oublier le plus-que-parfait du subjonctif, les multiples règles de l'accord du participe passé et de la concordance des temps.

Différentes techniques facilitent l'assimilation de ces nombreux préceptes. La *dictée* quotidienne, honnie par plus d'un, est toujours corrigée, souvent en classe, et les erreurs en sont relevées et expliquées. Pour devoir, l'élève fera une *analyse grammaticale*, qui exige une description de tous les aspects et de toutes les fonctions de chaque mot. Dans les classes supérieures du cours primaire, l'*analyse logique* est mise à profit; elle consiste en un examen détaillé d'une phrase complexe, et surtout des rapports des différents membres de phrase entre eux. D'une façon régulière, une *composition* sera rédigée selon des prescriptions minutieuses fournies par la maîtresse. On encourage, enfin, une méthode de lecture active caractérisée par la *cueillette*, l'habitude de noter dans un cahier des pensées, des expressions, des figures de style qui devront par la suite être utilisées dans une composition.

La façon d'apprendre la *lecture* en français indique à quel point l'enseignement de cette matière, comme de toute autre, est imprégné de moralisme religieux. Les manuels en usage sont généralement édités au Canada par des communautés enseignantes. La «Série de livres de lecture à l'usage des Écoles chrétiennes», publiée à la fin du siècle et souvent rééditée connaît une certaine vogue avant la Deuxième Guerre mondiale. Ces textes ont un côté pratique, les auteurs offrant aux usagers des connaissances d'intérêt général et de bons conseils. Dans le troisième livre de la série, *Lectures graduées*, destiné aux élèves de 6e année (qui ont donc environ 11-12 ans), un petit texte sur «l'Automne» est représentatif du genre: il est truffé de renseignements utiles, mais relatifs à l'automne comme on le vit dans les campagnes du Canada. On note également la diversité de ces textes, dont certains traitent de la classification des animaux et des végétaux, d'autres des devoirs (envers les parents, la patrie, Dieu); des textes sur l'agriculture voisinent avec des poèmes de Napoléon Legendre et d'Octave Crémazie, de La Fontaine et d'A.-B. Routhier.

L'histoire du Canada qu'on enseigne jusque dans les années 1950 met en relief le caractère religieux du Canada français et souligne «l'antériorité héroïque» des Français en Amérique, par rapport aux Anglais. Comme exemple de manuel en usage, on peut citer l'*Histoire du Canada* de C.S. Viator (*sic*), publiée par les Clercs de Saint-Viateur (1917), où il est surtout question d'histoire politique et militaire. Les enseignants ne manquaient pas de proposer comme modèles certains personnages historiques, comme Madeleine de Verchères et Dollard des Ormeaux. Tout en admirant la sonorité de ces beaux noms «français de France», des élèves, avec ou sans malice, se sont demandé comment imiter les exploits de ces héros et de ces héroïnes dans un Petit Canada qui n'en offrait pas tellement l'occasion.

La partie française, que nous venons de décrire, reflète l'époque de transition par où passent, en 1935, les Franco-Américains. L'enseignement de la religion, du français et de l'histoire du Canada est appuyé par l'usage de chants canadiens-français et la présence, dans la salle de classe, de crucifix, de gravures et de statues qui rappellent l'importance de la religion et de l'histoire du Canada. Un règlement

«Le moulin du chat qui fume.» Nombreuses furent les représentations théâtrales chez les Francos. Le théâtre comique fut toujours en faveur, dans les paroisses comme dans les maisons d'enseignement. Cette photo montre une scène d'une pièce comique montée au Juniorat des oblats, à Colebrook, N.H., en 1927.
(Collection Armand Chartier)

sévère, conçu selon toute probabilité au Québec, dans les maisons mères des communautés enseignantes, régit le comportement des élèves à chaque minute et en toute circonstance. L'esprit d'émulation, d'inspiration plutôt canadienne qu'américaine, est fortement encouragé par la publicité accordée au *rang* des élèves, grâce au bulletin mensuel et à tout un système de récompenses et de punitions.

Des exercices de fin d'année, eux aussi dictés par une mentalité canadienne, constituent le parachèvement de la formation des jeunes. À la distribution solennelle des prix, en présence du curé, des parents et des amis, les élèves reçoivent soit des objets de piété — statues, missels — soit de gros livres rouges d'importation française, fortement reliés, avec estampillage en or, dont le contenu relève souvent de la «littérature édifiante». On octroie un prix d'excellence pour chaque matière, et même les derniers de classe reçoivent un prix, souvent un tout petit livre (qualifié de «galette»), source de découragement ou de consolation pour une performance médiocre, selon les points de vue. Ce rite de fin d'année fait partie intégrante de l'enseignement, et c'est un des moyens auxquels on a recours pour encourager l'émulation.

La séance de fin d'année, conçue pour contribuer à l'épanouissement de la personnalité de l'élève, est présentée devant une salle
remplie de parents et de paroissiens. En 1935, les pièces jouées sont
surtout en langue française; leur provenance est mal connue, mais
elles ont souvent un caractère moralisateur. Nous savons aussi que les
sœurs de Sainte-Croix s'inspiraient, entre autres, du recueil intitulé
Les Fêtes de l'enfance.

Après 1935, l'enseignement se fera de plus en plus en anglais, à
mesure que le groupe s'américanisera et s'éloignera de ses souches
canadiennes. Mais, en 1935, le temps consacré à l'enseignement de la
religion, du français et de l'histoire du Canada suggère que les tenants
de la survivance continuent de remporter une victoire; victoire partielle, qui se révélera temporaire. Dans l'ensemble, curés et communautés religieuses s'entendent jusqu'à un certain point avec les
idéologues de la survivance sur l'importance de maintenir la foi, la
langue et une claire conscience du passé collectif; sur l'importance
aussi d'assurer aux jeunes une éducation bilingue et biculturelle.

La divergence entre les idéologues et les responsables de
l'enseignement porte sur le caractère précis de ce biculturalisme et sur
la formation «patriotique» des élèves. Curés et enseignants semblent
éviter avec soin de donner aux jeunes une formation «nationale», au
sens où l'entendent les plus militants des idéologues de la survivance.
On n'enseigne pas, par exemple, l'histoire franco-américaine proprement dite, et les écoliers ignorent tout de la fondation des paroisses,
des sociétés et des journaux francos. Si par hasard ils connaissent les
noms de Ferdinand Gagnon, du major Edmond Mallet ou de l'abbé
Louis Gagnier, ce n'est pas à l'école qu'ils les auront entendus.

Cette carence s'explique sans doute en partie par la crise
sentinelliste, qui vient à peine de se résoudre, laissant l'élite divisée,
mais surtout sceptique face à un nationalisme, si faible soit-il, qui
pourrait rappeler aux autorités ecclésiastiques le nationalisme naguère
condamné par le Saint-Siège. Puis, en 1935, on manque du recul
nécessaire pour apprécier à sa juste valeur l'héroïsme de la première
génération d'immigrants. Enfin, la génération de 1935 est marquée par
une réticence, une humilité et une pudeur que les générations
subséquentes jugeront excessives, par rapport aux réalisations de leurs
prédécesseurs immédiats. Aussi enseigne-t-on l'histoire du Canada par
respect pour les aînés, et l'histoire des États-Unis pour satisfaire aux

exigences du pays d'adoption. Mais, pour éviter la controverse, on s'abstient d'enseigner l'histoire franco-américaine, comme on se garde bien d'encourager les jeunes à lire le journal franco ou à devenir membres de sociétés patriotiques franco-américaines. Il est bien possible, en plus, que la majorité des Francos ne se perçoivent pas, en 1935, comme une entité distincte et digne d'étude.

Bref, les curés s'occupent presque uniquement de leurs paroisses, les religieuses de leur enseignement, et les écoles deviennent un objet de polémique. Des idéologues «patriotes» comme Alexandre Goulet et Philippe-Armand Lajoie font valoir, en effet, les droits des parents en matière d'éducation, tout en dénonçant la centralisation diocésaine et l'abus de pouvoir des curés «assimilateurs». Et même si les Francos qui participent au deuxième congrès de la langue française, à Québec, en 1937, louent le système scolaire franco-américain, des observateurs comme Goulet, Lajoie et Josaphat Benoit sont loin d'être optimistes concernant l'avenir. Dans un texte écrit en 1948, Wilfrid Beaulieu résume le dénouement du drame qui s'est déroulé dans les premières décennies du 20e siècle:

> Nous n'avons peut-être pas compris assez tôt que l'école paroissiale sincèrement bilingue était la plus précieuse de nos possessions. D'autres l'ont compris et se sont arrangés pour en assumer le contrôle. C'est contre elle, la cheville ouvrière de toute survivance sainement raisonnée, que l'assimilation, matérialiste et politique, a commis ses méfaits les plus subtils. (*Le Travailleur*, 29 avril 1948)

Il reste beaucoup à apprendre sur la formation des jeunes Francos. Il n'existe pas, par exemple, d'étude détaillée des programmes et des manuels scolaires, ce qui est probablement la lacune la plus grave. Nous ignorons encore comment s'est faite l'adaptation des méthodes d'enseignement canadiennes et françaises au contexte étatsunien. En outre, il serait utile de savoir comment étaient réparties les responsabilités entre les curés et les communautés religieuses dans le fonctionnement des écoles: modifications apportées aux programmes scolaires et au règlement, choix des activités parascolaires (religieuses ou autres), création de l'ambiance, etc. Par ailleurs, tout ce qui a trait aux coutumes écolières, au milieu et au folklore des écoles, à leur aspect physique, reste aussi à décrire et à interpréter.

Enfin, on aimerait en savoir davantage sur la présence de la France dans ces écoles: quelle était, par exemple, la conception que le clergé franco et les communautés religieuses se faisaient de la France, et qu'ils transmettaient aux jeunes?

Le mouvement des idées

Un bilan de l'activité intellectuelle des années 1930 montrerait que, si les Francos ont à leur actif de nombreuses publications dans la catégorie dite de la «prose d'idées», la littérature d'imagination demeure, elle, dans un état voisin du sous-développement. L'histoire et l'essai de propagande ou de polémique restent, et resteront longtemps, en effet, les genres les plus pratiqués. En 1935 comme en 1900 l'imprimé de langue française a avant tout une fonction utilitaire (défendre la collectivité franco-américaine contre ses détracteurs) ou didactique (faire l'apologie d'une œuvre — paroisse, société ou journal).

L'écriture est donc, avant tout, au service de la survivance, et la littérature reste «engagée» et militante. Mais cette prose d'idées se veut en même temps pragmatique, les «patriotes» écrivains mettant en quelque sorte le passé au service du présent et de l'avenir. Les écrits historiques, par exemple, ont généralement une double fin: louer les grands devanciers, et persuader les lecteurs de s'enrôler sous la bannière de la survivance.

Au cours des années 1930, la littérature idéologique s'enrichit de plusieurs nouveaux titres, dont certains sont suscités par le resserrement des liens entre une élite «patriote» et sa contrepartie québécoise. Ainsi, les conférences sur la Franco-Américanie de la Société Saint-Jean-Baptiste de Montréal et le deuxième congrès de la langue française (1937), auquel participent des centaines de Francos, résultent en la publication d'ouvrages importants. De plus, les journaux francos et québécois circulent librement des deux côtés de la frontière, et des auteurs francos, dont le poète Rosaire Dion-Lévesque, sont publiés et commentés au Québec; pour sa part, l'exilé québécois Louis Dantin (pseudonyme d'Eugène Seers) stimule, en Nouvelle-Angleterre, l'intérêt pour la littérature du Québec.

Chez les Franco-Américains des années 1930, la circulation des idées est facilitée par les groupements culturels, les journaux et les revues, et, à un degré moindre, par le livre. Les uns et les autres sont au service de la survivance et voués au culte du souvenir. Vers 1935, la Société historique franco-américaine connaît un regain de vie grâce à deux Francos de Lowell (Massachusetts): le juge Arthur-L. Éno et le journaliste historien Antoine Clément. Depuis sa fondation en 1899, la Société, surtout par le biais de conférences, s'efforce de mettre en valeur le fait français dans le développement des États-Unis. Elle encourage aussi la présentation de travaux originaux, toujours sur le thème des contributions françaises ou canadiennes-françaises à l'évolution des États-Unis, et elle remet des prix aux auteurs qui se signalent le plus.

En 1934, elle entreprend la publication régulière de son bulletin, dont se charge Antoine Clément, qui publie aussi une énorme compilation, *Les Quarante ans de la Société historique franco-américaine, 1899-1939*. On n'a jamais apprécié à sa juste valeur ce recueil (près de 900 pages, grand format) qui réunit soit des résumés des conférences données depuis 1900 ou les textes en leur entier. Cette compilation est précieuse, parce que les textes proviennent souvent de conférenciers de haute volée, et parce que les travaux eux-mêmes sont substantiels. Par exemple: «Washington et Coulon de Villiers», par Edmond Mallet (1902); «Fort William Henry», par William Bennett Munro (1910); «Les sources de la petite histoire», par Pierre-Georges Roy (1925).

D'autres conférenciers célèbres (français, canadiens-français et franco-américains), dont Adjutor Rivard, Lionel Groulx, Gilbert Chinard, figurent à la table des matières de cet ouvrage. Mais aucun ne fut plus apprécié que le cardinal Jean-Marie-Rodrigue Villeneuve, archevêque de Québec, dont la conférence sur «le fait français en Amérique», prononcée le 4 mai 1938, fut largement diffusée. Évoquant la «parenté de l'âme» qui unit Canadiens français et Franco-Américains, et leur «mission» sur le continent américain, le conférencier rappelle le glorieux passé de l'Empire français en Amérique et fait l'apologie de la langue française. Il exhorte ses auditeurs à parler français «par esprit civilisateur», et aussi parce que c'est un «devoir de charité et de justice»; il étudie enfin les rapports entre la religion et la langue. Ces thèmes, repris par un personnage vénéré, étaient bien choisis pour ranimer le zèle de l'élite et pour l'encourager dans son apostolat en faveur de la survivance auprès des tièdes et des indifférents. On trouva surtout mémorable la conclusion du conférencier, et l'on en fit un mot d'ordre.

L'activité de l'Alliance française de Lowell (Massachusetts) ressemble à celle de la Société historique franco-américaine, sauf qu'on ajoute parfois une pièce de théâtre aux conférences de la saison. Animée elle aussi par Antoine Clément, l'Alliance française de Lowell, comme la Société, recrute des conférenciers de réputation internationale, dont Marcel Braunschvig et André Morize, en plus de Canadiens français et de Franco-Américains bien en vue. Antoine Clément prolonge cette action culturelle en publiant en volume (*L'Alliance française de Lowell*) les conférences prononcées de 1929 à 1937.

Dans la Franco-Américanie des années 1930, les idées circulent aussi par le truchement des quelque 25 journaux et revues de langue française publiés en Nouvelle-Angleterre. Orientés en partie vers l'information, en partie vers l'action «patriotique», ces périodiques ont la vie dure, car ils sont entourés de concurrents. *La Presse* de Montréal, par exemple, publie une édition franco-américaine qui tire à 13 000 exemplaires, et les grands journaux américains maintiennent leur popularité en publiant sans cesse des nouvelles à sensation, et en tenant les lecteurs au courant de tous les biens matériels disponibles dans une société hédoniste et capitaliste. Quant aux journaux franco-américains, il semble que, vers 1935, le nombre total de leurs abonnés ne dépasse pas les 50 000.

Certains journalistes tentent de faire concurrence à la presse de langue anglaise en publiant en français des nouvelles d'intérêt national et international. Mais comme c'est un travail long, pénible et, en fin de compte, peu rentable que de traduire ces nouvelles, la plupart des rédacteurs gardent à leurs journaux une portée surtout locale, tout en propageant la doctrine de la survivance. Rien n'y fait, pourtant, et la presse continue de péricliter, faute d'une adhésion massive du peuple, qui lui donnerait une solide assise économique. Car on s'intéresse de moins en moins à la survivance, et on ne partage guère l'attachement de l'élite pour le patrimoine, dont on ne voit pas l'utilité immédiate.

Malgré la débâcle qu'ils ne peuvent pas ne pas pressentir, des journalistes «patriotes» persévèrent dans leur impossible tentative d'unir les Francos et de défendre la foi, la langue et les traditions contre le raz de marée assimilateur. On pourra louer ou blâmer la ténacité avec laquelle les journalistes se dévouent à cet apostolat ingrat, mais on fera probablement l'unanimité sur le rôle joué par la presse dans le développement et la diffusion de la littérature franco-américaine. En 1936, par exemple, *Le Messager*, de Lewiston (Maine), fait paraître dans ses colonnes *Canuck*, un roman sur l'immigration, de Camille Lessard, et le publie ensuite en volume. La majorité des journaux perpétuent la coutume de publier des poèmes, des articles de fond et des essais qui enrichissent la littérature «nationale»; nombre de ces essais portent sur des sujets qui sont déjà passés à l'histoire au moment de la publication, comme la rétrospective, à l'occasion d'un anniversaire, de la fondation d'une paroisse.

De fait, les meilleurs journalistes, ceux qui font œuvre durable par la substance de leurs textes, l'intérêt du contenu, le souci de la langue et du style, sont, au fond, des historiens, ou tout au moins des chroniqueurs dans l'âme. C'est le cas, en particulier, de Josaphat Benoit, Wilfrid Beaulieu et Antoine Clément; chacun a laissé quantité d'articles qui mériteraient d'être colligés.

Chaque journal a ses particularités, même si tous se ressemblent: l'un sera connu par son orientation politique, l'autre par la haute tenue de la langue qu'on y pratique, un troisième par la vivacité de sa chronique féminine. Mais le journal qui tranche sur les autres, à l'époque qui nous intéresse, celui qui entre tous aura bien mérité des historiens de l'avenir, en est un d'opinion, fondé à Worcester (Massachusetts), en 1931, par Wilfrid Beaulieu (1900-1979) et nommé *Le Travailleur* pour indiquer qu'il se situe dans le prolongement du «vieux» *Travailleur* de Ferdinand Gagnon. Malgré des difficultés innombrables, Wilfrid Beaulieu trouvera le moyen de faire paraître ce journal jusqu'en 1978.

Le premier numéro de ce nouveau *Travailleur* paraît le jeudi 10 septembre 1931. On y trouve, sous la signature de Wilfrid Beaulieu, son directeur, l'énoncé d'une politique, d'une ligne de conduite dont il ne déviera guère pendant 48 ans:

> *Le Travailleur* est un journal militant, n'en déplaise à certains. Militant veut dire pour nous: tout équipé, prêt au combat et à la défense de nos droits, sans pour cela hurler sans cesse le cri de guerre. Comme l'ont déjà dit dans d'autres colonnes quelques-uns de nos collaborateurs et correspondants, *Le Travailleur* est avant tout un journal à idées. Il y

aura bien quelques nouvelles franco-américaines, mais en autant qu'elles pourront faire l'objet de commentaires favorables ou défavorables.

Dès les premières années, Wilfrid Beaulieu réussit à se créer une impressionnante équipe de collaborateurs, dont Elphège Daignault, — ce qui aurait de quoi étonner, si l'on oubliait que Wilfrid Beaulieu lui-même était un des excommuniés de la Sentinelle. Deux collaborateurs de cette première décennie occupent toutefois une place à part. Hermance Morin est cette Franco-Américaine de passage qui signe «Grain de Sel» et «J'en Assure», entre autres noms de plume. Elle fut l'un des piliers du journal, qui sans elle eût sombré, affirme le directeur lui-même. Elle écrit sur tous les sujets, qu'ils relèvent de l'histoire ou de l'actualité. Elle évoque le centenaire de l'exécution des Patriotes de 1837-1838 (2 mars 1939) avec autant de doigté qu'elle en met à défendre les intérêts des Francos contre les manigances assimilatrices des autorités diocésaines (16 mars 1939). Bref, elle est un de ces écrivains négligés qu'il faudrait tirer de l'oubli. Au docteur Gabriel Nadeau, on doit des chroniques bibliographiques remarquables par leur érudition, et qui toutes méritent d'être republiées.

Le Travailleur des années 1930 contient d'autres pièces essentielles des archives franco-américaines, des articles signés par les docteurs Antoine Dumouchel, Paul Dufault, Clément Fréchette, par l'avocat Ernest D'Amours, par Philippe-Armand Lajoie, «le valeureux rédacteur de *L'Indépendant*», qui se révèle pour Wilfrid Beaulieu un frère selon l'esprit. Un article de Rodolphe Pépin, «L'Élite franco-américaine a lâchement capitulé» (25 juin 1936), développe une thèse embrassée par l'élite «patriote». Bref, *Le Travailleur* des années 1930 est déjà devenu le porte-parole de la survivance en Nouvelle-Angleterre. Comme il s'intéresse aussi au Canada français et à la France, *Le Travailleur* est tout le contraire d'un journal local.

Au cours de cette décennie, deux historiens ajoutent au corpus plusieurs ouvrages substantiels. En 1931, l'abbé Adrien Verrette (né en 1897) de Manchester (New Hampshire), donne une volumineuse histoire de la paroisse Sainte-Marie de sa ville natale, après avoir publié des biographies des premiers curés «canadiens» du New Hampshire. Presque un modèle du genre, *Paroisse Sainte-Marie, Manchester, New Hampshire*, situe cette paroisse dans son contexte socio-historique, c'est-à-dire au sein de la colonie franco, de l'Église locale, et de la ville elle-même. Dans cet ouvrage à tendance encyclopédique, l'auteur donne des esquisses biographiques des curés de Sainte-Marie, avant de tracer un historique circonstancié de chacune des institutions paroissiales, poussant le souci du détail jusqu'à publier, par exemple, la liste du personnel — médecins et religieuses — associé à l'hôpital Notre-Dame depuis sa fondation; il en fait autant pour chaque institution. Pour ce qui est des communautés enseignantes, les sœurs de la Présentation-de-Marie à l'école des filles, et les frères Maristes à l'école des garçons, il rappelle les grandes lignes de la fondation et du développement de ces deux communautés d'origine française. L'auteur consacre enfin de longs chapitres à la vie paroissiale, à l'action franco dans le quartier «canadien» de Manchester, et au cinquantenaire de la paroisse.

   Presque modèle du genre, avons-nous dit au sujet de ce copieux ouvrage. Ses mérites sont évidents: abondance, voire grande richesse de la documentation, souci de ne négliger personne, et surtout pas les plus humbles tâcherons de l'œuvre paroissiale, volonté manifeste de rendre hommage aux devanciers. Mais *Paroisse Sainte-Marie* a les défauts habituels de l'historiographie clérico-patriote: dans l'ensemble, on évite de ranimer les controverses, on tend à idéaliser le clergé, on néglige l'aspect anecdotique, ce qui laisse l'impression que le côté purement humain du passé n'a pas sa place en histoire. Par-dessus tout, l'histoire est subordonnée à une fin jugée supérieure: propager l'idéologie de la survivance. Ces réserves faites, nous souhaiterions qu'il existe, pour chaque paroisse franco, un ouvrage de l'envergure de celui-ci.

   Pendant les années 1930, Josaphat Benoit écrit deux ouvrages appelés à devenir des classiques de la littérature de la survivance. Dans *L'Âme franco-américaine* (1935), synthèse des principales caractéristiques de «la race», l'auteur brosse à larges traits le tableau de la présence française sur le continent nord-américain, pour ensuite discuter des causes de la survivance et des obstacles qu'elle rencontre. C'est donc un ouvrage de psychologie et d'histoire sociales, où l'on trouve une analyse des différentes manifestations de l'âme collective telles que perçues par un membre de l'élite. Ouvrage subjectif, puisque l'auteur juge, exhorte et dénonce sans cesse, et veut faire partager son enthousiasme pour «l'inoubliable passé qui fonde la

survivance future». Dans son *Catéchisme d'histoire franco-américaine* (1939), l'auteur présente une matière semblable sous la forme de
questions et réponses qui n'encouragent pas la discussion: «Que sont
devenus les Franco-Américains qui ont abandonné leur langue et
changé leurs noms? La plupart sont tombés dans l'insignifiance.»

Les Francos de 1935 vivent la fin de la belle époque des relations
entre les Canadiens français de la mère patrie et ceux de la dispersion,
représentés par un nombre restreint mais dynamique de penseurs et
d'hommes d'action, fortement unis par l'idée de l'Amérique française,
qui, de part et d'autre de la frontière, forment une communauté
d'esprits voués à la promotion du «fait français en Amérique». Parmi
les manifestations les plus notables de cette communauté, deux séries
d'événements méritent notre attention: les conférences sur la Franco-
Américanie radiodiffusées par le poste CKAC, de Montréal de 1933
à 1936, initiative de la Société Saint-Jean-Baptiste de Montréal, et de
l'Association canado-américaine de Manchester (New Hampshire); et
le deuxième congrès de la langue française, tenu à Québec du 27 juin
au 1er juillet 1937.

L'un des écrits les plus significatifs suscités par ces manifestations est un recueil publié par les soins de l'Association canado-
américaine, *Les Franco-Américains peints par eux-mêmes*, qui réunit
les textes des quelque 25 conférences radiodiffusées de 1933 à 1936
par le poste CKAC. L'ensemble constitue un état présent de la Franco-
Américanie telle que perçue par les militants de la survivance. On y
passe en revue les forces et les faiblesses de la collectivité, en insistant
sur les moyens de conserver la langue française et de contourner les
«pierres d'achoppement». Outre l'abondance des renseignements sur
la situation des Francos en 1935, l'ouvrage vaut par le caractère probant de maint aperçu, mais aussi par la controverse que certaines
déclarations peuvent ranimer, encore aujourd'hui, sur le rôle précis
des communautés religieuses, entre autres, dans l'œuvre de la
survivance, ou sur la nécessité de l'aide du Québec pour survivre
comme groupe ethnique. Dans le dernier cas, Elphège Daignault, par
exemple, demande au Québec un appui et une inspiration «qui
vaudront aux Franco-Américains de conserver le patrimoine spirituel
qu'ils ont mérité de leurs aïeux». Même aujourd'hui, cette question du
rôle du Québec dans le maintien du patrimoine franco est loin d'être
réglée.

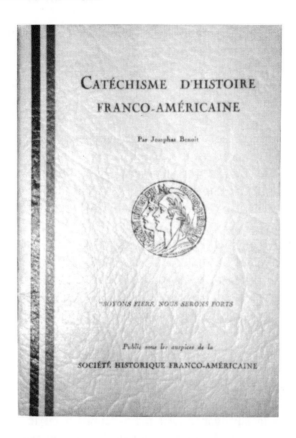

Cathéchisme d'histoire franco-américaine. Que l'histoire franco ait été présentée sour forme de catéchisme — lequel ne permet qu'une réponse prédéterminée à chaque question — suggère qu'elle avait mérité, au cours des années 1920-1930, dans les milieux «patriotes» les plus fervents, le statut d'un dogme, voire d'un ensemble de dogmes très semblable à une doctrine. (Collection Armand Chartier)

En 1936, la Société du parler français au Canada fournit à l'élite franco un stimulant d'un ordre majeur en annonçant la tenue, en juin 1937, du deuxième congrès de la langue française, dont le thème sera la conservation et le développement de l'esprit français. Les préparatifs et le congrès lui-même donnent lieu à de nombreuses manifestations de vie française. Les Francos répondent à l'appel de Mᵍʳ Camille Roy, qui présidera le congrès, en créant partout en Nouvelle-Angleterre des comités régionaux pour assurer à ce projet un maximum de publicité et de participation.

Pour la publicité comme pour le reste, le congrès projeté donne lieu à une collaboration étroite et soutenue des élites québécoises et francos, ainsi qu'en témoigne la brochure publiée par le comité régional du Rhode Island et rédigée par le jésuite québécois Alexandre Dugré. L'auteur y fait preuve d'une rare compréhension du phénomène franco, en commençant par l'émigration; en celle-ci, il voit une perte sérieuse pour le Canada, et se rend compte à quel point la survivance ne va pas de soi, aux États-Unis. Comment l'assurer chez les jeunes? «Au nom d'une supériorité, non d'une routine: on aura l'âme française *consciente, voulue*. [...] qu'on reste Français par *choix*, suite naturelle du sang qu'on a dans les veines, de par la volonté de Dieu créateur.»

Le père Dugré a également compris qu'aux États-Unis «tout porte à l'anglais et au matérialisme» — les carrières, les écoles, le voisinage —; rester français est un choix difficile, fondé sur «des raisons spirituelles, sur des impondérables». En un sens, l'auteur se révèle plus franco que les Francos eux-mêmes, puisqu'il revendique l'enseignement, dans les écoles paroissiales, non seulement de l'histoire du Canada, mais aussi de l'émigration, afin d'offrir comme modèles des hommes de la trempe de Ferdinand Gagnon, de Mgr Pierre Hévey, de Mgr Charles Dauray. Mais lorsqu'il déclare que les seuls choix sont de «tenir ou trahir», le père Dugré ne diffère pas de ses collègues de la survivance. Au moins aura-t-il eu le mérite de les avertir des menaces, de les prévenir qu'il faudrait, pour s'assurer la fidélité de la jeune génération, trouver très tôt de nouveaux moyens, sans quoi la partie serait perdue.

Vu l'intérêt soulevé par l'idée de ce congrès, le comité central de Québec établit à Manchester (New Hampshire) un secrétariat adjoint pour les États-Unis, dont le directeur, l'abbé Adrien Verrette, sert d'agent de liaison. Parmi ses fonctions, il a à coordonner le voyage de propagande de Mgr Camille Roy, qui, en trois semaines, visite plus de 25 centres francos, en ce qu'on appelle «une tournée triomphale», et un «pèlerinage historique». Sans multiplier les exemples de collaboration, ajoutons celui-ci, qui évoque bien l'esprit de solidarité suscité par le congrès: dans *Le Devoir,* de Montréal, Omer Héroux publie sur les Francos une vingtaine d'articles, repris dans les journaux francos. Ceux-ci font d'ailleurs un sérieux battage publicitaire les mois qui précèdent le congrès, et, par la suite, ils multiplieront comptes rendus et commentaires.

Notre survivance française. Parue dans la foulée du deuxième congrès de la langue française, cette brochure est une expression tangible de la solidarité qui existait entre les élites patriotiques du Québec et celles de la Nouvelle-Angletere. Il serait faux d'affirmer que cette solidarité n'existe plus de nos jours. (Collection Armand Chartier)

On estime à 4000 environ le nombre des Franco-Américains qui assistent au congrès, «ces assises de toute une race» qui rassemblent des délégations de tous les coins francophones de l'Amérique du Nord. De ce nombre, plus de 300 jeunes sont venus de 114 écoles paroissiales de Nouvelle-Angleterre, soit comme gagnants de concours, soit comme voyageurs à leurs propres frais. En cinq jours, 300 études, rapports ou travaux sont présentés, dont une trentaine, y compris quatre discours substantiels, par des Francos.

La plupart des textes fournis par les Francos, une revue de presse et d'autres documents relatifs à la participation franco-américaine ont été colligés et publiés en recueil par l'abbé Verrette, sous le titre *La Croisade franco-américaine*. Ce titre trahit-il l'intention de «conquérir» le Québec et d'embrigader les Québécois dans l'œuvre de la survivance en Nouvelle-Angleterre? Ou signifie-t-il plutôt «pèlerinage» vers la mère patrie? Une étude des documents d'archives lèverait peut-être l'ambiguïté.

Dans l'ensemble, ces études (sur la paroisse, la famille, la vie professionnelle, les œuvres de jeunesse, la situation juridique du français en Nouvelle-Angleterre, le parler populaire, etc.) ont en commun deux thèmes: la fidélité au pays ancestral et le patrimoine menacé de disparition. Chacune présente le mini-bilan d'une question, et le recueil forme un complément utile aux *Franco-Américains peints par eux-mêmes*. Il serait sans doute exagéré de voir du fatalisme, même latent, dans ces textes, mais une incontestable note de détresse affleure dans les nombreuses expressions de confiance en l'avenir de la survivance. Détresse, mais aussi surenchère patriotique et volonté de faire valoir le bon côté des choses. Car, sans mettre en doute la sincérité des orateurs, il faut relever la part de l'hyperbole dans des déclarations comme celle-ci: «La croisade des amitiés françaises est lancée, acceptée chez nous comme au Canada; nous allons réapprendre le culte du souvenir et l'enseigner à nos enfants.» C'était beaucoup dire.

Cinquante ans plus tard, comment apprécier la participation franco-américaine à ce congrès? N'y voir qu'un ramassis d'envolées oratoires nous laisserait bien en deçà de la réalité. Se limiter à une critique du fixisme et du passéisme, réaffirmés à satiété pendant le congrès et pourtant si nocifs comme doctrine de vie pour la jeunesse et pour les couches populaires, paraît simpliste. Une relecture objective des textes nous persuadera que des manifestations comme celle-là — il y en aura d'autres du même genre, chez les Francos eux-mêmes, au cours des décennies 1940 et 1950 — sont affaire de cœur autant que d'esprit. Car l'élite franco de 1935 éprouve ce que l'abbé Adrien Verrette appelle un «irrésistible attrait [...] pour cette terre de nos communes origines». Cette élite et l'élite patriote du Québec se sentent unies par un sentiment de fraternité qui est, selon l'expression de Mgr Camille Roy, «un lien spirituel tendu par-dessus la frontière».

Or l'élite patriote de 1935 reconnaît, plus que le peuple, les obligations inhérentes à ce «lien spirituel», tout comme elle reconnaît et apprécie le «sentiment d'amitié familiale» entre Franco-Américains et Canadiens français.

Cette élite participe donc au congrès en partie par piété filiale, et prend au sérieux le mot de l'abbé Lionel Groulx: «Dans les cimetières de Québec dorment six à sept générations de vos pères.» C'est là le côté moral de la survivance, et on peut y voir une conséquence de l'interprétation rigoureuse du quatrième commandement de Dieu, «Père et mère tu honoreras». Cette interprétation n'exclut certes pas la sentimentalité, celle-ci étant souvent exprimée par la thématique du souvenir, de la fidélité dans l'éloignement, de l'affection ressentie pour les «frères» du pays ancestral, et même de l'indignation morale à l'égard de ceux qui «trahissent» en se laissant assimiler. Si bien qu'il devient loisible de percevoir la survivance non seulement comme une idéologie, mais aussi comme une forme de romantisme.

Comme réalisation concrète, le congrès de Québec laisse un organisme, le Comité permanent des congrès de la langue française en Amérique, pour donner suite au grand rassemblement de 1937. Dès la première heure, il y a participation franco-américaine aux travaux de ce comité, rebaptisé Comité permanent de la survivance française en Amérique, puis Conseil de la vie française en Amérique, nom sous lequel il existe encore, toujours avec la participation des Francos. Le comité encourage la publication des actes du congrès, dont *La Croisade franco-américaine*; et, à partir de 1938, il contribue financièrement à une publication annuelle, *La Vie franco-américaine* (1937-1952), compilation de l'abbé Adrien Verrette. Les travaux de ce comité, y compris les publications qu'il encourage, assurent donc pour un bon moment encore la libre circulation des idées entre les élites patriotes du Québec et de la Nouvelle-Angleterre.

Il importe de souligner que, dans la vie intellectuelle franco-américaine de 1935, l'historisme gagne du terrain, sous l'influence du Québec. Et ce qui caractérise les écrits de ceux qui pratiquent l'histoire — clercs, journalistes, membres des professions libérales —, c'est l'amour de la patrie, la ferveur et la volonté mainte fois avouée de faire œuvre pie, tant du point de vue des ancêtres que du point de vue de l'Église. Voilà pourquoi le sujet tabou par excellence, et qui le demeure encore un demi-siècle plus tard, c'est la Sentinelle. C'est là une lacune qui ne sera peut-être jamais comblée.

Faisons remarquer aussi que, dans l'ensemble, ces écrits portent sur les divers aspects d'un seul et même sujet: le fait français en Amérique. On se soucie peu de l'Amérique non française, sauf pour Marie-Louise Bonier, qui, dans ses *Débuts de la colonie franco-américaine de Woonsocket, Rhode Island*, avait ajouté au patrimoine littéraire franco-américain quelques pages précieuses dans lesquelles elle raconte en français des légendes amérindiennes de la région de Woonsocket, qu'elle avait vraisemblablement entendues en anglais. Et hélas, ce qui aurait pu être le début d'une tradition resta à peu près sans suite.

Pour compléter ce bilan — qui exclut pour le moment les ouvrages d'imagination — notons que la littérature savante s'enrichit des thèses soutenues dans des universités françaises par Josaphat Benoit (*L'âme franco-américaine*), et Maximilienne Tétrault (*Le rôle de la presse dans l'évolution du peuple franco-américain de la Nouvelle-Angleterre*). Notons enfin qu'un universitaire anglo-américain, Edward B. Ham, publie, dans des revues de haut renom comme *Le Canada français* et le *New England Quarterly*, des articles sérieux où l'objectivité n'exclut pas la sympathie. Il est un des rares Anglos à affirmer que, loin d'être nuisible au développement des États-Unis, le biculturalisme franco-américain est même avantageux au pays, et qu'il mérite l'encouragement de ses compatriotes.

Le monde des arts

Voici encore un domaine négligé, donc mûr pour la recherche. Cela est vrai pour tous les arts, mais peut-être surtout pour ceux de l'espace, car nous ne connaissons aucune étude, par exemple, sur la peinture ou sur la sculpture franco-américaine. À peine existe-t-il quelques essais sur certains artistes traditionnels ou populaires. Aussi ne proposons-nous ici ni un classement définitif ni une liste exhaustive, mais bien quelques noms à tirer d'un oubli qui, même relatif, ne semble pas justifié.

Natif de Woonsocket (Rhode Island) et fils de Jean-Baptiste Fontaine, lui-même architecte, Walter Francis Fontaine (1871-1938) fait deux stages d'étude en Europe. En 1892, il passe plusieurs mois en Angleterre, en Belgique et en France, et s'intéresse particulièrement aux cathédrales du Moyen Âge, qui exerceront sur son œuvre une influence manifeste. Pendant son stage de 1907 en France, il étudie de près les usines Tiberghien, à Tourcoing. En 1911, il est élu au prestigieux American Institute of Architects. Ses fils Oliver et Paul furent ses associés dans la firme W. F. Fontaine and Sons, de Woonsocket.

Walter Fontaine nous a laissé une œuvre abondante et variée, qui consiste en de nombreux bâtiments publics et privés situés ici et là en Nouvelle-Angleterre, surtout dans le Rhode Island. On lui doit des églises, des écoles, des couvents, des résidences et d'autres édifices dont aucun inventaire complet ne semble avoir été dressé. Son chef-d'œuvre est sans aucun doute l'église Sainte-Anne, à Woonsocket. Au cours des années 1920-1930, il conçut plusieurs bâtiments d'un intérêt particulier du point de vue franco-américain, dont le vaste pensionnat des religieuses de Jésus-Marie, celui du Mont Saint-Charles, et le bureau chef de l'Union Saint-Jean-Baptiste d'Amérique, tous à Woonsocket. Mais, à notre avis, ce sont ses églises qui méritent une attention spéciale.

Sur les quelque 25 églises dont il traça les plans, environ la moitié sont franco-américaines, et certaines méritent une mention toute spéciale. L'église Sainte-Marie de Willimantic (Connecticut), conçue en 1903, est une de ses premières. Construite en forme de basilique romaine, elle contient des éléments gothiques, comme sa rosace et son quatre-feuilles; ses portails et ses vitraux sont de tradition romane. L'église Sainte-Famille de Woonsocket (Rhode Island) dont les plans datent de 1908, reflète elle aussi une multiplicité de styles, avec une prédominance d'éléments romans et gothiques; il en est de même des églises Saint-Charles Borromée (1915) de Providence (Rhode Island), et Sainte-Cécile (circa 1925) de Pawtucket; (Rhode Island), dans celle de Saint-Mathieu (1929) de Central Falls (Rhode Island), on reconnaît l'influence du néo-gothique anglais.

L'ensemble des églises construites d'après les plans de Walter Fontaine reflète sa vaste érudition en histoire de l'architecture, et sa capacité d'intégrer ses connaissances dans la conception d'œuvres à la fois originales et magistrales. Ornemaniste doué, il eut la chance de pratiquer son art à une époque favorable à autre chose qu'au fonc-

tionnalisme. En architecture étatsunienne, il aura participé au renouveau d'intérêt pour l'art gothique, et, ce faisant, il aura doté la
Nouvelle-Angleterre de monuments que l'on recommence aujourd'hui
à apprécier, après une période d'indifférence. Sauf erreur, parmi les
architectes franco-américains de l'époque, il a laissé l'œuvre la plus
abondante, et l'une des plus passionnantes du point de vue esthétique.

Une autre famille d'architectes est celle de Louis-G. Destremps
(1851-1930), né à Berthierville (Québec) et immigré à Fall River
(Massachusetts), à qui l'on doit un grand nombre de bâtiments publics
et privés de la région, dont le palais de justice, la salle d'armes, la
prison locale, des édifices conventuels, et surtout l'église Notre-Dame
de Lourdes de Fall River, son chef-d'œuvre. Son fils, Louis E.
Destremps (1875-1919), né à Montréal, devint architecte et réalisa
différents projets de construction, avant de s'établir à New Bedford
(Massachusetts), en 1905. Cette ville lui doit un grand nombre de
bâtiments, dont le palais de justice (Third District Court), le célèbre
Star Store, et plusieurs écoles. Ses contemporains ont su apprécier
chez lui, outre ses talents d'architecte, sa capacité d'intégrer harmo-
nieusement un bâtiment dans le contexte où il allait être situé.

«Une tête léonine sur un torse d'éphèbe», voilà comment le
poète Rosaire Dion-Lévesque décrit le peintre Lorenzo de Nevers
(1877-1967), qu'il a connu dans sa maturité. Né à la Baie-du-Febvre
(Québec), Lorenzo de Nevers éprouve très tôt le goût de peindre et de
dessiner, se plaisant à décorer les murs de la résidence familiale, au
grand désespoir de sa mère. Incompris, il se tire tant bien que mal de
son cours élémentaire à Drummondville (Québec); heureusement pour
lui, son frère aîné, Edmond, essayiste réputé, persuade ses parents
d'envoyer Lorenzo étudier l'art en Europe.

Lorenzo passe dix ans (1902-1912) à l'École des beaux-arts de
Paris et rentre au Canada vers 1917, après s'être classé neuvième sur
400 participants au concours du Grand Prix de Rome. Il y avait soumis
une de ses premières toiles significatives, *La Fuite en Égypte*. De
retour au pays, il réagit à l'incompréhension de son milieu en s'achar-
nant à peindre toile après toile, à la poursuite de son propre beau idéal,
beaucoup plus que de la richesse.

Il se déplace souvent au cours d'une longue et productive carrière, et on le retrouve tantôt à Montréal, tantôt à New York, ou encore
à Woonsocket ou à Central Falls (Rhode Island), où il établit des

Premier banquet, Société Saint-Jean-Baptiste de Montréal. Tableau du peintre franco-américain Lorenzo de Nevers. Selon la tradition, ce banquet, marquant la fondation de la société, aurait eu lieu le 24 juin 1834, et l'orateur à la main levée serait George-Étienne Cartier offrant à ses confrères la primeur de «Ô Canada, mon pays, mes amours». (Collection Association canado-américaine)

ateliers. Il produit une œuvre abondante et variée, qu'on n'a jamais étudiée systématiquement. Les paysages y sont nombreux, de même que les tableaux d'inspiration religieuse, comme une *Sainte Face*, reproduite à des milliers d'exemplaires, une *Assomption de la Vierge*, une *Immaculée Conception*, *La Mort de saint Joseph*. Lui-même préférait *Le Christ de la Réconciliation*, qui se trouve au musée du Vatican et qui lui valut les éloges de Pie XII. On dit que le modèle de ce Christ avait été un mutilé de guerre que le peintre avait rencontré par hasard, assis sur un banc, dans un parc de Central Falls.

Il est un autre volet de son œuvre peut-être encore mieux connu que ses toiles religieuses: une longue série de portraits des «grands de ce monde», en commençant par le roi Albert Ier de Belgique. Il fit, entre autres, le portrait du roi Alphonse XIII d'Espagne (son confrère de classe aux Beaux-Arts), des présidents Franklin Roosevelt et Dwight Eisenhower. On raconte que certains de ses tableaux se sont

Adélard Lambert. Folkloriste, bibliophile, écrivain, il est présenté, dans ce tableau
peint par Lorenzo de Nevers, devant le portrait de Ferdinand Gagnon, tenant
à la main un recueil d'écrits du grand journaliste. Les livres cueillis un à un
par A. Lambert, ouvrages rares, voire introuvables, ont constitué les débuts de la
Bibliothèque Lambert de l'Association canado-américaine. En fait de *franco-americana*
et de *canadiana*, celle-ci offre des ressources à peu près inégalables.
(Collection Association canado-américaine)

vendus et revendus à des prix fabuleux, avec un minimum de profit pour ce peintre, qui a toujours méprisé l'argent.

Décédé le 29 mars 1967 à Woonsocket (Rhode Island), Lorenzo de Nevers reçut un hommage très spécial du sénateur américain Claiborne Pell, qui fit publier son éloge funèbre dans le prestigieux *Congressional Record*. En voici un extrait: «Le 29 mars, l'État du Rhode Island perdait un de ses résidents les plus distingués, et l'Amérique un de ses grands artistes. [...] L'art de Lorenzo de Nevers restera pour ce peintre un hommage éternel. Nous pleurons sa mort.»

Gilbert-Octave Roy (1877-1947), peintre populaire du nord du Maine, naît à Saint-Gervais-de-Bellechasse (Québec). Après avoir complété son cours élémentaire dans son village natal, il devient peintre décorateur, métier qu'il exercera toute sa vie. En 1903, il émigre aux États-Unis, et, en 1905, lui et sa femme s'installent à Fort Kent (Maine).

La grande nature de la vallée Saint-Jean fournit à Gilbert Roy le sujet de plus de la moitié de ses tableaux connus. De tous les états de la nature, il semble préférer la tranquillité, comme le suggèrent son *Clair de lune*, sa *Nuit d'hiver* et son *Ruisseau*. Même ses *Chevaux* sauvages sont regroupés dans le calme d'une halte, près d'une source. Cette même sérénité caractérise les peintures murales qui ornent des résidences de la vallée Saint-Jean.

Les toiles de Gilbert Roy portraitiste ont aussi de quoi intéresser l'amateur. Mais, si on a pu identifier la plupart des personnes représentées, le mystère continue d'entourer l'identité de plusieurs nus. Ces derniers étonnent, tant par l'audace du sujet — Gilbert Roy habitant un milieu très catholique — que par l'élégance et l'harmonie de la forme. Ayant connu la période la plus productive de sa carrière au cours des années 1930, Roy consacre les huit ou dix dernières années de sa vie à l'art religieux: tableaux et décoration d'églises surtout. Il a «refait» nombre de colonnes d'églises, par exemple en similimarbre, et s'est amusé, dans certains cas, à y peindre des formes humaines et animales; on en retrouve dans l'église de Baker Brook (Nouveau-Brunswick). L'œuvre de cet homme modeste nous est aujourd'hui mieux connue, grâce en partie à l'excellent ouvrage que lui consacrait, en 1979, l'ethnologue franco-américain Roger Paradis.

Une étude complète de la peinture en Franco-Américanie ferait place à un autre peintre, l'abbé Omer Chevrette (né à Fall River,

Massachusetts, en 1889), curé de la paroisse de l'Immaculée-
Conception de Fitchburg (Massachusetts) pendant nombre d'années.
En plus d'avoir créé des centaines de tableaux d'inspiration religieuse,
l'abbé Chevrette a inventé un système de «peinture par saturation»
(breveté en 1942), qui lui a permis de peindre «à fresque» sur toutes
sortes de surfaces sèches: bois, métal, pierre, toile, tissu. Aussi a-t-il
doté l'église de l'Immaculée-Conception de nombreux tableaux et
fresques.

Le sculpteur franco-américain le plus apprécié est sans conteste
Lucien Gosselin (1883-1940). Né à Whitefield (New Hampshire),
neveu du sculpteur québécois Louis-Philippe Hébert, Lucien Gosselin
fit ses cours élémentaire et secondaire dans les écoles de la paroisse
Saint-Augustin de Manchester (New Hampshire), puis passa cinq ans
(1911-1916) à étudier la sculpture en France, notamment à l'Académie Julian. Après s'être distingué à plusieurs reprises pendant son
séjour parisien, il établit son atelier à Manchester, où il entreprit une
œuvre abondante. De 1920 à son décès en 1940, il fut professeur de
sculpture au Manchester Institute of Arts and Sciences.

Travaillant le bronze, la pierre, le marbre et le plâtre, Lucien
Gosselin a laissé une œuvre diverse, qui va du médaillon à la sculpture
monumentale, et qui se trouve aujourd'hui répandue dans le nord-est
des États-Unis. Cette œuvre reflète le sens patriotique du sculpteur
tant envers les États-Unis qu'envers sa «petite patrie» franco-américaine, comme l'indiquent plusieurs monuments créés pour des parcs,
des places publiques et des cimetières francos. Parmi tant d'autres, il
faudrait signaler son monument aux combattants de la Première
Guerre mondiale et sa statue équestre du général Pulaski, héros
polonais de la Révolution américaine, l'un et l'autre à Manchester et,
à Fall River (Massachusetts), son monument au Sacré-Cœur. Il crée
également un nombre considérable de bustes de notables franco-
américains, dont un bronze de Félix Gatineau pour un monument érigé
à ce dernier à Southbridge (Massachusetts), et un buste en plâtre
d'Adolphe Robert, président général de l'Association canado-
américaine, dont le siège social, à Manchester, possède une quantité
appréciable de pièces de Gosselin.

Avant 1940, il a existé sans aucun doute d'autres sculpteurs
franco-américains, mais leurs noms échappent à la recherche, du
moins provisoirement. Rappelons toutefois que Jean-Baptiste Bou-

dreau (né vers 1869), immigré à Worcester (Massachusetts), où il fit carrière comme ingénieur et inventeur, s'est adonné à la sculpture sur bois de statuettes d'inspiration religieuse et agricole.

De tous les arts, la musique est celui que les Franco-Américains ont le plus pratiqué. De fait, l'histoire culturelle locale, régionale et parfois nationale a retenu des centaines de noms de musiciens franco-américains, professionnels ou amateurs sérieux, qui ont atteint un niveau intéressant de compétence, soit en musique instrumentale, soit en musique vocale. Après Emma Lajeunesse, vedette du 19e siècle, les deux têtes d'affiche sont Éva Tanguay et Rudy Vallée.

Actrice, chanteuse, millionnaire, Éva Tanguay (1878-1947), née à Marbleton (Québec), accompagne sa famille qui émigre à Holyoke (Massachusetts); mais, dès l'âge de seize ans, elle quitte cette ville pour New York. Au début du siècle, elle commence à se tailler une réputation dans l'opérette et le burlesque, mais c'est surtout dans le vaudeville qu'elle se crée une renommée. Ayant obtenu un rôle important dans les célèbres «Ziegfeld Follies», en 1909, elle en arrive à gagner, en quelques années, la somme mirobolante de 35 008 $ par semaine. Alors que les critiques du pays portent aux nues les divers aspects de son art, et surtout son «énergie endiablée», elle se lamente sur sa prodigieuse popularité que, semblable en cela à Jack Kerouac, elle ne parvient pas à intégrer harmonieusement dans sa vie. Elle meurt à Hollywood, pauvre et obscure.

Chansonnier et chef d'orchestre, Rudy Vallée fut baptisé Hubert Prior Vallée, à Island Pond (Vermont), où il est né en 1901. La famille Vallée ayant déménagé à Westbrook (Maine), c'est à l'école parois-siale Saint-Hyacinthe et à l'école secondaire de Westbrook que Hubert fait ses études. Autodidacte en musique, il apprend lui-même à jouer de divers instruments (tambour, clarinette, saxophone), tout en pour-suivant ses études à l'Université du Maine et à l'Université Yale, où il obtient un doctorat.

À New York, en 1927, la mise sur pied d'un orchestre, les «Connecticut Yankees», lui vaut un grand succès; désormais, il a ses entrées dans les meilleures salles de spectacle, et les réseaux radiophoniques diffusent ses concerts par tout le pays. Sa célébrité augmente au cours des années 1930 et 1940, car, tout en poursuivant sa carrière comme chef d'orchestre, il devient vedette de cinéma et se fait apprécier surtout pour son rôle dans *The Vagabond Lover* (1939).

Parmi ses autres titres de gloire, il faut citer la fondation d'une fanfare du United States Coast Guard (vers 1940), la publication d'œuvres musicales et d'une autobiographie, *Vagabond Dreams Come True* (1929), et, plus tard, son succès à la télévision.

Assez tôt pendant la période de l'émigration, il est devenu chose courante qu'une paroisse franco-américaine ait à sa disposition un organiste professionnel, pour les multiples besoins du culte: messes quotidiennes, messes de mariage, messes de requiem, sans compter les vêpres du dimanche et le salut du Saint-Sacrement — tout comme cela se passait dans le pays d'origine. Aussi y a-t-il une étude à faire sur cette longue tradition d'organistes et de maîtres de chapelle franco-américains.

Un des organistes les plus appréciés fut J.-Ernest Philie (1874-1955), natif de Saint-Dominique de Magog (Québec). Jeune, il émigre à Manchester (New Hampshire) et fait plusieurs stages prolongés dans diverses paroisses franco-américaines de la Nouvelle-Angleterre (Woonsocket, Fall River, Springfield), avant de réintégrer le pays natal. Au cours d'une longue carrière, il dirige des chorales dont les concerts sont goûtés à travers la région. Les connaisseurs de l'époque acclament aussi ses compositions — musique sacrée, chants patrio-tiques, entre autres — ainsi que son recueil, *Mélodies grégoriennes* (1924).

Né à Suncook (New Hampshire) en 1892, Rodolphe Pépin devient organiste et maître de chapelle à l'église Saint-Louis-de-Gonzague, à Nashua (New Hampshire), avant d'assumer, pendant plus de 20 ans, les mêmes fonctions à l'église Saint-Jean-Baptiste de Lowell (Massachusetts). Il compose et publie des morceaux de musique sacrée, notamment des messes et un «Ave Maria» hautement prisés tant au Canada qu'aux États-Unis. Il est aussi connu comme metteur en scène, comme professeur de musique, comme organiste de concert dans le nord-est des États-Unis, et comme conférencier. Notons enfin qu'il réussit à faire goûter la musique française dans une paroisse anglaise de Boston, la Mission Church, dirigée par les rédemptoristes, et qu'il reste actif pendant de longues années dans plusieurs groupements culturels franco-américains.

Né à Pawtucket (Rhode Island) en 1903, René Viau poursuit une carrière d'organiste commencée en 1913, à l'âge de dix ans. D'abord organiste et maître de chapelle dans plusieurs centres, il se fixa, en

1935, à l'église Notre-Dame de Central Falls (Rhode Island). Professeur de musique, René Viau a aussi donné des centaines de concerts dans l'est des États-Unis et au Canada; nombre de ces concerts furent radiodiffusés. On lui doit plusieurs fondations, dans le domaine de la musique, dont la Woonsocket Symphonic Orchestra et la Vocal Art Society de Central Falls.

Un des rares violonistes franco-américains à atteindre la gloire avant 1940, Chambord Giguère (1877-1954) est né à Woonsocket (Rhode Island). Il eut le privilège rarissime d'étudier quatre ans auprès de grands maîtres, au Conservatoire Royal de Musique, à Bruxelles. Professeur de violon et violoniste de grand renom pendant plus d'un demi-siècle, il fut hautement louangé par les critiques musicaux des États-Unis et du Canada. Le *Chicago Musical Leader*, par exemple, écrivait à son sujet:

> Chambord Giguère, violoniste franco-américain, a un tempérament d'artiste flamboyant et à la fois bien contrôlé, ce qui nous vaut des résultats exquis. Sa phrase est élégante; le feu, l'intelligence, le rythme qu'il met à son jeu font songer indéniablement au jeu de son maître, le grand Ysaye. Son propre génie se manifeste aussi bien dans la rêverie d'une berceuse que dans l'interprétation fougueuse d'un concerto. Sa manière est telle qu'elle le place parmi les plus grands artistes du temps. Sa technique très poussée est délicieusement noyée dans le feu ou la délicatesse de son jeu. Il crée une atmosphère [...] et l'on oublie ainsi la technique. Giguère donna sa dernière série de concerts au cours de la saison musicale de 1931-1932.

En musique vocale, plusieurs belles carrières atteignent leur apogée ou s'amorcent dans les années 1920-1930. Émile Côté (né à Amesbury, Massachusetts, en 1898) fut une des vedettes du réseau radiophonique National Broadcasting Company, et il fit une quantité d'enregistrements pour les plus importantes compagnies de disques, dont RCA Victor. Il devint de plus en plus célèbre au cours des décennies 1940 et 1950.

D'autres artistes se taillent de solides réputations dans leur coin de la Nouvelle-Angleterre, comme le baryton Clovis Fecteau, qui donne de nombreux concerts et chante souvent à la radio dans la région de New Bedford (Massachusetts); parfois il chante aussi pour des postes de radio de Boston et de Montréal. À Pawtucket (Rhode Island), le maître de chapelle Hervé Lemieux réussit à fonder, en

1923, une chorale, «Les gais chanteurs», formée uniquement de jeunes Franco-Américains. Pendant de longues années, cette chorale, qui existe encore, n'interprète que des chansons de langue française. Parmi les nombreux professeurs de musique franco-américains, rappelons le nom de sœur Cécile-des-Anges, p.m. (1890-1955), directrice du département de musique au collège Rivier, à Nashua (New Hampshire), et maîtresse générale des études musicales pour toutes les maisons d'enseignement des sœurs de la Présentation-de-Marie aux États-Unis. Son influence sur les étudiantes franco-américaines fut considérable.

IV

VERS L'ASSIMILATION
1935-1960

Dans les années trente et quarante, la crise sentinelliste se résorbe suffisamment (du moins en apparence) pour que les deux sociétés antagonistes, l'Association canado-américaine et l'Union Saint-Jean-Baptiste d'Amérique, fassent front commun dans la lutte contre l'assimilation. Mais cette solidarité nouvelle n'empêche pas un amenuisement des forces vives. Le clergé, par exemple, cesse d'être patriote, vraisemblablement à la suite de la crise de la Sentinelle; il restera francophone en grande partie, mais en gardant des distances prudentes à l'égard du nationalisme franco-américain. Les journaux, incapables de concurrencer la presse de langue anglaise, disparaissent l'un après l'autre. Par ailleurs, l'immigration ayant pris fin en 1930, il n'arrive plus de renforts de la mère patrie.

Les Franco-Américains de cette période entrent de plain-pied dans l'engrenage de l'assimilation. Ce phénomène présente de nombreuses facettes, comme le notait déjà, en 1903, *L'Écho de l'Ouest*, journal franco-américain de Minneapolis (Minnesota):

> C'est une absorption de tous les jours durant des années. Politique, coutumes, littérature, géographie, affaires, société, institutions spéciales et locales, etc. Il faut avoir changé de pays pour comprendre le travail

incessant et inconscient qui se fait dans le cerveau et le cœur du nouvel arrivé, tout en gagnant le pain quotidien.

Valable en 1903, cette description l'est encore pour la période 1935-1960, d'autant plus que de nouveaux facteurs sont intervenus, en particulier la rapidité des changements sociaux. Alors qu'ils commencent à peine à s'adapter au milieu urbain, les immigrés canadiens-français et leurs enfants participent à la prospérité et à la mobilité sociale généralisées par la relance économique du pays, conséquence directe de la Deuxième Guerre. Aussi, au cours des années 1950, les Franco-Américains prennent-ils part à l'exode de la ville vers la banlieue, autre caractéristique générale de l'après-guerre.

Les Francos franchissent ainsi, en quelques années, deux étapes sociales majeures: les rapports personnalisés du milieu rural traditionnel, modifiés dans les Petits Canadas des villes industrielles, sont remplacés par l'impersonnalité, de la ville d'abord, puis de la banlieue; et l'interpénétration des multiples nationalités tend à diminuer le besoin et le sens de l'appartenance à un groupe ethnique — surtout dans un contexte socio-culturel anglo-saxon — et produit inévitablement des mariages mixtes, autre source d'indifférence à l'égard de l'héritage culturel. Sans compter que, dans cette société qui évolue à toute vitesse au cours des années 1940 et 1950, les intérêts de l'individu, de plus en plus, prennent le dessus sur ceux de la famille.

Si on ajoute les diverses manifestations d'une civilisation matérialiste et hédoniste — cinéma, radio, télévision, journaux, magazines, publicité omniprésente, sports, automobile —, il faut admettre que rien, ou presque, dans une telle conjoncture, n'invite à un idéal comme celui de la survivance ou aux valeurs spirituelles en général.

Face à une évolution comme celle-là, comment réagit l'élite «patriote»? Surtout par un raidissement qui n'exclut pas les efforts de restructuration, en vue d'une solidarité régionale nouvelle, dans les six États de la Nouvelle-Angleterre. L'élite multiplie aussi les manifestations à caractère «patriotique» ou historique; c'est véritablement l'époque des commémorations: on célèbre le 350e anniversaire de l'arrivée de Champlain en Nouvelle-Angleterre, le bicentenaire de la déportation des Acadiens, le bicentenaire du marquis de La Fayette, celui de la victoire de Carillon, sans oublier les anniversaires de fondation des «paroisses mères» franco-américaines. Les regroupements sont très nombreux, leurs activités innombrables.

Malgré le progrès rapide de l'assimilation, cette période est marquée par une prolifération d'activités, impossibles à répertorier en un seul volume.

Les Franco-Américains et la guerre

Plus de 100 000 Franco-Américains combattirent dans l'armée américaine lors de la Deuxième Guerre mondiale, mais on n'a jamais dressé le tableau d'honneur complet de ceux qui sont morts pour la patrie. Les journaux francos publient des listes; en plus des morts et des disparus, on y signale les familles dont trois enfants au moins sont sous le drapeau. Le record, dans cette dernière catégorie, semble avoir été détenu par les 10 frères Frédette, d'East Braintree (Massachusetts), pour la Nouvelle-Angleterre, et par les 16 frères Gauthier, de Forth Worth (Texas), pour le reste du pays. En pareilles circonstances, personne ne se rit plus de la propension franco-américaine à la famille nombreuse.

De fait, les journaux franco-américains de l'époque publient des listes de tous ceux qui se distinguent d'une façon ou d'une autre: officiers, aumôniers, médecins, infirmières, jeunes femmes en service volontaire, décorés, blessés. Les églises font une place spéciale au «tableau d'honneur», où sont inscrits les noms des militaires, et, dans certaines paroisses, c'est un «autel du sacrifice» qui recueille ces noms. Ici et là, les municipalités commémorent la disparition d'un héros par le dévoilement d'une plaque pour rebaptiser une place publique, ce qui donne Boudreau Square à Concord (New Hampshire), Gagné Square à Lynn (Massachusetts), Saulnier Square à New Bedford (Massachusetts), par exemple. Parfois un vaisseau de guerre honore la mémoire d'un Franco mort pour la patrie, comme le *U.S.S. Cabana* et le *U.S.S. Dionne*; à Nashua (New Hampshire), l'aéroport est nommé Boire Field, en mémoire de l'enseigne Paul Boire, aviateur mort à la guerre. Mais, de tous les Francos qui rendirent à leur pays des services extraordinaires, deux méritent une mention spéciale.

Jean Garand (1888-1974), natif de Saint-Rémi (Québec), émigre à Springfield (Massachusetts) avec sa famille, alors qu'il est encore enfant (1888). À 12 ans, ayant dû quitter l'école pour aider sa famille, il est apprenti mécanicien et, en peu de temps, il passe maître dans son métier. Au service d'une firme de munitions, il améliore le Springfield Rifle, d'usage universel dans l'armée américaine, et fait si bien que cette arme est remplacée par le Garand Rifle. Ce fusil semi-automatique, mieux connu sous la désignation de M-One, capable de tirer de 50 à 100 balles à la minute, devint l'arme de choix des forces armées étatsuniennes. Ainsi, grâce à l'ingéniosité de cet immigré canadien-français, l'efficacité du soldat américain fut considérablement augmentée. Jean Garand, qui avait changé son prénom pour John, inventa encore d'autres armes à feu, ainsi que des pièces nécessaires à leur fabrication.

René Arthur Gagnon (1924-1979), de Manchester (New Hampshire), participa à un des exploits les plus connus de la guerre. Membre du 28e Régiment du U.S. Marine Corps, il faisait partie du groupe de marines qui, le 19 février 1945, débarqua dans l'île d'Iwo Jima, à quelque 700 milles du Japon. Sa compagnie reçut l'ordre de prendre le mont Suribachi, et il s'ensuivit un très rude combat. Le matin du 23 février, René Gagnon et cinq de ses compagnons d'armes parvinrent à hisser le drapeau étatsunien sur le mont Suribachi. Grâce à l'habileté du photographe Joe Rosenthal, de la Associated Press, qui se trouvait sur les lieux, l'image des six hommes en train d'élever le drapeau étoilé devint une des plus célèbres photographies de la guerre et le symbole de la victoire des Alliés sur le Japon. Trois de ces six héros périrent pendant les derniers moments de la bataille. René Gagnon et les deux autres survivants furent ramenés au pays par ordre du président des États-Unis, qui les accueillit personnellement à la Maison-Blanche. La photographie de Joe Rosenthal fut universellement répandue, et le service postal des États-Unis émit un timbre-poste pour commémorer l'exploit. Aujourd'hui, à Washington, un gigantesque groupe statuaire rappelle ce fait d'armes: il est devenu le monument officiel du pays au U.S. Marine Corps.

Un autre Franco-Américain se distingua par ses états de service au cours de la guerre. Le père Armand Morissette (né en 1910), oblat de Lowell (Massachusetts), s'occupa activement du bien-être spirituel, moral et social des marins français dont les vaisseaux se trouvaient en rade à Boston. Le père Morissette servit aussi d'agent de liaison entre le gouvernement des États-Unis et celui de la France. Pour ses nombreux services, le gouvernement de la République française fit de lui un aumônier officiel de la marine française, et, «pour des raisons diplomatiques», lui conféra le grade de capitaine. Il fut le seul citoyen américain à devenir officier de la marine française.

Il est impossible d'être exhaustif en ce qui concerne l'effort de guerre déployé par les Franco-Américains, car, comme l'ensemble de la population américaine, ils participèrent à la mobilisation générale des ressources humaines pour assurer la victoire contre les forces de l'oppression. On vint en aide à la Croix-Rouge, on participa aux projets de récupération de matériaux (vêtements, papier, matières grasses, fer-blanc) pouvant servir à mieux armer, à mieux appuyer les armées et la flotte. Dans cet effort collectif, qui dura quatre ans, le clergé, les sociétés nationales et les journaux jouèrent un rôle de premier plan, afin d'y assurer un maximum de publicité et de participation populaire.

«La campagne des fréteurs» est un des projets civils les mieux réussis dans le cadre de la campagne nationale menée par le gouvernement américain pour obtenir les milliards de dollars exigés par l'effort de guerre.

Depuis le début des hostilités, les chefs francos avaient sans cesse exhorté les leurs à souscrire aux achats des «bons de guerre» et aux autres modes de financement lancés par le gouvernement fédéral. En 1943, ce dernier conçut l'idée d'une souscription franco-américaine, dont l'objectif serait de deux millions de dollars, soit le coût d'un *Liberty Ship* (un cargo). En retour, les Francos pourraient donner à ce navire le nom de leur choix.

Ravis, les chefs des sociétés «nationales», après consultation, décidèrent de porter l'objectif à six millions, soit le coût de trois «fréteurs». Le clergé, les sociétés et les journaux firent un battage publicitaire incessant; l'on multiplia les discours et les articles de propagande, en insistant sur le fait que «l'honneur de la race» était en jeu — d'une façon appuyée publique, puisqu'il s'agissait de démontrer la loyauté des Franco-Américains envers les États-Unis — et en rappelant que les sommes souscrites seraient remboursées, avec intérêt.

La campagne terminée (elle a duré du 24 juin au 6 septembre 1943), on est fier d'annoncer que les Francos ont souscrit plus que le double du montant espéré, soit 12 600 000 $. Des articles, à profusion, louent la générosité et le patriotisme franco-américains. Des observateurs voient même, dans ce succès, le signe d'une «puissance sociale» et d'une solidarité nouvelle. *L'Union* écrit:

> Nous avons enfin fait mentir l'accusation qui pesait contre notre race et qui nous représentait aux étrangers comme un groupe chez qui l'individualisme primait l'intérêt commun. Nous avons compris que l'intérêt du particulier trouve son plus grand avantage dans la coopération harmonieuse. (Cité dans *La Vie franco-américaine* (1943), p. 117)

Dans *Le Canado-Américain*, Adolphe Robert célèbre la petite épargne, qui a donné de si grands résultats:

> Il n'est peut-être pas un foyer aujourd'hui, à partir du plus riche au plus pauvre, qui ne possède au moins un bon de guerre. La formule «Buy Bonds Until It Hurts» n'a pas été un vain mot pour nos gens. Et c'était un spectacle assez curieux que de voir, le dimanche, après les messes, les gens se présenter au presbytère, au sous-sol de l'église ou à la salle paroissiale pour acheter leur bon, suivant la recommandation qui leur en avait été faite du haut de la chaire. Et que dire encore des ralliements destinés à promouvoir la vente, des parades dans le même but, de la sollicitation de porte en porte. Vraiment, le civisme américain n'est pas un mot vide de sens pour les nôtres. (*La Vie franco-américaine* (1943), p. 126)

L'aspect le plus délicat de la campagne fut le choix des noms des navires, que le comité général devait recommander au gouvernement. Comme convenu, on en soumit 30, choisis parmi les Francos qui avaient contribué le plus à l'avancement des leurs aux États-Unis. *Le Travailleur* publia les esquisses biographiques de ces derniers — excellente occasion de servir à la fois le pays et l'histoire franco-américaine. Les individus ainsi honorés étaient surtout des curés fondateurs de grandes paroisses, et des fondateurs de sociétés nationales. L'Union Saint-Jean-Baptiste d'Amérique, qui avait décidé de poursuivre la campagne, et qui avait réuni une somme suffisante, reçut l'autorisation de soumettre deux noms de plus au gouvernement. En définitive, les noms retenus furent les suivants: Mgr Charles Dauray, Messire Joseph-Augustin Chevalier, Aram Pothier, Ferdinand Gagnon, Major Edmond Mallet, Hugo Dubuque, Jean-Baptiste Couture et Mgr Georges Albert Guertin. Le choix de ce dernier, évêque anti-sentinelliste, ne manqua pas de susciter des protestations parmi les anciens combattants de la crise «nationale» des années vingt.

Cependant, le conflit qui oppose le maréchal Pétain et le général de Gaulle divise la population franco-américaine, mais la majorité, suivant en cela l'attitude officielle du gouvernement américain, penche davantage du côté de Vichy. En une tournée de propagande organisée par l'Union Saint-Jean-Baptiste d'Amérique, en décembre 1940, l'ambassadeur de France est bien accueilli dans des centres francos comme Woonsocket (Rhode Island), où Eugène Jalbert, porte-parole de l'Union Saint-Jean-Baptiste d'Amérique, lui exprime l'admiration des Franco-Américains pour le maréchal Pétain, «encore plus grand à Vichy qu'à Verdun».

Bravant l'opinion, Wilfrid Beaulieu, dès 1941, met *Le Travailleur* au service de la cause gaulliste. Le plus souvent possible, il publie les discours du général de Gaulle et des nouvelles de la Résistance. Il fait paraître des textes signés par les grands écrivains français du temps. Un article de François Mauriac, «La Mère humiliée» qui paraît dans *Le Travailleur* du 31 juillet 1941, porte la mention suivante: «Article qui a valu au journal, qui l'avait inséré, d'être suspendu, quelques jours plus tard, sur l'ordre des autorités allemandes.» Beaulieu est aussi un des premiers Franco-Américains à devenir actifs dans France Forever, organisme mis sur pied par des Anglo-Américains pour venir en aide à la France libre. Sur un autre plan, comme l'Association canado-américaine entre dans le courant d'opinion gaulliste, et que l'Union Saint-Jean-Baptiste d'Amérique s'y oppose, on revit les mêmes tensions que pendant le conflit sentinelliste.

À toutes fins utiles, la guerre enlève les doutes qui auraient pu subsister sur le loyalisme des Francos envers les États-Unis. Un organisme de propagande et de surveillance du gouvernement américain, le Common Council for American Unity, se rend vite compte qu'il n'y a rien à reprocher aux journaux, aux sociétés «nationales», ni aux autres institutions francos, qui tous appuient l'effort de guerre. De fait, le loyalisme envers les États-Unis était presque devenu partie intégrante de la version américaine de l'idéologie de la survivance, et le manifeste franco-américain qui sera adopté en 1947 ne fera qu'ériger en doctrine une attitude répandue depuis l'époque de la Première Guerre mondiale.

En un mot, la guerre aura accéléré l'enracinement des Francos aux États-Unis. De toutes les façons possibles, la collectivité aura, en particulier, secondé l'effort héroïque des militaires. Vu l'emprise de l'histoire sur les chefs francos de l'époque, il n'est pas étonnant qu'on ait proposé à ces militaires le modèle de Dollard des Ormeaux:

> En ce moment où l'honneur de l'Amérique, notre grand pays, est en jeu, n'est-ce pas pour nous, Franco-Américains, un devoir de rappeler un des faits d'armes, peut-être le plus beau, de notre histoire: le sacrifice volontaire de Dollard des Ormeaux et de ses seize compagnons qui, sans hésitation, surent mourir pour leur patrie bien-aimée qu'ils savaient en grand danger de destruction complète. (*L'Union*, cité dans *La Vie franco-américaine* (1943), p. 93)

À un niveau peut-être plus pratique, Édouard Fecteau, dans *L'Étoile* de Lowell, (Massachusetts), rappelle à ses compatriotes «La Nostalgie du soldat». Il décrit ce sentiment avec une compréhension profonde et une sympathie évidente, et recommande que l'on manifeste aux soldats un appui moral sérieux et constant:

> Un des devoirs et le principal devoir de chaque individu devrait être d'écrire au soldat en service. Écrire à un parent, à un ami, ou au petit voisin qu'on connaît à peine mais qu'on sait qu'il sert son pays. Écrire souvent et sur tous les sujets sans attendre de réponses. (Cité dans *La Vie franco-américaine* (1943), p. 88)

Édouard Fecteau souhaite aussi que les civils écrivent aux soldats en français, même s'ils répondent en anglais.

Ainsi la guerre ne fait-elle pas oublier la survivance, comme en témoignent les extraits de journaux que nous venons de citer, bien caractéristiques de la mentalité constante du leadership franco-américain. La guerre finie, un des premiers constats sera les énormes pertes subies par «la race» — pertes mesurées non seulement en morts au champ d'honneur, mais aussi en assimilation, qu'on honnissait presque autant que les Nazis. Les chefs «patriotes» ont vite compris quel chambardement la guerre avait provoqué dans la vie ethnique, déjà menacée par les forces assimilatrices traditionnelles. D'une manière générale, les combattants, rentrés dans leurs foyers après la guerre, ne voyaient plus la nécessité de préserver l'héritage culturel, sauf pour la foi et peut-être la langue. L'héritage, désormais, leur semblait présenter une vision rétrécie et désuète de la réalité, ces

Monument Landreville. Dans la tradition des *ex-voto* canadiens, Mme Olive Trahan Landreville avait promis de faire sculpter un monument à Marie Reine des Cœurs si son fils revenait vivant de la Deuxième Guerre mondiale. Son souhait ayant été comblé, elle fit exécuter, en carrare, la scène que l'on voit, et dédia le monument à tous les anciens combattants. L'ensemble est situé dans le cimetière Sacré-Cœur (N° 2) à New Bedford, Mass. (Collection Armand Chartier)

anciens combattants ayant vécu des atrocités sans nom et une indifférence totale sur leur origine ethnique. Car, lorsqu'il s'agit de formation militaire, c'est-à-dire d'entraînement, de discipline, de préparation d'unités de combat, au sein des armées américaines, l'origine ethnique des individus est considérée à peu près comme sans importance tant par les autorités que par le milieu de l'armée.

En outre, la plupart des militaires furent entraînés loin des centres francos, et le peu de vie sociale qu'ils connurent n'avait rien de franco-américain; par contre, les jeunes Franco-Américaines eurent l'occasion d'être fréquentées par des militaires de tous les groupes ethniques du pays, et d'autant plus facilement que nombre de centres francos étaient situés à proximité des camps militaires et des bases navales de la Nouvelle-Angleterre. Il en résulta une quantité considérable de mariages mixtes, un soldat franco ramenant à Fall River sa jeune épouse, une Anglo-Américaine native du Nebraska, ou

«Foi et patrie». Les anciens combattants (Franco-American War Veterans) offrent un salut militaire sur le terrain de l'École franco-américaine de Lowell, Mass., dirigée par les Sœurs de la Charité de Québec. Ce chemin de croix sera décrit par Jack Kerouac dans son roman *Docteur Sax*. (Collection Armand Chartier)

une jeune Franco partant, après la guerre, rejoindre son mari italo-américain, rencontré lors d'une soirée à Fort Devens (Massachusetts). Dans un cas comme dans l'autre, c'en était fini de «la race», du patrimoine, et de la survivance, car depuis toujours, aux États-Unis, les mariages mixtes ont produit des foyers unilingues de langue anglaise.

Les Franco-Américains sont quand même très heureux d'accueillir leurs soldats revenus d'Europe ou d'Asie. Les chefs, par la voix des journaux et par le contact personnel, encouragent ces jeunes gens à profiter de l'éducation gratuite offerte par le gouvernement fédéral. Ils les encouragent aussi à devenir membres de la Légion franco-américaine, voulant ainsi conjurer le nouveau danger que représente, pour la survivance, l'ensemble des sociétés neutres d'anciens combattants. Seule une recherche sérieuse permettra de déterminer si les sociétés neutres l'emportèrent numériquement sur la Légion franco-américaine, mais il est certain que cette dernière sera de plus en plus visible, dans les manifestations patriotiques de la région, à partir de 1945. Rebaptisée Franco-American War Veterans, elle est encore présente à ce genre de manifestations dans les années 1980, à un degré moindre toutefois, vu l'âge avancé de ses membres.

Parmi les nombreux hommages rendus à ces preux, celui que prononçait en 1951 Henry Cabot Lodge, Jr., sénateur du Massachusetts, fut particulièrement bien reçu par l'élite et le peuple:

> Je ne crois pas qu'on puisse me contredire quand je dis que dans toutes les parties du monde où des batailles se livrèrent durant le deuxième conflit universel, que ce fût sur terre, sur mer ou dans les airs, au cours de la guerre contre le Japon ou au cours de la guerre contre l'Allemagne, il y avait toujours parmi les combattants quelques jeunes Franco-Américains. Et j'ose dire qu'ils ont fait preuve du même héroïsme en Corée. (*La Vie franco-américaine* (1951), p. 411)

HYMNE DES VÉTÉRANS FRANCO-AMÉRICAINS

Chantons en chœur et célébrons la gloire,
Vétérans, heureux de notre victoire.
Nous sommes fiers de tous nos beaux exploits,
Ayant défendu l'honneur de nos droits.
Saluons donc la valeur canadienne
De la Légion Franco-Américaine.
Qu'il est doux pour des frères d'armes
Qu'il est bon de se rencontrer.
Ce sont des moments pleins de charmes
Que nous ne saurons oublier.
Aux braves qui dorment en terre
Nous gardons le souvenir.
Ils ont droit à notre prière
En sacrifiant leur avenir.

Paroles: Frère Stéphane, Mariste
Musique: Louis N. Guilbeau (de Lowell)
1937

(Collection Marcelle Guérette-Fréchette)

Tentatives de renouveau

La principale tentative de renouveau fut la création, en 1947, au University Club de Boston, du Comité d'orientation franco-américaine (devenu, par la suite, le Comité de vie franco-américaine). Cette fondation, par une trentaine de Francos influents, se situe dans la foulée du deuxième congrès de la langue française (1937).

En 1946, en effet, le Comité permanent des congrès de la langue française en Amérique, lui-même création de ce congrès, tient sa réunion annuelle à Manchester (New Hampshire), afin de se renseigner sur l'actualité franco et de resserrer les liens entre les Canadiens français et les Franco-Américains. Dans *L'Avenir national* de Manchester, Omer Héroux, rédacteur en chef du *Devoir* de Montréal, évoque l'esprit qui préside à cette rencontre:

> Nous espérons tous que ce passage en Nouvelle-Angleterre du Comité Permanent marquera le début de relations plus intimes à la fois et plus nombreuses, entre Franco-Américains et Canadiens français. Nous y gagnerons tous. Nous ne connaissions pas suffisamment les grandes choses que vous avez faites depuis soixante-quinze ans. Peut-être ne savez-vous pas tout ce qui s'est fait au Canada depuis que vos pères ont quitté notre sol. Peut-être ignorons-nous trop, les uns et les autres, le mutuel appui que nous pourrions nous apporter dans la lutte pour la conservation de notre héritage français. (Cité dans *La Vie franco-américaine* (1946), p. 100)

Au cours de cette réunion, le Comité permanent écoute une communication sur la «Situation actuelle des Franco-Américains de la Nouvelle-Angleterre», préparée par le père Thomas-M. Landry, o.p., curé de la paroisse Sainte-Anne de Fall River (Massachusetts), qui jouera un rôle de premier plan dans le renouveau. Le père Landry décrit l'état de la Franco-Américanie, et fait des recommandations qu'il estime essentielles au redressement d'une situation inquiétante. Il insiste d'une façon particulière sur le besoin de «l'appui moral, spirituel et culturel de la France et surtout du Canada français»; sur la formation «d'une véritable élite laïque, catholique, franco-américaine»; sur la nécessité de formuler «l'idéal historique concret que les Franco-Américains collectivement doivent chercher ensemble à réaliser». Il souligne également le besoin «d'un organisme supérieur

à toutes nos différenciations et quelquefois à tous nos émiettements»,
et le besoin de créer une commission d'étude franco-américaine qui
serait chargée de la mise en œuvre des recommandations qu'il vient de
soumettre. De cette commission d'étude est né le Comité d'orientation
franco-américaine.

Créé sous l'impulsion de gens comme Adolphe Robert, président
général de l'Association canado-américaine, le père Landry et
l'abbé Adrien Verrette, curé de Saint-Mathieu de Plymouth (New
Hampshire), ce comité, qui se voit comme «l'état-major» de la
Franco-Américanie, aura pour but d'étudier et de résoudre les problèmes de la communauté franco à l'échelle de la Nouvelle-Angleterre.
Modelé sur le Comité permanent de Québec, dont il constitue presque
une filiale, le Comité d'orientation franco-américaine s'appuie
largement sur les sociétés «nationales», «les grandes mutuelles» —
l'Association canado-américaine, l'Union Saint-Jean-Baptiste d'Amérique, la Société des artisans, et la Société l'Assomption. Il regroupe
aussi des journalistes, des représentants de quelques communautés
religieuses d'hommes et de diverses institutions, de même que certains
notables. L'exclusion des femmes s'explique par les mœurs de
l'époque, et sera compensée en partie par l'établissement de la
Fédération féminine franco-américaine (1951), une des œuvres les
plus durables du Comité d'orientation.

Dès les premiers temps de son existence, le Comité d'orientation
franco-américaine prépare un manifeste pour fixer «les grandes lignes
de notre destin franco-américain et l'idéal commun qu'en toute sûreté
doctrinale nous devons tous ensemble suivre et poursuivre». Ce
manifeste, *Notre vie franco-américaine*, constitue la dernière formulation doctrinale adoptée par l'élite «patriote».

Dans la première partie, l'auteur anonyme — sans doute s'agit-
il d'un collectif dirigé par le père Thomas-M. Landry — définit le
groupe franco-américain, mettant en relief à la fois son unicité et son
intégration à la société environnante. Il est caractéristique que cette
génération de penseurs fasse une place spéciale à l'histoire dans la
définition de l'identité collective: «Le groupe franco-américain possède, de droit historique, une place privilégiée au sein de la nation
américaine parce qu'au sens continental du mot, il était américain
avant même de se déverser du Canada aux États-Unis.» Pour le reste,
les composantes essentielles du groupe sont sa vie catholique, sa

citoyenneté américaine et son caractère français. La deuxième partie du manifeste résume la diversité des réactions que provoque la Franco-Américanie, tant à l'extérieur qu'à l'intérieur du groupe; ces réactions vont de la sympathie à l'antipathie, en passant par l'indifférence. Le manifeste affirme toutefois la volonté de «la très grande majorité» de conserver et de transmettre l'héritage français à leurs descendants. Cette dernière assertion semble reposer sur une vision par trop optimiste de la réalité.

La troisième partie du manifeste répond à la question: «Quelle position un Franco-Américain doit-il prendre devant ce fait?» Ici on revendique le droit au biculturalisme français-anglais, en se fondant sur la loi naturelle, le droit constitutionnel des États-Unis, le droit international relatif aux minorités, le droit historique et la doctrine sociale de l'Église. On insiste sur la nécessité de maintenir «certaines institutions»: paroisses, écoles, foyers, sociétés, organismes de propagande. On précise enfin que les Franco-Américains se veulent «agents d'une paix véritable, fondée sur les exigences les plus certaines de la justice et de la charité du Christ», et on récuse l'isolationnisme, en réaffirmant la volonté collective d'intégrer «notre vie française à notre vie catholique et américaine».

La seule faille dans cette troisième partie concerne le droit historique. En invoquant la continuité de la présence française tout au long du développement des États-Unis, et en établissant un lien entre cette présence française et l'émigration des Canadiens français aux États-Unis, l'auteur réclame pour les Francos des titres de noblesse que seule une infime minorité serait prête à admettre et à leur concéder: «S'il existait une hiérarchie dans la citoyenneté américaine les Franco-Américains seraient de la toute première noblesse, celle du sol et celle du sang.» Pensée généreuse, certes, et effort louable pour remplacer le complexe du minoritaire par le sentiment d'une ascendance noble, mais pensée qui a peu d'influence sur le *tædium vitæ* des couches populaires.

La quatrième et dernière partie résume les moyens nécessaires au maintien du «fait français». Le foyer, l'école, la paroisse et les relations sociales sont passées en revue, afin de souligner l'urgence de les garder français ou de les refranciser. On invoque le quatrième commandement de Dieu — «Tes père et mère honoreras» — et la volonté de «favoriser chez l'enfant le plein épanouissement de sa personnalité». Certains trouveront abusive cette interprétation du quatrième commandement, ils y décèleront un passage inconvenant, injustifiable, tant sur le plan culturel ou simplement humain que sur le plan surnaturel, une façon fort discutable de donner une dimension religieuse à ce qui, en vérité, n'en a pas. D'autres récuseront cette manière autoritaire de déterminer, pour les jeunes, quel doit être l'épanouissement de leur personnalité, voyant là une espèce de déterminisme que, d'une façon générale, l'Église rejette.

Garder au foyer son «climat français», imprégner l'école d'une «atmosphère française», orienter les jeunes vers les maisons franco-américaines d'enseignement secondaire et supérieur afin de former une élite franco, fréquenter une paroisse franco-américaine et aider à en maintenir l'esprit français, tous ces «devoirs» que redit le manifeste avaient déjà été abondamment répétés depuis un siècle. Mais le «pourquoi» offert par le manifeste ne manquera pas, avec le temps, de paraître inadéquat, insuffisant: «Trop de sacrifices ont été consentis dans le passé pour l'érection et le maintien de ces paroisses pour qu'un Franco-Américain puisse aujourd'hui l'oublier. L'honneur et la reconnaissance lui font un devoir d'y rester». La génération montante verra les choses autrement. Elle ne verra surtout pas comment des sacrifices consentis par leurs devanciers pourraient l'engager, elle. L'auteur du manifeste, voulant créer un pacte entre les générations, attribue aux jeunes un sens de l'honneur et un sentiment de reconnaissance que la plupart n'ont pas.

De même, la conclusion affirme que cette doctrine de vie est «en tout point d'accord avec les exigences du plus pur civisme américain», et redit la croyance selon laquelle le maintien de l'héritage français est «l'appui le plus intelligent, le plus généreux et le plus fort» que le groupe peut offrir à la patrie «dans la poursuite de sa vraie destinée». Encore ici, il y a excès de générosité, car les États-Unis n'ont jamais su ou voulu exploiter, dans le sens le plus positif du terme, les richesses que représentent les différents groupes ethniques du pays. Signé par 25 membres du Comité d'orientation franco-américaine, ce manifeste est suivi d'un bref «Mémoire» sur les catholiques américains francophones de la Nouvelle-Angleterre, qui est en fait un dénombrement des Francos et de leurs institutions.

Tel quel, ce manifeste fournit de solides assises intellectuelles au programme de vie qu'il propose. Il est tout de même curieux de constater qu'il mentionne à peine le Canada, insistant plutôt sur l'aspect français de la tradition, de l'esprit et de l'héritage franco-américains. Et pourtant il avait été élaboré pour répondre à un vœu exprimé par le Comité permanent de la survivance française en Amérique, organisme qui avait son siège social à Québec. Sans doute faut-il voir là un effort pour rallier les suffrages de tous les chefs «patriotes», autant ceux qui préconisaient une distance prudente à l'égard du Canada que ceux qui percevaient le Canada français comme un indispensable point d'appui. Doit-on y voir aussi une volonté de renouer avec la première mère patrie des Francos, plus prestigieuse, mondialement, que le Canada français? Hypothèse plausible. Notons enfin que le nom de l'organisme qui a favorisé l'établissement du Comité d'orientation franco-américaine est bien le Comité permanent de la survivance *française*, et non pas «canadienne-française».

Après avoir défini une doctrine de vie, le comité d'orientation se devait, logiquement, de la faire sanctionner par le peuple, et c'est dans cet esprit qu'il conçut l'idée d'un grand ralliement au cours duquel on célébrerait le «centenaire» des Francos comme groupe organisé en Nouvelle-Angleterre. La rencontre eut lieu les 28 et 29 mai 1949, et fut, selon les organisateurs, un franc succès: «Sans conteste, la célébration du Centenaire Franco-Américain à Worcester fut le plus important événement dans nos annales, depuis cinquante ans. À cause des problèmes qu'il étudia et des directives que les congressistes acceptèrent, on peut dire que cette manifestation fut suprêmement et vraiment historique.»

Mis sur pied par le comité d'orientation, en collaboration avec la Fédération des sociétés franco-américaines du comté de Worcester, le centenaire donne lieu à de méticuleux préparatifs, dont une campagne publicitaire savamment conçue par Gabriel Crevier, jeune «patriote» de Southbridge (Massachusetts), qui souvent signe ses articles «Desormeaux». Les observateurs voient dans ce centenaire l'occasion d'un renouveau, et la possibilité d'orienter la Franco-Américanie vers un deuxième siècle d'existence. Cette perception est partagée par les rédacteurs des journaux et revues du Canada, de *L'Évangéline* de Moncton à *La Survivance* d'Edmonton, en passant par *Le Devoir* et *La Presse* de Montréal, et *Le Droit* d'Ottawa. De tels encouragements sont vivement appréciés par les organisateurs du congrès.

Des délégués de plusieurs centaines d'organismes franco-américains participent au congrès, et particulièrement à la séance d'étude où l'on, discute et adopte le manifeste du comité d'orientation; ils expriment au comité la confiance et la volonté de collaboration des Francos dans sa mission d'état-major de «la race» en Nouvelle-Angleterre. Or, parmi les nombreux discours et allocutions prononcés par les participants et les invités, y compris les consuls de France et du Canada, il importe de retenir l'avertissement formulé par le père Thomas-M. Landry, o.p., qui de loin dépasse les expressions de patriotisme coutumières en pareilles circonstances.

Le père Landry insiste tout d'abord sur la nécessité absolue de l'unité, sans laquelle il serait illusoire de penser que la vie franco-américaine pourra se prolonger: «Cela veut dire que, par delà toutes nos vues personnelles, sur certains points essentiels, nous devons apprendre tous ensemble à penser de la même manière, à vouloir les mêmes choses, à agir dans la même direction. C'est une question de vie ou de mort et à cette alternative le peuple franco-américain ne peut échapper.» La conclusion de ce discours est encore plus explicite, et indique bien la gravité de la conjoncture:

> Messieurs, ne nous le cachons pas: au soir de ce Centenaire, tout est à reprendre, tout est à refaire ou du moins à consolider en notre édifice franco-américain, surtout à la base. Dans cent ans d'ici, nous serons plus catholiques, plus américains et plus français que jamais, si aujourd'hui et demain nous savons être fidèles aux promesses que nous portons en nous. Je vous convie, et c'est mon dernier mot, à ces grandes destinées. À vous d'avoir assez de grandeur d'âme, assez de saine ambition et assez de confiance en Dieu et en vous-mêmes pour le vouloir. (*La Vie franco-américaine* (1949), p. 65-66)

Cette expression de confiance et d'idéalisme mitigés de réalisme vaudra au père Landry le qualificatif de «prophète austère». Le père Landry et ses collègues se rendent bien compte que la survivance est loin d'être assurée, mais ils y croient suffisamment pour y rester attachés et y consacrer leur vie. Il est facile, en rétrospective, de déceler dans leur attitude un excès d'idéalisme, car le peuple ne plane pas à une telle hauteur d'idées ou de sentiments. Il ne semble pas, toutefois, qu'on doive les condamner pour avoir offert au peuple un idéal issu en ligne droite de son ascendance. C'eût été bien, dira-t-on, si ces chefs «patriotes» avaient été plus sensibles à l'évolution sociale que devaient subir tous les groupes ethniques aux États-Unis. Or, en se réclamant de la philosophie du pluralisme culturel et en faisant une place au civisme américain dans cette «nouvelle doctrine de vie», l'auteur du manifeste et les organisateurs du centenaire croyaient effectivement avoir tenu compte de l'évolution du groupe franco-américain. C'est trop peu, pensera-t-on. Mais ce «trop peu» n'allait pas empêcher les chefs eux-mêmes de poursuivre l'œuvre de la survivance, qui pour eux était une affaire de conscience.

Parmi les nombreux articles élogieux qu'inspire le centenaire dans la presse des États-Unis et du Canada, il en est un qui semble avoir été apprécié plus que les autres, en partie à cause de la réputation de l'auteur, Daniel-Rops, et en partie parce que son éloge est fondé sur une juste compréhension de la survivance: «Les Franco-Américains, par leur fidélité si bien manifestée, donnent au monde une leçon qu'il faut souligner.» Ajoutons que le centenaire suscite une pléthore d'articles où l'on disserte longuement sur la question franco-américaine, et où l'on suppute les chances de survie des Francos.

«Mandaté» par la collectivité, le comité d'orientation n'allait pas tarder à passer à d'autres réalisations, dont la suivante devait être son deuxième congrès, tenu à Lewiston (Maine), du 9 au 11 novembre 1951. Congrès marquant, puisqu'il avait pour but la fondation d'un organisme appelé à jouer lui aussi un rôle appréciable dans l'œuvre de la survivance: la Fédération féminine franco-américaine, qui existe encore aujourd'hui.

Les raisons d'être de ce nouvel organisme sont résumées dans un discours prononcé devant le congrès de Lewiston par Mme Gertrude Saint-Denis, de Fall River (Massachusetts), une des fondatrices de la «Fédé». Après avoir rappelé à quel point la survivance est menacée par une «douloureuse maladie», Mme Saint-Denis recommande des moyens de conjurer la menace: insister sur le français au foyer, à l'école et à l'église, combattre les mariages mixtes, appuyer au maximum tout le réseau d'institutions vouées à la survivance. Elle précise aussi le sens à donner au terme «fédération»: «Pour nous, il s'agit d'une association de tous les groupements féminins franco-américains de la Nouvelle-Angleterre: nos sociétés religieuses, nos sociétés nationales, nos amicales, nos organisations culturelles, nos clubs sociaux, politiques ou autres.»

Dès ses débuts, la «Fédé» regroupe 110 organisations féminines, dont elle représente les 47 000 membres. Les journaux franco-américains et canadiens-français ne tardent pas à souhaiter succès et

Troisième congrès de la langue française, Québec, juin 1952. Ce rassemblement a été le dernier où les Francos se, sont ralliés en aussi grand nombre au Québec. *Le Canado-Américain*, novembre 1952. (Collection Armand Chartier)

longue vie à cet organisme prometteur. Les chefs «patriotes» multiplient les encouragements et les bons conseils. Pour sa part, Yvonne Le Maître, journaliste lowelloise, se révèle comme toujours originale, imprévisible et réaliste, en recommandant aux femmes de faire *d'abord* de l'argent: «Croissez et multipliez le magot.» Il y a, dans ce conseil, un aspect peut-être oublié du patrimoine; Yvonne Le Maître rappelle à ses lectrices que «ce sont nos cousins de France qui inventèrent cette locution transcendante: "La dignité de l'accumulation."»

En collaboration étroite avec le Comité permanent de la survivance française en Amérique, le comité d'orientation organise la participation franco au troisième congrès de la langue française, à Québec, Trois-Rivières et Montréal, du 18 au 26 juin 1952. De fait, ce congrès sera présidé par un Franco, l'abbé Adrien Verrette, président du comité permanent et du comité d'organisation du congrès. Après avoir passé une année en tournées publicitaires, l'abbé Verrette a l'honneur d'ouvrir le congrès, auquel participent plus de 6000 personnes, dont plusieurs centaines de Francos, en déclarant: «Il nous est donné de revenir au sanctuaire de nos origines avec confiance et sérénité. Nous venons nous concerter afin d'embellir et d'illustrer davantage notre comportement catholique et français sur ce continent.»

Au cours de ces «journées historiques» et de ces «splendides fêtes» amplement commentées dans la presse franco, il y eut une émouvante manifestation franco au monument Laval; le dévoilement d'une plaque offerte par les Francos à la mémoire du cardinal Villeneuve; un hommage rendu par Henri Goguen, président général de l'Union Saint-Jean-Baptiste d'Amérique et du comité franco-américain du congrès, à Son Excellence Mgr Maurice Roy, archevêque de Québec, etc. Mais, en dépit de ces solennités et de ces réjouissances, sans le savoir on sonne le glas de ce genre de manifestation grandiose qui rassemble les membres épars de la famille française en Amérique: il ne se produira rien de tel, en effet, entre ce grand événement de 1952 et le retour aux sources de 1978, pâle réplique, en vérité, du congrès de 1952.

On a l'impression que, à ce troisième congrès de la langue française, les Franco-Américains sonnent aussi le glas de la survivance en Nouvelle-Angleterre. Mme Gertrude Saint-Denis, de Fall River (Massachusetts), par exemple, déclare sans ambages: «La race française américaine ou canadienne-française a disparu parce qu'une génération de nos jeunes a décidé d'être autre chose que ce que le bon Dieu l'avait faite.» Ce congrès fut en réalité l'occasion d'une réflexion sur la Franco-Américanie telle qu'elle apparaissait à certains observateurs, au milieu du 20e siècle. Ainsi, le père Thomas-M. Landry soumet au congrès un rapport d'une rare lucidité, qui, en 1952, a pu paraître pessimiste, mais dont, aujourd'hui, on doit souligner la perspicacité.

Intitulé «Y aura-t-il demain une vie franco-américaine en Nouvelle-Angleterre?», le texte du père Landry semble d'abord donner à cette question une réponse négative: «Hélas, il faut bien avouer, au train où vont les choses, qu'à la longue, dans le sens où la vie française chez nous semble s'engager, elle finira par ne plus exister. [...] Les peuples meurent comme les individus.» L'auteur conclut en déclarant qu'une vie franco-américaine exigerait un «effort gigantesque», et en laissant peu d'espoir que cet effort se réalisera.

Un rapide survol des principales forces vives explique cette sombre prophétie. Établissant à environ 50 % le nombre des mariages mixtes contractés par les jeunes Francos, et voyant que même les ménages traditionnels se laissent gagner par l'assimilation, l'auteur estime que le foyer franco n'est plus, dans l'ensemble, une source de vie ethnique, non plus, du reste, que les institutions religieuses, puisque les membres du clergé et des communautés religieuses ne sont plus formés à la française. «Depuis 1937, ajoute-t-il, notre vie française en Nouvelle-Angleterre n'a cessé de s'atrophier. Nous sommes engagés dans le tourbillon de l'assimilation et nous y roulons à une vitesse accrue. Au train ou vont les choses, c'est au fond de l'abîme américain que nous finirons par sombrer.»

Le père Landry décrit ensuite les trois courants qui dominent la pensée franco-américaine de l'époque: le courant de l'assimilation, celui du raidissement — représenté par quelques irréductibles qui vont «en amont de notre vie américaine» — et le courant de l'intégration, celui qu'il préconise et qui consiste à intégrer vie catholique, vie américaine et vie française.

Ernest D'Amours, avocat de Manchester (New Hampshire), «patriote» comme le père Landry, abonde dans le même sens. Dans un article publié par *Le Travailleur* (6 novembre 1952), Mᵉ D'Amours déclare la survivance possible, mais il énumère tellement de conditions pour l'assurer qu'elle finit par sembler invraisemblable:

C'est donc possible? Non seulement de conserver, mais aussi de ressusciter? Mais pour cela, il faut de l'esprit de travail, de la volonté, de l'intrépidité, le goût de l'étude, la conscience d'une mission apostolique, l'absence totale de tout intérêt personnel, en un mot — un peu d'héroïsme. C'est peut-être trop demander dans un siècle comme le nôtre... mais enfin, c'est la condition de notre salut dans la double acception du mot.

Au long de la décennie de 1950, le Comité d'orientation franco-américaine, rebaptisé Comité de vie franco-américaine, continue son travail. Autonome, il reste néanmoins en relations suivies avec le Comité permanent de la survivance française en Amérique. Agent de liaison, le Comité de vie franco-américaine s'efforce de créer et de maintenir des liens entre les nombreux organismes de la Nouvelle-Angleterre. Comme l'indique un de ses communiqués: «Suivant sa devise *Parate vias* [Préparez les voies], il s'emploie à guider, orienter, enrichir, servir notre vie commune en Amérique.»

Le comité poursuit l'étude de la question franco-américaine et propose des solutions. Lorsqu'on en fera l'historique détaillé, on ne manquera pas d'insister, croyons-nous, tant sur ce double aspect de son fonctionnement, à savoir l'étude et l'action, que sur le caractère régional, plutôt que strictement local, de son rayonnement. Le comité reste toutefois en contact avec le niveau local, dans la mesure où ses membres sont recrutés un peu partout en Nouvelle-Angleterre, dans la mesure aussi où ses congrès ont lieu dans les grands centres francos: Lewiston (Maine), en 1951; Manchester (New Hampshire), en 1954; Woonsocket (Rhode Island), en 1957; Fall River (Massachusetts), en 1959. Sans tenter une étude fouillée de ces congrès, il importe d'en dégager l'essentiel, afin de mieux cerner la contribution du Comité de vie franco-américaine à l'évolution du groupe.

Constatant l'absence d'organismes pour les jeunes et soucieux de préparer une relève, le comité fait porter son congrès de 1954 sur la fondation de l'Association de la jeunesse franco-américaine. Ce groupement, faute d'effectifs, n'atteindra pas les résultats escomptés, et ne durera que quelques années. Le congrès de 1954 aura eu plus de succès en établissant le Club Richelieu de Manchester, le premier du genre en Nouvelle-Angleterre.

Pour son quatrième congrès, tenu à Woonsocket (Rhode Island) du 18 au 20 octobre 1957, le Comité de vie franco-américaine choisit comme thème «La solidarité franco-américaine». La partie essentielle de ce congrès est une consultation, c'est-à-dire une série de séances d'étude et de discussion centrées sur deux documents. Une «Synthèse» préparée par le père Thomas Landry offre des considérations sur l'urgence de donner une nouvelle solidarité aux Francos: «La solidarité des membres est, pour tout groupement ou toute société, une question de vie ou de mort», affirme le père Landry, qui juge indispensable l'effort de redressement scolaire recommandé par une enquête sur l'enseignement catholique et bilingue, préparée par l'Union Saint-Jean-Baptiste d'Amérique.

Cette enquête avait produit deux textes: un essai de Mgr Albert Bérubé, directeur de la Caisse de l'écolier de l'Union, sur «La nécessité pratique d'une éducation catholique et bilingue», où l'auteur considère comme périmées les anciennes méthodes, valables à une époque où les enfants étaient bilingues dès leur entrée à l'école élémentaire:

> Il est grand temps de reviser le système, surtout au niveau du cours élémentaire. Il ne s'agit plus de montrer le français à des enfants qui le comprennent déjà, mais à des élèves qui, à quelques exceptions près, sont en tous points assimilables à des enfants de langue anglaise, vivant dans un milieu anglais, et qui n'entendent jamais parler français si ce n'est à l'école ou à l'église.

Le deuxième texte est présenté au congrès par Théophile Martin, directeur du Département de propagande et d'action sociale de l'Union. Ce texte révèle une grande diversité dans le temps consacré chaque jour à l'enseignement du français (d'une demi-heure à trois heures, selon les circonstances locales), de même qu'une grande diversité quant aux «programmes et autres matières enseignées en français». Si l'on continue d'enseigner la religion en français, dans certains cas les institutrices doivent avoir recours à l'anglais pour bien se faire comprendre. Sans employer le mot, on n'est pas loin de reconnaître que l'enseignement du français est en état de crise.

Les directeurs de cette enquête s'acharnent à assener le blâme avant de recommander des solutions. Ils déplorent encore une fois l'absence de français dans les foyers, résultat «funeste» des mariages mixtes et de l'indifférence généralisée à l'égard de l'héritage culturel: «Il semble donc que la famille est la première coupable et que la tâche initiale à entreprendre est de s'employer, dans toute la mesure du possible, à faire comprendre aux familles franco-américaines leurs responsabilités vis-à-vis de la conservation de la langue et de la culture française.» Il est regrettable que l'enquête préconise comme solution celle-là même qui s'est révélée d'une inefficacité notoire: redire à satiété à la masse combien elle doit être fière de ses origines! Il n'est donc pas étonnant que l'auteur du rapport en arrive à la conclusion qui est en voie de devenir habituelle: «L'incertitude est grande [...] l'avenir reste sombre.»

Pour l'heure, une seule bonne nouvelle est annoncée au congrès. Par suite de l'intérêt manifesté pour l'enseignement du français dans les écoles de son diocèse par l'évêque de Worcester (Massachusetts), Mgr John J. Wright, ce diocèse adoptait en 1955 un nouveau cours de français qui, conçu par la mère Raymond-de-Jésus, f.s.e., se répandait déjà, même à l'extérieur de la Nouvelle-Angleterre.

Les délégués au congrès formulèrent en conséquence le vœu «que le Comité [...] établisse en son sein une Association d'éducation, formée de laïques, et dont ce sera l'objet de rechercher en toute objectivité, avec le concours de professionnels de l'enseignement, le curriculum le plus apte à inculquer la connaissance de notre langue maternelle, de notre culture et de l'histoire de nos origines dans l'esprit de la jeunesse». Parmi une trentaine de résolutions et de vœux exprimés par le congrès, celui de former une association d'éducation, pourtant un des plus prometteurs, n'aura pas de suites immédiates.

De toute évidence, le cinquième congrès du Comité de vie franco-américaine, tenu à Fall River (Massachusetts) du 16 au 18 octobre 1959, donne encore moins de résultats concrets que le précédent. Le thème — «L'importance de l'éducation bilingue chez les Franco-Américains» — suscite des discussions mais peu d'action.

Les congrès du comité se sont déjà institutionalisés, cependant, et la formule n'en variera pas dans les années suivantes: séances d'étude sur un problème urgent, réception, banquet, discours, bal. Souvent, on remet les insignes de l'Ordre du mérite franco-américain à un compatriote qui, selon le comité, a «bien mérité» de sa petite patrie. (En 1959, cet honneur est décerné à Philippe-Armand Lajoie et au frère Wilfrid Garneau, f.s.e., en reconnaissance de leur généreuse action patriotique, soutenue plusieurs décennies durant.) Le lendemain, dimanche, il y a parfois une réunion plénière, après une messe spéciale célébrée dans une grande paroisse franco.

Ces congrès rassemblent surtout les membres d'une élite «patriote», unis, justement, par leur fidélité à la survivance, et soucieux de poursuivre leur réflexion sur l'avenir de «la race». Dans bien des cas, ces congrès sont, pour ces compatriotes dispersés, les seules occasions de discuter et de fraterniser; ces congrès, en outre, suscitent de la publicité autour du groupe franco, et favorisent les contacts avec des représentants consulaires de la France et du Canada, qui viennent encourager les Francos à se maintenir, et qui leur rendent hommage pour s'être maintenus pendant si longtemps.

À la fin des années 1950, le Comité de vie franco-américaine est partie intégrante de la vie franco. Trop enclin à la parole plutôt qu'à l'action, selon certains, le comité a quand même le mérite d'identifier

Le premier bureau de la Fédération féminine franco-américaine, 18 octobre 1952,
Worcester Mass. Première rangée: Alice Robert, Gertrude Saint-Denis, Pauline Tougas,
Alice Lemieux-Lévesque, Mme Cabana, Lucille Lefebvre. Deuxième rangée:
Yvette Giroux, Jeannette Bonenfant, Claire Quintal, Marcelle Mainente,
Cécile Domingue, Françoise Valcourt, Bertha Bouchard, Élise Rocheleau.
(Collection Fédération féminine franco-américaine)

les problèmes et de les porter à l'attention du public. Que celui-ci devienne de moins en moins nombreux ou attentif est un signe des temps, et n'est pas imputable au seul comité, d'autant moins que ce dernier a la générosité de s'intéresser à tous les principaux aspects du maintien du patrimoine. C'est le seul organisme, d'ailleurs, avec la Fédération féminine franco-américaine, à se vouer uniquement à la survivance et à le faire dans toute la Nouvelle-Angleterre. Donc, dans la mesure où il existe une pensée, une conscience franco-américaine régionale, comme il existe une pensée, une conscience nationale au Canada, c'est en grande partie à ces deux organismes qu'on le doit, le Comité de vie et la Fédération féminine.

De sa fondation en 1951 à 1960, la Fédération féminine franco-américaine — ou «Fédé», comme on l'appelle affectueusement — rayonne un peu partout en Nouvelle-Angleterre, surtout par ses congrès et ses concours de français, fidèle en cela à son objectif de «grouper les Franco-Américaines catholiques, en vue de fortifier par l'union leur action française dans la famille et dans la société». Dans ses efforts pour fédérer les groupements féminins de la Nouvelle-

Angleterre, l'administration de la Fédé encourage ces groupements à retenir le français comme langue d'usage dans leurs réunions, ce qui, en cette époque d'anglicisation accélérée, est une tâche pour le moins ingrate. Très tôt, la Fédé lance la publication de son *Bulletin*, afin d'assurer la diffusion des idées et des renseignements, et, sous la direction d'abord de sa présidente fondatrice provisoire, Pauline Moll Tougas, de Manchester (New Hampshire), et de sa première présidente, Alice Lemieux-Lévesque, une Québécoise domiciliée à Nashua (New Hampshire), elle multiplie les contacts avec le Canada français. Ce dernier aspect de son activité lui est facilité par des personnalités comme la romancière Reine Malouin, qui vient volontiers donner une conférence lors de rassemblements de la Fédé.

Comme ceux du Comité de vie, les congrès de la Fédé reflètent les préoccupations de l'élite. Ainsi, en choisissant, comme thème de son congrès de 1956, «Éducation franco-américaine», les directrices veulent s'attaquer à une des racines de ce «mal» qu'est l'assimilation. La présidente, Alice Lemieux-Lévesque, résume bien la pensée de ses collègues à cet égard: «Si plusieurs de nos jeunes n'ont plus cette ferveur qu'ont connue nos devanciers, n'est-ce pas justement parce qu'il y a eu lacune dans leur formation et leur instruction?» D'une formule semblable à celle des congrès du Comité de vie (séances d'étude, banquet, discours, bal, messe solennelle), ces rassemblements disent bien l'importance, pour les femmes, de discuter, de fraterniser et de prier ensemble en français, seule langue officielle de la Fédé. Les congrès de la Fédé révèlent, en plus, un souci de beauté et d'élégance qui veut rehausser le niveau socio-culturel de la collectivité.

Les femmes de la Fédé, du moins les plus actives, viennent de tous les centres francos de la Nouvelle-Angleterre, et se sentent profondément solidaires dans leur action. La distance seule les empêchent de se réunir plus souvent, d'œuvrer ensemble et de fraterniser quotidiennement. Entre les congrès, les réunions du conseil ou des différents comités rassemblent les plus dévouées, qui travaillent à des projets prioritaires: *Bulletin*, concours, participation à des activités francos à un niveau local. Le concours oral, qui a lieu à intervalles réguliers, exige de nombreuses réunions préparatoires, et sera, pendant nombre d'années, l'activité la plus populaire de la Fédé. Ce concours veut encourager chez les adolescents l'amour du français et l'esprit d'émulation. Les jeunes viennent de partout, du Connecticut, de l'ouest du Massachusetts, du Maine; ils se réunissent à Worcester (Massachusetts), point central, où ils font face à un jury qui doit leur sembler imposant. Ils font une brève présentation orale, puis ils répondent aux questions du jury. En 1959, les sujets du concours sont: «Un des pionniers français aux États-Unis» (niveau élémentaire); «Le folklore canadien-français» (niveau secondaire); «L'œuvre d'un écrivain canadien-français» (niveau collège).

Le Comité de vie et la Fédé, deux organismes créés à la même époque (1947 et 1951), représentent donc des tentatives pour stimuler l'intérêt populaire pour la survivance et la culture française. Les membres les plus actifs de ces deux groupements font preuve d'un dévouement considérable, car ils veulent à tout prix endiguer le flot de l'assimilation et rehausser le niveau culturel de la masse. Ils ont su dépasser l'esprit de clocher et maintenir, du moins chez une élite, une solidarité régionale. Par leurs multiples projets d'animation socio-culturelle, ils ont apporté un encouragement précieux aux organismes locaux. De nos jours encore, leur œuvre se poursuit, quoiqu'à un rythme ralenti.

Institutions et regroupements

Parmi les institutions et mouvements francos, dont on serait porté à croire qu'ils ne furent jamais aussi nombreux que pendant les années 1935-1960, ceux qui tournent autour de la religion restent les plus importants. À la fin des années 1940, par exemple, il existe 178 paroisses *nationales* franco-américaines, où la seule langue du culte est le français; 107 paroisses franco-américaines *mixtes*, où les Francos sont en majorité, mais où le prêtre se servira tantôt du français, tantôt de l'anglais, comme langue du culte; et 142 paroisses mixtes, où, les Francos se trouvant en nombre considérable sans former une majorité, la langue du culte sera l'anglais. Les paroisses nationales et franco-américaines mixtes sont desservies par environ 1000 prêtres francos, surtout séculiers, ou issus du clergé régulier (oblats, missionnaires de La Salette, maristes, dominicains).

À de rares exceptions près, on ne fonde plus de paroisses nationales à partir de 1930: l'immigration prend fin et l'épiscopat américain a toujours considéré comme temporaire l'existence de ces

Église Saint-Pierre et Saint-Paul, Lewiston, Maine. Complété en 1936, dédicacé en 1938, ce temple, parmi les plus imposants contruits par les Francos, est mémorable par son architecture gothique autant que par ses dimensions. Il fait partie d'un petit nombre d'églises francos que de l'extérieur on prend volontiers pour des cathédrales. (Courtoisie des pères dominicains de Lewiston)

Intérieur de l'église Saint-Antoine de Padoue, New Bedford, Mass. Par la somptuosité et l'abondance de l'ornementation, ce temple se classe parmi les plus impressionnantes des églises francos. À lui seul, le groupe statuaire situé au-dessus du maître-autel, d'une hauteur dépassant vingt mètres, retient longuement le regard. (Collection Armand Chartier)

Ange à la trompette, église Saint-Antoine de Padoue, New Bedford, Mass. Debout sur le chapiteau de plusieurs colonnes, à quelque trente mètres au-dessus du sol, l'ensemble de ces anges à évoqué le paradis pour plus d'un paroissien. Surtout aux grandes fêtes comme Noël et Pâques, quand le parfum de l'encens se mêle aux envolées de la chorale et de l'orgue. (Gracieuseté de Joseph D. Thomas.).
(Collection Armand Chartier)

paroisses. Par ailleurs, on peut situer vers 1950-1955 un important courant démographique qui tend à déplacer vers les banlieues des populations qui, jusqu'alors, avaient constitué les grosses paroisses urbaines (de 5000 à 10 000 âmes) des principaux centres francos. Et, quand l'évêque voit le besoin d'établir une nouvelle paroisse, celle-ci sera mixte — ou «territoriale» — même si les Francos y sont très nombreux. Au niveau populaire, il s'élève ici et là des protestations, on fait circuler des pétitions, mais les chefs de ces mouvements eux-mêmes finissent par se soumettre, et tout rentre dans l'ordre.

Toutefois, les «patriotes» et une minorité décroissante de prêtres et de laïcs ne voient pas la situation du même œil. Pour l'abbé Adrien Verrette, de Manchester (New Hampshire), un des rares prêtres, avec le père Thomas-M. Landry, o.p., de Fall River (Massachusetts), à rester sur la brèche, la paroisse est toujours «le centre et le foyer de la vie religieuse», comme il le déclare en 1948. De fait, l'abbé Verrette ne modifiera jamais sa vision de la paroisse, qu'il exprime ainsi: «S'il fallait désigner le joyau de nos trésors religieux, le choix se ferait unanime autour de la paroisse.»

Adolphe Robert, président général de l'Association canado-américaine, est du même avis. Dans un article intitulé «L'inviolabilité de la paroisse nationale» (1948), il se réclame du nouveau code de droit canonique pour défendre la préservation du climat français dans les paroisses francos, et se montre peu sympathique à l'égard de ceux qui ne comprennent plus le français: ils n'ont qu'à aller ailleurs. Le déplacement vers des paroisses anglophones réduit les effectifs dans plus d'une paroisse franco et ne fait qu'aggraver le problème. Selon Wilfrid Beaulieu, directeur du *Travailleur*, le tocsin a retenti avant 1948: «L'absorption éventuelle de la paroisse franco-américaine fut, naturellement, l'article majeur dans un programme de nivèlement dont on faisait reposer la justification vague sur les intérêts administratifs des affaires temporelles de l'Église américaine, souvent au mépris des libertés et droits garantis par l'Église universelle.»

Mis en demeure de choisir entre la foi de la majorité et la langue d'un nombre décroissant de paroissiens, l'épiscopat américain, à peine tolérant à l'égard du pluralisme culturel, se devait d'opter en faveur de la foi, car il y allait de la survie de l'Église. Cette tension entre la foi et la langue allait rester le point névralgique, qui diviserait jusque dans les années 1980 le clergé et un petit nombre de fidèles dans la plupart

Salle de classe. À l'école Saint-Antoine de Padoue, New Bedford, Mass., en 1946, on célébrait le cinquantenaire de la fondation de l'école; d'où les guirlandes dans cette classe de 3ᵉ année du cours élémentaire. (Collection Armand Chartier)

des paroisses francos de la Nouvelle-Angleterre. Ceux qui avaient appuyé, soutenu des institutions paroissiales pendant des décennies, suivant en cela leurs propres parents qui avaient contribué à l'établissement de ces institutions, se sont sentis trahis par l'Église, ou plus précisément par l'anglicisation du culte. Encore aujourd'hui, il se trouve des paroissiens qui ont cru, et qui croient toujours, en la permanence du français comme langue du culte dans les paroisses fondées par des immigrants canadiens. Aujourd'hui comme dans les années quarante et cinquante, ces gens sont plus fidèles à la conception de la paroisse comme institution de langue française permanente, mise sur pied par la génération de leurs parents, qu'à la conception de la paroisse comme institution qui a aussi une existence économique, et qui a donc besoin de fidèles pour en assurer l'avenir.

Bref, il y a, tout au long de cette période, résistance à l'anglicisation du culte. Quand, en 1948, les pères Maristes annoncent qu'il y aura, à leur église Notre-Dame de la Pitié, à Cambridge (Massachusetts), prédication en anglais à deux messes le dimanche, ils provoquent un tollé dans la presse militante. Des journalistes comme Wilfrid Beaulieu, Antoine Clément et Philippe-Armand Lajoie multiplient les articles, les lettres, les commentaires en quantité suffisante pour monter un dossier de plusieurs centaines de pages. Ces écrits sont faits d'introspection autant que de polémique, les auteurs s'interrogeant sur tous les aspects de la conjoncture. Vu leur penchant pour l'historisme, des commentateurs identifient, comme source du problème, l'ignorance par «la race» de son propre passé. Comme le répète Édouard Fecteau, journaliste de Lawrence (Massachusetts): «Il est impossible d'aimer et d'admirer une chose que l'on ne connaît pas.»

Tout en poursuivant la polémique contre les anglicisateurs, les «patriotes» profitent de la célébration des anniversaires de paroisses, pour donner à la masse une leçon — peut-être trop tardive — d'histoire franco-américaine. Les aînées des ces paroisses, les «paroisses mères», fondées dans les années 1868-1873 (quelques-unes même avant), célèbrent par des fêtes parfois grandioses leur soixante-quinzième anniversaire. Il en est ainsi dans plusieurs grands centres francos, comme Lowell (Massachusetts), où le soixante-quinzième anniversaire de la paroisse Saint-Joseph (1943) sera l'occasion de rappeler la mémoire du fondateur, le père André-Marie Garin, o.m.i., dont l'œuvre est d'autant plus significative que Saint-Joseph (fondée en 1868) est la première paroisse franco de l'archidiocèse de Boston. Saint-Joseph (rebaptisée Saint-Jean-Baptiste) a en plus la chance d'avoir à son service nombre d'écrivains doués, dont le père Narcisse Cotnoir, o.m.i., et Yvonne Le Maître. Ainsi les articles publiés en 1943 et en 1948 (lors du quatre-vingtième anniversaire de la paroisse) se relisent encore avec intérêt.

En 1946, le soixante-quinzième anniversaire de la paroisse Saint-Pierre et Saint-Paul de Lewiston (Maine) est l'occasion de vanter ses nombreux avantages: «deux écoles supérieures» (*i.e.* secondaires), les mérites esthétiques de son église, «monument d'architecture gothique», sa population (plus de 15 000 âmes) qui en fait une des

plus grosses paroisses franco-américaines de la NouvelleAngleterre,
etc. Saint-Joseph de Springfield (Massachusetts) — 75 ans en 1948
—, paroisse éloignée des grands centres, suscite les éloges de l'abbé
Adrien Verrette, qui félicite ses paroissiens d'avoir su maintenir cette
œuvre difficile pour eux, parce qu'ils sont dispersés dans une grande
ville, et isolés des hauts lieux de la survivance. Le centenaire (1950)
de Saint-Joseph de Burlington (Vermont), paroisse mère de la Franco-
Américanie, fondée par Mgr de Goësbriand en 1850, donne lieu à des
articles qui, encore de nos jours, gardent tout leur intérêt.

Les «patriotes» ont à leur disposition nombre de journaux, ainsi
que *La Vie franco-américaine*, compilation annuelle de faits et gestes
préparée par l'abbé Adrien Verrette. Ce dernier y multiplie les éloges,
à l'occasion des anniversaires de fondation des paroisses, comme il y
distribue le blâme à ceux qui «démissionnent», en cessant de se
dévouer à la survivance. Lors du décès d'un prêtre patriote, l'abbé
Verrette ne manque pas l'occasion de vanter ses mérites, sans doute
pour édifier le jeune clergé et pour lui inspirer du patriotisme. Voici
en quels termes il décrit son dernier entretien avec l'abbé Stanislas
Vermette (1876-1944), curé de la paroisse Saint-Joseph de Salem
(Massachusetts):

> [...] nul ne fut plus entièrement ni plus résolument consacré à nos
> intérêts religieux et culturels. Il nous avouait bien simplement, avec la
> gravité de celui qui sent venir la fin, que pendant toute sa vie il avait
> voulu être pour les siens l'humble serviteur et le défenseur fidèle de nos
> hérédités particulières. Il ajoutait avec une note de mélancolie qu'il ne
> pouvait pas concevoir comment un Franco-Américain, prêtre, religieux
> ou laïque, pouvait se départir d'une si grande mission et envisager
> l'éternité avec calme.

Moins respectueux du clergé, les «patriotes» auraient volontiers
parlé de la trahison des clercs; ils évoquent plutôt leur démission, en
ce qui touche l'œuvre de la survivance, et encore faut-il nuancer.
Suivant l'exemple de leurs curés, qui s'en tiennent à l'exercice de
leurs fonctions de prêtres, les vicaires n'oseraient pas s'engager dans
un mouvement nationaliste, de peur de mettre en péril leur propre
avancement dans la carrière ecclésiastique. Sans compter que les
jeunes prêtres des années quarante et cinquante se sentent, comme
leurs contemporains laïques, beaucoup moins engagés que ne l'étaient
leurs devanciers dans le projet de conservation culturelle. Bilingues,

ils conserveront assez de français pour exercer leur ministère auprès des paroissiens âgés, souvent unilingues francophones. Quant aux séminaristes de cette époque, le choix est fait pour eux — cela dit sans tenter de résoudre la controverse concernant les grands séminaires. En effet, certains évêques envoient des Irlando-Américains, candidats à la prêtrise, étudier dans les séminaires de langue française d'Europe ou du Canada. Est-ce là le moyen de préparer de futurs prêtres à bien servir les paroisses où les Francos se trouvent en grand nombre? Ou est-ce plutôt un moyen de les préparer à mieux assimiler les Francos, selon l'interprétation des «patriotes»? Seules de futures recherches permettront d'établir les faits.

Alors que le clergé dit séculier ou diocésain est préposé à peu près exclusivement aux œuvres paroissiales, les membres du clergé régulier assurent la desserte de quelques paroisses, mais ils servent surtout comme prédicateurs dans des occasions spéciales, comme les retraites paroissiales du carême, ou dans les «retraites fermées». Ils ont aussi la charge de sanctuaires qui attirent de plus en plus de pèlerins, à mesure que l'automobile facilite les déplacements. Ces prêtres, enfin, servent comme missionnaires dans des pays étrangers.

La communauté des oblats de Marie-Immaculée est en plein essor depuis l'érection canonique de leur province franco-américaine, en 1921. Leur paroisse Saint-Joseph de Lowell (Massachusetts) compte 10 000 âmes, lors de son soixante-quinzième anniversaire de fondation, en 1943. Un oblat, Jean-Louis Collignon, est intronisé évêque des Cayes, à Haïti (1943), où leurs missions se développent. (Elles prennent aussi de l'importance aux Philippines et dans d'autres pays.) La revue mensuelle des oblats, *L'Apostolat*, continue d'être appréciée, alors qu'une nouvelle maison de retraites fermées, à Augusta (Maine), inaugurée en 1949, attire de nombreux retraitants. Les pèlerinages, enfin, commencent à se multiplier dès la dédicace du sanctuaire Notre-Dame-de-Grâces, à Colebrook (New Hampshire), situé dans ce qu'on nomme pieusement la «vallée mariale».

Les missionnaires de Notre-Dame-de-la-Salette, qui œuvrent en Nouvelle-Angleterre depuis 1927, connaissent eux aussi une période d'essor. En 1944, ils comptent environ 200 sujets (prêtres, frères, étudiants), et, en 1945, érigés en province franco-américaine, ils acquièrent à Brewster (Massachusetts) un très beau domaine qui leur sert de maison provinciale et de noviciat. À la même époque, ils

Bulletin paroissial. Rares et précieuses, les collections de bulletins paroissiaux comme celui-ci, publié par les oblats de Lowell, Mass., contiennent des articles et des photos d'une grande utilité aux amateurs d'histoire. Ci-dessus: un moment de la consécration épiscopale de Mgr Louis Collignon (à droite), un Franco d'origine belge, par le cardinal Jean-Marie Rodrigue Villeneuve, à l'église Saint-Jean Baptiste de Lowell, Mass. (Collection Armand Chartier)

accueillent le premier pèlerinage à leur sanctuaire d'Attleboro (Massachusetts), celui d'Enfield (New Hampshire), inauguré en 1950, est connu pour le groupe statuaire qui évoque l'apparition de la Sainte-Vierge à La Salette, en France (1846), et pour son chemin de croix extérieur. Leur revue, *Celle qui pleure*, tire à plus de 30 000 exemplaires.

Parmi d'autres communautés religieuses d'hommes, les assomptionistes du collège de l'Assomption (Worcester, Massachusetts) acceptaient, en 1948, la desserte du sanctuaire du Sacré-Cœur, à Beauvoir (Québec). Les assomptionnistes, qui célèbrent leur centenaire de fondation en 1950, font souvent du ministère dans les paroisses francos, et font connaître l'œuvre de leur collège par diverses publications, dont la revue *L'Assomption*.

Toujours dans les décennies quarante et cinquante, on trouve des pères franciscains de Montréal établis dans leur collège Saint-François, à Biddeford (Maine), et dans leur maison de retraites fermées, à Pittsfield (New Hampshire). Les pères maristes de la province de Boston comptent une centaine de prêtres répartis dans des paroisses francos de la Nouvelle-Angleterre, alors que les pères de Saint-Edmond (fondés en France en 1843) ont un collège, Saint Michael's, à Winooski (Vermont). Les maristes et les pères de Saint-Edmond sont souvent dénoncés comme anglicisateurs par la presse «patriote», qui apprécie davantage le climat français entretenu par les dominicains dans leurs paroisses de Lewiston (Maine) et de Fall River (Massachusetts).

Les communautés religieuses de femmes œuvrent dans les domaines de la bienfaisance et de l'enseignement. Pendant cette période, plusieurs de ces communautés, venues du Canada, acquièrent leur autonomie, et fondent des provinces franco-américaines, par exemple, sœurs de la Présentation-de-Marie, religieuses de Jésus-Marie, sœurs de l'Assomption, sœurs de Sainte-Croix).

Vers 1950, ces communautés de femmes originaires du Canada français fournissent le personnel requis par une trentaine d'hôpitaux et de refuges dans les six États de la Nouvelle-Angleterre. On n'a pas assez dit ce que l'ensemble de ces œuvres de bienfaisance représente comme contribution généreuse à la société, ou comme tâche ingrate entre toutes. Ces religieuses — sœurs de la Providence, sœurs Grises, sœurs Dominicaines, entre autres — œuvrent dans l'obscurité et dépendent de la charité des bienfaiteurs pour le bon fonctionnement de leurs maisons — hôpitaux, hospices, orphelinats — en plus d'être souvent critiquées, parce qu'elles ne font pas suffisamment œuvre franco-américaine. Les «patriotes», en effet, surveillent les institutions francos et dénoncent toute tendance à l'anglicisation. Il aura certes fallu à ces femmes une «vocation spéciale», comme on disait à

Le Phare. De 1948 à 1952, les Francos possédaient une revue de type magazine, grâce à une initiative de la famille SanSouci de Woonsocket. Chaque mois, ce périodique signalait à ses lecteurs une personnalité franco en lui consacrant la page couverture et en traçant de cette personnalité une esquisse biographique. En mars 1949, on honorait Irène Farley. (Collection de l'Institut français, Worcester, Mass.)

l'époque, pour se consacrer, parfois 40 ou 50 ans à une carrière aussi modeste, marquée surtout au coin du sacrifice et de la méconnaissance. Notons enfin que nombre de ces religieuses cumulent plusieurs fonctions, puisque, avec le temps, des hôpitaux établissent des écoles d'infirmières, où elles-mêmes assurent l'enseignement.

Les communautés enseignantes passent, elles aussi, par une période de croissance. Les frères du Sacré-Cœur, par exemple, se détachent de leur maison-mère d'Arthabaska (Québec) pour former une province franco, avec siège social à Sharon Heights (Massachusetts). Comme eux, d'autres communautés d'hommes — les frères des Écoles chrétiennes, les frères de l'Instruction chrétienne, les frères Maristes surtout — participent, en collaboration avec les communautés de femmes, au développement des écoles secondaires, et continuent d'enseigner dans les écoles de garçons de plusieurs paroisses francos. En tout, religieux et religieuses forment le personnel enseignant de quelque 264 établissements scolaires francos, en 1949.

Il faudrait, parmi d'autres institutions religieuses qu'il serait utile de mieux connaître, étudier les Rosiers missionnaires de Sainte-Thérèse-de-l'Enfant-Jésus, société fondée en 1922 par Mlle Irène Farley (1893-1961) dans la paroisse Saint-Antoine de Manchester (New Hampshire), qui, en 25 ans, a donné plus de 300 000 $ à «l'œuvre du clergé indigène des missions». Il faudrait aussi étudier les Francos eux-mêmes, en regard des institutions religieuses. Comment expliquer, par exemple, que de jeunes Francos se soient sentis attirés vers certaines communautés religieuses, comme la Société des missions étrangères (québécoise), plutôt que vers d'autres? Ou encore: vérifier si dans leurs efforts de recrutement, au cours de cette période, les communautés canadiennes-françaises et franco-américaines connurent plus de succès que les communautés américaines.

Lorsque, en 1948, les Hospitalières de Saint-Joseph, de l'Hôtel-Dieu de Montréal, acceptent la charge du nouvel hôpital Notre-Dame, à Biddeford (Maine), elles sont une des dernières communautés canadiennes-françaises à s'implanter en Nouvelle-Angleterre. C'était là, en effet, la fin de l'époque de l'implantation, et on peut situer à la fin des années 1950 et au début des années 1960 le terme de la période de croissance des institutions religieuses. À cet égard, la nomination de Mgr Ernest Primeau au siège épiscopal de Manchester (New

Hampshire), en 1960, représente beaucoup plus un point d'arrivée qu'un nouveau départ.

Aux sociétés fraternelles et culturelles, qu'il nous faut étudier maintenant, nous ajouterions volontiers, si l'espace le permettait, certains groupements professionnels, économiques, politiques et sociaux, car les Francos sont actifs dans tous ces domaines. Souvent, ils sont assez bien organisés pour former une fédération ou pour se regrouper.

Presque tous les groupements francos, du plus humble club social aux plus prestigieuses des grandes mutuelles, continuent de célébrer, tantôt modestement, tantôt avec faste, la fête patronale (la Saint-Jean-Baptiste, le 24 juin). Il est plus commode de célébrer cette fête le dimanche qui précède le 24 juin; ce jour-là, aux portes de l'église paroissiale, des volontaires offrent, pour un sou, une feuille d'érable en papier, que les Francos arboreront en signe de leur appartenance à «la race». Après la messe, selon les circonstances locales, il y aura défilé, banquet, soirée, ou autre manifestation, le tout ponctué d'envolées oratoires, depuis le sermon spécial jusqu'aux discours patriotiques des notables. La fête est souvent organisée par une succursale d'une des grandes mutuelles.

Pendant ces années 1935-1960, les grandes mutuelles, que l'on nomme aussi «sociétés fraternelles» ou «sociétés nationales», sont l'Union Saint-Jean-Baptiste d'Amérique, dont le bureau chef est à Woonsocket (Rhode Island), et l'Association canado-américaine, dont le siège social est à Manchester (New Hampshire); il faut aussi nommer la Société des artisans, une mutuelle canadienne-française, dont le quart des effectifs se trouve en Nouvelle-Angleterre, et la Société l'Assomption, de Moncton (Nouveau-Brunswick), qui compte parmi ses membres un fort pourcentage d'Acado-Américains.

«Châteaux forts» de la survivance, comme on aime le répéter à l'époque, ces organismes à vocation multiple commencent déjà à perdre l'esprit fraternel et le caractère de bienfaisance qui avaient caractérisé leurs débuts. De fait, les aînés ne manquent pas une occasion de rappeler aux officiers généraux qui leur succèdent, que les mutuelles avaient été sociétés de bienfaisance avant de devenir mutuelles fédérées. Il y a là plus qu'une nuance; il y a, en fait, une profonde différence de mentalité. Pour les aînés, une société de

bienfaisance avait un caractère de fraternité et de patriotisme dont
l'importance, chez les jeunes, sera minime. Plus pragmatiques que
leurs devanciers, ceux-ci sauront, avec le temps, transformer les
mutuelles en compagnies d'assurance où l'idéalisme et le sens culturel
s'estomperont. On peut certes voir là un autre signe des temps, car les
aînés de 1940-1950, ceux qui occupent les postes de commande,
avaient tendance à associer «mutualisme», «fraternalisme» (*sic*)
«fraternité», alors que leurs successeurs veulent plutôt faire de ces
mutuelles des forces économiques, sans toutefois en abolir complètement le côté bienfaisance.

L'Union Saint-Jean-Baptiste d'Amérique, par exemple, avec ses
quelque 75 000 membres vers 1960, est, comme les autres mutuelles,
en pleine croissance au cours de cette période. Elle se qualifie de
«société nationale des Franco-Américains», parce que c'est la seule
des «quatre grandes» à ne pas recruter de membres au Canada. Ayant
maintenu des «conseils» (succursales) dans l'Illinois et le Michigan
aussi bien que dans l'État de New York et dans les six États de la
Nouvelle-Angleterre, l'Union permet aux Francos de l'Est d'avoir des
nouvelles de leurs «frères» du Midwest, — d'autant plus qu'elle
accorde beaucoup d'importance, dans son bulletin, par exemple, à
l'activité de ses «conseils».

L'Union perpétue aussi un mode de fonctionnement et une
existence officielle fondés sur la hiérarchisation. Ses officiers généraux se déplacent pour présider aux installations solennelles des
officiers des «conseils», selon une tradition qui se maintient encore de
nos jours. On profite de ces formalités rituelles pour remettre les
insignes de l'Ordre de mérite et d'honneur à ceux qui ont de longs
états de service comme membres du «comité de régie» d'un «conseil».
Mais, en encourageant ainsi la longévité des mandats, l'Union
contribue elle-même, selon les jeunes, à se scléroser et à créer un
«vase clos».

Pourtant elle n'oublie pas les jeunes. Chaque année, sa «caisse
de l'écolier» offre quelques bourses à des adolescents désireux de
poursuivre leurs études, soit au collège de l'Assomption, de Worcester
(Massachusetts), soit dans les séminaires ou collèges classiques du
Canada. L'Union organise aussi, pendant deux décennies environ, un
concours annuel de ses «équipes d'initiation», qui rassemble des
équipes «semi-militaires» de jeunes filles venues d'un peu partout en

Nouvelle-Angleterre. Ces concours fournissent un divertissement à une foule qui peut compter des milliers de spectateurs, et aux jeunes une occasion de se recréer tout en développant le sens de discipline personnelle et l'esprit de corps. Enfin, en 1955, l'Union donne une nouvelle preuve de son engagement à l'égard de l'enseignement supérieur franco-américain, en offrant un don substantiel pour la construction, sur le nouveau campus du collège de l'Assomption, à Worcester, de la «maison française», qui contribuera au rayonnement de la culture française en terre américaine.

Seule une étude comparée objective et approfondie permettra de déterminer si les différences entre l'Union et l'Association canado-américaine sont plus nombreuses ou plus significatives que leurs ressemblances. L'Association, qui aime se dire «la société par excellence des Franco-Américains», ou encore «l'aînée de nos fédératives», compte quelque 35 000 membres vers 1960, dont le tiers au Canada. Ces liens, pour ainsi dire «organiques», avec le Canada, constituent sans doute la différence la plus importante entre l'Association et l'Union. D'autre part, la Commission des archives et l'Institut canado-américain de l'Association, qui veillent au maintien et à l'amélioration constante de sa collection de canadiana et de franco-americana, semblent plus actifs que leurs contreparties à l'Union.

Comme l'Union, l'Association a des succursales dans le Midwest américain (dans le Michigan), elle accorde des bourses d'études à quelques-uns de ses jeunes membres, et des subventions au collège de l'Assomption, elle publie un bulletin, *Le Canado-Américain*, qui, tout comme *L'Union*, reste d'une grande utilité pour les chercheurs. Est-elle plus dévouée que l'Union à la cause de l'histoire franco? Le volume qu'elle publie en 1946, *Mémorial des actes de l'Association canado-américaine*, rédigé par son président général Adolphe Robert, semblerait l'indiquer, mais l'Union fait aussi ses preuves, en subventionnant, en 1958, une *Histoire des Franco-Américains*, de Robert Rumilly. Il est vrai qu'en 1957 l'Association avait fait paraître, de Rosaire Dion-Lévesque, *Silhouettes franco-américaines*, soit 900 pages d'esquisses biographiques.

Ce qui ne fait aucun doute, c'est la fidélité de ces deux mutuelles à l'Église catholique et aux États-Unis. Toute réunion, grande ou petite, commence par une prière et la récitation du serment de fidélité au drapeau des États-Unis. Depuis leurs débuts, ces deux sociétés restent donc catholiques et américaines, même si l'Association recrute des membres au Canada. Aucun doute n'est possible, non plus, sur leur engagement socio-culturel envers les Francos. En plus des multiples initiatives qu'elles suscitent elles-mêmes, ces mutuelles font partie de tous les mouvements et de tous les rassemblements d'envergure, même localement. Avec constance et dynamisme, elles appuient tout ce qui est catholique, francophone et américain en Nouvelle-Angleterre. La Société des Artisans et la Société l'Assomption, bien que canadiennes, sont presque aussi visibles que l'Union et l'Association, presque aussi actives dans la vie franco-américaine.

Période de croissance pour les mutuelles, le quart de siècle qui va de 1935 à 1960 marque le déclin de la presse; et pourtant ces deux types d'institutions sont voués à l'œuvre de la survivance, mais avec une différence notable. Si les mutuelles se développent, c'est qu'elles offrent un service que les Francos se sentent de plus en plus obligés de se procurer: l'assurance-vie, dont le commerce fournit l'assiette économique qui rend possible les activités fraternelles, patriotiques et sociales dont nous avons parlé. Les journaux, cependant, même en privilégiant l'information, n'offrent pas un service jugé aussi essentiel que celui des mutuelles. D'autant que, même s'ils offrent un service d'information amélioré par l'accès à l'Agence France-Presse (1950), les journaux francos continuent de faire presque uniquement œuvre de survivance, du seul fait qu'ils sont rédigés en français. Du point de vue de la masse, qui s'anglicise sans cesse au cours de ces décennies, cet emploi du français constitue une barrière que l'on ne voit pas l'utilité de franchir. Bref, la masse continue de fréquenter la paroisse franco, en grand nombre elle envoie ses enfants à l'école paroissiale, dans un pourcentage important (10 % environ) elle soutient les mutuelles, qu'elle perçoit comme de bonnes compagnies d'assurance beaucoup plus que comme des instruments d'action nationaliste ou d'animation socio-culturelle, mais, indifférente, elle laisse péricliter la presse de langue française.

Les directeurs de journaux auront pourtant multiplié les initiatives pour sauver leurs entreprises, et ils auront joui, jusqu'à la fin, de l'appui de l'*establishment* franco. D'une fidélité sans cesse proclamée à la religion et à la langue des ancêtres, de même qu'au pays d'adoption et aux grandes mutuelles francophones, rédacteurs et journalistes voient régulièrement les curés et les «officiers» des mutuelles encourager les Francos à s'abonner à leur journal local. Or, cette constance par rapport aux valeurs traditionnelles, que d'aucuns jugent remarquable, ne touche pas la masse, qui, fascinée par ses propres progrès socio-économiques, et de plus en plus éprise des valeurs matérialistes de la société, se satisfait du prône dominical pour toute nourriture de l'esprit, et se contente de lire les nouvelles comme le fait le reste du pays, en anglais.

Regroupés dans l'Alliance des journaux franco-américains (fondée en 1937), les journalistes font leur part pour se maintenir. D'abord, en redisant à satiété l'état économique toujours précaire de la presse, en rappelant ses états de service, et en réorganisant quelques-uns des journaux pour leur épargner la faillite. Tous ces efforts, cependant, n'ont fait que retarder de quelques années la disparition de la presse franco-américaine. On peut penser que le système de valeurs véhiculé par cette presse «patriotique», allant à l'encontre de celui qu'absorbait la communauté franco presque en son entier, aura rendu cette disparition inévitable.

On retrouve en effet, dans le secteur journalistique, un modèle, «une miniature» du drame plus vaste qui déchire l'histoire franco depuis le commencement. D'une part, la civilisation étatsunienne — axée sur le matérialisme, sur la mobilité socio-économique de l'individu, sur le changement incessant qui produit «le choc du futur» — ne favorise pas, en général, la préservation de l'héritage culturel de quelque groupe ethnique que ce soit, et, d'autre part, les journaux américains de langue anglaise, en valorisant les aspects les plus séduisants, les plus captivants, de cette civilisation, écrasent de tout leur poids, moral, psychologique et économique, les journaux états-uniens de langue «étrangère», au point de les rendre anachroniques et dérisoires aux yeux des jeunes.

Il ne s'agit, en définitive, que d'un aspect de la lutte séculaire entre deux mentalités diamétralement opposées — entre les idéalistes et les pragmatistes. Nous serions tenté d'écrirequ'il s'agit aussi d'une lutte entre l'altruisme et l'égocentrisme. Les observateurs les plus sagaces l'auront compris dès les années 1940. Voici, par exemple, la déclaration de Joseph Désaulniers, directeur propriétaire du *Messager* de New Bedford (Massachusetts), en 1947: «Dans peu d'années, ceux qui publient actuellement les journaux français de la Nouvelle-

Angleterre seront disparus, et les jeunes qui les remplaceront n'auront sans doute pas le zèle, la ténacité, le patriotisme des anciens.»

Au cours des années 1950, les Francos bénéficient d'une vingtaine de programmes radiophoniques répartis en autant de centres, de Hartford (Connecticut) à Lewiston (Maine). Malgré des variations dues à des conditions locales ou au degré de culture du responsable de l'émission, par exemple, ces programmes ont des points communs: présentation de chansons françaises et canadiennes-françaises (Tino Rossi sera longtemps une tête d'affiche), réclames et annonces diverses. Deux cas particuliers sont à signaler: à Manchester (New Hampshire), Paul Gingras dirige un «radio journal» qu'il conçoit comme une «œuvre sœur» de la presse, et à Holyoke (Massachusetts), Léon Alarie inaugure, dans les années 1940, une série d'émissions qui dure encore.

Mais, dans le secteur culturel, l'organisme qui, à l'instar des journaux, aura fait œuvre vraiment durable est la Société historique franco-américaine, fondée en 1899. Ses réunions semestrielles rassemblent les plus intellectuels parmi les journalistes, les membres des professions libérales et quelques prêtres francos, mais aussi des amis non franco-américains de l'Amérique française. Après la réception et le banquet — il serait inconcevable de ne pas fraterniser ainsi —, on assiste à une conférence, habituellement magistrale, dans tous les sens du terme. Parfois la soirée se clôt par la remise d'une médaille à un individu qui a contribué à l'historiographie.

Durable, l'œuvre de la Société l'aura été surtout par la publication annuelle de son *Bulletin*. On y trouve, en plus des comptes rendus des réunions, les textes des conférences, des études appartenant à la «grande» histoire, ou encore à l'histoire culturelle et littéraire, ainsi que des «documents et pièces d'archives». La société contribue aussi aux archives francos, en publiant des documents relatifs aux anniversaires que, surtout à partir de 1950, elle aime observer d'une façon spéciale. En 1955, par exemple, la société organise la célébration du 350e anniversaire du voyage de Samuel de Champlain le long du littoral de la Nouvelle-Angleterre: il y aura concert symphonique, deux expositions, et dévoilement d'une plaque commémorative. Celle-ci, placée à l'aéroport international Logan, à Boston, rappelle la visite de Champlain et le fait qu'il nomma le havre de Boston la «Baye des Isles». Au cours de la cérémonie du dévoilement, on rappelle aussi

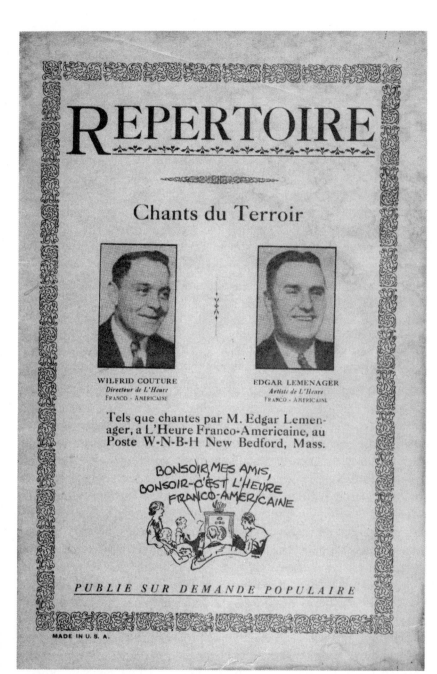

Répertoire des chants du terroir. Il n'existe aucun inventaire complet des publications francos. Ainsi ce répertoire fut retrouvé presque par hasard et constitue un des rares témoignages imprimés, sinon le seul, du dévouement manifesté par une succession d'annonceurs de radio de langue française dans ce coin du Massachusetts.
(Collection Armand Chartier)

Les Francs-Tireurs. Cet organisme à vocations multiples fut un des plus
populaires et des plus estimés parmi les nombreux groupements francos
de New Bedford. Il a persisté dans ses diverses entreprises de 1891 à 1970.
(Collection Armand Chartier)

qu'en 1605 Champlain avait donné au village de Plymouth (Massachusetts), site du premier établissement permanent des Anglais en
Amérique du Nord, le nom de Port Saint-Louis. En 1955 encore, la
société participe au deuxième centenaire de la déportation des
Acadiens, d'abord en assistant aux fêtes de Grand-Pré, ensuite en
offrant une plaque en bronze à la paroisse Saint-Joseph de Waltham
(Massachusetts), ville considérée comme «l'aîné» des centres acado-
américains en Nouvelle-Angleterre.

Après avoir fêté le bicentenaire de la naissance du marquis de La
Fayette (1957), héros de la Révolution américaine, la Société historique franco-américaine, en collaboration avec la Fort Ticonderoga
Association, mit sur pied, en 1958, les touchantes manifestations qui
marquèrent le bicentenaire de la victoire du marquis de Montcalm à
Carillon (Fort Ticonderoga, dans le nord de l'État de New York),
l'avant-dernière victoire française sur le continent américain. À cette
occasion, la société suscita également un certain nombre de manifestations dans des écoles franco-américaines; et, dans son *Bulletin*
annuel de 1958, elle fit revivre non seulement les cérémonies commé-

moratives, mais la bataille elle-même, de même que la pieuse légende qui entoure «le drapeau de Carillon».

Pour être complète, une étude des sociétés fraternelles et culturelles actives au cours de la période 1935-1960 devrait tenir compte des caisses populaires, des groupements politiques et des clubs Richelieu, aucun de ces organismes n'étant dépourvu d'esprit fraternel ou de motivation culturelle. Ceux qui sont en train de devenir «la vieille garde» sont partout présents pour assurer un minimum de solidarité, d'union, de sens communautaire — autant de mots qui évoquent une époque en voie de disparition.

Présence du Canada et de la France

Tout au long de cette période, la Franco-Américanie se crée des liens sociaux et intellectuels avec la francophonie: son intérêt se porte d'abord vers le Canada français, plus rapproché par la géographie et l'histoire, puis vers la France, la «première» des deux mères patries, que les Francos redécouvrent à l'occasion de la Deuxième Guerre; elle subira aussi, mais à un degré moindre, l'influence d'autres pays francophones, comme la Belgique.

Ce rayonnement de la francophonie s'explique d'abord par l'amour et l'admiration des Franco-Américains pour tout ce qui est français, par la langue, la culture, l'esprit ou l'origine, à la condition que ce soit aussi catholique; il s'explique par la présence d'institutions comme le collège de l'Assomption, foyer de culture française depuis sa fondation en 1904, le consulat général de France et le consulat du Canada, tous deux à Boston, et l'Alliance française, dont des filiales s'établissent dans certains centres franco-américains — sans parler du *Travailleur*, dont le rédacteur, Wilfrid Beaulieu, sème à profusion des articles sur le Canada, la France, la Wallonie et, à l'occasion, la Suisse et l'Afrique francophone, et de l'action missionnaire des oblats de Lowell (Massachusetts), qui fait connaître Haïti et sa culture.

Le Canada français de 1935-1960 n'est guère présent en Franco-Américanie que pour l'élite, malgré les quelque 20 000 ou 30 000 membres de la Société des artisans (Montréal) et de la Société l'Assomption (Moncton). Il est vrai que plusieurs centaines de jeunes

assistent aux deuxième et troisième congrès de la langue française, à
Québec, en 1937 et en 1952 respectivement, mais ces événements ne
paraissent pas avoir exercé sur eux une influence durable.

D'une façon générale, il paraîtra, au contraire, que, pendant ce
quart de siècle, il se rompt plus de liens avec le Québec qu'il ne s'en
crée. Les communautés religieuses d'origine canadienne-française, en
devenant autonomes par rapport à leurs anciennes maisons mères, ne
maintiennent plus de contacts institutionnalisés avec le Canada, et y
recrutent de moins en moins. Par ailleurs, à la fin de cette période, soit
vers 1960, les jeunes Franco-Américains, garçons ou filles, ont cessé
d'aller faire leurs études dans les collèges et les couvents du Canada,
comme cela s'est pratiqué depuis le début de l'immigration, signe
du relâchement des liens avec le Canada et de l'assimilation grandis-
sante.

Les chefs «patriotes» des années 1935-1960 ne regrettent pas tous
la diminution de la présence canadienne sur la scène franco-américaine. L'Union Saint-Jean-Baptiste d'Amérique continue de privilé-
gier les contacts et les échanges avec la France, alors que l'Association canado-américaine tente plutôt de multiplier les liens avec le
Canada, non seulement parce qu'elle cherche à y vendre des polices
d'assurance-vie, mais parce qu'elle y voit un appui indispensable à la
survivance, comme l'exprime en 1950 l'abbé Adrien Verrette,
président de sa commission des archives: «[...] nous sommes de ceux
ici à l'ACA qui croient foncièrement à l'importance de la solidarité
entre tous les groupes français en Amérique. Sans cette perspective, le
fait français sur ce continent est inexplicable! Sans elle, il n'a peut-
être pas grand chance de prolongement effectif!»

Ceux qui partagent cette optique se font de moins en moins
nombreux: à mesure que disparaissent les immigrés et que leur descendance grandit et vieillit en terre américaine, le sentiment d'appartenance à la communauté canadienne s'amenuise, en même temps que
le besoin d'en faire partie. Au cours de la Deuxième Guerre mondiale,
par exemple, les Francos soucieux de comprendre et d'expliquer aux
Anglo-Américains la crise de la conscription au Québec sont fort peu
nombreux. Nouveau signe que Francos et Québécois ne partagent plus
la même identité et ne vivent plus en symbiose — il s'en faut de
beaucoup —, bien qu'on doive encore signaler des exceptions.

Le Conseil de la vie française en Amérique (qui s'appelait à
l'époque le Comité permanent de la survivance française en Amé-

rique) réunit, depuis sa fondation (1937), des représentants des diverses communautés francophones en Amérique du Nord. Dès le début, trois Francos, surnommés «les trois mousquetaires», représentent leurs compatriotes au sein du conseil: Adolphe Robert, président général de l'Association canado-américaine, Eugène Jalbert, avocat de Woonsocket (Rhode Island) et ami de l'Union Saint-Jean-Baptiste d'Amérique, et l'abbé Adrien Verrette, de Manchester (New Hampshire). À partir de 1944, le nombre des Francos membres du conseil est porté à cinq. Grâce à l'intérêt soutenu du conseil pour la Franco-Américanie, il s'instaurera, entre lui et les Francos, une collaboration étroite et fructueuse.

Une preuve tangible et fort utile de cette collaboration se trouve dans les 15 volumes annuels intitulés *La Vie franco-américaine* (1937-1952), rédigés par l'abbé Adrien Verrette et publiés sous les auspices du conseil. Ce dernier accorde en outre des subventions à l'œuvre de la presse et à l'alliance radiophonique franco-américaines, et il encourage l'enseignement du français en offrant des prix et des livres aux écoles francos. Bref, depuis sa fondation, le Conseil de la vie française en Amérique demeure une source constante d'inspiration, d'encouragement et de soutien pour les œuvres de la survivance en Nouvelle-Angleterre, et contribue au rayonnement de l'idéal qu'annonce son nom même: celui d'une Amérique française vivante.

D'autres organismes, notamment les sociétés mutuelles, assurent eux aussi une présence vivante du Canada chez les Francos. La Société des artisans et la Société l'Assomption participent à la vie franco-américaine, surtout par les activités de leurs filiales et par leur appui tangible et constant aux œuvres de la survivance. De même, l'Association canado-américaine, dont le tiers des membres se trouvent au Canada, échange régulièrement des idées et des renseignements avec le Québec, par ses congrès, son bulletin, l'accueil qu'elle réserve à des visiteurs canadiens, et par les voyages qu'elle met sur pied, dont un pèlerinage annuel au Cap-de-la-Madeleine.

Divers groupes, tablant sur l'amour de la musique et le goût du spectacle que partagent les Franco-Américains et les Québécois, prennent des initiatives qui, au cours des années 1940 (et déjà moins au cours des années 1950), créent de nouveaux liens entre les deux peuples. Ainsi les tournées en Nouvelle-Angleterre de la troupe Jean Grimaldi et de «la Bolduc» provoquent le rire et la gaieté, et la pièce de Léon Petitjean et Henri Rollin, *Aurore, l'enfant martyre*, inspire la consternation. À la radio, le développement d'une programmation franco-américaine à base de musique canadienne et française fait connaître les vedettes de la chanson populaire, notamment «la Bolduc», très appréciée par un large public franco, sans doute parce qu'elle exprime d'une façon magistrale l'âme du peuple. Dans le sens inverse, quelques ensembles musicaux franco-américains vont donner des concerts au Canada, invités par la Société du parler français, ou quelque autre organisme.

Pendant cette même période, la Société historique franco-américaine continue de rappeler leurs origines à ses membres, en invitant des conférenciers du Canada. Elle est particulièrement fière d'avoir comme invité d'honneur, aux fêtes de son cinquantenaire (1949), Louis Saint-Laurent, premier ministre du Canada, qui prononce, au sujet de l'histoire contemporaine de son pays, un discours fort apprécié. Ce genre de présence, officielle et symbolique, du Canada dans la vie sociale et culturelle des Francos va s'institutionnaliser après l'établissement du consulat canadien à Boston, en 1949. Le premier titulaire de ce poste, Mᵉ Paul-André Beaulieu, donne le ton en assistant aux grandes manifestations francos, et en facilitant les visites et les échanges entre Francos et Canadiens. Ses successeurs, entre autres Mᵉ Jean-Louis Delisle, se serviront de ce poste avec doigté pour multiplier les liens d'amitié entre les deux groupes, tout en contribuant à améliorer sans cesse les relations entre le Canada et les États-Unis.

Les contacts suscités par le réseau ecclésiastique nous sont beaucoup moins connus. Nous savons peu de chose, par exemple, de l'influence sur les Franco-Américains des chefs religieux de l'époque 1935-1960, si ce n'est que le cardinal J.-M. Rodrigue Villeneuve, o.m.i., archevêque de Québec jusqu'à son décès en 1947, fut hautement estimé en Franco-Américanie, qu'il a visitée à quelques reprises. On peut en dire autant du cardinal Paul-Émile Léger, archevêque de Montréal. Chez l'un comme chez l'autre, les chefs «patriotes» ont trouvé des «paroles de vie», que ce fût dans le célèbre discours du cardinal Villeneuve devant la Société historique francoaméricaine, en 1938, ou celui du cardinal Léger au congrès de l'Union Saint-Jean-Baptiste d'Amérique, à Springfield (Massachusetts), en 1954. Dans ce dernier cas, appelé lui aussi à devenir célèbre, l'orateur prononce des paroles prophétiques, souvent citées: «La vie française en Amérique ne vivra plus de son passé. Elle doit être occupée aux choses du présent et elle trouvera en elle-même ses raisons de vivre ou elle ne vivra plus.» Mais, par-delà ces visites d'apparat, nous ignorons quelle a pu être l'influence moins visible de ces personnalités, ou celle d'autres personnages religieux moins en vue.

Si le Québec occupe le premier rang dans la place que les Francos réservent au Canada français, l'Acadie, l'Ontario et l'Ouest canadien ne sont pas pour autant absents de leurs préoccupations. De ces trois régions, l'Acadie est la plus visible, à cause de la présence de plusieurs milliers d'Acadiens en Nouvelle-Angleterre, avec tout ce que cette présence entraîne comme visites des deux côtés de la frontière, visites de «gens ordinaires» et visites de notables. Ici encore, la Société historique franco-américaine, dans ses réunions comme dans son *Bulletin*, a su tenir compte des liens entre la Franco-Américanie et l'Acadie. En 1960, par exemple, Louis-J. Robichaud, premier ministre du Nouveau-Brunswick, prononçait devant la société une conférence, par la suite imprimée dans son *Bulletin*, sur la «Résurgence acadienne». Géographiquement plus éloignés, les Canadiens français de l'Ontario et de l'Ouest retiennent quand même l'attention de l'élite, car ils sont eux aussi aux prises avec les problèmes de la survivance dans un milieu anglo.

Présent, le Canada français l'est certainement dans la vie intellectuelle des Francos, puisque c'est de lui que provient l'idéologie de la survivance, que c'est lui qui sert d'inspiration et de modèle à ceux qui veulent faire de cette idéologie une vraie doctrine de vie en Nouvelle-Angleterre. Le chanoine Lionel Groulx, par exemple, aura toujours des disciples parmi les Francos, non seulement chez ceux qui écrivent l'histoire, mais aussi chez ceux qui perçoivent l'historisme comme devant constituer une partie intégrante de la vie de tous les Francos. Par ailleurs, l'élite s'intéresse à la vie de l'esprit au Canada français, comme en témoignent les nombreux comptes rendus d'ouvrages canadiens publiés régulièrement dans les périodiques. Le *Travailleur*, en particulier, tient ses lecteurs au courant de l'actualité littéraire canadienne, grâce aux efforts d'Yvonne Le Maître, entre autres correspondants. Un des collaborateurs les plus fidèles du *Travailleur*, pendant ces décennies, sera le romancier et journaliste Harry Bernard, de Saint-Hyacinthe (Québec).

Dans l'autre sens, tout en mettant fin à ses éditions dites franco-américaines, la presse québécoise encourage des écrivains francos en publiant leurs écrits. C'est ainsi que, de 1952 à 1957, les quelque 300 esquisses biographiques rédigées par Rosaire Dion-Lévesque paraissent dans *La Patrie* de Montréal, avant d'être réunies en volume.

Même si une telle présence du Canada peut, aujourd'hui, nous sembler considérable, il n'en était pas ainsi pour les observateurs de l'époque, qui, sous ce rapport, avaient vécu des jours plus heureux. En 1950, par exemple, après des années d'observation, un dominicain québécois, le père Gérard Saint-Denis, avait pu constater, «des deux côtés de la frontière, une ignorance qui paralyse les échanges fraternels». Aussi faisait-il, dans la *Revue dominicaine*, la recommandation suivante:

> Travaillons de part et d'autre à nous mieux connaître pour nous aimer. Ainsi les Franco-Américains seront moins tentés de considérer les Canadiens comme des arriérés, et les Canadiens ne verront plus dans les Franco-Américains de ces êtres hybrides en qui ils ne reconnaissent rien de leur chair, de leur sang et de leur esprit.

Tout démocrates qu'ils sont, les Francos restent profondément attachés à la France de l'Ancien Régime, cette «fille aînée de l'Église», d'où leurs ancêtres sont venus, au 17e et au 18e siècle pour bâtir la Nouvelle-France. Aussi certaines de leurs paroisses se nomment-elles Saint-Martin, Saint-Louis-de-France ou Sainte-Jeanne-d'Arc. La vieille France reste présente par le culte des pionniers qui ont édifié l'Amérique française, et par les rappels nombreux, que l'élite fait au peuple, de la noblesse de ses origines. Celles-ci, presque à l'égal de la foi catholique, nourrissent l'historisme des chefs de la survivance, qui, à l'instar de Josaphat Benoit, redisent ce qui est pour eux des vérités: «Les Français et les descendants de Français ont découvert, exploré, colonisé, évangélisé les deux tiers de l'Amérique du Nord».

Ces mêmes chefs de la survivance aiment aussi redire, surtout aux Yankees parfois oublieux, le rôle de leur mère patrie dans la Révolution américaine; ainsi, Josaphat Benoit, encore, dans son *Catéchisme d'histoire franco-américaine*: «À qui la république des États-Unis dut-elle surtout la vie? À la France. Sans l'appui moral, l'argent et les troupes de France, les treize colonies n'auraient pu conquérir leur indépendance de 1776 à 1783.»

Ainsi, chez les Francos de 1935 à 1960, le souvenir de la vieille France reste vivace. On se remémore souvent des noms «héroïques»: Jacques Cartier, Samuel de Champlain, Mgr François de Montmorency-Laval, Antoine de La Mothe, sieur de Cadillac, ou encore La Fayette, Rochambeau, de Grasse, d'Estaing. Le même genre de souvenir est aussi perpétué par les calendriers historiques, dits «Calendriers du Sacré-Cœur», publiés par le frère Wilfrid Garneau, f.s.c., de Central Falls (Rhode Island).

Vivante par son passé, la France l'est encore par la langue que parlent les Francos, perçue par la majorité, probablement, comme inférieure à celle qu'on parle en France ou au Canada. Aussi les chefs «patriotes» voudraient-ils à la fois bannir les vocables anglais du parler franco et le légitimer aux yeux des Yankees, qui, pour la plupart, n'y voient qu'un patois méprisable; au reste, rien ne remplace, pour l'élite et le peuple, le prestige du français de France, et l'on entend souvent ce jugement péremptoire: «Il parle le *bon* français, le vrai français de France».

Source d'inspiration par son histoire et par sa langue, la France l'est encore par ses auteurs catholiques. Orateurs et journalistes, clercs et laïcs citent volontiers Corneille, Bossuet, Lacordaire, Veuillot, Bloy, Péguy. *Le Travailleur* de Wilfrid Beaulieu réserve un accueil chaleureux à Maurras, Gaxotte, Bernanos, Mauriac et Daniel-Rops. Les lecteurs apprécient diversement les opinions politiques de ces écrivains, mais ils prisent leur catholicisme et leurs talents littéraires.

La France est aussi présente par la parole et par le geste. D'éminents professeurs qui enseignent dans les grands collèges de la région — René de Messières, André Morize, Jean Seznec — prononcent des conférences pour les Francos. Le père Engelbert Devincq, assomptionniste d'origine française et professeur au collège de l'Assomption, par exemple, atteint la célébrité parmi les Francos par son enseignement, sa prédication, ses conférences et ses écrits. On lui voue une admiration telle qu'à sa mort, survenue pendant la tornade du 9 juin 1953, à Worcester, Rosaire Dion-Lévesque écrit: «Cette mort tragique enlevait à la Franco-Américanie une de ses figures ecclésiastiques et universitaires les plus en vue et les plus estimées, et privait le collège de l'Assomption de son professeur le plus justement renommé.» Toujours à l'affût de contacts personnels avec la France, les Francos se délectent des conférences que rendent possibles les réseaux académiques, diplomatiques et ecclésiastiques. Les causeries d'écrivains comme Vercors (Jean Buller) et Georges Duhamel, et de célèbres prédicateurs parisiens comme Mᵍʳ Georges Chevrot, laissent de durables souvenirs et créent des liens précieux, pendant la difficile période de l'après-guerre.

Cette activité est stimulée par le consulat de France, dont le titulaire, Albert Chambon, se gagne l'affection des Franco-Américains dès son arrivée à Boston, à la fin de 1945. Figure sympathique, militaire décoré, ex-prisonnier des camps de concentration nazis, Albert Chambon est connu pour sa piété et son éloquence. Il sait toucher les cordes sensibles des Francos, comme l'indique le passage suivant, emprunté au *Bulletin paroissial franco-américain*, publié par les oblats de Lowell (Massachusetts): «Monsieur le consul fit surtout sensation lorsqu'il démontra avec beaucoup de sentiment que la cause de la France vaut la peine d'être considérée, encouragée, sauvegardée, parce qu'elle est — et en autant qu'elle est — non seulement la cause de la civilisation, mais la cause de Dieu.»

Avec leurs groupements et leurs journaux, les Francos peuvent être d'un grand secours pour la France, en faisant connaître, aux États-Unis, l'urgence de porter secours, économiquement, à ce pays ravagé par la guerre. Par ailleurs, des Francos collaborent avec leurs compatriotes anglos à l'établissement de France Forever, organisme national de propagande en faveur de la France meurtrie. Ainsi Francos et Anglos participent un tant soit peu à l'effort massif de reconstruction d'un pays. Ils rappellent à leurs concitoyens que «tout homme a deux patries, la sienne et la France». Aussi, l'arrivée, en 1949, des wagons du «Train de la reconnaissance», envoyé aux États-Unis par la nation française, donne-t-elle lieu à des manifestations publiques de joie et d'amitié. À Worcester (Massachusetts), par exemple, 15 000 personnes se rassemblent pour écouter les discours d'hommes politiques et d'orateurs francos.

À Boston, les consuls de France se succèdent et, comme Albert Chambon, resserrent les liens entre les Franco-Américains et le pays de leurs lointaines origines. Chaque consul, ou son représentant, se fait un devoir d'assister aux principales activités du Comité de vie franco-américaine, de la Fédération féminine franco-américaine, de la Société historique franco-américaine, entre autres. Le gouvernement français profite de ces occasions pour décorer des Francos qui ont contribué au rayonnement de la culture française; il confère la médaille d'honneur du ministère des Affaires étrangères, celle de l'Ordre des palmes académiques ou, plus rarement, la Légion d'honneur. À plusieurs reprises, *Le Travailleur* de Wilfrid Beaulieu est reconnu et décoré par la France. Souvent, la remise des décorations devient l'occasion d'une fête, entourée d'un battage publicitaire savamment orchestré, avec photos et reportages dans la presse anglo et franco.

Pour sa part, l'Alliance française demeure active comme lieu de rencontre pour les francophiles américains, quelles que soient leurs origines ethniques, et ce n'est pas pur hasard qu'il en surgit des filiales dans plusieurs centres francos, comme Manchester (New Hampshire), Lowell (Massachusetts) et New Bedford (Massachusetts). Antoine Clément, journaliste lowellois, publie en 1948 un deuxième volume, qui rassemble les textes ou les résumés des conférences données à l'*Alliance française de Lowell*, de 1937 à 1947. Clément, jugé pessimiste à l'époque, estime que «ces groupes d'élite seront peut-être nos seules cellules de vie franco-américaine, après que toutes nos autres œuvres — paroisses, écoles, journaux et sociétés — nous auront été ravies par la cupidité des ennemis ou l'indifférence des nôtres».

La France est présente en Nouvelle-Angleterre lors d'occasions spéciales: le bi-millénaire de Paris (1951) et le bicentenaire du marquis de La Fayette (1957), par exemple, qui suscitent de multiples manifestations, certaines spécifiquement franco-américaines, abondamment décrites et commentées dans la presse franco et anglo de l'époque. Il y a d'autres occasions spéciales, quand une troupe théâtrale présente un spectacle, notamment, comme il arrive plusieurs fois par année dans les écoles et collèges francos.

Lorsque, au début des années 1950, le service de l'Agence France-Presse devient accessible aux journaux francos — «sur une base mi-sentimentale, mi-affaires», disent les journalistes de l'époque —, l'actualité française la plus récente est désormais à la portée des francophiles de la région. Mais l'événement le plus mémorable de cette période aura été la visite triomphale, en Amérique, du général Charles de Gaulle, élu président de la République française en 1958. Parmi les commentaires qu'inspire cette visite, celui du journaliste Philippe-Armand Lajoie résume les sentiments de la majorité: Charles de Gaulle est «un Français — que je n'hésite pas à classer parmi les preux, dans un pays qui en a produit tant d'autres. À mon sens, le général Charles de Gaulle a incarné ce que la France a de meilleur, de plus lucide et de plus vivant, surtout à ses heures de détresse aiguë et de grandes décisions.»

Dans le sens inverse, les Franco-Américains sont, pour la majorité des Français, une présence presque inexistante, sauf pour quelques rares étudiants qui font un stage d'études en France, ou pour un rare article dans la presse française. En 1953, Paul Mousset publie, dans *France-Illustration*, un reportage intitulé «Un îlot de Vieille France en Nouvelle-Angleterre». Ce reporter et ses lecteurs découvrent la Franco-Américanie, «oasis de bonhomie au cœur de la puritaine Nouvelle-Angleterre», comme l'écrit Mousset, étonné d'apprendre que, dans ce foyer de culture française, la France d'aujourd'hui, souvent anticléricale, est incomprise. Il conclut: qu'«il faut renouer le lien ténu entre la France et l'Amérique».

Littérature et société

Du seul point de vue quantitatif, aucun doute que les textes les plus nombreux appartiennent à ce que l'on pourrait appeler la littérature de la survivance, ou littérature «patriotique», car l'écrit demeure ce qu'il a été depuis le début de l'émigration: une arme de combat au service d'une idéologie. Même s'ils comportent des redites, ces textes ne sont pas dépourvus d'intérêt, car ils reflètent de plus en plus la vision de ce monde de penseurs et d'idéologues devenus conscients que le combat pour la survivance en est peut-être un, en fin de compte, qu'on est en train de perdre. Si, selon Paul Valéry, les civilisations sont mortelles, que peut-il en être de l'héritage culturel d'un groupe minoritaire qui n'a, pour le protéger, ni armée ni législation? D'où une angoisse croissante chez les militants, qui intitulent leurs écrits: «Grandeurs et misères d'une survivance» ou «Il faut sauver notre presse!»; d'où, aussi, les innombrables analyses d'une situation en voie de «se détériorer», et les multiples appels à la conscience populaire, pour qu'on entreprenne l'indispensable effort de redressement.

À côté de cette littérature de survivance, il s'écrit nombre de textes où l'on fait état d'une expérience individuelle, plutôt que collective, et qui prennent la forme de la poésie ou du roman, tout aussi bien que de la biographie. Sans prendre position contre la survivance, les auteurs ne s'en préoccupent guère, leur propos étant de se raconter eux-mêmes ou de dire leur admiration pour leur héros.

Il reste que c'est la prose d'idées qui domine encore pendant cette période. Or, il faut placer très haut, dans cette catégorie, trois ouvrages et trois périodiques.

Souvent dénigrée, même répudiée par la jeune génération, l'*Histoire des Franco-Américains* de Robert Rumilly (1958) n'en est pas moins demeurée, jusqu'à maintenant, l'ouvrage de base, celui qu'il est impossible de ne pas consulter, pour peu qu'on s'intéresse au sujet qu'il traite. Publié sous les auspices de l'Union Saint-Jean-Baptiste d'Amérique, cet historique n'est pas, il est vrai, aussi impartial qu'on l'eût souhaité. Par ailleurs, axé sur le développement des institutions, l'ouvrage de Rumilly ne fait pas suffisamment sentir les dessous de l'évolution des Franco-Américains, non plus que de leur vie intellectuelle et artistique, de sorte qu'il projette une image incomplète de la Franco-Américanie. Il mérite pourtant le qualificatif d'«indispensable», parce qu'il rassemble des milliers de faits, et qu'il suggère, souvent de façon implicite, d'utiles voies de recherche.

Publiées en 1957 par l'Association canado-américaine, les *Silhouettes franco-américaines*, de Rosaire Dion-Lévesque, regroupent les esquisses biographiques que l'auteur avait fait paraître dans le journal montréalais *La Patrie*, de 1952 à 1957. Ce recueil contient une mine de renseignements (quelque 300 biographies en 900 pages) sur les individus qui, depuis le milieu du 19e siècle, ont contribué au développement de la vie française en Nouvelle-Angleterre.

En écrivant *La Littérature française de Nouvelle-Angleterre*, Sœur Mary-Carmel Therriault, s.m., faisait œuvre de pionnière, car elle écrivait la première histoire de la littérature franco-américaine (et la seule jusqu'à présent). Il est facile de critiquer cet ouvrage, particulièrement faible dans l'étude des journaux et des romans, et son auteur, trop portée à appliquer aux œuvres des critères presque exclusivement esthétiques, applicables à une «grande» littérature comme celle de la France, mais d'une utilité discutable quant il s'agit des écrits d'un groupe minoritaire. Cet historique constitue néanmoins un indispensable débroussaillement et un point de départ essentiel à quiconque s'intéresse à l'histoire culturelle des Francos.

Les trois périodiques que nous estimons indispensables à l'étude de l'histoire des Francos nous ont déjà servi à mainte reprise dans le présent ouvrage. Il s'agit du *Travailleur* (1931-1978), du *Bulletin de la Société historique franco-américaine* (1935-1973) et de *La Vie franco-américaine* (1937-1952).

Au cours de cette période 1935-1960, *Le Travailleur* reflète la vie culturelle franco-américaine, car aucun événement d'importance n'échappe à l'attention de son directeur, Wilfrid Beaulieu. Celui-ci signe lui-même bon nombre d'articles, surtout des textes de combat contre l'anglicisation; et il s'adjoint des collaborateurs de renom, comme Corinne Rocheleau-Rouleau, grande dame de l'historiographie franco, Yvonne Le Maître, une des figures les plus attachantes des lettres franco-américaines, et Adolphe Robert, appelé, selon nous, à devenir un des classiques de la littérature franco.

À la même époque, le docteur Gabriel Nadeau continue de fournir, dans les colonnes du *Travailleur*, des chroniques littéraires et historiques qui restent d'une grande utilité. Ce chercheur hors pair offre en outre, aux lecteurs du journal, une primeur inappréciable, la biographie de Louis Dantin, dont il fut l'ami intime. La publication en est entreprise le 12 avril 1945, et elle se poursuit dans chaque numéro du *Travailleur* (un hebdomadaire) pendant près de deux ans. Or, il y a ici tout au moins apparence de paradoxe: Wilfrid Beaulieu, catholique pratiquant, consacre, pendant près de deux ans, de longues colonnes de son journal à la biographie d'un défroqué incroyant, qui vient de mourir, dit-on, dans l'impénitence finale. Peu importe que l'on sympathise davantage avec l'incroyance de Dantin ou avec le catholicisme de Beaulieu, ce qu'il faut souligner, en toute justice, c'est le grand service rendu par Beaulieu aux littératures franco-américaine et québécoise, en permettant au docteur Nadeau de publier, dans *Le Travailleur*, la biographie d'un écrivain dont la réputation ne fit que s'accroître par la suite.

Au cours des années cinquante, *Le Travailleur* se fait l'écho d'un débat resté sans solution. Sous une manchette devenue célèbre, «Vase clos... ou porte ouverte», le sujet est résumé, dans la livraison du 10 février 1955, par une personne qui signe Claire Fontaine, et dont l'anonymat est resté intact. Pour les tenants du «vase clos», l'argument principal s'énonce comme suit: «Toute l'armature sociale des Franco-Américains tient par une clef de voûte: la langue française.»

Leurs adversaires, pour leur part, soutiennent que la langue n'est pas l'élément essentiel à la cohésion du peuple. Ceux-ci, tout aussi «patriotes» que ceux-là, maintiennent avec Ernest D'Amours, Adolphe Robert et d'autres, que c'est par le sang d'abord que l'on est franco-américain: «Le triple lien du sang, de l'histoire et du civisme, affirme Adolphe Robert, nous conservera comme peuple distinct, même si la langue perd de sa fonction usuelle, alors qu'elle en gagne sur le plan de la culture générale, du politique et du national.» Et le débat de se poursuivre longuement dans les colonnes du *Travailleur.*

Le *Bulletin de la Société historique franco-américaine,* quant à lui, publie des textes prisés par les militants intellectuels: conférences prononcées lors de réunions de la société, ou «papiers jaunis» empruntés aux archives, les articles savants voisinent avec les exhortations patriotiques. Les membres de cette société aiment se rappeler que, même en étant citoyens américains, ils restent des descendants des fondateurs et des fondatrices de la Nouvelle-France. Pour transmettre la notion de l'héroïcité des origines, source d'inspiration et objet de vénération, on publie des textes sur Champlain, sur Cavelier de La Salle, ou sur Carillon, de mélancolique mémoire.

On évoque aussi le rôle des Canadiens dans la Révolution américaine et dans la guerre de Sécession (1861-1865). Héros de cette guerre et membre de la société jusqu'à son décès en 1907, le major Edmond Mallet fait l'objet de trois articles substantiels, car la carrière de ce «preux chevalier», «un des nôtres», comme on aime se le répéter, est bien propre à inspirer la fierté, chez les jeunes comme chez les moins jeunes.

À côté de ces évocations presque légendaires, on trouve aussi des éléments d'histoire sociale. Corinne Rocheleau-Rouleau, par exemple, livre de précieux détails sur l'arrivée à Worcester d'immigrants canadiens. Après un long voyage en train, ceux-ci descendaient à ce qu'ils appelaient «le dépôt de Monsieur Lucier», agent-voyageur accueillant et débrouillard:

> On le faisait d'autant plus volontiers que le trajet avait été long et qu'il y avait à ce fameux *dépôt* une grande et bonne salle d'attente. Les trains d'alors étaient des véhicules inconfortables, où l'on avait trop chaud ou trop froid, selon la saison, et d'où l'on descendait couvert de suie, après avoir été secoué des heures et des heures dans un perpétuel

tintamarre de cloches, de sifflets d'alarmes, de soupapes de sûreté, dans un effroyable grincement de vieux freins. C'étaient donc des voyageurs exténués qui descendaient au «Dépôt de Monsieur Lucier», mais ils étaient sûrs de retrouver celui-ci miraculeusement calme et souriant, prêt à tout débrouiller encore. [...]

À l'occasion, M. Lucier n'hésitait pas à envoyer ces étrangers embarrassés chez des parents ou amis à lui, dans différents centres de la Nouvelle-Angleterre. En ces temps plus simples et plus hospitaliers, chacun se considérait comme étant un peu le gardien de son frère et nos Franco-Américains ouvraient leurs portes sans se faire prier aux Canadiens français inconnus mais bien recommandés. (*Bulletin de la Société historique franco-américaine* (1942), p. 61)

Voilà un des aspects les plus importants de la contribution faite à l'historiographie de l'Amérique française par le *Bulletin de la Société historique franco-américaine*, à savoir cet ensemble de textes où il est question de l'implantation des Canadiens en Nouvelle-Angleterre. Dirigé pendant longtemps par l'abbé Adrien Verrette, président de la société, le *Bulletin* fait aussi une place, dans l'histoire de cette implantation, aux Acadiens, immigrés involontaires du 18e siècle. Dans deux articles encyclopédiques (parus en 1948-1949 et en 1950), le juge Arthur Eno, de Lowell (Massachusetts), examine avec ses lecteurs des «Documents acadiens tirés des Archives de l'État du Massachusetts», où l'on trouve, par exemple, une liste de noms d'Acadiens répartis selon les villes et villages où ils furent envoyés par les autorités du Massachusetts. Et, en 1955, l'abbé Verrette présente une vue d'ensemble sur «les Acadiens aux États-Unis».

En plus de cette littérature savante, le *Bulletin* publie des inédits qui n'ont rien perdu de leur intérêt. En 1954, par exemple, on y donne un extrait du journal intime de Clara-M. Paquet, une Franco d'Albany (New York), qui, en 1917-1918, servit en France dans un corps d'ambulancières américaines. Dans cet extrait, que nous traduisons de l'américain, Clara Paquet décrit la joie folle avec laquelle on accueillit, dans la région de Beauvais, la nouvelle de l'armistice, le 11 novembre 1918:

La plate-forme de la gare de Beauvais résonne de bruit et déborde de monde. Il y a des Poilus partout. La terrible tension des ans est enfin rompue, et ces hommes usés par la guerre sont à moitié délirants de joie. En nous voyant, ils nous engloutiraient et nous donneraient chacune une accolade en nous acclamant: Vive les Américaines! Mais, souriantes, nous traversons vite notre compartiment et sortons de l'autre côté de la plate-forme pour prendre une rue transversale. La ville nous paraît sens dessus dessous. Plus nous avançons, plus nous trouvons Beauvais dans un tourbillon de bonheur et de joie.

Un autre inédit précieux pour l'histoire et la littérature du Québec et de la Franco-Américanie est une série d'extraits du journal intime de l'abbé Henri Beaudé, en littérature Henri d'Arles (1870-1930), prêtre esthète qui écrivit nombre de ses ouvrages pendant ses deux décennies de ministère dans la région de Manchester (New Hampshire). On y trouve surtout des rêveries sur les beautés de la nature, les devoirs du prêtre, et les délices de la vie intellectuelle perçue comme refuge et comme moyen d'épanouissement. L'exemple qui suit suggère bien le ton de ces quelque 200 pages, rédigées, nous dit l'éditeur, sur papier japon:

> Je veux m'entourer de livres. Je sens si bien que le meilleur de ma vie, c'est dans ce monde de la pensée que je le goûterai. En vieillissant, me pèse davantage la compagnie des hommes, que je n'ai jamais recherchée beaucoup. Les livres, c'est l'âme et l'esprit de l'univers enclos, et qui s'en exhalent à notre volonté, pour la consolation de nos jours. (*Bulletin de la Société historique franco-américaine* (1959), p. 147)

Le *Bulletin* nous fait connaître d'autres personnalités, dont l'abbé Georges-Alfred de Jordy de Cabanac (1873-1936). Dans son éloge funèbre, publié dans le *Bulletin* en 1936, le père Léon Loranger, o.m.i., dit qu'il était «de grande race», issu «de cette vieille noblesse languedocienne qui fournit au Canada tant de bons soldats». L'abbé de Jordy de Cabanac, «un gentilhomme», arriva dans le diocèse de Manchester (New Hampshire) en 1910. Il devint «un généalogiste de marque» en explorant «les origines des grandes familles canadiennes: les Beaudry, les Casavant, les Choquette, les Morin [...]» Bref, cet homme qui «a aimé passionnément son pays, sa race», s'inscrit «dans la tradition de ces grands ecclésiastiques qui honorent la science et l'érudition française».

Voilà donc un bref aperçu du *Bulletin de la Société historique franco-américaine*. Comme on le voit, les genres qu'on y pratique sont presque aussi divers que les sujets traités. Une étude fouillée du *Bulletin* tiendrait compte des textes qu'y publient Luc Lacourcière,

Antoine Clément, le chanoine Lionel Groulx, Marcel Trudel, mais aussi de la littérature de combat et des textes d'actualité signés par le père Thomas-M. Landry, o.p., Burton LeDoux, et Mgr Paul-Émile Gosselin, entre autres.

Semblables remarques s'appliquent aux recueils annuels rédigés par l'abbé Adrien Verrette, publiés sous les auspices du Conseil de la vie française en Amérique (nommé, à l'époque: Comité permanent de la survivance française en Amérique), et intitulés *La Vie franco-américaine*. Compilations de faits et gestes, ces recueils, essentiels pour quiconque s'intéresse à l'histoire culturelle des Francos, le sont aussi pour les historiens littéraires, puisqu'ils contiennent quantité de sermons, de discours, d'essais et de témoignages personnels, dont la plupart sont introuvables ailleurs.

Pour terminer cette discussion de la prose d'idées de 1935 à 1960, soulignons que les divers sous-genres historiques furent beaucoup pratiqués pendant ces années, et que tous les écrits qu'on a donnés ne font pas nécessairement partie de la littérature de combat née de la lutte pour la survivance. Nous songeons par exemple aux historiques des diverses communautés religieuses, ou encore à des ouvrages biographiques où la priorité est d'ordre religieux, plutôt que «nationaliste». Il en est ainsi dans *Un siècle d'histoire assomptionniste*, du père Polyeucte Guissard, a.a., et du récit autobiographique *Moscou ma paroisse*, du père Georges Bissonnette, a.a. Mais la majorité des écrits publiés au cours de cette période font effectivement partie du combat mené pour la survivance et contre l'assimilation.

Moins abondante que la prose d'idées, la littérature d'imagination produite au cours de la période 1935-1960 constitue presque les fondements d'une tradition littéraire, en ceci que certains écrivains des années 1960-1985, sans en subir l'influence directe, auront néanmoins pris connaissance de la production poétique et romanesque de la génération qui les précède. Par ailleurs, poètes et romanciers sont plus nombreux, de 1935 à 1960, qu'ils ne l'avaient été auparavant. Quant au théâtre, il reste le parent pauvre de cette littérature.

Si l'on considère Louis Dantin (pseudonyme d'Eugène Seers, 1865-1945) comme un poète et un critique québécois en exil plutôt que comme un Franco-Américain, la poésie de cette période serait alors dominée par l'œuvre de Rosaire Dion-Lévesque (pseudonyme de

Le Canado-Américain. Organe de l'Association canado-américaine, cette revue publie, depuis ses débuts, en plus des nouvelles de la société, des textes d'un intérêt littéraire ou historique. La page couverture du nouveau format de 1958 reflète bien les attaches canadiennes de l'ACA. (Collection Armand Chartier)

Léo Lévesque, 1900-1974), que l'*establishment* revendique comme «poète national». Ce titre, Dion-Lévesque l'aura mérité autant par la relative abondance et les qualités littéraires de son œuvre que par une savante exploitation des cultures française, québécoise et américaine.

Son premier recueil important, *Les Oasis*, paraît en 1931. Le poète y démontre sa maîtrise du sonnet, et y exprime son culte de la sainte Vierge, ainsi qu'une prédilection romantique pour les églises abandonnées. Le poète connaît par la suite une évolution surprenante: dans son recueil *Vita* (1939), il rend hommage à Walt Whitman, le grand poète américain du 19e siècle, apôtre de l'amour charnel, qu'il n'hésite pas à appeler son «nouveau Christ». Il est le premier écrivain franco à se rattacher ainsi à un anglo-américain, et à s'en faire un maître à penser. En 1933, d'ailleurs, il avait donné une traduction remarquable de *Walt Whitman, ses meilleures pages*, et, fait étonnant, Dion-Lévesque semble n'avoir éprouvé aucun conflit entre le culte de la sensualité prôné par Whitman et les enseignements de son propre catholicisme. Mieux encore, il attribue l'essence même de sa nature au créateur, dans un «Magnificat» plutôt original: «[...] je suis tel que Tu m'as voulu, et tel que Tu m'as pétri [...] Voici Ta chose, et telle quelle, elle est, et pour ta gloire et ton agonie!»

Parmi les écrivains francos de sa génération, Rosaire Dion-Lévesque aura été un des seuls à accepter aussi complètement son ardeur sensuelle et à l'intégrer dans des écrits publiés de son vivant. Dans ses *Solitudes* (1949), le poète évoque diverses tentatives d'amitié et d'amour visant à rompre la solitude inhérente à sa condition d'homme. Dion-Lévesque sera décoré deux fois par le gouvernement de la France pour les «services exceptionnels rendus à la cause de la culture française en Amérique», et son œuvre poétique sera primée par l'Académie française en 1957.

La nostalgie du Québec natal domine la poésie du docteur Georges Boucher (1865-1956). Ses *Chants du Nouveau Monde* (1946) permettent de constater à quel point les souvenirs d'une jeunesse heureuse passée à Rivière-Bois-Clair (Québec) auront alimenté son imagination toute une longue vie durant. Une de ses meilleures pièces demeure son «Ode à Québec», de plus de 600 vers, où le poète rend hommage à «la vieille capitale», ville qu'il chérit entre toutes:

> Ô Québec! ô cité dont toute âme est frappée!
> Grandeur d'un autre monde, éclat d'un autre temps!
> Ô terre qu'on dirait fraîchement échappée
> De la plage hautaine ou régnaient les titans!
> Laisse-moi te chanter, ville auguste et bénie,
> Cité qui de mon peuple est l'âme et le soutien,
> Ô roc où tant de gloire au sol même est unie
> Et que doit à jamais chérir le Canadien.

Un ouvrage poétique à tirer de l'oubli est celui de l'abbé Joseph Eid, immigrant libanais qui s'établit à Fall River (Massachusetts) en 1929. *À l'ombre des cèdres, ou l'Épopée du Liban* (1940) est une émouvante fresque historique, en alexandrins, offerte à la gloire d'un pays au passé tragique. En annexe, l'auteur ajoute des textes sur «le Liban pendant la grande guerre», sur «la France, protectrice de l'Orient», une série de textes relatifs aux Franco-Américains, et enfin une vue d'ensemble des Églises maronites et melkites en Amérique. Cet ouvrage révèle donc un aspect nouveau de l'expérience «franco-américaine».

Les romans francos de langue française sont peu nombreux: une douzaine en tout. Environ la moitié de cette production paraît pendant ces années 1935-1960, qui voient aussi l'éclosion du roman franco de langue anglaise. Ce dernier atteint son apogée au début de la carrière fulgurante de Jack Kerouac, en 1950. Romans de mœurs pour la plupart, ces ouvrages portent surtout sur l'émigration canadienne et mettent en scène des personnages issus de la classe ouvrière.

Un des mieux réussis est *Canuck*, de Camille Lessard (1883-1972), native de Sainte-Julie-de-Mégantic (Québec) et immigrée à Lewiston (Maine) en 1904. L'auteur décrit d'une façon réaliste et persuasive les difficultés de quitter, uniquement par nécessité économique, un pays qu'on aime, pour une terre inconnue, et les difficultés qu'éprouvent les immigrants à s'adapter à la vie urbaine. Camille Lessard réussit également à décrire l'influence négative du matérialisme et du confort américains sur ceux qui avaient surtout connu une existence de privations. La romancière fait sentir, enfin, combien les immigrés souffrent du mal du pays et du *tædium vitæ* imposé par le travail dans les usines. Cet écrit d'un témoin oculaire de l'émigration occupe une place spéciale dans la littérature franco.

Cette dernière remarque s'applique aussi à *L'Innocente victime*, d'Adélard Lambert (1867-1946), folkloriste et pamphlétaire né à Saint-Cuthbert (comté de Berthier, Québec), immigré à Fall River (Massachusetts), mais retourné s'installer à Drummondville (Québec) après avoir passé de longues années à Manchester (New Hampshire). Roman de mœurs doublé d'une intrigue policière, *L'Innocente victime* (1936) est aussi un roman à thèse. Mû par son culte d'un Québec qui signifie pour lui la tranquillité et la simplicité du présent et un passé glorieux, Lambert n'hésite pas à défendre le retour à la terre, car il fait partie de cette minorité qui n'a pas succombé au rêve américain. Selon lui, en effet, le peu de luxe qu'offrent les États-Unis ne s'acquiert qu'au prix de la liberté individuelle. Malgré l'impopularité probable de cette perception de la réalité, Lambert eut néanmoins le courage de ses convictions, regrettant que ses compatriotes fussent allés «se fourvoyer dans ces grandes villes étrangères, remplies d'embûches, ces villes buveuses de sueurs et qui appauvrissent le sang des esclaves volontaires qui s'y entassent».

Nous devons au docteur Paul Dufault (1894-1969), né à Saint-Nazaire d'Acton (Québec), le seul roman médical de la littérature franco-américaine. Dans *Sanatorium* (1938), l'auteur décrit les souffrances causées par la tuberculose, en partie pour avertir le public des dangers de ce mal. Il raconte aussi la transformation d'une vie de tuberculeux en une vie de penseur. Un des principaux personnages, atteint de tuberculose et contraint de se retirer dans une clinique, parvient lentement à se guérir. Ce faisant, il se crée une vie de réflexion centrée sur les problèmes sociaux du Canada et des États-Unis, et en arrive à préconiser le désintéressement et le don de soi comme solutions que tout individu peut apporter à ces problèmes.

The Delusson Family, de Jacques Ducharme, inaugure, en 1939, le roman de mœurs en langue anglaise. En nous faisant revivre les débuts de l'immigration canadienne à Holyoke (Massachusetts), l'auteur souligne l'importance, pour les immigrés, des valeurs spirituelles traditionnelles qui n'excluent pas leur avancement économique. Le fait de reconnaître ainsi le rôle des progrès matériels que les immigrés poursuivent avec ferveur explique en partie la haute estime en laquelle de jeunes écrivains francos de 1970-1980 tiennent Jacques Ducharme.

D'une tout autre inspiration est *La Fille du Roy*, long «conte drolatique» que publie, en 1954, le docteur Gabriel Nadeau. Dans une langue archaïque franchement savoureuse, Gabriel Nadeau (1900-1979), natif de Saint-Césaire-de-Rouville (Québec) et immigré au Massachusetts en 1928, ramène son public lecteur à l'époque de la Nouvelle-France, où il situe les mésaventures de son héros, François Barnabé, dit Barnabé, qui refuse d'épouser la «fille du roi» qui lui est destinée, pour la bonne raison qu'elle est d'une laideur ébouriffante. Dans une succession de scènes comiques, l'auteur fait défiler devant nos yeux toute une suite de personnages pittoresques. *La Fille du Roy*, petit chef-d'œuvre méconnu, est un joyau de la littérature franco.

Roman posthume, *Les Enfances de Fanny* (1951), de Louis Dantin, appartiennent à la littérature franco-américaine, dans le sens que cet ouvrage autobiographique raconte un épisode qui eut lieu pendant le long séjour de Dantin en Nouvelle-Angleterre, soit sa liaison avec une Noire. L'auteur y décrit également l'existence miséreuse de Fanny dans le Sud des États-Unis, avant son départ pour Boston, et il brosse nombre de tableaux du quartier noir de cette métropole. En filigrane, tout au long du roman, on décèle une protestation contre les injustices dont les Noirs sont victimes, de même qu'une vague prophétie de troubles raciaux.

En 1950, Jean-Louis («Jack») Kerouac (1922-1969), à la fois chef de la génération *Beat* et cousin de Rosaire Dion-Lévesque, donne son premier roman, *The Town and the City*. Il publiera en tout une vingtaine de volumes (fiction, poésie), et, dans au moins cinq de ses romans, il traite divers aspects de son ethnicité. En 1957, il atteint à la renommée mondiale avec *On the Road*.

The Town and the City est franco, d'une façon beaucoup plus implicite qu'explicite. L'auteur y raconte la désintégration de la famille Martin, qui compte huit enfants, à l'époque de la Deuxième Guerre mondiale. Jack Kerouac avait déclaré, lors d'une interview accordée à Rosaire Dion-Lévesque, qu'il avait gardé à l'arrière-plan l'aspect franco de son roman «pour des raisons personnelles», jamais explicitées. Chose certaine, Jack fut touché des éloges qu'Yvonne Le Maître lui prodigua dans *Le Travailleur*, et il lui signala son appréciation dans une lettre où il affirme que tout ce qu'il sait lui vient de ses origines canadiennes-françaises: «All my knowledge rests in my "French Canadianness" and nowhere else.»

Doctor Sax (1959) est une évocation en partie fantasmagorique d'une enfance vécue parmi les Francos de Lowell (Massachusetts), et une parabole sur l'éventuel triomphe du bien sur le mal. Parmi les nombreuses sources du roman, qui comprennent des croyances religieuses canadiennes, il y a peut-être le légendaire «Bonhomme Sept-Heures», auquel nous fait penser le personnage principal. Le dialecte franco-lowellois est à ranger à la fois parmi les sources et les thèmes de ce roman, qui contient de nombreux passages écrits dans ce dialecte. Le lecteur y trouve aussi de merveilleuses descriptions d'endroits francos, comme l'église Saint-Jean-Baptiste, la Grotte, derrière l'Orphelinat franco-américain, et son célèbre chemin de croix extérieur. L'auteur y peint, enfin, des scènes familiales d'une grande tendresse.

Quant au théâtre, il faut avouer que, si les Francos l'ont toujours affectionné comme source d'édification ou comme divertissement, les pièces qu'ils ont publiées restent peu nombreuses. De fait, Victor Vekeman (1867-1947), un immigré belge, semble avoir été le seul écrivain à publier des textes dramatiques. Il est surtout connu pour ses pièces anti-alcooliques, dont *Un sauveur d'âmes, ou l'Apostolat du père Jacquemet* est typique. Ce drame est centré sur la vie du dominicain qui, au début du 20e siècle, fondait les Cercles Lacordaire à Fall River (Massachusetts). Victor Vekeman a aussi écrit des pièces légères.

Tout ce qui vient d'être dit donne une faible idée des écrits qui circulent dans les milieux francos, et surtout parmi l'élite, de 1935 à 1960. Pour être complet, il faudrait étudier les lectures du peuple. Nous savons, à cet égard, que les lecteurs des journaux francos affectionnaient les feuilletons — ceux de la baronne Orczy, par exemple — et les contes édifiants, comme ceux de Pierre L'Ermite. Le peuple aimait aussi la littérature pieuse; l'abondance, dans les foyers francos, de biographies de saints personnages — le frère André, sainte Catherine Labouré — et de revues pieuses (par exemple, les «annales» des grands sanctuaires du Québec) en fait foi. À ce chapitre on devra ajouter la littérature suscitée par l'expérience franco-américaine, dont le drame musical *The Life of a Mystical Rose*, inspiré à la vedette d'opéra Yvonne Chalfonte par la vie de Rose Ferron, et joué dans les centres francos, ainsi qu'au Québec.

Enfin, et même en nous y attardant, nous n'avons pas rendu pleine justice à l'abondante littérature historique de l'époque. La seule bibliographie de l'abbé Adrien Verrette compte une trentaine de titres, à l'exclusion des compilations, articles, sermons et discours. Et, sauf erreur, il n'existe pas de liste complète des écrits de l'historienne Corinne Rocheleau-Rouleau, dont nombre de textes font connaître le Québec et la Franco-Américanie dans des milieux anglos (par exemple, *Laurentian Heritage*, paru en 1948). Et puis, les nombreux articles d'Yvonne Le Maître sur l'actualité littéraire ou socio-culturelle de la première moitié du 20e siècle ont aujourd'hui un incontestable intérêt historique.

Commentant le congrès de l'Union Saint-Jean-Baptiste d'Amérique qui eut lieu à Boston en mai 1950, et qui marquait le cinquantième anniversaire de cette société, le père François-Marie Drouin, o.p., de Lewiston (Maine), écrivait:

> Tout l'épiscopat catholique de la Nouvelle-Angleterre a chanté — même dans notre langue — l'héroïsme de notre vaillant petit peuple: bâtisseur d'écoles et d'églises et gardien de la famille, cellule initiale de la société. C'était le TRIOMPHE après un siècle de luttes obscures. C'était la RECONNAISSANCE officielle d'une valeur exceptionnelle: celle d'un peuple qui ne sait pas trahir sa destinée providentielle.

Munis de tels «encouragements», et forts de leurs propres convictions, les chefs «patriotes» vont persister dans leurs efforts pour garder «la culture française au service de Dieu et de la patrie», et cela aussi longtemps qu'ils pourront rester sur la brèche. Dans cette attitude, que les «jeunes Turcs» des années 1970 vont trouver «rétro», les chefs voient surtout l'héroïsme de la persévérance, car ils ont développé un véritable culte de la continuité. Or, ces chefs sentent-ils l'écart croissant qui les éloigne du peuple? Dans un article paru dans *Le Canado-Américain*, en 1948, Adolphe Robert fait sentir l'angoisse qu'il éprouve devant la nouvelle génération:

> L'histoire de notre groupe remonte à peine à cent ans... Nous avons vécu en tirant sur le passé d'avant 1760. Mais nous en sommes rendus à la période de l'évolution et nous avons à formuler la doctrine de vie de l'avenir en l'appuyant sur les fondements du droit naturel, le droit historique et la doctrine sociale de l'Église. Une jeunesse désemparée, une masse désaxée attend cela de nous. Nous sommes en retard d'une génération pour établir la suture entre les émigrés d'hier et les fils natifs d'aujourd'hui. L'on peut également se demander si nous ne sommes pas collectivement responsables de ce qui se produit présentement dans certaines communautés franco-américaines. À défaut d'une philosophie sociale que nous ne leur avons pas inculquée, ils s'en sont fabriqué une à leur façon. Et le malheur est que cette philosophie ne vise pas au plein épanouissement de la personnalité humaine dans le type franco-américain. Au contraire, elle le rapetisse, le diminue, en fait un être dépouillé du riche et séculaire héritage de la culture française.

> C'est une méthode qui tient de la soustraction au lieu de l'addition. Cette doctrine de vie, cette suture entre le passé et le présent, il appartient au Comité d'Orientation franco-américaine et à tous ceux qu'intéresse le problème de notre survivance de l'élaborer, de la faire pénétrer dans toutes les couches de notre société, *pendant qu'il en est encore temps*.

Ce texte, révélateur de la mentalité de l'élite militante des années 1940-1950, nous l'avons commenté tout au long de ce chapitre. Soulignons néanmoins ce constat important: «Nous sommes en retard d'une génération [...]»; et retenons la solution préconisée: la formulation d'une doctrine de vie. Réagir de la sorte, c'était surestimer l'importance, pour un peuple épris de matérialisme et de pragmatisme, de la vie de l'esprit, de la fidélité au passé et à un vieil idéal: c'était sous-estimer le choc des puissances assimilatrices — cela dit sans intention de blâme ou d'éloge. Et si nous affirmions que, selon nous, l'assimilation paraît, aux abords des années 1960 (et même avant), à peu près inévitable, cela n'enlèverait aucun mérite aux chefs «patriotes», pas plus que cela ne devrait s'interpréter comme une critique du peuple. Et, à vrai dire, nous voyons mal comment on aurait pu l'éviter.

V

L'ETHNICITÉ RETROUVÉE
1960-1990

Les trois dernières décennies de l'histoire franco-américaine sont caractérisées à la fois par la continuité, par une authentique diversité idéologique et par de nouvelles manifestations de vie ethnique. Certains observateurs parlent même d'une «renaissance» qui aurait commencé vers 1970, mais d'autres voient, dans la vie du groupe, à peine quelques soubresauts inattendus avant l'assimilation complète.

Pour comprendre cette époque, il faut d'abord tenir compte d'un changement d'attitude de la part du gouvernement américain à l'endroit des minorités linguistiques et culturelles du pays. Hostile, en 1920, à tout ce qui est «étranger», indifférent par la suite, le gouvernement fédéral intervient directement, à partir de 1958, pour assurer un meilleur enseignement des langues dites «étrangères». Au cours des décennies 1960 et 1970, il s'engage d'une façon sérieuse et soutenue dans le domaine de l'éducation bilingue et biculturelle, en vue de faciliter l'adaptation des immigrants au pays; cet engagement aura, pour les Franco-Américains, des retombées positives. D'autres programmes du gouvernement fédéral américain, notamment le Ethnic Heritage Studies Program, de 1972, subventionnent des projets qui mettent en valeur le patrimoine culturel des multiples groupes ethniques des États-Unis. Enfin, la célébration du bicentenaire du pays, en 1976, préparée depuis le début des années 1970 et prolongée jusqu'en 1981, permet aux groupes ethniques de faire valoir la contribution de leurs ancêtres et, dans certains cas, de leur pays d'origine, au développement des États-Unis.

Rappelons aussi le rôle très important des Noirs, sur la scène nationale, pendant la même période. L'affirmation de leur identité et la revendication de leurs droits civiques, poussées jusqu'à l'émeute sanglante, leur obtiennent non seulement des droits, mais la reconnaissance — et même la valorisation — de leur culture. Dans le même temps, influencés par les Noirs, les autres groupes minoritaires connaissent aussi un regain de fierté.

Les Franco-Américains profitent de cette conjoncture pour s'affirmer et pour accroître leur «visibilité». Ils bénéficient, pour ce faire, des efforts déployés par de jeunes universitaires et par une nouvelle génération d'activistes, de militants, d'écrivains et d'artistes, à qui l'ouverture de la «Maison du Québec», à Boston, en 1969, et l'accession au pouvoir du Parti québécois au Québec, en 1976, viennent offrir des ressources supplémentaires.

De nouvelles élites

De 1960 à 1990, de nouveaux chefs de file apprennent à coexister tant bien que mal avec une vieille garde qui ne cède pas volontiers les postes de commande. Nombre de ces jeunes de 1960-1990 sont enseignants et chercheurs, plutôt que clercs ou membres des professions libérales comme leurs devanciers. Parmi eux, des universitaires trouvent le moyen de servir la communauté en faisant avancer la connaissance sur le fait franco-américain.

Les premiers à se distinguer, à la fin des années cinquante et au début des années soixante, sont sœur Raymond-de-Jésus Dion, f.s.e., et le professeur Gérard Brault, tous deux franco-américains. Sœur Dion publie, en 1959, une série de manuels de français langue seconde, *The Holy Ghost French Series*. Ces manuels, destinés aux écoles paroissiales, sont si bien accueillis que, fait sans précédent, on en prépare une édition spéciale pour les écoles publiques et une adaptation pour l'enseignement de l'espagnol, et qu'ils seront utilisés dans des écoles de France.

Quant à Gérard Brault, professeur de français à l'Université de Pennsylvanie et médiéviste de réputation internationale, il s'intéresse à l'enseignement du français aux Francos, comme en témoignent ses nombreuses publications. De 1958 à 1964, il dirige des instituts d'été, tantôt au collège de l'Assomption (Worcester, Massachusetts), tantôt à Bowdoin College (Brunswick, Maine). L'institut qu'il dirige, en 1961, à Bowdoin College, est subventionné par le gouvernement fédéral américain; il rassemble 40 enseignants francos, et vise à exploiter, dans l'intérêt national, la «ressource naturelle» que représentent les Franco-Américains qui font carrière dans l'enseignement du français; il vise aussi, tout en reconnaissant la valeur du dialecte franco comme moyen de communication au sein du groupe, à infléchir le français parlé par ces enseignants dans le sens du français standard.

L'influence des instituts dirigés par Gérard Brault se fit sentir de diverses façons. Le *Cours de langue française destiné aux jeunes Franco-Américains*, par exemple, qui est préparé avec la collaboration des participants, et qui passe par plusieurs éditions, est parmi les tout premiers manuels à inclure des textes sur les Francos. Gérard Brault eut en outre l'heureuse idée de colliger et de publier les *Conférences de l'Institut franco-américain de Bowdoin College*, qui portent sur les Francos et sur l'enseignement des langues, et que les chercheurs consultent toujours avec profit. Enfin, un noyau de participants de ces instituts forma l'Association des professeurs franco-américains, qui, de 1964 à 1980, sous l'habile direction des professeurs Elphège Roy et François Martineau, rendit service à des centaines de membres, en organisant des réunions, conférences et ateliers.

Il importe, croyons-nous, de souligner la sagesse inhérente à la position prise par le professeur Brault à l'égard du français parlé en Nouvelle-Angleterre. Cette position, qui reconnaît la valeur du dialecte franco-américain et qui part de ce dialecte pour aller vers la maîtrise du français standard, donne à l'élève accès à un deuxième registre linguistique. À lui, par la suite, de choisir le registre qui convient le mieux aux circonstances: usage du dialecte dans le milieu familial, emploi du français standard en présence d'interlocuteurs non franco-américains.

On peut regretter, toutefois, que pareille tolérance n'ait pas été le fait des professeurs de français dans les écoles publiques. Ces derniers, anglos pour la plupart, ont traditionnellement perçu le parler franco-américain comme le produit inférieur d'une sous-culture. Leur hostilité a largement contribué à faire détester le français par les élèves francos, et partant à accélérer l'assimilation. Les écoliers, humiliés, ont eu vite fait, pour la plupart, de se délester d'un bagage culturel jugé dégradant. Le pays a raté ainsi une belle occasion de former des générations bilingues — il en a même détruit l'occasion, en tolérant des lois qui, dans certains États, dont le Maine, interdisaient l'emploi, dans les écoles, de langues autres que l'anglais, sauf dans les cours de langues «étrangères».

Lorsque, à la fin des années 1950, le gouvernement des États-Unis se mit à subventionner l'enseignement des langues, l'ironie de la situation devint par top évidente. Après avoir tout fait, pendant des décennies, pour rendre le pays unilingue, voilà que, sans admettre l'erreur passée, on dépensait des millions pour le rendre polyglotte. Mais cet engouement dura à peine quelques années.

En Franco-Américanie, l'enseignement du français s'inscrit dans un contexte de moins en moins favorable au maintien de l'héritage culturel, et en particulier de la religion catholique. Perplexes et sceptiques devant la multiplicité des changements suscités par le Concile Vatican II au cours des années soixante, les fidèles perdent de leur ferveur religieuse, et le soutien des œuvres paroissiales s'en ressent dramatiquement. Par tout le pays, les écoles catholiques traversent une crise aiguë, qui dure encore, et qui a pour causes la baisse des vocations religieuses, un nombre décroissant d'inscriptions et le tarissement des sources de revenus. De plus en plus, au cours de ces deux dernières décennies, les écoles catholiques se regroupent en écoles régionales où le français ne jouit d'aucun statut privilégié. Des quelque 250 écoles francos de 1950, il en reste aujourd'hui moins d'une cinquantaine. Mais il importe de signaler les derniers efforts déployés, vers 1965, pour combattre cette tendance.

Saisi du problème, le Comité de vie franco-américaine en fait le thème de son huitième congrès, à Manchester (New Hampshire), du 15 au 17 octobre 1965. Le père Thomas-M. Landry y décrit la «crise grave, aiguë, urgente» des écoles, et la «régression effrayante» qui caractérise l'enseignement du français dans les écoles franco-américaines. Un des chefs patriotes les plus hautement estimés par la vieille garde, le père Landry recommande aux Francos d'accepter la réalité que l'école franco est devenue une école de langue anglaise, où «la religion y perd à se faire enseigner en français, puisqu'à cause de cela elle risque d'être de moins en moins aimée du jeune Franco-Américain».

Les congressistes adoptent la solution proposée par le père Landry, soit de réclamer que, dans toutes les écoles paroissiales francos, le français soit «matière d'enseignement obligatoire, dans toutes les classes des cours élémentaire et supérieur (secondaire) à raison d'une période d'au moins 45 pleines minutes d'enseignement par journée complète d'enseignement». Les congressistes demandent aussi au Comité de vie franco-américaine de mettre sur pied, dans chaque diocèse de la Nouvelle-Angleterre, des comités chargés d'agir comme groupes de pression pour résoudre la crise dans le sens indiqué par le père Landry, et qu'un congrès sur le même thème soit organisé l'année suivante. Mais ni ce deuxième congrès — tenu à Providence (Rhode Island) en 1966 — ni le zèle soutenu des militants ne suffisent à arrêter ce que les aînés appellent «la dégringolade de l'enseignement du français».

Pendant ces mêmes années 1960-1990, de nombreux universitaires américains, y compris des Francos, découvrent ou redécouvrent le Canada et la Franco-Américanie, et plusieurs réussissent à implanter, dans les collèges et universités où ils enseignent, des cours sur les Canadiens du Canada ou de la dispersion, qui deviennent aussi des sujets de recherche. Par ailleurs, le Canada et la Franco-Américanie figurent, d'une façon à peu près régulière, au programme des congrès annuels de divers organismes professionnels nationaux (par exemple, la Modern Language Association) ou régionaux (par exemple, la Northeast Modern Language Association).

Certains Francos, professeurs de français, sont parfois à l'origine de cours sur la francophonie nord-américaine. Un pionnier dans ce domaine est Paul-P. Chassé, qui, dans les années 1960, inaugure un cours sur la littérature franco-américaine au Rhode Island College, à Providence. De ce cours souvent répété, il sortira un imposant ensemble de mémoires. Au professeur Chassé, on doit aussi une thèse de doctorat sur les poètes francos, un nombre considérable d'écrits sur l'histoire franco-américaine et sur la contribution française au développement des États-Unis.

Plusieurs collèges et universités du nord-est des États-Unis offrent, pendant la même période, des cours sur le Canada ou la

Franco-Américanie. Des universitaires qui se sont spécialisés dans l'un ou l'autre aspect des études francos assument la responsabilité de ces cours selon le système bien américain de la loi de l'offre et de la demande. C'est ainsi qu'à l'Université du Vermont le professeur Peter Woolfson donne un cours d'anthropologie qui porte spécifiquement sur les Francos, qu'à l'Université du New Hampshire le professeur Robert LeBlanc aborde les Francos selon les perspectives de la géographie humaine, et qu'à l'Université Harvard le professeur Brigitte Lane a enseigné la littérature franco à plusieurs reprises.

Il semble bien que ce soient, à ce jour, les diverses composantes de l'Université du Maine qui ont consacré le plus de ressources aux études canadiennes et francos. Dès la fin des années 1960, le New England-Atlantic-Provinces-Quebec Center est solidement établi à l'Université du Maine, à Orono; pendant les années suivantes, il multiplie les cours et les colloques, tout en stimulant la recherche. D'autres composantes de cette université offrent tantôt un programme d'études biculturelles et bilingues (Université du Maine à Fort Kent), tantôt une série de séminaires sur diverses facettes du phénomène franco (Université du Maine à Farmington), ou encore un programme bilingue et biculturel de services sociaux (Université du Maine à Augusta), entre autres.

Un des projets les plus fructueux menés à bon terme par l'Université du Maine à Orono fut le Canadian-Franco-American Studies Project (1979-1981), dû en partie à une subvention du gouvernement fédéral. Des enseignants venus des quinze systèmes scolaires répartis dans cinq États participèrent à ce projet: cours, colloques, conférences et préparation de deux manuels, *Initiating Franco-American Studies: A Handbook for Teachers*, de Stanley L. Freeman, Jr., et Raymond-J. Pelletier, et *Consider Canada*, de Stanley L. Freeman, Jr.

Les travaux de recherche sur les Francos, de 1960 à 1990, sont trop nombreux pour être résumés en quelques pages. Notons, toutefois, que ces travaux ne sont pas uniquement l'œuvre d'universitaires. Vers 1979, par exemple, le New Hampshire Civil Liberties Union publiait un rapport selon lequel les Francos de cet État se trouvaient désavantagés du double point du vue économique et social, et qui soulignait l'inégalité entre Francos et Anglos, tant dans le domaine de l'éducation que sur le marché du travail. Une autre recherche, menée par le Vermont Advisory Committee to the United

States Commission on Civil Rights, démontrait, en 1983, que les Franco-Vermontois étaient sous-représentés «dans les institutions d'enseignement supérieur, dans certains genres d'emploi, et dans les centres de pouvoir et d'influence».

La majorité des études individuelles réalisées au cours de cette période diffèrent sensiblement de celles qui ont paru auparavant, en ceci qu'elles ne cherchent plus à rendre hommage aux devanciers, et que, plus objectives, elles ne sont plus l'expression de la piété filiale de leurs auteurs.

En 1968, le Congrès des États-Unis adopte une loi, l'Elementary and Secondary Education Act, Title VII, qui autorise le U.S. Office of Education à subventionner des programmes d'éducation bilingue qui viseront à familiariser avec l'anglais des enfants issus de familles dont la langue prédominante est autre que l'anglais. La portée de cette loi est élargie par une décision de la Cour suprême des États-Unis (Lau vs Nichols, 1974) selon laquelle les systèmes scolaires sont obligés de donner une aide spéciale aux jeunes (de 5 à 10 ans) dont la compétence en anglais est limitée. Le but de la loi et de la décision de la Cour suprême est d'établir, dans les écoles, l'égalité entre les enfants des groupes minoritaires et les jeunes Anglo-Américains, par l'usage de deux langues d'enseignement: la langue maternelle des petits immigrés (hispanophones, francophones, etc.) et l'anglais. Les jeunes Anglos peuvent eux-mêmes participer aux programmes bilingues, si les parents le désirent, car on veut éviter même l'apparence de la ségrégation.

La fin des années soixante et la décennie suivante marquent les beaux jours de l'éducation bilingue: des milliers d'enfants de diverses origines nationales, y compris des centaines de Francos, profitent de ces programmes.

Dès ses débuts, et de nos jours encore, l'éducation bililingue suscite dans tout le pays un grand débat. Les adversaires maintiennent qu'elle menace l'identité culturelle des États-Unis, si difficilement acquise. Encourager le maintien de langues «étrangères» risquerait de déloger l'anglais comme langue principale du pays, et représenterait une menace pour l'unité politique de la nation. Beaucoup craignent en outre que l'éducation bilingue ne mène à la fragmentation du pays, vu le nombre sans cesse croissant d'hispanophones, d'Asiatiques et d'autres minorités qui y affluent. On proteste aussi que l'éducation bilingue marginalise l'élève et l'engage dans une transition qui dure trop longtemps.

Ceux qui favorisent l'éducation bilingue affirment qu'elle est indispensable aux jeunes immigrants, qui ne comprennent pas l'anglais. Ils signalent aussi que le bilinguisme contribue à l'enrichissement culturel de la nation, et qu'il est d'une grande utilité pour le commerce et les relations internationales.

Si la masse de Francos reste indifférente à ce débat national sur l'éducation bilingue, soit parce que la loi ne les concerne pas, leurs enfants maîtrisant déjà l'anglais, soit parce qu'ils ne s'intéressent plus à la question de la langue et du patrimoine, certains, néanmoins, y participent d'une façon énergique. Des membres de la vieille garde voient, dans la loi sur l'éducation bilingue, une occasion inespérée de mettre l'enseignement du français à la portée d'une génération que l'on croyait «perdue». D'autres s'opposent à toute participation des Francos à ce programme, parce que ce serait une façon de souligner leur statut minoritaire; pour eux, mieux vaudrait s'abstenir, et rester citoyens à part entière.

Quoi qu'il en soit, de 1969 à 1983, on a mis en marche une dizaine de programmes français-anglais, dans le nord de la Nouvelle-Angleterre (Maine, New Hampshire, Vermont). Certains ont connu une existence assez courte, à cause de conflits de personnalité ou de manœuvres politiques locales; d'autres ont duré le temps de la subvention fédérale, soit cinq ans, les commissions scolaires n'étant pas disposées à payer les frais qu'aurait exigés leur continuation; celui de la Vallée Saint-Jean (Maine), établi en 1970 et reconnu comme un modèle du genre par les autorités de Washington, s'acquit une solide réputation nationale. À titre d'exemple, on peut noter que les municipalités suivantes ont bénéficié d'un programme d'éducation bilingue, en raison du pourcentage élevé de leur population franco, souvent fraîchement arrivée du Canada: Greenville et Berlin (New Hampshire), Caribou (Maine), Canaan, Richford et Swanton (Vermont). Dans chacun de ces cas, la nécessaire collaboration entre les parents, les élèves et les enseignants est assurée par un conseil de parents (*Parent Advisory Council*), qui met sur pied nombre d'activités: soirées, bulletin d'information, concerts, ateliers.

Le gouvernement fédéral subventionne aussi des projets expérimentaux. Complété en 1979 par une équipe de l'Université du New

Hampshire, *The Franco File,* par exemple, est une mini-série de programmes de télévision réalisée surtout à l'intention des jeunes, mais utile aux adultes désireux de mieux connaître le biculturalisme franco des années 1970-1980. Un épisode de cette série fut primé par la National Academy of Television Arts and Sciences.

La mise en place des projets subventionnés par le gouvernement fédéral amène la mise sur pied d'un réseau de centres capables de fournir les services indispensables à leur bon fonctionnement. Les services jugés prioritaires sont les liens de communication entre les projets, la formation des éducateurs, l'élaboration de programmes scolaires adaptés à chaque situation locale, et le développement du matériel pédagogique. Des universités de la région assument parfois ces tâches, mais le United States Office of Education trouve plus efficace de créer des centres dont l'objectif unique est de servir les projets locaux. Le premier centre franco, le «Service de liaison des projets bilingues français-anglais aux États-Unis», est établi à Greenville (New Hampshire), en 1971, et son directeur est un jeune universitaire, Robert Paris. Ce centre a pour mandat de coordonner les projets bilingues français-anglais en Nouvelle-Angleterre et en Louisiane. Le Service de liaison devient le premier lien éducatif et culturel entre la Nouvelle-Angleterre et la Louisiane.

Pendant ses cinq années d'existence (1971-1975), le Service de liaison collabore de multiples façons à la réussite des projets locaux: entraînement du personnel (nombre d'enseignants, par exemple, suivent des cours intensifs, en été, au cégep de Jonquière, Québec); organisation de stages d'observation en Nouvelle-Angleterre pour des enseignants louisianais, et de stages en Louisiane pour des enseignants de la Nouvelle-Angleterre; développement de matériel pédagogique; coordination d'une conférence annuelle sur l'éducation bilingue tenue alternativement en Louisiane et en Nouvelle-Angleterre; publication d'un copieux *Bulletin du Service de liaison,* utile non seulement aux spécialistes, mais à tous ceux qu'intéresse la francophonie américaine; et diffusion, auprès des médias, de renseignements relatifs à l'enseignement bilingue tant en Nouvelle-Angleterre qu'en Louisiane.

Cependant, Robert Paris et Robert Fournier, du département d'éducation du New Hampshire, persuadent les autorités de Washington que la lacune la plus grave dans la poursuite du but visé, est le manque de matériel pédagogique. Après une campagne de lobbying savamment agencée, on établit à Bedford (New Hampshire), en 1975, le National Materials Development Center for French and Portuguese (NMDC). À Robert Paris, qui en fut le premier directeur, succède Normand Dubé, qui s'adjoint une équipe de collaborateurs et lance le centre dans une intense production. Ces collaborateurs, Renaud Albert, Donald Dugas et Julien Olivier, entre autres, partagent l'avis de Dubé, selon qui il est grand temps que les Francos produisent leur propre matériel pédagogique, qui reflétera la vie et les valeurs des Francos d'aujourd'hui, ruraux ou urbains. On peut déceler, dans cette orientation, un certain désir de revanche, les collaborateurs du NMDC regrettant (certains amèrement) que le matériel d'enseignement en usage dans les écoles francos traditionnelles, d'importation canadienne, n'ait eu rien de franco-américain, et n'ait même pas été adapté aux conditions régionales des Francos. «C'est le temps que ça change», répète-t-on, au NMDC.

Par sa détermination de faire œuvre franco-américaine et par son programme de publication presque trop chargé, le NMDC mérite une place spéciale dans l'histoire des Francos. Au cours de ses sept années d'existence (1975-1982), il aura produit une quantité impressionnante de matériel, y compris des textes pour tous les niveaux d'enseignement, du primaire à l'universitaire. L'ensemble le plus utile aux chercheurs est une série de huit volumes, *Franco-American Overview*, compilation d'articles sociologiques et historiques sur les Francos-Américains, les Franco-Louisianais et les Canadiens français de l'Ouest et du Midwest. La publication d'une *Anthologie de la littérature franco-américaine de la Nouvelle-Angleterre*, en neuf volumes, et la réédition de dix romans introuvables (*Un revenant*, *Mirbah*, etc.) sont aussi un précieux apport. Bref, pendant le temps qu'a duré le NMDC, les Francos ont pu croire que, pour la première fois dans leur histoire, ils avaient leur propre maison d'édition.

Il faut encore évoquer quelques-unes des retombées de la participation des Francos au système d'éducation bilingue, relatives à l'évolution de la communauté pendant les années 1970-1980, surtout en ce qui a trait aux liens qu'elle établit avec la Louisiane, qui vivait alors les belles heures de sa «renaissance» française.

Grâce au Service de liaison des projets bilingues français-anglais, les rapports avec la Louisiane se multiplient, en effet, et finissent par déborder le réseau des projets d'éducation bilingue.

LA PRESSE
CHEZ LES FRANCO-AMERICAINS

Ferdinand Gagnon

Josaphat Benoit

Yvonne Lemaître

J.-A. Daignault

Honoré Beaugrand

Camille Lessard-Bissonnette

Alexandre Belisle

Wilfrid Beaulieu

une éducation bilingue, c'est pour qui veut...

National Materials Development Center for French and Portuguese/168 South River Road/ Bedford, NH 03102/603-668-7198

La presse chez les Franco-Américains. Les «jeunes» des années 1970 rendent hommage aux aînés en créant des posters de ce genre. Y figurent les têtes d'affiche du journalisme franco, de Ferdinand Gagnon à Wilfrid Beaulieu.
(Collection Armand Chartier)

Ainsi, en avril 1973, à Manchester (New Hampshire), se forme le Conseil pour le développement du français en Nouvelle-Angleterre (CODOFINE), inspiré par le Conseil pour le développement du français en Louisiane (CODOFIL). Dès le départ, le CODOFINE se donne pour buts l'organisation et la coordination d'activités éducatives et culturelles, de concert avec les institutions francophones de la Nouvelle-Angleterre. D'une façon générale, le CODOFINE veut étendre l'usage de la langue française dans tous les domaines possibles, multiplier les programmes d'éducation bilingue, créer des liens entre la Nouvelle-Angleterre et la francophonie mondiale, et élaborer des projets capables de répondre aux besoins éducatifs et culturels des francophones de la région.

Ce sont là les grandes lignes du programme que développe un comité provisoire dirigé par Robert Paris, Robert Fournier et Marron Fort, professeur de langues à l'Université du New Hampshire. Ce comité, que l'on veut représentatif, est composé de deux délégués de chaque État de la Nouvelle-Angleterre. L'organisme est fondé surtout sur le bénévolat, et il bénéficie, lors de ses réunions, de l'hospitalité du collège Notre-Dame, dirigé par les sœurs de Sainte-Croix, à Manchester (New Hampshire); et le secrétariat est réparti entre les bureaux de Robert Paris, président intérimaire, et de Robert Fournier, secrétaire-trésorier. L'élite traditionnelle est médusée par l'audace de ces jeunes Turcs.

Le comité provisoire passe plusieurs mois (du printemps à l'automne 1973) à préciser les buts et objectifs du CODOFINE, à s'interroger sur les façons de financer les projets envisagés, et à préparer le colloque d'octobre 1973. Le président doit aussi répondre aux questions que soulève l'apparition d'un nouvel organisme, dans une région qui en compte déjà des centaines. Or, malgré l'assurance maintes fois donnée par Robert Paris, que le CODOFINE ne vise pas à concurrencer les groupes existants, la vieille garde et la population franco-américaine en général perçoivent le CODOFINE comme une coterie d'intellectuels, visant à prendre la direction de la Franco-Américanie.

Le malaise engendré par la mise sur pied du CODOFINE ne sera jamais dissipé, et la résistance entretenue par la vieille garde, jointe à l'apathie populaire, aura empêché le nouvel organisme de survivre à sa difficile période d'organisation. Mais il faut dire, à sa décharge, que le CODOFINE avait tout de même été bien conçu, et que, malgré l'opposition des aînés et l'indifférence de la masse, il a accru un tant soit peu la visibilité des Francos. Conçu de façon à amener les jeunes à s'engager dans le mouvement en faveur de la francophonie, afin d'assurer la relève si ardemment souhaitée par les générations précédentes, il offrait plusieurs avantages appréciables: démocratique, ouvert à tous, il s'appliquait à présenter la Franco-Américanie comme une ressource nationale plutôt que comme un simple groupe minoritaire inintéressant et nécessiteux. Qu'il ait été incapable de mobiliser les ressources humaines et financières essentielles à son fonctionnement, malgré son caractère démocratique et sa neutralité religieuse (deux facteurs indispensables pour la génération montante), voilà un autre signe de l'état d'assimilation avancée où se trouvent les Franco-Américains dans les années 1970. D'autres organismes connaîtront, par la suite, un sort similaire.

Un autre aboutissement notable de la participation franco-américaine au mouvement d'éducation bilingue est la série des conférences annuelles inaugurées en janvier 1972, à Lafayette (Louisiane). Destinées d'abord aux spécialistes en éducation bilingue, ces conférences, en 1978, sont ouvertes au public, et surtout au public franco, en vue d'augmenter l'appui accordé au bilinguisme, tant dans la population qu'au Congrès, à Washington.

À ces conférences (appelés aussi «congrès»), tenues successivement en Louisiane et en Nouvelle-Angleterre, assistent chaque année de 300 à 400 personnes. Bon nombre sont des enseignants ou des administrateurs engagés dans les divers projets d'éducation bilingue, mais un fort pourcentage des congressistes ont en commun leur attachement à l'un ou l'autre aspect de l'héritage culturel. Les gouvernements américain, français, canadien, québécois et belge y envoient des délégués, pour encourager les participants dans leurs efforts de promotion du bilinguisme.

Très tôt, le cadre de ces conférences est élargi pour répondre aux intérêts d'une communauté diversifiée; l'on ajoute des ateliers sur les Franco-Américains du troisième âge et les services sociaux, sur la diversité de rôles de la femme franco, sur l'avenir de la jeunesse. Mais les préoccupations principales, que partage toute l'assistance et dont on rediscute chaque année, ce sont la législation sur l'éducation bilingue, dont on voudrait étendre la portée, et l'invisibilité relative du groupe franco, cette «minorité silencieuse».

Cette série de conférences se poursuit pendant plusieurs années, et, s'il est difficile d'en évaluer avec précision les résultats concrets, certaines conclusions s'imposent. D'abord, la présence, à ces congrès, de Franco-Américains du Midwest a permis la revalorisation de cette région, et favorisé l'établissement, en 1980, d'un organisme national, l'Assemblée des Franco-Américains.

Par contre, si le but premier de ces conférences était de former un lobby structuré et efficace en faveur de l'éducation bilingue, il est évident qu'on n'y a pas réussi, bien que chaque conférence favorise l'affirmation de l'identité franco, et que, en retenant l'attention des médias, elle rende les Franco un peu moins «invisibles». Les conférences, enfin, en plus d'éveiller l'intérêt de Francos qui, auparavant, n'avaient guère participé à la vie du groupe, auront permis une discussion de l'ordre de priorité à établir pour s'assurer que la vie franco-américaine atteigne et dépasse le seuil du 21ᵉ siècle.

Sauf exception, les conférences ont été marquées au coin de la bonne entente et la courtoisie, les divergences idéologiques entre jeunes et moins jeunes ayant été délibérément écartées des débats, pour créer l'unité qui en fasse un groupe de pression capable d'œuvrer efficacement en faveur du bilinguisme, surtout dans le domaine législatif. Mais on fausserait la vérité en laissant l'impression qu'une parfaite harmonie a constamment prévalu entre les nouveaux chefs de file et l'élite traditionnelle. Un colloque portant sur «Les Franco-Américains: la promesse du passé et les réalités du présent», organisé par Donald Dugas, avec l'appui du National Materials Development Center, à Bedford (New Hampshire), en 1976, révèle au grand jour un conflit d'idées et de valeurs dont les origines remontent aux années 1960.

À l'ouverture du colloque, Robert Paris note quelques-unes des «grandes questions» auxquelles devraient s'intéresser les participants, dont celles-ci, qui sont considérées par certains traditionalistes, comme autant de provocations:

— Comment pouvons-nous unifier notre groupe sans écraser les différences individuelles et les divergences d'optique et d'opinions?

— Nous faut-il d'autres institutions, d'autres sociétés, d'autres associations, d'autres comités pour prendre soin des nôtres et nous représenter devant le monde?

— Comment pouvons-nous former de nouveaux chefs, une nouvelle élite, et cela tout en développant et en augmentant la participation active et nécessaire du *peuple*?

De telles questions, de même que la présence au colloque de jeunes militants hostiles à l'idéologie de la survivance, sont interprétées comme un défi à l'*establishment*, qui tient les valeurs traditionnelles pour sacrées et indiscutables. Le colloque dure deux jours (10-12 juin 1976), et il n'est pas certain qu'il ait résolu quoi que ce soit, sauf qu'il dévoile publiquement la querelle des anciens et des modernes qui, depuis des années, couve en Franco-Américanie. Il convient de souligner que, à cette occasion, les propos les plus réalistes sont ceux du père Thomas-M. Landry, o.p. Après avoir rappelé que l'identité franco-américaine, à peine française, est en pleine évolution, le père Landry déclare: «Le moment de la relève est ici.» Et donnant, au nom des aînés, carte blanche à cette relève pour ce qui regarde la refonte de la vie ethnique, il l'exhorte à ne pas opposer un refus global à ceux qui voudraient continuer de servir, fussent-ils des aînés. À ces derniers, il adresse semblable invitation à la tolérance généreuse, en leur demandant de ne pas livrer «de futiles batailles d'arrière-garde» qui auraient pour seul résultat d'entraver les progrès que pourraient accomplir les jeunes dans l'intérêt de la collectivité.

Dans le mot de la fin, Claire Quintal a su résumer un aspect essentiel du pénible drame vécu par les participants de ce colloque:

En écoutant Normand Dubé et Paul Paré répondre au Père Landry, j'ai encore pensé que nous nous sommes créé des fausses murailles entre les générations, entre les «dirigeants» et ceux qui refusent maintenant d'être dirigés, entre ceux qui acceptent de guerre lasse le *statu quo* et ceux qui veulent tout chambarder. Fausses murailles, dis-je, parce que les uns et les autres partagent le même désir: le développement personnel, culturel, social et politique de notre peuple et son bonheur par-dessus le marché.

Un réveil culturel?

Une convergence d'événements, de forces sociales et d'activités francos d'un nouveau genre font presque croire à une «renaissance» des Franco-Américains, comme le voudraient certains observateurs, pendant cette période 1960-1990. La question vaut d'être examinée quelque peu.

La campagne en faveur des droits civiques pour les Afro-Américains, menée par le pasteur Martin Luther King, Jr., a abouti à ce que l'on a appelé la *Black Revolution*, et le pays, comme on sait, a fini par se rendre aux exigences bien légitimes des Noirs. Par ailleurs, la publication de *Roots*, de Alex Haley, en 1976, et la mini-série télévisée du même nom, portant sur la saga des Noirs, intensifièrent chez la majorité des Américains le désir de se renseigner sur leurs origines.

Or, à la fin des années 1960, avant même la parution de *Roots*, se produisit le phénomène connu sous le nom de *new ethnicity*, qui fut avant tout un réveil de la conscience ethnique chez les «Américains oubliés», ceux qui, n'étant ni Anglos ni «gens de couleur», décidèrent peu à peu qu'eux aussi avaient des «racines», un patrimoine et des antécédents dont ils pouvaient être fiers. Il s'agissait d'une trentaine de groupes nationaux (peut-être davantage), dont les plus nombreux ou les plus expressifs étaient les Irlandais, les Italiens, les Polonais et les Grecs. Le pluralisme ethnique fleurit à tous les niveaux de la société américaine, et s'exprima autant par des fêtes populaires que par des écrits de tout genre: autobiographies, histoires locales, études sociologiques, romans, poésie. Encouragé par des organismes comme l'Americain Jewish Committee, ce mouvement a été analysé par le philosophe Michael Novak, dans un livre clé, *The Rise of the Unmeltable Ethnics*.

En outre, les années 1972 et 1973 marquent le début des préparatifs du bicentenaire des États-Unis, qu'on célébrera de 1976 à 1981, pour rappeler chacun des moments historiques qui conduisit à la victoire définitive sur les armées britanniques, en 1781. Peu à peu les perspectives s'élargissent, et l'on décide de faire du bicentenaire une longue célébration du pays et de sa diversité culturelle. Dans cet esprit, le gouvernement fédéral et celui de chaque État encouragent les projets, collectifs ou individuels, qui mettent en valeur la contribution

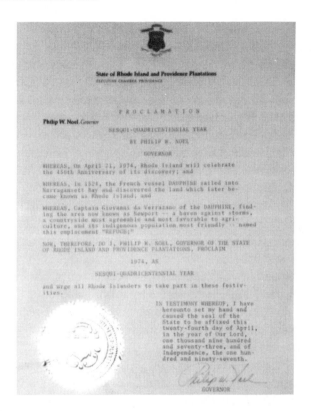

De descendance «canadienne», le gouverneur du Rhode Island signe fièrement cette proclamation en 1974. De telles proclamations, ainsi que les célébrations auxquelles elles donnent lieu, encouragent les observateurs à croire qu'ils assistent à un véritable réveil culturel. (Collection Armand Chartier)

des groupes ethniques au développement des États-Unis. Les Francos jouent un rôle actif dans ces fêtes commémoratives: ils organisent des défilés, des soirées de gala et diverses autres manifestations; ils sont surtout fiers du succès remporté par les «French Ethnic Days», au Capitole de Boston (20-26 mai 1976), durant lesquels on vit flotter le drapeau acadien sur la colline parlementaire.

Ce «vent ethnique», ce nouveau climat favorable à la fierté des origines, qui touche la majorité des Américains, facilite l'éclosion de nouveaux groupements; mais d'autres éléments de la conjoncture sociale de la fin des années 1960 et du début des années 1970 — surtout l'aspect contestataire de la contre-culture —, expliquent la formation de groupements radicaux. Troublée par la guerre du Vietnam, qui suit de près les assassinats politiques et les émeutes raciales sur le territoire même des États-Unis, par les bouleversements provoqués au sein de l'Église suscitée par le Concile Vatican II, et par le scandale du Watergate, la jeunesse universitaire prend ses distances par rapport à la génération précédente. Certains s'en éloignent pour plusieurs années en devenant hippies, d'autres s'organisent en vue de transformer la société. Les jeunes gens qui, en 1971, créent le Franco-American Resource and Opportunity Group (FAROG), à l'Université du Maine (à Orono), choisissent de transformer en contestant. Ils se définissent avant tout comme un groupe de soutien pour les étudiants francos dépaysés par l'ambiance anglo de l'université, et comme un groupe de pression aux fins de sensibiliser les Anglos à la situation particulière des Francos.

Le groupe œuvre d'abord à l'université, où il réussit à se faire reconnaître par l'administration. Organisme approuvé, malgré ses tendances gauchisantes et son allure revancharde, il reçoit une aide financière pour la réalisation de nombreux projets, qui visent à revendiquer le droit pour les Francos, à l'Université du Maine, d'être, aux yeux de tous, *des Francos*, et non pas des «Anglos recyclés» — le droit, par conséquent, de transformer l'état d'aliénation culturelle où on les avait relégués en vue de les assimiler. Les membres du FAROG établissent un programme d'orientation spéciale, pour accueillir et guider les étudiants francos de première année, dès leur arrivée à l'université; ils inaugurent des cours, des séries de conférences et des ateliers sur les Francos, ainsi qu'un centre de documentation et de *counseling*. Ils créent des liens avec le Bangor Mental Health Institute, auprès duquel ils se font les porte-parole des plus démunis parmi les Francos: ceux qui, victimes de problèmes mentaux ou émotionnels, ne peuvent pas communiquer avec les thérapeutes, parce que leur anglais est défectueux et que le personnel de l'«Institute» ne comprend pas le français.

L'animateur du mouvement est Yvon Labbé, jeune enseignant dynamique et fier de ses origines beauceronnes. Coordonnateur du FAROG, il étend son champ d'action et reçoit, de l'université, l'autorisation d'embaucher des étudiants pour multiplier les services. Le FAROG commence alors à toucher un public franco plus large, surtout grâce à son programme de publication. En 1973, par exemple, un membre de l'équipe, Céleste Roberge, réunit des textes préparés par des spécialistes pour un cours sur la culture franco-américaine. Le recueil, intitulé *Vers l'évolution d'une culture*, contient, parmi d'autres textes toujours utiles, une étude précieuse de l'ethnologue Roger Paradis, «Franco-American Folklore: A Cornucopia of Culture».

À partir de septembre 1974, le groupe étend encore son rayonnement, grâce à la publication régulière de son journal, *Le FAROG Forum*. De format tabloïd, cette feuille de combat, publiée huit fois l'an, se veut provocatrice; tirée à 6000 exemplaires, elle suscite, depuis sa première parution, les réactions les plus diverses, de la louange à l'exécration. On y trouve généralement quantité d'articles sur l'actualité franco, souvent décrite et critiquée à la fois, car le *Forum* n'a jamais réclamé l'objectivité comme une de ses vertus; souvent le journal publie une page littéraire — poèmes, récits, extraits de romans — ainsi qu'une page d'histoire ou de généalogie; on y donne aussi des comptes rendus d'ouvrages sur les Francos; malgré une «Page Québec», le contenu est à fort pourcentage «franco-américain», ce terme couvrant, en plus de la Nouvelle-Angleterre, les isolats et les individus francophones des États-Unis: New York, Louisiane, Midwest, etc.; les lettres des lecteurs viennent de partout, même de France, et expriment toute la gamme des réactions concevables.

Irrévérencieux, frondeur, hyper-critique, abusant du sarcasme, le *Forum* agace par son intolérance à l'égard des valeurs traditionnelles, par son insistance obsessive sur le mauvais côté des choses, et par une audace qui n'évite pas toujours l'arrogance. Ces défauts sont souvent le fait des correspondants plutôt que de la rédaction, les opinions exprimées n'engageant que les auteurs des lettres ou articles. Mais l'originalité et la persévérance du FAROG, phénomène inédit dans l'histoire franco, exigent, à notre avis, un effort spécial de compréhension.

Dès le départ, le FAROG s'est donné pour fondement «idéologique» l'opposition à l'idéologie de la survivance. Influencés par la Révolution tranquille du Québec et par la «contre-culture» américaine, les membres du FAROG ont commencé par rejeter et le concept et la réalité de l'élite, c'est-à-dire d'un groupe dont les idées doivent déterminer les croyances et le comportement des autres. Vaguement populistes, ces jeunes gens décident de prendre en main l'orientation de leur vie et de se créer leur propre identité; de celle-ci, le patrimoine culturel formera une partie et non pas le tout. Car ce qui prime, pour eux, c'est le «moi» et son développement selon l'inclination de l'individu; ce culte du «moi» remplace la conformité aux valeurs traditionnelles.

Les partisans de la survivance rejettent absolument ce subjectivisme, qu'ils perçoivent comme anarchique et menant au chaos. Pour l'élite «patriote», l'héritage culturel, *donné* à l'individu dès sa naissance, forme un tout, complet en soi; il définit l'individu, dont le rôle est de préserver cet héritage et de le transmettre à la postérité. Pour la génération du «moi», au contraire, l'héritage est à prendre ou à laisser, en partie ou en entier, selon le libre choix de l'individu. Si celui-ci accepte l'héritage, ce n'est pas comme un tout, car il lui faut y ajouter son expérience personnelle; l'héritage n'est qu'un point de départ, un aspect de la vie, un élément de l'identité individuelle — identité à inventer par une longue série de choix librement consentis.

Les jeunes qui se sont associés au FAROG depuis vingt ans diffèrent des aînés sur chacun des aspects essentiels de la doctrine de la survivance. Ils rejettent la religion traditionnelle, parce qu'elle écrase l'individu au lieu de contribuer à son épanouissement. Ils considèrent la langue comme un instrument mis au service de l'individu (et non pas le contraire), et, partant, comme un instrument dont l'individu est libre de se servir comme bon lui semble. D'où l'abondance du «franglais» et du dialecte franco dans les pages du *Forum*, car ces jeunes gens écrivent comme ils parlent, et croiraient artificielle toute distinction entre langue écrite et langue parlée. Or, comme on n'accepte pas que l'individu soit asservi à la langue ou à l'étude de la langue, les incorrections foisonnent dans le *Forum*, elles y sont même accueillies comme un gage de l'«authenticité» d'un auteur.

Ces jeunes voient le culte du passé comme un carcan. Il est donc logique que, pour eux, le Québec et l'Acadie aient peu d'importance. Le Québec, cependant, aura été pour eux un modèle de refus: refus des valeurs traditionnelles, par la Révolution tranquille, et refus d'une citoyenneté de seconde zone, par le mouvement indépendantiste. Sauf pour la chanson et le film, ces révoltés rejettent le Québec, en fonction duquel ils ne veulent pas se définir: l'identité franco, soit comme projet individuel, soit comme projet collectif, doit se poursuivre et se développer en Nouvelle-Angleterre.

Groupe tapageur et controversé, le FAROG est l'élément le plus expressif de la relève, et il marque le début d'une diversification idéologique au sein de la Franco-Américanie.

Quand, dans les années soixante-dix, on discute de l'état de la Franco-Américanie, il est souvent question de «réveil», de «renouveau», et même de «renaissance». Il est vrai que le mouvement franco, c'est-à-dire l'effort collectif pour le maintien de l'héritage, donne parfois, au cours de cette décennie, une impression de dynamisme et d'expansion, surtout quand on le compare aux deux décennies précédentes.

De «jeunes» Francos (moins de 50 ans), par exemple, s'intéressent de nouveau à leur groupe ethnique, et de moins jeunes y reviennent, pour des motifs culturels, psychologiques ou autres. Moins passifs que leurs prédécesseurs, les uns et les autres sentent le besoin d'agir, et c'est pourquoi l'on assiste à l'éclosion d'une foule de projets — groupements, activités, recherches — dont rien n'aurait laissé prévoir l'apparition pendant la période d'assimilation tranquille des années 1950-1970.

Un des éléments les plus favorables à la thèse de la «renaissance des années 1970-1980» est la multiplication des nouveaux curieux de la généalogie. Celle-ci devient un des principaux passe-temps dans tout le pays, le public y étant encouragé par le bicentenaire des États-Unis, qui stimule extraordinairement la fierté que peuvent inspirer les origines nationales, comme aussi celles de chaque État, de chaque municipalité et de chaque individu.

Chez les Francos, la première société généalogique, l'American Canadian Genealogical Society (ACGS), est fondée à Manchester (New Hampshire), en 1973, par Mme Lucille Lagassé et le professeur Roger Lawrence. Des jeunes comme Richard Fortin et Jean Pellerin s'y emparent très tôt des postes de commande, pour s'assurer qu'elle sera un organisme vivant, dynamique et à la page. Cette société progresse très vite, grâce au dévouement et à l'efficacité des fondateurs, qui réussissent à donner des bases solides au nouvel organisme, surtout en insistant pour qu'il reste ouvert à tous, ce qui n'a pas toujours été le cas des sociétés francos.

Fiers de cet esprit hospitalier, fondateurs et dirigeants le sont aussi des services qu'ils offrent; ces bénévoles enthousiastes et compétents sont disponibles quand il s'agit d'initier un néophyte à la recherche généalogique. En peu de temps, ils montent un imposant centre de documentation, ils organisent des ateliers et des conférences, et publient une revue semestrielle, *The Genealogist*.

Pour rendre les mêmes services aux Francos du sud de la Nouvelle-Angleterre, une équipe dirigée par deux jeunes enseignants, Henri Leblond et Robert Quintin, établit l'American French Genealogical Society (AFGS), au Club Le Foyer, à Pawtucket (Rhode Island), en 1978. La revue de la société, quoique rédigée en anglais, a pour titre *Je me souviens*. Comme leurs collègues du New Hampshire, les généalogistes du Rhode Island se dévouent pour que se répandent parmi leurs membres la connaissance et la fierté du passé. Depuis quelques années, d'autres sociétés du même genre se sont formées et se sont regroupées en une Fédération des sociétés de généalogie et d'histoire franco-américaine, dont le siège social est à Manchester (New Hampshire).

La fierté ethnique, si évidente dans les sociétés généalogiques, s'exprime de diverses façons. Autrefois, en Franco-Américanie, elle se manifestait à la Saint-Jean-Baptiste. Cette célébration ayant perdu de sa popularité — l'Union Saint-Jean-Baptiste et l'Association canado-américaine continuent toutefois de l'observer —, elle fut remplacée par une série de festivals, qui se tiennent pendant la belle saison.

Parmi les fêtes populaires inaugurées au cours des années 1970, celle de Lewiston (Maine) est une des plus importantes, par le nombre de personnes qu'elle attire. Ce festival dure une semaine et comporte de nombreuses activités: café-terrasse avec mets francos, expositions d'intérêt historique, films, artisanat, etc. On y a aussi présenté, à l'occasion, une soirée de poésie franco-américaine et un atelier sur la littérature franco. En 1978, une exposition de catalognes attira l'attention du grand public sur cet aspect méconnu de la culture matérielle franco-américaine.

Ces manifestations, trop nombreuses pour qu'on les étudie en détail, sont réalisées tantôt par un comité *ad hoc*, tantôt par un organisme permanent à vocation multiple. Établi en 1977, le New Hampshire Franco-American Council, par exemple, s'est donné pour objectif le développement de programmes culturels, sociaux et éducatifs. Parmi ses réussites, il compte deux festivals «Arts et artisanat», et des expositions d'œuvres des sculpteurs Lucien Gosselin, un Franco, et Alfred Laliberté, un Québécois qui a laissé de nombreuses

Festival des deux mondes. Mis sur pied en 1978 par la Société des deux mondes, de Burlington, Vermont, il fut, sauf erreur, le seul festival itinérant de l'époque, accueilli par les Franco-Américains et les francophiles de Manchester, Claremont et Berlin au New Hampshire; West Brattleboro, Canaan, Enosburg Falls, Winooski et Barre au Vermont; et Biddeford dans le Maine. (Collection Armand Chartier)

œuvres en Nouvelle-Angleterre. Le conseil a également mis sur pied un programme d'échanges culturels avec Le Creusot, ville industrielle française qui présente des traits de ressemblance avec Manchester.

Au Vermont, la Société des deux mondes, fondée en 1977, a, à son actif, plusieurs réalisations originales. En 1978, par exemple, son Festival des deux mondes, monte un spectacle de musique et de danse dans neuf municipalités du Vermont, du New Hampshire et du Maine. Ce festival est unique en son genre, parce qu'il rassemble des artistes et des ensembles francophones venus du Missouri, de la Louisiane, du Québec, du Maine et du Vermont. Dans un merveilleux programme souvenir, Andrew Wallace et Virgil Benoit ont colligé des notes culturelles sur plusieurs régions francos des États-Unis.

Depuis 1971, les Francos de Lowell ont réussi un tour de force, en organisant une «Semaine franco-américaine» dont les nombreuses facettes suscitent, dans le *Lowell Sun*, des articles qui font mieux connaître l'héritage franco-lowellois. Cette «Semaine», qui a lieu en juin, et qui s'ouvre par une messe solennelle dans l'une ou l'autre des églises «canadiennes» de la région, est marquée par de nombreux événements: drapeau québécois hissé au mât de l'hôtel de ville, couronne de fleurs déposée au monument franco (situé sur le terrain même de l'hôtel de ville), «Soirée canadienne» montée par un ensemble local, l'Équipe du Bon Vieux Temps, et proclamation de la «Personne franco-américaine de l'année», entre autres. En 1986, on ajoute un «French Heritage Tour», visite guidée des endroits francos de la ville, animée par un membre du National Park Service.

Alors que, dans le passé, ce genre de manifestation avait lieu dans la salle paroissiale ou sur le terrain d'une église, le festival d'aujourd'hui se déroule plutôt dans un parc, et il a une portée municipale, sinon régionale. Dans certains cas, — Barre (Vermont), Somersworth (New Hampshire), Woonsocket (Rhode Island) —, les Francos collaborent avec d'autres groupes ethniques et créent un festival multiethnique. Mais, si ces manifestations se ressemblent, elles sont loin d'être identiques: dans l'ouest du Massachusetts, par exemple, au «Festival Franco-Américain» de Holyoke et Chicopee (villes voisines), on rend hommage aux anciens combattants (Franco-American War Veterans) et aux paroisses francos.

La publication de programmes souvenirs est un des aspects les plus méritoires de ces fêtes, car elle accroît la visibilité des Francos.

FRENCH
HERITAGE
DAYS

Holyoke Heritage State Park
June 7 and 8, 1986

French Heritage Days — Holyoke, Mass., 1986. Certains festivals mettent en valeur un thème, un aspect de l'expérience franco, comme, à Holyoke en 1986, le voyage en train qui fut le moyen de déplacement emprunté par la majorité des émigrants. (Collection Marcelle Guérette-Fréchette)

Parfois, on profite d'une de ces fêtes pour faire sortir de l'ombre un coin négligé par les historiens. Tel est le cas dans l'ouest du Massachusetts, où l'abbé William Pomerleau publie, en 1984, une utile brochure, *Chicopee's Franco-Americans: A New Culture in a New World*, et insère, dans le livre souvenir de 1986, *French Heritage Days: Holyoke Heritage State Park, June 7 and 8, 1986*, un texte sur l'émigration canadienne à Holyoke, écrit en 1885 par un visiteur britannique. Dernier exemple: la brochure publiée à l'occasion du premier festival annuel (1978) de Old Town (Maine), qui porte sur la médecine populaire et les recettes culinaires de ce coin de la Franco-Américanie.

Ces festivals permettent également à des chanteurs et musiciens de se faire mieux connaître. L'ensemble Lilianne Labbé et Don Hinkley (Maine), le violoneux Omer Marcoux (New Hampshire), la Famille Beaudoin (Vermont) figurent parmi ceux dont les interprétations personnelles de chants et de danse traditionnels ont enrichi l'héritage culturel. Sans festivals, ceux-là et beaucoup d'autres seraient probablement moins connus.

Favorable aux grandes manifestations publiques, la période 1960-1990 l'est aussi au développement de l'histoire locale. Ici encore, l'influence du bicentenaire des États-Unis se fait sentir, le gouvernement fédéral ayant officiellement encouragé les projets en ce domaine. Plus objective que l'historiographie traditionnelle, celle de l'époque actuelle n'en révèle pas moins, chez les auteurs, une fierté certaine et une volonté évidente de projeter une image positive du groupe, tout en évitant de donner dans l'éloge dithyrambique, comme le faisaient parfois les historiens des générations antérieures. L'historique d'Augusta (Maine), que Maurice Violette publie en 1976, sous le titre *The Franco-Americans*, par exemple, contient une abondance de renseignements puisés à des sources sûres; l'auteur y raconte, entre autres choses, les difficultés qu'éprouvèrent les immigrants canadiens à obtenir des prêtres de leur nationalité, mais avec moins de fougue que ne l'auraient fait les anciens.

Parmi d'autres, signalons encore *Cotton Was King: A History of Lowell, Massachusetts*, publié en 1976 sous la direction d'Arthur L. Eno, Jr., et *Woonsocket: Highlights of History 1800-1976*, du docteur Alton P. Thomas, projet subventionné en partie par la Commission du bicentenaire de la ville de Woonsocket. Ces deux ouvrages sont

Le Journal De Lowell

VOLUME 1 NUMERO 1   LOWELL, MASS.   FEVRIER 1975

Le Premier Numero

Il y a plus d'un siécle, le premier journal français vint s'établir à Lowell. C'est en 1874 que l'Echo du Canada, une édition du Journal de Fall River, parut pour la première fois. Depuis il y eut environ une quinzaine d'autres journaux de langue française, de courte ou de longue durée, soit: La Republique, L'Abeille, qui eut la distinction d'etre le premier journal quotidien Franco-Americain aux Etats-Unis, L'Union, Le National, Le Bien Le Clairon, l'Etoile, et d'autres. vecut le plus longtemps et finalement bi-hebdomadaire lors de sa disparution au mois d'aout 1957. Le Journal de Lowell, en depit de son petit format et de sa parution mensuelle, est neammoins un autre journal de langue française a Lowell. Cette publication est un effort et tout a son debut. Pour le moment il est a esperer que vous aimerez Le Journal de Lowell et que vous l'appuyerez en vous abonnant si possible et en encourageant les annonceurs qui ont rendu possible sa publication.

Merci
Raymond Barrette

Cine-Club-Heritage

Les deux films à l'ecran du Cine-Club-Héritage pour le mois de février sont - le 14 fevrier, Le Boucher, roman policier, film récent avec sous-titres en anglais, et le 28 février, Le Mariage de Figaro, une comédie de Beau marchais. Les films sont présentés à la Bibliotheque Municipale le vendredi soir. Les membres du Cine-Club-Héritage sont, M.Roger Lacerte, directeur, Mlle. Yvette Giroux, publiciste, Mme. Joyce Meyers en charge de la publicité aux écoles, Mme. Noella Morin, collation et M. Bertrand Lachance, trésorier.

M.Donald Moisan conferencier au Club Richelieu

M.Donald Moisan, président de la Massachusetts American and Canadian French Cultural Exchange Commission, était le conférencier au Club Richelieu à leur diner au Restaurant Olympia le 28 janvier. M. Moisan a parle de la réalisation et surtout du potentiel pour l'épanouissement culturel des Franco-Americains. Le R/Raymond Lafortune a fait la présentation du Conférencier et R/Nöel Beaudry les remerciements du Club. R/Raymond Paquin a donné la conference éclair. Au deuxième diner de février on entendra Sr. Lillian Lamoureux, qui parlera de la télévision par cable et son importance culturel pour les Lowellois en general et pour les Franco-Americaines en particulier.

Orchestre Symphonique de Strasbourg

L'Alliance Française de Boston annonce que l'Orchestre Symphonique de Strasbourg aura son debut à "Symphony Hall", a Boston vendredi, le 28 fevrier, a 8 h. du soir. L'Alliance Française a réserve de nombreux sieges pour la première visite a Boston de cet orchestre de renommée mondiale. Pour tous renseignements adressez-vous à l'Alliance Française de Boston 40 rue Mount Vernon, Boston, Mass. 02108. Téléphone (617) 523-5317.

Films Français au Lowell State College

Le Cercle Français du Lowell State College va présenter deux films français les 16 et 23 février. Ils sont, Les Jeux sont Faits et La Symphonie Pastorale d'André Gide.

La CMAC a eut son installation d'officiers au mois de janvier. Les officiers qui dirigeront L'Association pour cette annee sont MM. Ernest Genest, président, Raymond Lussier, vice-président, Richard D.Provencher, secrétaire, Donald Larose, secrétaire financier, Roland L.A. Hébert, assistant secrétaire financier et Stanislaus O. Paquin, trésorier.

Notes Radiophoniques

par Armand Morrissette, o.m.i.

Un nouveau programme franco-americain a commence le 19 novembre, 1974, a Lowell. Ce programme a lieu tous les mardi sans faute de deux heures et demie a trois heures de l'apres-midi. Il est radio-diffuse du poste WLTI- ·FM,, 91.5, patronne par LACOIN, c'est-a-dire "Lowell Area Council of Interlibrary Network", et j'ai l'hon-

cont. a la page 4

NDLR.

En plus du programme français du mardi après-midi, nous avons depuis trois ans u-ai a poste de WLTI-FM, 91.5 qui porte le nom de Pot-Pourri-Musical, le dimanche soir de 6h. a 7h. Cette émission est dûe au travail des membres du Comité de Recherches et d'Initiative des Artisans Coop-vie, communement appelé CRI. Ce comité était composé

cont. a la page 4

Le Journal de Lowell. Fondé en 1975 par Raymond Barrette, à qui succèdent Albert et Barbara Côté comme directeurs, ce journal de langue française est le dernier de ce genre à être fondé en Nouvelle-Angleterre. Malgré le titre, l'intérêt de ce mensuel dépasse le niveau local. (Collection Armand Chartier) d'autant plus utiles qu'ils étudient l'évolution des Francos dans le cadre du développement d'une ville.

Notons enfin, au chapitre des nouvelles parutions, celle de trois journaux. *Observations*, journal bilingue et contestataire paru à Lewiston (Maine) en 1972, aura une durée trop courte (six mois) selon ses partisans, trop longue selon ses adversaires et *L'Unité*, journal local de Lewiston, tiendra le coup de 1976 à 1984, et *Le Journal de Lowell*, mensuel fondé par Raymond Barrette en 1975, paraît encore. À Manchester (New Hampshire), Marcelle Martel trouve un moyen unique de faire du journalisme de langue française: une fois par semaine (de 1974 à 1982), elle rédige une colonne en français, intitulée «En bref», dans un influent journal anglo-américain, le *Manchester Union Leader*. Il y a quelque temps, Julien Olivier assurait la relève.

Parmi les conceptions nouvelles, au cours de ces années 1960-1990, il en est une qui a causé beaucoup d'émoi. Il s'agit d'un organisme parapluie qui regrouperait les Francos (individus et groupes), en vue de faciliter la communication et de travailler au mieux-être de la collectivité. Cette idée est si bien accueillie qu'on forme, en 1980, deux organismes de ce genre, l'un national, l'Assemblée des Franco-Américains/Association of Franco-Americans (AFA), l'autre régional, l'Action pour les Franco-Américains du Nord-Est (ActFANE). D'aucuns, toutefois, trouvent saugrenu de fonder des organismes, alors qu'il en existe déjà tellement qu'on a peine à les dénombrer; les autres répondent que cette multiplicité même milite en faveur d'organismes de liaison.

L'AFA voit le jour le 30 mars 1980, au cours de la troisième Conférence annuelle des Franco-Américains, tenue à Lafayette (Louisiane). Dès sa première assemblée plénière, l'AFA adopte la résolution de faire du français une des trois langues officielles des États-Unis, avec l'anglais et l'espagnol. À cette même plénière, on élit un bureau de direction, dont le président est Armand Chartier; les autres postes sont répartis entre la Louisiane, le Midwest et la Nouvelle-Angleterre. Au niveau pratique et dans l'immédiat, les objectifs prioritaires sont la tenue de conférences annuelles, la publication d'un bulletin d'information et le recrutement de membres (groupements et individus).

L'AFA se veut démocratique et ouverte à tous ceux qu'intéresse l'avenir du groupe; ses directeurs ne veulent pas imposer d'idées, de doctrine ou de ligne de conduite; mieux vaut d'abord, croient-ils, par le biais du bulletin et de la conférence annuelle, bâtir une organisation qui soit, pour tous les Francos des États-Unis, un instrument dont les membres détermineront, avec le temps, l'usage précis.

Dès le début, l'AFA se soucie également d'augmenter la visibilité des Francos, sur le plan national comme sur le plan local, ce qui est une façon d'appuyer les efforts pour préserver et pour développer la culture franco. Le bulletin *AFA Newsletter* est un premier pas dans cette direction. Il donne des nouvelles des trois grandes régions: activités des individus et des groupes, calendrier des événements culturels, publications; et il publie des articles sur divers aspects de ces régions (les Métis, les Cajuns). Le bulletin est bilingue, mais l'anglais y prédomine, car on estime à 90 % le nombre de Francos qui ne comprennent pas le français.

Il serait fastidieux d'énumérer tous les groupes qui appuient moralement ou financièrement l'AFA à ses débuts, mais on peut citer, à titre d'exemples, la Société canadienne-française du Minnesota, le Consulat général du Canada à Boston, l'Union des Francos-Américains du Connecticut, le Conseil de la vie française en Amérique (Québec), le gouvernement du Québec, le Conseil pour le développement du français en Louisiane.

Le président de l'AFA fait partie du groupe qui négocie avec le gouvernement du Québec une subvention pour établir un secrétariat permanent franco-américain en Nouvelle-Angleterre (créé en 1981). Par ailleurs, à la suite de la participation de l'AFA à la Rencontre francophone de Québec (1980), son président, Armand Chartier, est nommé membre de la Commission consultative de la Corporation des rencontres francophones de Québec. Le bureau de direction, enfin, participe à la préparation de la quatrième Conférence nationale franco-américaine, qui a lieu à Burlington (Vermont), du 14 au 18 octobre 1981, et dont le principal organisme de soutien est le New England Bilingual Education Service Center, situé à l'Université du Vermont. Bref, en moins de deux ans, l'AFA s'est trouvé un créneau dans la structure francophone de l'Amérique.

Après ces débuts, l'AFA continue de recueillir des appuis et des encouragements dans les trois grandes régions où s'étend son activité, et même parmi les grandes colonies de Québécois nouvellement arrivés en Californie et en Floride. Sa conférence (ou congrès) de 1983,

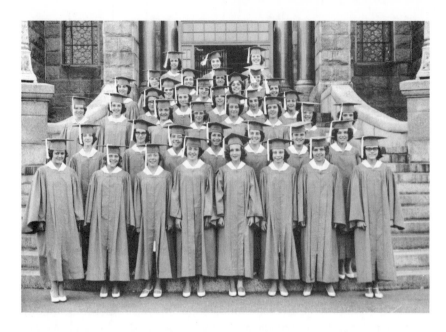

Finissantes devant l'église Notre-Dame-de-Lourdes, Fall River (Massachusetts), juin 1964. Pendant que les militants aînés subissent l'angoisse de l'assimilation, la «vie ordinaire» se poursuit, comme en témoignent cette photo de finissantes et cette carte calligraphiée (page suivante). (Collection Armand Chartier) Première rangée (de gauche à droite) Jeanne Gaudreau, Bonnie-Ann Bélanger, Barbara Laberge, Rochelle Dufault, Dianne Berger, Jo-Ann Pouliot, Madeleine Lachance, Mariette Castonguay; deuxième rangée: Jacqueline Bernier, Diane Desforges, Carol A. Ramunno, Suzanne Lafrance, Cécile Vincelette, Lorraine St-Pierre, Constance Dufault; troisième rangée: Lorraine Demers, Michelle Dufour, Carol Gillett, Diane Dupont, Dianne Raiche, Denise Fortin, Thérèse Rochon, Phyllis Garand; quatrième rangée: Dianne Ouellette, Virginia Roy, Jacqueline Robert, Andrée Clément, Paulette Gagné; cinquième rangée: Bertha Forest, Pauline Lagarde, Jacqueline Gauthier, Denise Fortin, Denise Macri; sixième rangée: Pauline Dugal, Jacqueline Maynard, Francine Ouimet, Lynne Rutter; septième rangée: Diane Chagnon, Christine Picard, Claire Bernard.

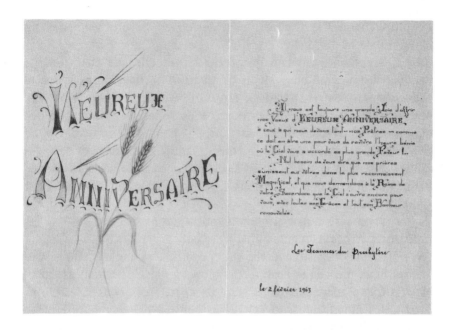

Calligraphie. Art peu connu, pratiqué surtout par des religieuses, la calligraphie
a laissé des souvenirs exquis d'une époque révolue, ainsi qu'en témoigne
cette carte de vœux créée par les Sœurs de Sainte-Jeanne d'Arc de Fall River, Mass.
(Collection Armand Chartier)

tenue dans l'historique pays de Mackinac, suscite une polémique, dans
la presse québécoise, sur l'état de la Franco-Américanie, appelée selon
certains à une disparition prochaine, vu l'absence relative de jeunes au
congrès, vu aussi l'usage restreint du français au cours des délibé-
rations. Ainsi se ranime la vieille controverse concernant l'avenir de
la race en terre étatsunienne.

Chez les aînés

Dans les groupements traditionnels, il est souvent question, à cette
époque, de «crise», de «relève» et de «besoin de renouveau». Pour les
patriotes de vieille date, la vie devient de plus en plus pénible, et les
plus ardents se sentent meurtris par l'assimilation, dont le taux est si
élevé qu'on ne tient plus à le calculer. À l'indifférence de la masse,
qui s'américanise selon un mode en tous points semblable à une

évolution naturelle, s'ajoute, pour les aînés, le problème devenu classique de la dispersion et de l'émiettement des forces vives.

Ce problème, un ami québécois le rappelle aux chefs de file pendant le huitième congrès du Comité de vie franco-américaine, à Manchester (New Hampshire), en 1965. Mgr Paul-Émile Gosselin, secrétaire du Conseil de la vie française en Amérique, déclare: «Nous déplorions et — pour être bien franc — nous déplorons encore ce manque de cohésion dans les pensées, dans les attitudes et dans les efforts. Il y avait et il y a encore à cet émiettement de vos forces vives bien des raisons que vous connaissez comme moi pour les avoir scrutées souvent.»

Au cours de cette période d'angoissante remise en question, les militants se rendent compte qu'ils «perdent» les jeunes, mais ne savent pas trop comment les récupérer. À cet égard, le témoignage de Marie-A. LeBlanc, présidente de la Fédération féminine franco-américaine, est à la fois probant et caractéristique des analyses que font les observateurs les plus lucides: «Avons-nous pensé à préparer la relève, ou sommes-nous responsables d'avoir tenu dans un petit noyau, d'avoir confié à une très petite poignée de gens, disons, instruits, cet héritage de nos ancêtres?» Et encore, en parlant du peuple et surtout des jeunes: «Où sont les raisons de cette apathie?»

Ce que certains appellent «le problème religieux» est inextricablement lié au problème ethnique, c'est-à-dire à l'avenir incertain de la survivance. Pour l'élite traditionnelle, le problème religieux se situe d'abord au niveau de l'épiscopat. Malgré le grand nombre des Francos dans tous les diocèses de la Nouvelle-Angleterre (ils constituent même la majorité des catholiques dans le Maine, le New Hampshire et le Vermont), et malgré des demandes respectueuses réitérées auprès des autorités romaines, l'Église n'accorde aux Francos qu'un seul évêque de leur ethnie pendant toute la décennie de 1960, Mgr Ernest J. Primeau, qui devient évêque de Manchester (New Hampshire), en 1960; et encore fait-on remarquer que Mgr Primeau, brillant et charmant, mais natif du Midwest, n'a pas la même sensibilité que les Francos de la Nouvelle-Angleterre. Pendant la période 1960-1990, l'Église n'aura nommé que cinq évêques franco-américains. L'élite ne cesse de trouver humiliante une proportion d'une si criante injustice. Pourtant, on n'ose pas «crier», personne ne tenant à revivre les conflits d'antan.

Célébration paroissiale. En juin 1966, les paroissiens de Notre-Dame-de-Lourdes de Fall River célébraient le cinquantenaire sacerdotal de leur curé, Mgr Alfred Bonneau. Selon une vieille coutume «canadienne», une occasion de ce genre était marquée par une grand-messe solennelle (entre autres cérémonies religieuses), un banquet — dont on voit ici une partie de l'assistance — et un congé pour les élèves de l'école paroissiale. Des dignitaires et d'autres invités venus de loin, souvent du Canada, intensifiaient l'enthousiasme. Depuis une ou deux décennies, ce type de fête est devenu beaucoup plus modeste. (Collection Armand Chartier)

Le problème religieux est aggravé par la décision de Vatican II de remplacer le latin, comme langue du culte, par la langue du pays. Or, comment penser qu'aux États-unis la langue du pays soit autre que l'anglais, demandent des curés peu soucieux de survivance. Dans la plupart des paroisses francos, l'usage de l'anglais se répand donc comme un feu de brousse, les curés étant conscients que la participation des jeunes (unilingues anglophones) est essentielle à l'avenir des paroisse — et que la fidélité des aînés est acquise, malgré leur mécontentement.

La société fraternelle ou mutuelle, autre institution sur laquelle on a toujours pu compter dans la lutte pour la survivance, subit elle

Union Saint-Jean-Baptiste: bureau chef. Situé à Woonsocket, R.I., ce bâtiment
abrite, outre les bureaux de cette grande mutuelle, la Bibliothèque Mallet
dont les *franco-americana* et les *canadiana* constituent un trésor.
(Collection Union Saint-Jean-Baptiste)

aussi des transformations qui ajoutent au désespoir des «patriotes», car
elle s'anglicise et prend de moins en moins l'initiative d'œuvres
patriotiques. À un observateur objectif, il paraît normal, cependant,
que l'usage de l'anglais se répande, tant à l'Union Saint-Jean Baptiste
qu'à l'Association canado-américaine, car il en va de leur survie
économique. Les nouveaux chefs qui accèdent aux postes de commande ne se sentent pas obligés de poursuivre l'œuvre de la
survivance. Pour eux, une société mutuelle possède, par rapport à
d'autres genres de compagnies d'assurance, des avantages à exploiter,
en commençant par une situation fiscale privilégiée. Pour élargir leur
champ d'action, les nouveaux directeurs de ces mutuelles en font
amender les chartes, qui, jusque-là, limitaient leur clientèle aux
catholiques d'origine (canadienne-) française.

Mgr Adrien Verrette. Historien militant, ce «prêtre patriote» lègue à la postérité une quarantaine de volumes qu'il a écrits ou édités. Actif dans nombre de sociétés, il fut, entre autres, membre fondateur du Comité de vie franco-américaine, président du Conseil de la vie française en Amérique, et «l'âme» de la Société historique franco-américaine pendant des décennies. (Collection Association canado-américaine)

Bref, les sociétés fraternelles se transforment, devenant de plus en plus des comptoirs d'assurance; pour garder leurs privilèges fiscaux, elles continuent néanmoins de contribuer à certaines œuvres. Mais, comme l'intérêt à l'égard des œuvres culturelles françaises décroît, elles s'orientent plutôt vers des œuvres sociales dont la portée n'est pas limitée aux seuls Francos: depuis 1977, par exemple, l'Union Saint-Jean-Baptiste s'occupe d'une façon spéciale des handicapés; plus «canadienne» d'esprit, l'Association canado-américaine prête une partie de ses locaux aux membres de l'American Canadian Genealogical Society et à l'Action pour les Franco-Américains du Nord-Est.

Devant ce retrait progressif de la paroisse et de la société fraternelle comme fondements de la survivance, les réactions des aînés vont du refus à la résignation. Les irréductibles, comme Wilfrid Beaulieu, Antoine Clément et Mgr Adrien Verrette, se servent des quelques journaux et bulletins restants pour dénoncer, exhorter, prodiguer avis et conseils, même s'ils pressentent la victoire prochaine des «forces de la nuit». Selon eux, la résignation est l'attitude des défaitistes. Ces patriotes, qui prennent de l'âge, savent qu'ils sont en train de mener un combat d'arrière-garde, mais peu leur importe. Ils exaltent ce qu'ils nomment «la vertu de la continuité», et le Comité de vie franco-américaine se donne un mot d'ordre (1964): «Conserver ce qui nous reste.»

De telles vertus et pareils mots d'ordre ont peu d'attrait pour la masse ou pour les jeunes à la recherche de nouveauté. En insistant sur le devoir de rester fidèle à l'héritage, les aînés invoquent des raisons qui ne parviennent plus à motiver les jeunes, et ainsi se creuse davantage le fossé entre les générations. Pour les aînés, la survivance est devenue une torturante préoccupation: ils veulent à tout prix transmettre l'héritage à une génération qui n'en veut pas, estimant n'en avoir pas besoin. Consciemment ou non, les aînés en arrivent à sacrifier la relève, dont ils parlent depuis des décennies, pour rester fidèles à cette langue française qui, pour eux, est à ce point partie intégrante de l'héritage, que, sans elle, il devient méconnaissable. En choisissant de rester fidèles au français, ces aînés ont la conviction de remplir jusqu'au bout un devoir sacré, et que les plus jeunes refusent le français leur semble incompréhensible et inacceptable. Certains ont du mal à reconnaître en eux leurs propres enfants, mais ils restent sur leurs positions.

Tout en gardant la tradition des congrès tenus en français, la Fédération féminine franco-américaine innove en inaugurant, en 1977, une série annuelle de festivals jeunesse, auxquels participent chaque année de 50 à 100 adolescents. La «Fédé» veut faire sentir à ces jeunes qu'ils appartiennent à une culture vivante, et elle met tout en œuvre pour atteindre cet objectif: cuisine, musique, discussion, film et autres ressources, comme la ville même de Lowell, où a eu lieu le festival de 1979.

Mais, pour les groupements traditionnels, le congrès reste le moyen par excellence de se réunir, de redire sa solidarité et de renouveler son enthousiasme «pour la cause». Ce genre de congrès patriotique ou culturel reste un trait de mœurs et un rite hautement prisé par les aînés. Pour les âmes sœurs, unies par une cause commune mais éloignées par la distance, le congrès n'est pas un luxe, mais une nécessité. C'est ce qu'explique fort bien Claire Quintal, présidente de la Fédération féminine franco-américaine, en 1977:

> Le fait de se retrouver ensemble participant à une activité commune engendre en nous non seulement la possibilité de faire plus et mieux

tout ce que nous nous proposons de faire, mais nous permet aussi de recréer ces liens qui doivent exister entre nous si nous voulons donner à notre action plus d'envergure en l'étendant à plus de personnes pour former un réseau serré de femmes à travers la Nouvelle-Angleterre se tenant la main de façon symbolique.

Ces grands rassemblements, diminuant en nombre, en sont d'autant plus précieux pour ceux et celles qui ne cessent d'œuvrer pour la survivance. De fait, les congrès sont, pour les aînés, de rares occasions de répéter leur fierté face aux réalisations de la communauté franco-américaine. Ils aiment évoquer le souvenir des bâtisseurs et la puissance économique des institutions fondées par les anciens: mutuelles et caisses populaires surtout. Ils déplorent que le français devienne de moins en moins courant, mais se consolent en soulignant qu'il reste la langue de la culture, laquelle, pour les gens de cette génération, est de beaucoup supérieure au commerce. Le français, selon eux, est destiné à demeurer le fait d'une élite. Jamais les aînés «patriotes» n'abandonneront cette croyance.

Ils n'abandonneront pas, non plus, la tradition selon laquelle un congrès se clôt par l'adoption de résolutions nombreuses. S'ils regrettent que ces résolutions aient peu de suites, cela ne les empêchera pas d'en formuler de nouvelles — ou de répéter les anciennes — au congrès suivant. Il serait trop facile, il serait même erroné de voir, dans cet amas de résolutions, abus de rhétorique; il serait plus juste d'y voir les aspirations, l'élan, le cri du cœur d'une génération qui sera restée fidèle à son idéal jusqu'à la dernière heure, et qui aura tout fait — ou presque —pour que cet idéal lui survive.

En 1976, un petit groupe trouve un nouveau moyen d'action en organisant la participation francophone au XLIe Congrès eucharistique international, tenu à Philadelphie. Parmi ceux qui jouent un rôle clé dans ce projet, signalons Louis-Israël Martel, Gabriel Crevier, Edgar Martel et Gérald Robert, personnalités bien connues en Franco-Américanie pour leur défense des valeurs traditionnelles.

Solitaire en apparence seulement, car il est appuyé jusqu'au bout par un petit nombre de «patriotes» à toute épreuve, Wilfrid Beaulieu pousse lui aussi la persévérance jusqu'à l'héroïsme, ou jusqu'au don-quichottisme, selon le point de vue de l'observateur. Face au recul de la survivance en Nouvelle-Angleterre, Beaulieu consacre de plus en plus d'espace, dans son *Travailleur*, à la francophonie mondiale, et surtout à la progressive affirmation de soi du Québec. *Le Travailleur* devient ainsi le journal franco le plus québécois de son époque. Partisan fougueux de l'indépendantisme, Beaulieu s'en fait en outre le propagandiste indomptable.

On ne saurait soutenir que les aînés ne font aucun effort de créativité pour répondre aux exigences d'un monde en évolution. On se rappelle que, dans les années 1940, la principale tentative de renouvellement fut la création du Comité de vie franco-américaine (1947). Pour les années 1950-1960, il faut signaler l'implantation, en Nouvelle-Angleterre, du Richelieu international, et la mise sur pied, au sein du gouvernement de chaque État, d'une commission d'échanges culturels chargée de développer des liens avec le Canada français.

Fondé à Ottawa en 1944, le Richelieu international est un réseau de «clubs sociaux dits de service» — et le seul qui soit de langue française et d'orientation chrétiene. Le but de ces clubs, dont la devise est «paix et fraternité», est «l'épanouissement de la personnalité des membres par le contact humain»; et leurs œuvres humanitaires sont au profit de la jeunesse malheureuse. Les réunions, généralement bimensuelles, se composent d'une séance d'affaires et d'une conférence.

Les principes de base et le fonctionnement du club Richelieu ont de quoi plaire aux professionnels et aux hommes d'affaires franco-américains, qu'ils soient «patriotes» ou non. En plus de leur offrir l'occasion de se retrouver, à intervalles réguliers, pour fraterniser et pour contribuer à une œuvre méritoire, le club Richelieu favorise le développement de la personnalité dans un contexte social irréprochable. En plus, pour des Francos dont la vie professionnelle se déroule en anglais, une réunion du club Richelieu pose un défi rare et précieux, puisqu'elle se déroule uniquement en français. Le membre qui emploie un mot d'anglais est passible d'une amende, payable *illico loco* et sans appel. L'argent ainsi recueilli va au service de l'enfance malheureuse.

Le premier club Richelieu établi en Nouvelle-Angleterre le fut en 1955, à Manchester (New Hampshire), sous la présidence de Mᵉ Gérard-O. Bergevin. Le mouvement se répand, et, en 1960, les villes suivantes ont chacune leur club Richelieu: Fall River, Holyoke, New Bedford (Massachusetts) et Lewiston (Maine). Il y aura bientôt une quinzaine de ces clubs aux États-Unis, y compris celui de Hollywood (Floride). Woonsocket et Salem (Massachusetts) ont chacun un club Richelieu pour femmes

La fondation de Manchester contribua beaucoup à l'expansion du mouvement. Louis-Israël Martel, syndicaliste et homme politique, participa à la fondation de quatorze clubs Richelieu aux États-Unis, et, en qualité de président international, en 1971, il remit leur charte à de nombreux clubs, au Canada, aux États-Unis et en France (Paris, Rennes, Caen et Toulouse).

Les moments de labeur obscur et ingrat sont beaucoup plus nombreux, cependant, que ces courts instants de gloire et de publicité. Bien humblement, les membres des clubs Richelieu donnent de leur temps et de leurs deniers pour aider l'enfance malheureuse: ils organisent des pique-niques pour les orphelins, mettent sur pied des campagnes de souscription, lancent des collectes spéciales, etc. De 1957 à 1980, le seul club Richelieu de Manchester recueille plus de 45 000 $ en dons.

Cet esprit de charité est soutenu par un programme d'activités sociales et culturelles dont le fondement est la réunion bimensuelle de chaque club. D'une façon générale, on ne tolère ni l'absentéisme ni la passivité, les pressions du groupe s'exerçant pour que chaque membre soit non seulement assidu aux réunions, mais prêt à participer sans maugréer au travail des différentes «équipes» (comités). La réunion bimensuelle n'est d'ailleurs pas un fardeau: elle se déroule dans un climat de bonhomie et de camaraderie, où l'humour et la gaieté trouvent leur compte. Un dîner réunion typique est ponctué d'éclats de rire, de taquineries et d'impositions d'amendes (perçues par «le cardinal»). Des chants canadiens traditionnels, puisés dans le *Chansonnier Richelieu*, animent la soirée, avant la séance d'affaires, que suit la conférence d'un invité. Les conférences portent sur les sujets les plus divers, les conférenciers pouvant venir de France, du Canada ou de la ville voisine.

Autre volet du programme socio-culturel, les visites «interclubs» stimulent le zèle et la fierté, comme le font les visites des officiers généraux ou des administrateurs régionaux. Les anniversaires de fondation et la remise de sa charte à un nouveau club sont l'occasion de soirées de gala.

En septembre 1960, se tint à Manchester (New Hampshire) le premier congrès international de la Société Richelieu, qui attira plus de 1600 délégués, et qui valut aux Richelieu une publicité abondante et favorable, même dans la presse de langue anglaise. Au banquet, les congressistes eurent droit à une brillante conférence de Philippe-Armand Lajoie, «doyen de la presse franco-américaine». Faisant l'apologie de «la Société Richelieu, une phalange d'élite, [qui] apporte un espoir nouveau à ceux qui veulent que — advenant le pire — il existe toujours en Nouvelle-Angleterre une élite qui y affirmera la présence française», le conférencier souligne le mérite tout spécial des clubs Richelieu, qui ont aidé à «préserver les refrains et romances qui délectaient les grands ancêtres». Et il termine en citant des vers extraits «d'une pièce orphéonique inédite», dont l'auteur pourrait être Lajoie lui-même, compositeur et auteur bien connu:

Tant que nos voix pourront redire la romance
Et le joyeux couplet de Québec ou de France,
Burinés sur nos cœurs, ces mots: «Je Me Souviens!»
Font de nous à jamais des fils de Canadiens!

Le zèle des congressistes fut encore stimulé par le sermon de l'abbé Adrien Verrette, tout à la louange de «l'apostolat», de la Société Richelieu et de ses activités dans le domaine de la «charité sociale». Pour sa part, Wilfrid Beaulieu loue, dans *Le Travailleur*, ce nouveau moyen de resserrer les liens entre Franco-Américains et Canadiens français.

Sur un autre plan, le père Thomas-M. Landry, o.p., curé de la paroisse Sainte-Anne de Fall River (Massachusetts), conçut, rédigea et fit parrainer à la législature de l'État un projet de loi établissant l'American and Canadian French Cultural Exchange Commission of the Commonwealth of Massachusetts. Cette commission, constituée en 1968, avait pour mandat de développer des liens culturels entre Canadiens français et Franco-Américains, de stimuler l'intérêt pour l'histoire et la culture des deux groupes, de même que pour la vie économique, politique, sociale et artistique du Canada et des États-Unis, et de promouvoir des programmes de langue française dans les écoles du Massachusetts. Suivant l'exemple du père Landry, des Francos des cinq autres États de la Nouvelle-Angleterre obtinrent, de leurs législatures respectives, de semblables commissions.

Jouant à la fois le rôle d'un lobby et d'une agence de relations publiques, ces commissions s'efforcent d'abord de faire mieux

Prêtre, orateur, écrivain, homme d'action, cerbère de la Franco-Américanie,
le père Thomas M. Landry, o.p. contribue depuis un demi-siècle à façonner
l'histoire des siens. (Gracieuseté Association canado-américaine)

connaître «le fait franco-américain» dans chacun de leurs États. Tout
en poursuivant les mêmes buts que bien d'autres groupements, elles
impriment à leur activité un caractère officiel, elles peuvent s'adresser
aux contribuables au nom du gouvernement d'un État, et elles ont

accès aux deniers publics pour subventionner des projets. Ainsi, dans leur rapport de 1969-1970, les membres de la Commission d'échanges culturels du Massachusetts soulignent «l'antériorité héroïque» des Français dans le Massachusetts, en remontant à Samuel de Champlain; et ils publient une liste de ressources franco-américaines de l'État (dans le domaine social, culturel, éducatif) avec leur mandat. Ils mettent aussi en avant certaines idées qui sont reprises par divers groupes ethniques, un peu partout aux États-Unis, à mesure que s'affirment les minorités nationales. La suivante s'est révélée particulièrement prophétique: «un bon gouvernement doit être représentatif, et la représentation doit être le reflet non seulement des partis politiques, mais aussi des groupes ethniques».

Semblables, ces commissions ne sont pas identiques. Chacune évolue selon l'ordre de priorité défini par ses membres, et selon les aléas politiques. Établie en 1974, l'American and Francophone Cultural Commission, du Connecticut, se veut ouverte à tous les pays et à toutes les régions de la francophonie, plutôt qu'au seul Canada français. Par ailleurs, en faisant l'inventaire des ressources de son État, cette commission estime à quelque 300 000 le nombre des francophones domiciliés dans le Connecticut; cette réalité, à peine soupçonnée jusqu'alors, a permis à la commission de justifier subséquemment une demande de fonds.

Ces commissions sont actives dans de multiples domaines, d'autant que chacune définit le terme «culturel» comme bon lui semble — ce qui est son droit. Un geste important de la commission du Massachusetts, par exemple, fut l'implantation d'un programme d'études canadiennes au North Adams State College, à North Adams, Massachusetts. La commission du New Hampshire organisa des spectacles de musique et de théâtre canadien (Théâtre des Pissenlits, de Montréal, Orphéon de Trois-Rivières, etc.), et elle appuya des projets qu'elle-même ne pouvait exécuter, faute de ressources.

Ces commissions rendent donc de nombreux services à la communauté franco, mais aussi au gouvernement de chaque État de la Nouvelle-Angleterre. Elles assurent une participation et une présence franco-américaines officielles, par exemple, aux multiples projets et cérémonies qui, à l'époque du bicentenaire des États-Unis, soulignent la contribution française et canadienne-française au développement du pays. Regroupées, dès 1974, en Comité central des Commissions

Culturelles Francophones de la Nouvelle-Angleterre, elles peuvent mieux échanger des renseignements et coordonner leurs activités, et agir comme groupe de pression, auprès du gouvernement américain, par exemple, pour faire prolonger des projets d'éducation bilingue.

Selon le dynamisme des membres et les budgets disponibles, ces commissions seront plus ou moins actives au cours des années 1970-1990. Malgré l'aspect officiel de leur mandat, les «commissaires» sont souvent contraints d'y aller de leurs propres deniers pour mener à bon terme tel ou tel projet, et, de fait — faute de fonds suffisants —, n'eût été le bénévolat de ses membres, telle ou telle commission fût restée inactive. Dans ces conditions, il n'est pas étonnant que ces organismes n'aient pas donné leur plein rendement.

Présence du Québec

S'il est vrai que la France et le Canada maintiennent une présence plus que symbolique chez les Franco-Américains pendant la période 1960-1990, le Québec y est le plus actif. Encore faut-il attendre la fin des années 1970 pour que son action y prenne de l'envergure.

L'usure des liens entre Francos et Québécois, observable dès la Deuxième Guerre mondiale, s'aggrave à tel point, en effet, que la Révolution tranquille, l'essor économique et la montée de l'indépendantisme québécois sont connus et suivis par un nombre infime de Franco-Américains; encore la plupart de ceux-là condamnent-ils l'irréligion et les «idées révolutionnaires» des séparatistes. Pourtant, il faut rappeler l'enthousiame de cette minorité — journalistes, universitaires, membres des professions libérales — face au mouvement des idées et à la productivité culturelle qui caractérisent le Québec des années 1960 et 1970. Le Frère Untel et Pierre Vallières suscitent de l'admiration, et, à partir de 1976, René Lévesque aura des adeptes en Franco-Américanie.

Au niveau des organismes, c'est le Conseil de la vie française en Amérique qui maintient les liens les plus constants avec les Francos. Fidèle à sa mission, il suit de près l'évolution des groupements francophones sur le continent et reste en contact avec le Comité de vie franco-américaine. Cinq Francos sont membres du conseil. Du côté gouvernemental, l'établissement du Service du Canada français d'outre-frontière, au sein du ministère des Affaires culturelles, réveille, chez les «patriotes», l'espoir d'une aide à la survivance défaillante. Cet espoir est en partie comblé par l'ouverture du Bureau du gouvernement du Québec à Boston (1969), dont le but est de promouvoir en Nouvelle-Angleterre les intérêts économiques et culturels du Québec. Le titulaire de ce bureau, Jean-Maurice Tremblay, multiplie les initiatives en vue d'identifier des champs de collaboration. Travaillant de concert avec un comité franco-américain dirigé par le dynamique Paul Blanchette, de Lowell (Massachusetts), le Bureau du Québec réussit à faire entrer la câblovision québécoise dans le nord de la région. Après des débuts modestes, cette câblovision, en une dizaine d'années, devient accessible à plus de 300 000 foyers en Nouvelle-Angleterre et dans l'État de New York.

En juillet 1978, le Québec inaugure une série de «rencontres» annuelles auxquelles participent des Franco-Américains. Ces derniers apprécient particulièrement l'esprit dans lequel est conçue la première rencontre: le gouvernement du Québec invite des porte-parole de toutes les régions francophones du continent, non pas pour leur faire la leçon, mais pour les écouter parler de leurs problèmes et de leurs espérances. D'où le thème général: «L'Amérique francophone parle aux Québécois», et le sous-thème: «Comment vivre en français en Amérique». Cette rencontre, le premier rassemblement du genre depuis le troisième congrès de la langue française (1952), conjugue des éléments de fête — celle du «Retour aux sources» — et des séances d'étude.

Les Francos peuvent constater la similitude entre leur situation, celle des Canadiens français hors Québec, et celle des Franco-Louisianais: l'assimilation à la culture anglophone enlève à la francophonie la génération montante, et l'isolement des communautés rend incertain l'avenir de la langue et de la culture françaises. De toute évidence, la conjoncture démontre l'urgence de multiplier des liens permanents avec le Québec.

Cette rencontre de 1978 fut l'occasion, pour Wilfrid Beaulieu, le dernier grand journaliste franco, de proclamer sa foi indépendantiste: «Non seulement je ne crains pas que le Québec devienne souverain, mais je m'en réjouis de tout mon cœur.» Selon lui, les minorités francophones hors Québec seront d'autant plus capables de se maintenir qu'elles pourront compter sur un Québec fort et capable de leur venir en aide. Un autre Franco, Louis-Israël Martel, de Manchester (New Hampshire), est nommé membre de l'Ordre des francophones d'Amérique, en raison de «l'exceptionnelle qualité de sa participation à la vie française en Amérique». Néanmoins, d'autres Francos reviennent de la rencontre déçus de ne pas y avoir trouvé une raison sérieuse de vivre en français dans un milieu anglophone — une raison capable de dissuader les jeunes de se laisser assimiler

La rencontre de 1980, «Questionnement '80», veut être un survol de l'actualité dans les communautés francophones du monde entier. Du point de vue franco, cette rencontre reste mémorable pour deux raisons, à commencer par les problèmes linguistiques des jeunes Francos qu'on a invités à y participer. Apparemment, les précautions prises par les organisateurs pour n'envoyer à la rencontre que les meilleurs locuteurs francophones se sont révélées insuffisantes, ces jeunes étant incapables de communiquer avec ceux de l'Ontario, de l'Ouest ou des Maritimes. D'où les protestations des jeunes Canadiens, qui s'opposent à la présence d'«Anglais» à une «rencontre de Français». Cet accroc, pénible pour les deux parties, montre que, en devenant officiellement un État unilingue francophone, le Québec a érigé une barrière entre lui-même et les arrière-petits-enfants des émigrants de 1880.

Les échos de la rencontre de 1980 se prolongent chez les Francos pour une autre raison. Créée membre de l'Ordre des francophones d'Amérique, Claire Quintal, universitaire de renom et présidente de la Fédération féminine franco-américaine, présente une communication magistrale intitulée «Le Québec et les Franco-Américains: les limites d'une certaine présence après une longue absence». Au cours de son exposé, elle soulève une question délicate: la Franco-Américanie et le Québec ont-ils besoin l'un de l'autre? «Je crois bien que nous avons bien plus besoin de vous que vous de nous. Disons-le tout de suite et sans ambages: la présence du Québec est absolument nécessaire à la survie culturelle de la Franco-Américanie.» Cette déclaration soulève un tollé, surtout du côté du Franco-American Resource and Opportunity Group (FAROG) et de ses sympathisants, qui trouvent humiliante une telle prise de position, qui, pour eux, rabaisse les Francos au niveau de quémandeurs, et qui, plus encore, ouvre la Franco-Américanie à la colonisation culturelle par le Québec. Selon eux, il y a égalité complète, au niveau des besoins entre Québécois et Francos, et ce que la Franco-Américanie peut offrir au Québec (amitié, appui publicitaire, produits culturels) n'est aucunement inférieur à ce que peut lui offrir le Québec.

En 1981, la participation franco à la planification des Rencontres francophones de Québec est institutionnalisée, lors de la création de la Commission consultative de la Corporation des rencontres francophones, qui comprend cinq Francos et cinq Canadiens français des Maritimes, de l'Ontario et de l'Ouest.

À la rencontre même de 1981, des Francos jouent un rôle actif dans les divers ateliers, ils œuvrent avec des Québécois et des francophones hors Québec pour que se perpétue, comme le veut Marcel Dubé, directeur des rencontres, «une tradition d'échange, d'amitié, de compréhension entre les corps culturels de la francophonie, pour leur épanouissement respectif et à travers un rapprochement de plus en plus nécessaire». À l'atelier programmation, où l'on identifie les domaines à aborder lors des rencontres subséquentes, il est évident que les préoccupations premières des Franco-Américains sont les mêmes que celles des Québécois et des Canadiens français, soit: la jeunesse, les gens d'affaires et les créateurs. La rencontre de 1981 est fructueuse, aussi, pour les Francos d'un certain âge, puisqu'on y fonde l'Association internationale francophone des aînés. Depuis 1981, un nombre restreint de Francos participent aux rencontres; ils sont choisis en fonction du thème de l'année: jeunesse, informatique, âge d'or, etc.

Pour favoriser les contacts et les échanges entre les rencontres, le gouvernement du Québec inaugure, en octobre 1981, le Secrétariat permanent des peuples francophones (SPPF), que le premier ministre du Québec, René Lévesque, décrit de la façon suivante: «Ce centre sera un instrument pour mieux préparer vos rendez-vous annuels et, en tout temps, désormais, il constituera un lieu de réunions d'études, de colloques, un centre d'exposition et aussi de diffusion constante de toutes les informations qu'on peut colliger ou qui s'accumulent concernant la francophonie.»

Situé dans le Vieux Québec, le SPPF se montre fidèle à cette description dès son ouverture (28 octobre 1981), présidée par le premier ministre lui-même, puisque l'inauguration officielle en est immédiatement suivie d'une séance de la Commission consultative de programmation auprès du SPPF. Cette commission, qui regroupe des représentants de l'Assemblée des Franco-Américains, de l'Action pour les Franco-Américains du Nord-Est, du Conseil pour le développement du français en Louisiane, du Midwest américain, de l'Association Québec-Californie, ainsi que de plusieurs organismes canadiens-français, a pour mandat de présenter des «avis et conseils utiles» relatifs au contenu des rencontres annuelles et aux activités du secrétariat. Ce dernier veut refléter la vie socio-culturelle de la francophonie mondiale et surtout nord-américaine. Pour la première fois depuis longtemps, les Francos ont désormais une voix, si modeste soit-elle, au sein d'une agence gouvernementale du Québec.

Parmi les activités du SPPF consacrées aux Franco-Américains, il convient de rappeler l'exposition «Ulric Bourgeois 1874-1963 — photographe du Québec et de la Nouvelle-Angleterre» (novembre 1981); le lancement d'un numéro du magazine *OVO* portant sur l'émigration des Québécois vers la Nouvelle-Angleterre (mai 1982); le lancement du disque «Josée», de Josée Vachon (septembre 1983); la fondation du Club Jack Kerouac (1984); et un spectacle de Lilianne Labbé et Don Hinkley, du Maine (août 1984). Par ailleurs, le SPPF est représenté aux principaux rassemblements franco-américains, ici et là aux États-Unis.

En avril 1980, le gouvernement du Québec intervient d'une façon déterminante dans la vie franco-américaine: le ministère des Affaires intergouvernementales invite à Québec douze «militants» pour étudier l'état présent de la Franco-Américanie, et pour élaborer avec eux un plan d'action global dans le domaine de la coopération culturelle.

À Québec, «les Douze», représentant les six États de la Nouvelle-Angleterre, actifs dans diverses professions, mais surtout dans l'enseignement, établissent une liste des objectifs les plus urgents. Ils tombent d'accord que le but premier d'une action globale devrait être l'intensification, chez leurs concitoyens, du sens de l'appartenance à la Franco-Américanie, et s'entendent pour recommander — comme premier moyen — la création d'un organisme parapluie qui serait à la fois agence de liaison entre les groupements francos, dispersés dans toute la région, et l'interlocuteur franco auprès du gouvernement du Québec. Puis les douze se constituent en comité provisoire, pour donner suite à la rencontre de Québec.

De concert avec le ministère des Affaires intergouvernementales et sa délégation à Boston, on décide que l'organisme aura un caractère fédératif, c'est-à-dire qu'il regroupera les Francos et leurs associations, et qu'il coordonnera leurs efforts de développement socioculturel. Quant à la structure, ce sera une corporation à but non lucratif, gérée par un comité exécutif et un conseil d'administration dont les membres représenteront les six États de la Nouvelle-Angleterre et celui de New York. On veut aussi qu'il revendique les droits des Francos auprès des divers gouvernements avec lesquels ils ont à traiter: celui de chaque État du Nord-Est, le gouvernement des États-Unis, et ceux de la France, du Canada et du Québec.

Avant même son établissement, l'organisme projeté soulève des commentaires variés au sein de la communauté. Certains observateurs le jugent superflu, eu égard à la multitude des organismes existants; d'autres n'y voient qu'une manœuvre, de la part du gouvernement du Québec, pour étendre son influence politique et faciliter sa propagande indépendantiste dans le nord-est des États-Unis. Il importe de corriger ces fausses impressions. Cela est d'autant plus facile que l'auteur, à titre de président de l'Assemblée des Franco-Américains, organisme national, participe, en compagnie de Mᵉ Robert Couturier, de Lewiston (Maine), membre du Conseil de la vie française en Amérique, et de Normand Dubé, directeur du National Materials Development Center, de Bedford (New Hampshire), tous trois membres du comité provisoire, à une série de rencontres ministérielles tenues à Québec en décembre 1980 et janvier 1981. Pendant ces rencontres, qui ont pour objectifs d'assurer la collaboration de divers ministères et d'explorer des champs de collaboration, les interlocuteurs touchent à plusieurs domaines, dont aucun ne se rapporte à la politique.

Entre autres sujets abordés au cours de ces pourparlers, qui indiquent bien les préoccupations des deux parties et dont plus d'un sera repris par la suite, on peut citer: la conservation du patrimoine franco-américain (lequel, bien sûr, fait quelque peu partie du patrimoine québécois); la formation des animateurs sociaux; la collaboration d'institutions et d'organismes en vue d'intensifier la recherche scientifique sur les Francos; la diffusion des produits culturels québécois dans le nord-est des États-Unis; le prêt de personnel et l'aide technique dans des domaines comme la récréologie; la diffusion par câble et par satellite de la télévision éducative québécoise; la planification de rencontres et d'échanges pour les gens d'affaires, les jeunes et les enseignants. Sans être exhaustive, cette énumération montre bien que les parties se sont beaucoup souciées de coopération culturelle, et aucunement de politique.

Cette série de rencontres et de réunions, des deux côtés de la frontière, aboutit à l'ouverture, en juillet 1981, du secrétariat de l'Action pour les Franco-Américains du Nord-Est (ActFANE). Situé à Manchester (New Hampshire), ce bureau a pour secrétaire coordonnateur Paul Paré, jeune journaliste et publicitaire du Maine. Subventionné par le gouvernement du Québec à la seule condition qu'il soit représentatif de *tous* les Francos de la région, le nouvel organisme commence dès lors à se faire connaître par l'intermédiaire de son secrétaire coordonnateur, qui multiplie les visites dans les principaux centres francos. Il profite de ces déplacements pour dresser un inventaire des ressources locales, autant pour répondre aux demandes de renseignements qui arrivent d'un peu partout que pour préparer, à moyen terme, la publication d'un répertoire des ressources francos. (On sait que le dernier répertoire de ce genre remonte à 1946.)

Par la suite, l'ActFANE prend tous les moyens pour accroître la visibilité des Francos et pour améliorer les communications entre eux. Une de ses réalisations, à ce jour, reste le 12e Congrès des Franco-Américains — «Rendez-vous '83», du 27 au 29 mai 1983. L'ActFANE prépare ces assises en collaboration avec le Comité de vie franco-américaine (dont le dernier congrès, le onzième, remonte à 1974), et avec la participation de nombreux autres organismes. C'est le premier des «grands» congrès (de 200 à 300 participants) qui soit bilingue, les discussions pouvant se faire en français ou en anglais, au choix de l'intervenant. Le programme montre bien, aussi, le pragmatisme des organisateurs, qui consacrent des ateliers et des tables rondes à la presse, aux manifestations populaires, au rôle des universités dans l'animation communautaire, et à celui de la bibliothèque dans le domaine de l'animation. Ces tables rondes portent sur des activités récentes, expressions de la vie franco des années 1980.

Ce congrès de 1983 comporte d'autres signes des temps. On y fait place, par exemple, à un séminaire sur la planification du changement («Planning and Managing Change»), selon les méthodes préconisées par le système dit de «Facilitative Management». Ce séminaire, offert par le Center for Constructive Change, de Durham (New Hampshire), veut augmenter l'efficacité des organismes et les aider à se donner un *leadership* dynamique. Certains voient là l'introduction de la technologie, sinon de la technocratie, dans la vie ethnique.

Dernier, à ce jour, des grands rassemblements régionaux, ce congrès reprend plusieurs thèmes devenus traditionnels dans la vie du groupe: besoin de s'adapter au contexte anglo-américain sans sacrifier sa culture franco, besoin de dépasser le stade de la passivité et de l'interrogation collective pour enfin s'affirmer comme groupe. D'aucuns sont d'avis, cependant, qu'il ne faut pas mêler politique et ethnicité, et c'est pourquoi l'on n'arrive pas à un consensus sur l'action politique. En revanche, le discours de circonstance est prononcé par une femme, Jeannine Séguin, présidente de la Fédération des francophones hors Québec. Elle souligne le fait que les minorités auront toujours à lutter pour préserver leur héritage, et qu'il est essentiel qu'un groupe minoritaire rompe son isolement et se fasse reconnaître comme force culturelle et politique. Malgré le petit nombre des jeunes qui s'y sont inscrits, des optimistes voient, dans la tenue même du congrès, le signe d'une renaissance franco-américaine. Comme pour leur donner raison, les organisateurs ont mis au programme le lancement de cinq ouvrages sur l'expérience franco, et une exposition d'artistes francos — indices, affirma-t-on, de la vitalité culturelle du groupe.

Depuis sa fondation, l'ActFANE a donc servi la communauté de plusieurs manières. Agent catalyseur autant que centre de renseignements et organisme d'appui, elle a la liberté d'agir dans tous les domaines qui touchent la Franco-Américanie, ce qu'elle n'a pas manqué de faire. Sa «Conférence festival» (novembre 1984), par exemple, a réuni les directeurs des festivals francos; sa collaboration avec le consulat du Canada à Boston et la délégation du Québec en Nouvelle-Angleterre (Boston) lui a permis d'établir un programme de bourses pour les Francos; son bulletin, *InformAction*, a favorisé la diffusion de nouvelles d'intérêt général et parfois même de renseignements sur des aspects méconnus de l'expérience franco, par exemple les caisses populaires. L'ActFANE, enfin, par ses affiliations — Assemblée des Franco-Américains, Commission consultative du SPPF, Conseil de la vie française en Amérique —, a assuré le maintien de liens vivants avec la communauté francophone à l'extérieur du nord-est des États-Unis, ce qui ne l'a nullement empêchée de contribuer au développement de la conscience franco-américaine régionale. Compte tenu de ses ressources limitées, l'ActFANE est devenue un élément positif, voire indispensable, pendant sa courte existence.

Une étude détaillée des relations Québec-Franco-Américanie montrerait le caractère multiforme de la présence québécoise, chez les Francos, de 1960 à 1990. Présence réduite, évidemment, si on la compare à celle des périodes antérieures, mais présence plus que symbolique ou cérémonielle. En plus des aspects que nous venons de discuter, il y aurait lieu d'étudier la présence du Québec dans la vie intellectuelle des Francos, comme elle se manifeste, par exemple, dans les activités (colloques, publications, échanges) de l'Institut français du Collège de l'Assomption (Worcester, Massachusetts), ou encore par les livres et périodiques québécois qui circulent parmi les Francos. Pour être complet, il faudrait aussi considérer la présence culturelle du Québec, grâce à la participation d'artistes et d'ensembles folkloriques à divers rassemblements (festivals, congrès, colloques).

Des littératures

Les «patriotes» aînés, au cours des années soixante, continuent de lutter pour la cause à laquelle ils ont voué leur vie. Adolphe Robert, par exemple, donne à la littérature de la survivance quelques-uns de ses plus importantes réalisations pendant les dernières années d'une existence bien remplie. Après avoir servi l'Association canado-américaine, à titre de président général, de 1936 à 1956, il préside, en 1958, à la transformation du bulletin *Le Canado-Américain*, en une revue. Dirigée par lui jusqu'à son décès en 1966, cette revue, tout en accordant la priorité aux nouvelles de l'association, dépasse de beaucoup ce cadre restreint; de nombreux collaborateurs en font une publication d'un intérêt littéraire et historique permanent.

Adolphe Robert lui-même réunit ses meilleurs essais dans *Souvenirs et portraits* (1965), qui est un précieux témoignage sur une époque révolue. Faits de vignettes et de croquis, ces *Souvenirs et portraits* évoquent l'émigration de l'auteur (en 1906) et son intégration à la vie américaine sous la bannière de la survivance. Ce sont les aspects doctrinaux de cette dernière qu'expose le père Thomas-M. Landry, o.p., dans *Mission catholique et française en Nouvelle-Angleterre* (1962), qui résume l'essentiel d'une idéologie canadienne adaptée à un contexte anglo-américain, et qui propose une ligne de conduite aux Francos. À notre avis, ces deux recueils sont appelés à devenir des classiques, non seulement de la littérature de la survivance, mais bien de la littérature franco-américaine prise en son entier, pour leurs qualités de fond et de forme.

Les écrivains de la survivance se retrouvent nombreux dans le *Bulletin de la Société historique franco-américaine*, que Mgr Adrien Verette continue de diriger jusqu'en 1973. Propagande et polémique sont partout dans ce *Bulletin* annuel, qui n'a jamais prétendu à l'objectivité; au contraire, son directeur et ses collaborateurs ont toujours voulu enseigner la fierté des origines et honorer la mémoire des anciens. De 1960 à 1973, ils poursuivent cette œuvre de piété filiale contre vents et marées, conscients que leur nombre diminue, convaincus néanmoins du caractère sacré de leur cause.

L'abondant contenu québécois qu'on trouve dans *Le Travailleur* de Wilfrid Beaulieu, de 1960 à la disparition du journal en 1978, s'explique par le contraste entre la vitalité du Québec et le déclin de la Franco-Américanie. Avant le référendum (1980), il était permis de croire que le Québec s'acheminait vers son indépendance, ce qui réjouissait l'indépendantiste qu'était Beaulieu. Celui-ci, peut-être plus québécois que franco dans la dernière partie de sa vie, continue de servir le pays ancestral, non seulement en accordant beaucoup d'importance à l'actualité (événements d'octobre 1970, accession au pouvoir du Parti québécois en 1976), mais aussi en rappelant les tragédies vécues par la race au 19e siècle (l'œuvre des patriotes de 1837-1838, l'exécution de Louis Riel).

Malgré cette orientation québécoise, *Le Travailleur* ne cesse de refléter la vie franco. Le père Thomas-M. Landry, entre autres, y poursuit sa réflexion sur le présent et l'avenir de la Franco-Américanie, comme le font des observateurs plus jeunes, dont les professeurs Paul Chassé et Claire Quintal. Et Beaulieu lui-même reste le fidèle publicitaire de la littérature franco-américaine. Mais un des principaux apports de ce journal à la vie collective aura été sa contribution à la mutuelle redécouverte des Francos de la Nouvelle-

Angleterre et du Midwest. Les retrouvailles s'opèrent grâce aux textes d'une nouvelle collaboratrice, Marie-Reine Mikesell, de Chicago. Cette historienne fournit au *Travailleur* des essais bien étoffés sur l'apport français et canadien-français au développement de l'Ouest américain. Ses écrits auront des suites significatives, lorsqu'il s'agira de former un mouvement national de Franco-Américains, au début des années 1980.

Le *Bulletin de la Fédération féminine franco-américaine* apporte, lui aussi, une contribution dont il serait injuste de ne pas tenir compte. On y trouve un nombre considérable d'écrits sur la condition de la Franco-Américanie. Les revers et les aspirations du groupe sont décrits et commentés par les plus engagées parmi les directrices de la «Fédé», dont Alice Lemieux-Lévesque, Marie LeBlanc, Marthe Biron-Péloquin et surtout l'essayiste Claire Quintal. Celle-ci, en plus de militer en faveur de la survivance, sème à pleines mains des aperçus d'une grande lucidité. Les dons qu'elle a d'observer, d'analyser et d'expliquer l'âme franco-américaine, dans un français clair, dru, nerveux, et sur un ton passionné, en font un des meilleurs écrivains francos de son époque.

Le *FAROG Forum*, publié à l'Université du Maine depuis 1973, est, en fait, un organe de l'anti-survivance. Gouailleur, contestataire, ce journal foisonne d'articles polémiques, et, comme on y trouve, par surcroît, des poèmes et des extraits de romans, entre autres textes de tout genre, les historiens de la littérature franco y trouveront une abondante matière.

À la même époque, on voit éclore un mini-corpus de textes d'érudition sur l'expérience franco. Si l'histoire et la sociologie sont les domaines préférés, les études littéraires ne sont pas négligées. L'universitaire Paul Chassé soutient, en 1968, une thèse de dotorat sur les «Poètes franco-américains de la Nouvelle-Angleterre, 1875-1925». Dans cette étude volumineuse et fouillée, l'auteur passe en revue les principaux poètes de l'émigration, d'Anna-Marie Duval-Thibault à Philippe Sainte-Marie. Pour chacun, Chassé donne des renseignements biographiques, identifie les thèmes et les situe dans l'ensemble de l'œuvre; il démontre de façon convaincante à quel point ces poètes sont restés enracinés dans le pays de Québec, malgré un exil volontaire et, dans la plupart des cas, définitif. En 1976, Chassé publie une *Anthologie de la poésie franco-américaine de la Nouvelle-*

Angleterre. Le roman franco de langue française fait l'objet d'une thèse, que Richard Santerre termine à Boston College, en 1973.

Pendant les années 1960-1990, la littérature franco-américaine se fait de mieux en mieux connaître, au Canada comme aux États-Unis. Pour les universitaires américains, ce corpus fait partie de la littérature étatsunienne, au même titre que celle des autres groupes minoritaires; au Canada, à mesure que l'on reconnaît l'importance de l'émigration dans l'histoire du Québec et de l'Acadie, il est perçu tantôt comme l'une des littératures francophones d'Amérique (avec celles de la Louisiane, de l'Ouest canadien, de l'Ontario, etc.), tantôt comme une partie de la littérature québécoise ou acadienne de la dispersion. Cette volonté de récupération, des deux côtés de la frontière, par divers groupes de recherche, a rendu la littérature franco plus visible que jamais. Ainsi, les compilateurs du volume *Ethnic Perspectives in American Literature* (édité par la prestigieuse Modern Language Association, à New York), qui consiste en une douzaine de survols de littératures minoritaires américaines, ont consacré un chapitre à la littérature franco de la Nouvelle-Angleterre, et les directeurs du *Dictionnaire des œuvres littéraires du Québec* y ont inséré une vingtaine d'articles sur des ouvrages francos. De plus en plus, les revues universitaires américaines et canadiennes accordent à ce corpus la place qui lui revient.

L'engouement pour l'histoire, si manifeste chez les générations antérieures, perd de son intensité de 1960 à 1990, mais il est loin de disparaître, avec, toutefois, une différence notable: les écrits historiques de l'époque contemporaine n'affichent pas, d'une façon générale, le prosélytisme de jadis. L'histoire n'est plus une arme de combat.

Le ton plus neutre de ce que l'on pourrait nommer «la nouvelle histoire», on le reconnaît dans l'ouvrage historique le plus marquant de l'époque *The French-Canadian Heritage in New England*, que publie le professeur Gérard Brault en 1986, est le survol historique le plus complet depuis l'*Histoire des Franco-Américains* de Robert Rumilly (1958). Dans cette œuvre de haute vulgarisation, solidement documentée, l'auteur révèle l'affection qu'il voue à sa race, mais on ne saurait l'accuser de se faire le propagandiste de la survivance. Gérard Brault renseigne, mais il ne cherche pas à convertir, et son indépendance de jugement s'affirme partout.

L'historiographie des années 1960-1990 est plus féconde que celle des époques précédentes, dans des domaines comme l'ethnologie, l'histoire orale et la généalogie. Ici encore, le National Materials Development Center a laissé sa marque, grâce surtout aux écrits de Julien Olivier. Auteur de *D'la boucane: une introduction au folklore franco-américain de la Nouvelle-Angleterre*, Olivier publie aussi des transcriptions d'histoires orales: celle d'un vieillard centenaire, Jim Caron: celle du violoneux-sculpteur, Omer Marcoux; celle d'un pêcheur du Maine, Jim Côté. Il donne aussi *Souches et racines: une introduction à la généalogie pour les jeunes Franco-Américains*, à la fois manuel et recueil de témoignages sur divers aspects de l'ethnicité et de l'histoire familiale.

Alors que les écrits d'Olivier, conçus pour servir dans les écoles bilingues, ont un aspect pédagogique, ceux de Brigitte Lane circulent parmi un public lecteur composé surtout d'universitaires. Son étude la plus importante est une magistrale thèse de doctorat, *Franco-American Folk Traditions and Popular Culture in a Former Milltown: Aspects of Ethnic Urban Folklore and the Dynamics of Folklore Change in Lowell, Massachusetts*, soutenue à l'Université Harvard en 1983. En quelque 600 pages, elle brosse un très riche tableau du folklore franco-lowellois, évitant avec soin l'abstraction pure et l'interprétation gratuite, car un des principaux mérites de ce travail est la somme des exemples et des témoignages qui y sont réunis. Brillante synthèse, l'étude de Brigitte Lane constitue aussi, à peu de chose près, une anthologie de traditions orales franco-lowelloises. En plus de récits, chansons, «dires», «histoires drôles» et anecdotes, ce tome contient de précieuses descriptions du «Petit Canada» aujourd'hui disparu. Bref, l'étude de Brigitte Lane est un modèle du genre et un guide sûr.

D'autres chercheurs ont enrichi la littérature orale franco-américaine de langue anglaise. Par exemple, lorsque Tamara K. Hareven et Randolph Langenbach entreprirent les recherches qui aboutirent à la publication de *Amoskeag: Life and Work in an American Factory-City* (1978), les nombreux Francos qu'ils interviewèrent, s'exprimant facilement en anglais, purent fournir des renseignements inédits sur le travail dans la grande compagnie de textile Amoskeag de Manchester (New Hampshire), au cours du premier tiers du 20e siècle. Ces témoignages, inclus dans le texte de Hareven et Langenbach, ajoutent beaucoup à nos connaissances sur la vie industrielle, et sur l'attitude des Francos face au travail dans les usines.

Pour ce qui est de la production littéraire dans les autres genres (poésie, roman, théâtre), deux constatations s'imposent: le déclin de la littérature franco de langue française, et la proéminence du roman de langue anglaise.

En plus de la thèse et de l'anthologie déjà mentionnées, l'universitaire poète Paul Chassé donne deux recueils de poésie, *Et la mer efface...* (1964) et *La Carafe enchantée* (1968), où transperce l'influence de plusieurs poètes français, de Mallarmé à Prévert. Rosaire Dion-Lévesque publie son dernier recueil, *Quête*, en 1963. L'abbé Maurice Trottier, poète du voyage, de la nature et du sentiment religieux, fait paraître plusieurs recueils, depuis *Envolées* (1965) jusqu'à son recueil bilingue *Songs of My Youth/À la fleur de l'âge* (1981), sans compter les trois éditions de sa traduction d'*Évangéline*, de Longfellow. Dans quatre recueils parus depuis 1978 — dont *Un mot de chez nous* — Normand Dubé exprime ses angoisses et ses aspirations, de même que celles du peuple, auquel il s'identifie d'emblée. D'autres poètes, comme Jim Bishop et Paul Marion, bien que conscients de leurs origines francos, écrivent en anglais et n'ont pas, jusqu'ici, exploité de thèmes ethniques.

Cette même remarque s'applique à des romanciers comme Richard Belair et Paul Théroux. Selon ce dernier, qui a atteint la célébrité internationale avec un récit de voyage, *The Great Railway Bazaar* (1975), et une série de romans qui rappellent ceux de Graham Greene, l'ethnicité est tout simplement un stade que l'individu dépasse dans sa progression vers quelque chose de plus universel. Pour Robert Cormier, de plus en plus connu comme romancier de l'adolescence, l'ethnicité n'est qu'un élément parmi d'autres, dans la création d'un univers romanesque. Cela se constate dans ses tout premiers romans, en particulier *Now and at the Hour* (1960) et *Take Me Where the Good Times Are* (1965), dont l'action se situe dans une ville industrielle de la Nouvelle-Angleterre.

Il n'en est pas ainsi chez Gérard Robichaud, dont les personnages — par exemple dans *Papa Martel* (1961) — réussissent l'harmonieuse intégration des cultures acadienne et américaine. Ce romancier sait créer des personnages fortement individualisés, tout en exploitant le folklore acadien. Ce sont des immigrés établis dans le Maine, qui, même s'ils gardent un doux souvenir du pays natal, cultivent la joie de vivre plutôt que la mélancolie, et l'esprit critique plutôt que l'asservissement au rigorisme moral du catholicisme traditionnel. Le roman de langue anglaise reflète une vaste diversité de visions du monde, comme le montre la simple juxtaposition de *Papa Martel* de Robichaud et de *No Adam in Eden*, de Grace (de Repentigny) Metalious. Celle-ci est une Franco du New Hampshire, dont le premier roman, *Peyton Place*, fut un des grands succès de scandale des années 1950. *No Adam in Eden* présente de puissants personnages féminins, animés par une révolte totalisante contre les valeurs francos traditionnelles. Autant *Papa Martel* est un roman d'amour, autant *No Adam in Eden* en est un de rage.

Aucun doute, cependant, que le roman franco est dominé par l'abondante production de Jean-Louis («Jack») Kerouac (1922-1969). Devenu célèbre, après plusieurs années difficiles, avec *On the Road* (1957), Kerouac, depuis lors, ne cesse de trouver de nouveaux lecteurs dans le monde entier — qui sont captivés plus par ses romans du cycle de la route que par ceux du cycle lowellois. Mais c'est surtout dans ces derniers que Kerouac décrit son enfance et sa jeunesse francos, vécues sous le regard bienvaillant d'un père et d'une mère nés au Québec et contraints, par l'évolution de leur situation économique, d'habiter tantôt l'un, tantôt l'autre quartier «canadien» de Lowell.

Dans *Visions of Gerard* (1963), Kerouac rappelle un peu ce que fut la dernière année de son frère Gérard, décédé à l'âge de neuf ans, alors que lui en avait quatre. Enfant précoce et maladif, Gérard Kerouac était profondément religieux, et fut pour son frère un ami, un modèle de conduite et, plus tard, une source d'auto-culpabilisation, Jack estimant qu'il n'avait pas vécu à la hauteur morale et spirituelle maintenue par Gérard. Dans ce roman, comme dans *Doctor Sax* (1959), l'auteur donne des descriptions mémorables des quartiers et des endroits franco-américains de Lowell, entre autres Centralville, avec la vie grouillante de ses maisons à trois étages, et le mystère de ses édifices paroissiaux (église et presbytère Saint-Louis-de-France); l'église Saint-Jean-Baptiste à l'allure d'une cathédrale; la Grotte et le Chemin de Croix, situés sur le terrain de l'Orphelinat franco-américain.

Mais, par-delà les descriptions de lieux et les passages écrits dans le dialecte franco-lowellois, ces romans sont franco-américains par les personnages et par l'univers franco-catholique que l'auteur y

dépeint, et qui ont profondément marqué sa vie. Car des préoccupations d'ordre spirituel ont informé la vie et l'œuvre de Kerouac,
beaucoup plus qu'on n'a l'habitude de le dire. Hanté par l'idéal de
sainteté incarné par son frère Gérard, en même temps qu'il se révoltait
contre le conformisme bourgeois de son époque, Kerouac est resté
fidèle à ses origines (famille, ethnie, ville natale), il en a même entretenu le culte, tout en menant une existence de nomade. Fidélité aux
origines et nomadisme se trouvent conjugués, d'ailleurs, dans *Satori in
Paris* (1966), le récit du voyage qu'il entreprit en France, en 1965.

Il serait étonnant que les ouvrages de Kerouac, lus dans tous les
pays du monde, soient restés inconnus à deux autres romanciers
francos de langue anglaise, sur qui il a peut-être exercé une influence.
Écrivain à grand succès, David Plante réunit en un volume, *The
Francœur Novels* (1983), trois romans (*The Family; The Woods; The
Country*) qui relatent la mélancolique histoire d'une famille de
Providence (Rhode Island). Plante réussit surtout à évoquer le caractère d'étrangers, de déracinés que, pendant longtemps, les Francos ont
eu en Nouvelle-Angleterre, séparés du groupe dominant par leurs
origines, leur langue, leur foi, et par des prénoms comme *Oenone* et
Polidore. Par ailleurs, sa description du catholicisme rigoureux et
pessimiste hérité des ancêtres est d'une rare justesse. Plante fait sentir
que la race française aux États-Unis en est à sa dernière heure. En
1984, paraissait *The Questing Beast*, premier roman de Richard
Hébert, écrivain doué. Affirmer qu'il s'agit d'un roman franco n'enlève rien à la portée universelle du propos de l'auteur, qui est de narrer
la quête de son identité, en juxtaposant cette recherche au récit de
l'itinéraire pénible suivi par son père. Mû par la volonté bien arrêtée
de découvrir et de s'approprier son histoire personnelle et ancestrale,
le romancier, fier descendant de Louis Hébert, premier colon de la
Nouvelle-France, fait un pèlerinage à Québec, où un oncle lui révèle
le secret de ses origines. Remarquable au niveau stylistique, *The
Questing Beast* est un roman riche et complexe, dont une partie
essentielle de la thématique est liée au phénomène de l'ethnicité.

L'ethnicité est au centre de *L'Héritage*, de Robert Perreault
(1983), premier roman franco de langue française publié depuis 1938
(si l'on excepte *Les enfances de Fanny* de Louis Dantin, paru en
1951). Que ce jeune auteur (né en 1951) ait choisi d'écrire son roman
en français est un premier fait à souligner. Qu'il ait voulu faire de son

ouvrage «une sorte d'examen de notre conscience collective comme groupe ethnique en Nouvelle-Angleterre» en est un deuxième. L'auteur, au fond, invite les Francos à s'interroger sur le rôle que devrait jouer, dans leur vie personnelle, la pérennité de l'héritage culturel. Car celui-ci continue d'exister, affirme Perreault, même si la majorité en est inconsciente ou à peine consciente. Par ailleurs, *L'Héritage* dit bien l'admiration de certains jeunes Francos pour la force de caractère des générations antérieures. Perreault est le premier Franco de sa génération à exprimer, sous la forme d'un roman écrit en français, une attitude de respect, voire de piété, à l'égard des anciens.

Presque aussi jeune que Robert Perreault, le dramaturge Grégoire Chabot, fier lui aussi d'appartenir à la race franco-américaine, juge opprimantes, voires paralysantes, la fidélité au passé et l'admiration «excessive» que certains Francos vouent à la culture française de l'hexagone. Dans deux pièces controversées, *Un Jacques Cartier errant* (1977) et *Chère maman* (1979), il passe au crible les travers de ceux qui représentent l'ordre établi en Franco-Américanie: manque de la confiance en soi nécessaire à la création d'une «authentique» culture franco-américane; inaction et inefficacité des organismes dont le but est de veiller à la sauvegarde du patrimoine culturel; snobisme, exclusivisme de ces organismes, qui créent un gouffre entre eux-mêmes et le peuple; asservissement à des modèles culturels étrangers — c'est-à-dire français — qui intensifie chez les Francos un sentiment d'infériorité déjà paralysant; conformisme excessif à des valeurs désuètes, qui empêche le développement d'un moi authentique. Malgré une allure de réquisitoire, si évidente dans les pièces et les autres écrits de Chabot, on y reconnaît néanmoins un plaidoyer en faveur du renouvellement de la culture franco, afin que, pour les jeunes du 20ᵉ siècle finissant, elle cesse d'être une culture sans âme.

Dans cette période 1960-1990, l'ensemble de l'activité théâtrale reste presque aussi mal connue que dans les époques antérieures. Cependant, en plus d'avoir produit les pièces de Grégoire Chabot, le National Materials Development Center a publié un certain nombre de pièces pour la jeunesse. Les diverses régions de la Nouvelle-Angleterre produisent elles aussi des pièces de théâtre. Dans le nord du Maine, en 1976, par exemple, on monte le drame historique de Guy Dubay, *With Justice for All*, qui rappelle les tentatives d'évincement dirigées par une puissante compagnie anglo-américaine contre les fermiers acadiens de la vallée de la rivière Saint-Jean, vers 1870. Originale par le sujet traité, la pièce l'est encore par le dialogue, qui passe de l'anglais au français, selon qu'une scène se déroule chez les fermiers ou dans les bureaux des capitalistes américains.

Remarquons, enfin, qu'il a existé ici et là en Nouvelle-Angleterre un théâtre «paroissial». C'est un théâtre populaire fondé sur un texte que rédige un écrivain sans prétention et souvent sans préparation professionnelle, soit pour édifier, soit pour divertir les paroissiens. Ces productions ne suscitent d'habitude qu'un intérêt local, et restent trop souvent inédites, comme *De la visite originale*, que le folkloriste Roméo Berthiaume écrit, pour la *Soirée canadienne* de la paroisse Saint-Louis de Woonsocket (Rhode Island), en 1975.

Sans réclamer pour elle une richesse qui n'existe pas, on peut affirmer que la littérature de la période 1960-1990 offre au moins un intérêt particulier: comme la société qu'elle reflète, elle se fait de plus en plus pluraliste, tout en évoluant elle aussi vers l'assimilation à la culture dominante.

ÉPILOGUE: LA SOLIDARITÉ ABSENTE

D'après le recensement fédéral de 1980, il y a plus de 13 millions de Franco-Américains aux États-Unis, dont plus de 3 millions dans le nord-est du pays; plus de 1,5 million de personnes font usage du français au foyer, et 425 000 d'entre elles vivent dans les six États de la Nouvelle-Angleterre et le nord-est de l'État de New York. Mais il est vraisemblable que le recensement ne tient pas compte de ce secteur de la population qui, tout en étant francophone, n'a pas indiqué le français comme langue parlée, et ce pour diverses raisons: mariages mixtes, individus vivant avec des unilingues anglophones, etc., si bien qu'on estime à un million le nombre de francophones dans le nord-est des États-Unis.

Plus nombreux que jamais, les Franco-Américains restent une des minorités les moins visibles, les moins connues du pays. Dans l'ensemble, le grand public ignore leur existence, ignore même que les plus connus d'entre eux, comme Will Durant et Jack Kerouac, sont d'origine franco. Cerner le pourquoi d'une telle méconnaissance déborderait le cadre de notre propos, mais il importe de souligner qu'en tout temps, et encore aujourd'hui, les Francos ont affiché un faible taux de scolarité, un manque flagrant de cohésion politique (qui explique leur sous-représentation à tous les échelons du gouvernement), et une inconscience regrettable de l'importance des relations publiques. Depuis les années 1980, pour peu que les médias américains ou canadiens s'intéressent aux Francos, c'est surtout pour gloser sur la disparition de leur culture, ou sur leur extinction comme peuple.

Seul l'avenir révélera dans quelle mesure ces médias ont raison. Si la cohésion ou la scolarité communautaires peuvent servir d'indice de vie «nationale», ou si la participation d'un grand nombre est nécessaire à la vie du groupe, il n'est peut-être pas prématuré de parler de disparition ou d'extinction. Car ce serait une erreur de croire que l'effort de renouveau, au cours des années 1960-1990, a permis à la Franco-Américanie de se régénérer ou de se reconstituer sur de nouvelles bases culturelles. Ce qui, pendant les années 1970, avait pu paraître une «renaissance» s'est révélé un éphémère ensemble de projets incapables de secouer l'apathie des couches populaires.

Bref, il existe aujourd'hui de moins en moins de solidarité chez les Francos, que ce soit au niveau national, entre la Nouvelle-Angleterre, le Midwest et la Louisiane, ou tout simplement entre les différents centres de la Nouvelle-Angleterre; ou même entre l'élite et le peuple, ou encore entre les habitants d'une même municipalité. Cette réalité est encore plus frappante, si on la compare à celle des époques antérieures.

Une ethnicité fragmentée

«Un éphémère ensemble de projets», disions-nous au sujet du renouveau escompté par les militants des années 1970, car les disparitions et les ralentissements frappent les activités sur lesquelles on fondait les plus vifs espoirs. Mais, pâle reflet de ce qu'elle fut autrefois, la Franco-Américanie n'en continue pas moins d'exister.

Ainsi, les congrès biennaux et quadriennaux de certains groupements traditionnels — l'Association canado-américaine, l'Union Saint-Jean-Baptiste, la Fédération féminine franco-américaine — se poursuivent. Ces congrès conservent un aspect social (vin d'honneur, banquet, discours, spectacle, soirée dansante) qui permet à des gens venus d'un peu partout en Nouvelle-Angleterre de fraterniser, ce qui maintient un minimum de sens communautaire au niveau régional. Depuis 1980, l'Institut français du collège de l'Assomption (Worcester, Massachusetts) réunit de 300 à 400 personnes pour un colloque annuel où des universitaires présentent des communications sur un aspect de l'expérience franco. Les sociétés généalogiques rassemblent leurs membres une ou deux fois l'an, et écrivains et artistes participent à une réunion annuelle depuis 1981. Il existe en plus une quinzaine d'émissions radiophoniques en langue française et quelques programmes de télévision; le concours annuel de français de la Fondation de langue française Euclide-Gilbert atteint un public scolaire de plus en plus nombreux (40 000 étudiants en 1985).

Il y a cependant quelques centres où la vie franco est moins fragmentée qu'ailleurs. En plus des petites villes fortement françaises du nord du Maine — Van Buren, Madawaska, Fort Kent, entre autres — Manchester (New Hampshire) et Woonsocket (Rhode Island) continuent d'offrir un attrait particulier pour quiconque s'intéresse à la Franco-Américanie. À Manchester, par exemple, en plus du bureau chef de l'ACA, se situent les locaux de l'Action pour les Franco-Américains du Nord-Est (ActFANE) et de l'American Canadian Genealogical Society. On trouve donc en un même endroit trois organismes qui multiplient les activités et les projets (voyages, rassemblements, publications) pour leurs membres d'abord, mais aussi pour les Francos en général. À Woonsocket, au bureau chef de l'Union Saint-Jean-Baptiste, en plus d'offrir un service de voyages organisés (au Canada, en Europe), on maintient entre autres la tradition du pèlerinage annuel au Sanctuaire Notre-Dame-de-La-Salette, à Attleboro (Massachusetts), et on consacre des énergies et des ressources au projet FAITH (Franco-American Interest in the Handicapped), qui a pour but la formation chrétienne des handicapés. Ces deux sociétés mutuelles, l'ACA et l'USJB, continuent aussi d'aider les étudiants nécessiteux.

Manchester et Woonsocket sont donc des lieux de ressourcement pour les Francos de la Nouvelle-Angleterre. Car, en sus du volet «activités» que nous venons d'évoquer, chacun de ces centres comporte un aspect muséologique et archiviste de la plus haute importance, soit de richissimes collections de franco-americana (imprimés et manuscrits), logées à l'Association canado-américaine et à l'Union Saint-Jean-Baptiste, respectivement. Manchester et Woonsocket comptent en outre des églises, des usines et des restes de «Petits Canadas» qui attendent les historiens de l'art, de l'architecture, de l'urbanisme, et qui attirent les touristes et les amateurs du passé franco. Bref, Manchester et Woonsocket méritent des études fouillées et illustrées; de fait, il est presque incompréhensible qu'on ait négligé des villes où se trouvent, en plus de tout ce qui vient d'être rappelé, des œuvres du peintre québécois Ozias Leduc et du sculpteur franco Lucien Gosselin.

À ces œuvres répondent, à Lowell (Massachusetts), au moins un bronze du sculpteur québécois Louis-Philippe Hébert et la production artistique du peintre franco Lionel Turcotte. Car Lowell aussi occupe une place spéciale dans la géographie culturelle de la Franco-Américanie. En 1978, le gouvernement des États-Unis y créait un vaste musée, en raison de son rôle capital dans la «révolution industrielle» du pays. Lowell possède, par ailleurs, un bon nombre d'églises et de monuments francos, dont certains furent immortalisés par Jack Kerouac dans ses romans lowellois. Les gens y affluent, pour participer soit à des visites guidées, soit à la «Semaine franco-américaine», ou encore pour visiter les endroits décrits dans les romans de Kerouac, et la tombe de l'écrivain, au cimetière Edson. Rappelons enfin que le seul journal franco rédigé entièrement en français, *Le Journal de Lowell*, est publié dans cette ville, et qu'une salle de la bibliothèque municipale est consacrée à une collection de livres canadiens et francos. La «Salle Biron» est ainsi nommée en l'honneur du journaliste lowellois Louis-A. Biron.

Il y a fragmentation, intermittence aussi, en ce qui concerne les liens, jadis ininterrompus, entre les Francos et le Canada. Précisons toutefois que, si cela est vrai pour la jeunesse et le peuple en général, le Canada demeure, pour certains, une présence constante, un sujet quotidien de préoccupation et de discussion. Il reste que, malgré les efforts de l'Assemblée des Franco-Américains et de l'Action pour les Franco-Américains du Nord-Est, les liens entre le Canada et la Franco-Américanie sont minimes, malgré le fait qu'un très grand nombre de Québécois et d'Acadiens ont de la parenté dans le nord-est des États-Unis, et que jadis, jusqu'aux années 1930, les collectivités canadienne et franco ont vécu en symbiose.

Avec le temps, le réseau de liens personnels (parenté, amitiés de collège ou de couvent) et institutionnels (l'Église, les sociétés patriotiques) a donc subi l'usure de l'indifférence, suite de l'assimilation et de cheminements historiques distincts. La plupart des Francos en savent, sur le Canada, à peu près ce qu'en sait la masse américaine: peu de chose. Comme les directeurs des médias anglo-américains, les Francos en général, sans être tellement conscients de l'enjeu, se sont dits contents que le Québec ait voté contre l'indépendance et que tout soit «rentré dans l'ordre». Une infime minorité seulement regrette le résultat du référendum, et souhaite voir resurgir ce que d'autres nomment «le spectre» de l'indépendantisme.

Pour les aînés, cependant, le Québec reste un haut lieu de pèlerinages, et l'Oratoire Saint-Joseph, le Sanctuaire de Notre-Dame-du-Cap et Sainte-Anne-de-Beaupré continuent d'en accueillir chaque année un nombre appréciable. Conscient de l'intérêt que le Québec pourrait avoir pour tous les Francos, jeunes et moins jeunes, le Conseil de la vie française en Amérique élabore actuellement un programme de tourisme culturel, et encourage les descendants des Canadiens émigrés à un retour aux sources. Les sociétés généalogiques œuvrent, elles aussi, dans le même sens. D'autres organismes, qui recrutent des membres des deux côtés de la frontière, facilitent contacts et échanges entre Francos et Canadiens; l'Association internationale francophone des aînés et l'Institut séculier Pie X sont de ce nombre.

La France est surtout présente en Franco-Américanie par son consulat général, à Boston, et par les services culturels de son ambassade, qui maintiennent un programme de concerts, de conférences, de films, et de représentations théâtrales pour les francophones et les francophiles de la région. À un petit nombre de Francos, le consulat et les services culturels offrent aussi des bourses d'étude et des stages d'animation culturelle en France.

La France est aussi présente par sa culture, et il ne manque pas d'observateurs pour trouver cette présence franchement encombrante. Ce point de vue est moins aberrant qu'il n'y paraît de prime abord, pour l'excellente raison que le culte excessif voué par certains Francos à la culture française a parfois pour résultat d'obnubiler, sinon de faire mépriser, le patrimoine franco proprement dit.

Fragmentée, la vie franco-américaine devient de plus en plus un phénomène local, comme en témoignent ces petits groupes qui, dans telle ou telle municipalité, animent des sociétés culturelles, pour assurer quelques manifestations françaises (conférences, films, concerts) au cours de l'année. À l'occasion, comme par un sursaut d'énergie, on réalise un projet spécial; actuellement, par exemple, des individus et des groupes collaborent pour bloquer des projets de loi qui feraient de l'anglais la langue officielle du pays, parce qu'ils estiment que l'anglais n'a aucunement besoin de la protection du gouvernement. D'autre part, l'Assemblée (nationale) des Franco-Américains, sous la direction de son président Walter Landry, lutte pour que le Congrès des États-unis adopte le «Cultural Rights Amendment», par lequel le gouvernement reconnaîtrait le droit de maintenir et de promouvoir les «origines historiques, linguistiques et culturelles» de tous. On s'attend à ce que le Congrès entreprenne le débat sur cette question dans un avenir rapproché.

La vie franco des années 1980-1990 n'a donc plus l'intensité qui, jusque vers 1960, avait caractérisé nombre de centres, du Maine au Connecticut, et qui avait contribué au maintien d'une conscience, d'une solidarité régionales, à l'échelle de la Nouvelle-Angleterre. Dans son ensemble, la vie franco d'aujourd'hui évolue, parfois péniblement, d'un projet à l'autre, jusqu'à l'épuisement des bénévoles ou des subventions, celles-ci se faisant de moins en moins nombreuses, alors que l'intérêt et les énergies continuent de défaillir.

Ruptures et continuités

Au niveau des mentalités, il y a lieu de distinguer entre la survivance traditionnelle, dont les défenseurs se trouvent surtout chez les aînés, et une «nouvelle» survivance, dont les signes se manifestent depuis quelques années chez des Francos de moins de 50 ans. Avant d'aborder ce nouveau phénomène, il importe d'évoquer l'interaction des générations actuelles au sujet de cette idéologie plus que centenaire.

Austère et idéaliste, fixiste et intransigeante, système de valeurs et idéologie en même temps, la vieille survivance n'était pas faite pour attirer les générations montantes de 1960 ou de 1975. Elle l'était d'autant moins qu'on ne s'était guère soucié de l'adapter aux besoins nouveaux. Sûres d'elles-mêmes, les nouvelles générations se sont opposées à la «vieille garde», soit en s'assimilant — ce fut le cas du peuple, en grande partie —, soit en faisant un tri parmi les idées, les valeurs et les traditions véhiculées par la vieille survivance. Tel fut le cas de ceux qui élaborèrent une «nouvelle» survivance (en général, c'étaient de Francos âgés de 30 à 50 ans), et de ceux qui, comme le groupe FAROG, à l'Université du Maine, remplacèrent la tradition par la nouveauté. Pour la première fois dans l'histoire de la Franco-Américanie, l'éclectisme remplaçait le dogmatisme, et on rejetait la notion séculaire que la lutte de la vieille survivance était la seule façon de combattre la disparition d'un peuple et d'une culture.

La vieille survivance eût peut-être été moins malmenée par les jeunes, si l'on avait un peu moins insisté sur certains aspects de la culture canadienne et franco qui en paraissaient indissociables, entre autres le dolorisme, caractéristique à la fois de la religion traditionnelle et du culte du passé. Ce dolorisme — l'envers quotidien du triomphalisme des jours de fête — se manifeste encore aujourd'hui par le mode pessimiste sur lequel bien des Francos vivent leur catholicisme, et par leur nostalgie d'un âge d'or où l'on pouvait faire sa vie en français, du berceau à la tombe, dans un univers parfaitement homogène. Par ailleurs, la plupart des Francos d'aujourd'hui qui ont gardé des notions d'histoire du Canada se rappellent le caractère douloureux de cette histoire, où l'on trouvait trois ensembles de faits saillants: l'époque glorieuse mais révolue de la Nouvelle-France, la Conquête de 1760, et l'émigration, rarement enseignée à l'école, apprise plutôt, par bribes, au foyer.

On a pourtant entretenu ce culte du passé, en y ajoutant parfois une note de messianisme. Or si les jeunes d'aujourd'hui et les Francos d'âge moyen luttent contre ce culte, c'est parce que ceux qui les ont formés ont trop voulu expliquer le présent en fonction du passé, ou d'un avenir lointain, voire posthume, en prêchant que les modèles à imiter ont existé, soit à l'époque de l'Évangile, soit à celle de la Nouvelle-France, et que le but de la vie est de mériter le paradis à la fin de ses jours. Ces perspectives temporelles faisaient trop peu de cas du présent et de l'avenir rapproché, principale priorité des jeunes, qui se sont sentis, dans tel schème, rapetissés, voire réduits à l'insignifiance.

Il est tout à fait plausible que ce schème ait satisfait les besoins spirituels ou intellectuels de ceux qui ont aujourd'hui plus de 60 ans, ou de leurs devanciers. Il était peu probable que «la génération du moi» acceptât ce même ordre de choses et la répression du moi qui en résultait. Cette génération n'a que faire de la fidélité au souvenir d'un passé senti comme supérieur au présent, et — fait lourd de signification — elle se définit en s'y opposant. La «génération du moi» a jugé inadéquate la vocation de «continuateurs» à laquelle la conviaient les aînés, et y a résolument substitué l'expérience personnelle. Chez les jeunes, la survivance, mal comprise peut-être, ou mal enseignée, ou tout simplement mal adaptée à leurs besoins, fut perçue comme un vase clos, sans ouverture possible sur la créativité ou l'expression du «moi». Elle fut aussi perçue comme désuétude désespérante. De fait, la difficulté descend jusque dans les termes, le mot «cause», par exemple, évoquant pour les jeunes répression, soumission (exécrée) de la volonté individuelle au vouloir collectif, avec, pour certains, une connotation de totalitarisme.

Au cours des années 1970, des Francos d'âge moyen créent, sans trop se concerter, une «nouvelle» survivance. Moins par sentiment d'obligation morale que par amour du patrimoine, par besoin aussi d'être fidèle à quelque chose, ou par nostalgie du Canada et de la France, ces gens, issus du peuple comme des milieux professionnels, retiennent les aspects valorisants de la vieille idéologie, en commençant par un sentiment d'appartenance à une communauté raciale et culturelle qui se prolonge dans le lointain des temps et de l'espace. Pour eux, le passé est source d'inspiration, et non pas d'oppression, comme il l'est pour les jeunes. D'aucuns même se redisent ce mot du chanoine Lionel Groulx: «Dans les vivants que nous sommes, survivent combien de morts qui nous expliquent.»

Ceux qui vivent selon cette nouvelle survivance forment une communauté d'un esprit plus souple, plus ouvert que celui de leurs devanciers, le dogmatisme traditionnel n'ayant plus cours. La pratique religieuse, par exemple, là où elle existe, est beaucoup moins rigoriste, et le patrimoine est moins figé qu'auparavant, car ceux qui s'en préoccupent ont à cœur de l'enrichir. Ainsi les romans de David Plante (*The Francœur Novels*) et de Richard Hébert (*The Questing Beast*) y sont bien accueillis, même s'ils sont écrits en anglais, même s'ils contiennent des scènes assez peu «catholiques».

La nouvelle survivance est éclectique, tolérante et pluraliste, à tel point que certains de ses adhérents commencent à reconnaître le côté positif du FAROG. D'autre part, sans verser dans l'amoralisme, on tolère l'indifférence religieuse, l'emploi de dialecte franco, et l'absence de conscience historique. Cultivant une attitude positive, on ne dénonce plus «les traîtres à la race», pas plus qu'on ne reproche à la vieille survivance de ne pas avoir su enrayer l'assimilation. On perçoit celle-ci comme probablement inévitable, tout en insistant sur le fait que l'américanisation totale ne presse pas. On se reconnaît citoyen américain à part entière, et l'on sait bien qu'on va à contre-courant dans ses tentatives de préserver et d'enrichir un patrimoine qui n'est pas anglo-américain.

Cette nouvelle mentalité est le fait d'individus plutôt que d'institutions, qui toutes, ou à peu près, ont disparu ou subi des transformations qui les ont rendues méconnaissables. On peut à peine parler, par exemple, de l'existence de paroisses nationales. La langue et la foi, jadis indissociables, sont aujourd'hui deux réalités distinctes, le français, pour la majorité des Francos, n'ayant rien à voir avec le maintien de la foi. Par contre, des aînés quittent une paroisse franco complètement anglicisée et «se donnent» (comme ils disent) à une paroisse encore un peu «canadienne», où il reste une messe en français le dimanche. Mais on peut prévoir que les paroisses dites «nationales» ne survivront pas à la génération des aînés francophones d'aujourd'hui, et il serait difficile de dénombrer avec précision celles qui sont restées francos, surtout que certaines de ces vieilles paroisses, francos à l'origine, passent directement à des nouveaux venus, surtout d'ascendance hispanique ou portugaise.

Pareillement, les grandes sociétés mutuelles sont, elles aussi, au terme d'une évolution qui les a transformées de groupements patriotiques en comptoirs d'assurance. Elles maintiennent, il est vrai, un volet socio-culturel, mais le fraternalisme d'antan a vécu, répudié par des générations qui préfèrent d'autres formes d'association. Ces grandes mutuelles, d'ailleurs, ne revendiquent plus, sauf exception, le *leadership* ethnique comme une de leurs fonctions, et leurs directeurs ne tiennent plus, comme leurs prédécesseurs, à figurer au premier rang des «patriotes» (espèce effectivement en voie d'extinction).

Dans l'amoncellement des pertes, il semble bien que l'on doive ranger aussi nombre d'institutions de fondation récente (années 1960, 1970). Les commission d'échanges culturels, qui avaient suscité tant d'espoirs, parce qu'elles étaient des organismes gouvernementaux, sont nettement en perte de vitesse, sauf peut-être dans le Massachusetts et le New Hampshire Pour sa part, la délégation du Québec en Nouvelle-Angleterre poursuit des objectfs — commerce, tourisme, éducation, — dans l'ensemble desquels les Francos ne semblent pas appelés à jouer le rôle de premier plan naguère rêvé par certains.

Ainsi, la nouvelle survivance est un phénomène individuel beaucoup plus que social, puisque, à toutes fins utiles, il n'existe pas d'institutions sur lesquelles elle puisse s'appuyer, et cela à peu d'exceptions près, dont les sociétés généalogiques. Mais elle s'apparente à l'ancienne survivance sur un point capital: comme l'ancienne, elle est une affaire de cœur, autant — sinon plus — que d'esprit.

L'éclectisme et la tolérance caractéristiques de la Franco-Américanie contemporaine se manifestent aussi à l'égard de la langue française. À ce sujet, il existe toute une gamme d'attitudes, allant de l'indifférence à la valorisation, sans exclure le rejet de cette langue, symbole, pour certains, de la pauvreté, voire de la misère des aïeux. Compte tenu du milieu anglophone où vivent les Francos, on comprend que le français ne soit pas la langue parlée par la majorité d'entre eux, mais il est étonnant que des milliers continuent de l'employer. Alors que jadis, pendant la période d'immigration, on le parlait par nécessité, et que naguère on le parlait par devoir — pour éviter d'être dénoncé comme traître à la race —, aujourd'hui on le parle par goût, par solidarité ethnique ou pour des raisons d'ordre culturel. D'aucuns reconnaissant également que la langue française constitue un «lien viscéral» avec le passé des ancêtres.

Il est vrai qu'il se trouve encore des aînés pour taxer de paresse ou d'ignorance les parents qui n'enseignent pas le français à leurs enfants, mais ce phénomène disparaît. On rencontre aussi des aînés qui s'excusent, devant un interlocuteur français ou québécois, de ne pas parler «le bon français», mais ce regrettable sentiment d'humilité existe beaucoup moins chez les jeunes. Parmi ceux-ci, il en est qui défendent l'usage du dialecte, expression authentique, selon eux, de l'âme populaire. Il y a là, pour ces jeunes, une question d'identité aussi sérieuse que l'était jadis celle du «bon parler» pour les devanciers cultivés, soucieux de la fidélité aux origines et aux aspirations de la race.

Bref, tous les niveaux de langue, toutes les attitudes coexistent, y compris le culte de la langue chez un petit nombre, composé surtout de ceux qui l'enseignent, et de «patriotes» soucieux eux aussi de rester fidèles aux origines. Cela ne signifie pas que la question linguistique ait été réglée à la satisfaction de tous; loin de là. Ainsi, on n'a pas manqué de reprocher à «la vieille garde» son choix de préserver le français plutôt que d'assurer la relève. La volonté de clubs et de sociétés de demeurer strictement de langue française en a interdit l'accès à des jeunes qui auraient pu en devenir membres et en garantir la continuité. Dans le même ordre d'idées, il ne manque pas de puristes

Eugène Lemieux. Président général de l'Association canado-américaine depuis 1980, c'est le type même du «patriote» de jadis, mais mis à jour. Éclectique, il se maintient à la fine pointe de cette avant-garde qui veut préserver le patrimoine culturel en l'enrichissant. (Collection Association canado-américaine)

pour réprouver les «excès» du *FAROG Forum*, qui persiste à publier des articles écrits dans un français truffé d'incorrections grammaticales et d'anglicismes.

Mais, de façon générale, on a moins tendance à confondre langue française et identité franco, et on devient plus tolérant à l'égard des forces vives, même si on n'est pas d'accord avec leurs moyens d'action. On commence enfin à admettre qu'un individu puisse être franco sans parler français. Les nombreuses sociétés généalogiques francos présentent d'ailleurs un éloquent exemple d'ethnicité unilingue et de «fierté des origines», dite et souvent redite par des milliers de généalogistes — en anglais. Ce nouvel esprit fut bien exprimé par Marie-Reine Mikesell, Franco-Américaine de Chicago, coordonnatrice du sixième congrès national tenu au Michigan en août 1983. En parlant des Francos non-francophones qui avaient assisté à ce congrès, elle affirma avec justesse et pertinence:

> Ces gens ne sont pas simplement des anglophones unilingues, ce sont *nos* anglophones! et s'ils ont voulu être parmi nous ces jours-là, c'est que leur cœur est resté français. Leur inclusion dans la grande famille franco-nord-américaine a dû leur plaire, car bon nombre m'ont dit qu'ils se préparaient déjà pour le 7ᵉ congrès de Baton Rouge (Louisiane).

Depuis longtemps, pareille ouverture est monnaie courante chez des minorités étatsuniennes, dont les membres, solidaires et fidèles à leur ethnie, ont fort bien réussi en affaires et en politique: les Irlandais, les Italiens et les Juifs en sont des exemples saillants. Les Francos «actifs» ou «militants» seraient-ils enfin sur le point de reconnaître qu'il est injuste d'exclure de la race ceux qui en ont le sang et la conscience, et qui ont la volonté d'en faire partie, quel que soit leur moyen d'expression? Nous ne voyons pas comment s'augmenterait le nombre de ceux qui œuvrent à l'épanouissement du patrimoine, si l'on ne cultive pas un tel esprit d'accueil. Car, sans nier le caractère primordial du français comme trait culturel, il n'est plus réaliste d'en faire une condition *sine qua non* d'acceptation au sein de la collectivité, d'autant plus que le français n'est ni compris ni parlé par la grande majorité des Francos.

Un avenir incertain

Les avis restent partagés concernant l'avenir de la Franco-Américanie. Au dire de certains, elle n'en a pas, ayant déjà cessé d'exister. Il est vrai que les forces vives en sont peu nombreuses et que l'assimilation continue à grand train; c'est là une des réalités qui ont dominé plus d'un siècle de vie franco, et aucune influence n'a pu entraver le progrès de ce mouvement. Pour justifier les prophéties les plus som-

bres, on peut encore évoquer la fin de la vieille survivance, la dispersion, par toute la Nouvelle-Angleterre, de ceux qui s'intéressent au
patrimoine, le fait que leur nombre diminue, et cette vérité un peu
ironique que la vie franco est beaucoup moins intense, au niveau
régional, qu'il y a 50 ans, malgré une facilité accrue de communication et de moyens de transport. Mais quelques points forts pourraient permettre à la Franco-Américanie de franchir le cap du
21e siècle.

Peu de Francos, il est vrai, estiment avoir besoin de connaître ou
de valoriser leur héritage. Pour la majorité, la survivance (la nouvelle
ou l'ancienne, peu importe) est une forme de romantisme, et il y a un
bon moment qu'elle a été remisée au grenier de la race, avec les
souvenirs de Carillon, des patriotes de 1837-1838, et de la Sentinelle.
Il est néanmoins des Francos qui renouvellent sans cesse le choix
qu'ils ont fait de lutter pour l'épanouissement du patrimoine. Trouvant
place dans leur vie pour ce que Ferdinand Gagnon nommait la «patrie
morale», ces gens consacrent leurs talents et leurs énergies à maintenir
l'héritage et à le faire mieux connaître; certains même l'enrichissent.
Loin de trouver la réalité franco-américaine atrophiée ou stagnante, ils
y voient un acquis culturel important, à mettre à jour et à mettre en
valeur. Certains restent engagés dans des groupes, d'autres à titre
individuel.

Au niveau international, des Francos ont pu participer aux
sommets de la francophonie tenus à Paris (1986), à Québec (1987) et
à Dakar (1989), grâce aux initiatives de Claire Quintal et de Réal
Gilbert, président de l'ActFANE. Les deux ont été fortement appuyés
par Alain Briottet, consul général de France à Boston jusqu'en 1990,
et Alain Decaux, ministre délégué à la Francophonie dans le gouvernement de François Mitterrand. Les observateurs s'accordent pour
voir là une porte qui vient de s'ouvrir sur la francophonie mondiale,
et qui permettra, avec le temps, de multiplier les contacts et les
échanges dans les domaines économique et culturel, tout en donnant
à la Franco-Américanie une visibilité accrue.

Au niveau régional, l'ActFANE est en voie de devenir un organisme de liaison et de soutien sans cesse mieux connu, et appelé de
plus en plus à intervenir dans la vie du groupe, d'autant plus qu'il fait
des progrès vers l'autofinancement et agit dans les domaines prioritaires de l'éducation et des communications. En outre, un de ses

projets les plus importants, qui consiste à faire agrandir l'aire de réception de la câblovision québécoise, pourrait avoir des retombées considérables.

S'intéressant à plusieurs champs d'action pendant la présidence de Réal Gilbert (1983-1989), l'ActFANE connaît des succès inattendus, comme la campagne qu'elle a mené dans les médias pour corriger une erreur monstrueuse du Service postal des États-Unis qui avait refusé de reconnaître le rôle des Canadiens et des Francos dans la création et le développement du réseau des caisses populaires aux États-Unis. L'intervention de l'ActFANE dans le débat dont l'issue pourrait faire de l'anglais la langue officielle du pays connaît elle aussi des succès dans plus d'une législature. Elle intervient en plus dans telle et telle mairie pour assurer le maintien de la programmation télévisée québécoise. Notons enfin que l'ActFANE est un des membres fondateurs de la Conférence du monde associatif francophone d'Amérique (CMAFA), avec le Secrétariat permanent des peuples francophones, la Fédération des francophones hors Québec et la Société nationale des Acadiens. La Conférence veut «assurer aux associations francophones d'Amérique une place dans la francophonie internationale», selon un porte-parole de l'ActFANE, laquelle est habilement secondée dans ses efforts par Michel Brûlé, le directeur général du Secrétariat permanent des peuples francophones.

La Fédération féminine franco-américaine est parmi les groupements qui font des efforts sérieux pour se moderniser. À ses congrès récents, elle a fait montre de nouvelles préoccupations, comme «la langue française outil de travail», et «la femme francophone dans le secteur professionnel». Le *FAROG Forum* évolue, lui aussi, vers une attitude moins négative, ce qui lui a valu, en mars 1984, le vœu suivant d'Eugène Lemieux, président général de l'Association canado-américaine: «*FAROG Forum*, je te souhaite longue vie; tu as vraiment une mission importante à remplir qui est de nous garder tous éveillés.»

Pour faible qu'elle puisse paraître (car elle est loin de s'être associé les 13 millions de Francos des États-Unis), l'Assemblée (nationale) des Franco-Américains, sous l'habile direction de son président Walter Landry, a pris une décision prometteuse en devenant membre de la Federation of American Cultural and Language Communities. Car de plus en plus la Franco-Américanie est appelée à collaborer avec d'autres groupes minoritaires étatsuniens, et à œuvrer dans un contexte multiculturel. Une telle solidarité augmente les chances de survie culturelle, ne serait-ce que pour un petit nombre de gens.

Sur d'autres fronts, la Fondation Euclide-Gilbert continue d'œuvrer pour l'avancement du français, en accordant son appui financier à divers organismes francos. Elle touche, en plus, de 40 000 à 50 000 étudiants par année avec son concours de français dans les écoles de la Nouvelle-Angleterre et de l'État de New York. Par ailleurs, le programme de télévision de langue française mis sur pied il y a plus de deux ans par l'Association canado-américaine va bientôt atteindre quelque deux millions de foyers. Des organismes comme l'Association internationale des parlementaires de langue française semblent s'être implantés de façon permanente dans le sol à première vue peu prometteur de la Franco-Américanie. Celle-ci, enfin, s'enorgueillit de compter parmi les siens des artistes de réputation internationale comme le duo Lilianne Labbé-Don Hinkley, Josée Vachon, Lucie Therrien et combien d'autres, dont certains ont remporté de francs succès lorsqu'ils sont passés à la télévision française et canadienne.

Chez ces travailleurs du patrimoine, le Québec d'hier et d'aujourd'hui est près du centre de leurs préoccupations, il est source de nourritures culturelles, source aussi de modèles de recherche (par exemple, en ethnologie). D'aucuns gardent également des contacts avec l'Acadie, l'Ontario et l'Ouest canadien retiennent aussi l'attention, où la situation est analogue à celle des Francos. En même temps, on s'ouvre à la bonne volonté manifestée envers la communauté franco par des francophiles et des francophones qui ne sont pas d'ascendance québécoise ou acadienne, et qui ne sont pas nécessairement catholiques. Il est même des organismes qui, tout en préservant leur culte du français, semblent accepter la nécessité de devenir bilingues. Les plus militants persistent à réclamer que les organismes francos accueillent tous ceux qui veulent en faire partie, en commençant par les «francogènes» unilingues, trop longtemps laissés pour compte.

Les militants voudraient aussi faire comprendre aux jeunes que le patrimoine n'est pas fait pour appauvrir, mais pour enrichir — et pour être enrichi. Les plus hardis aimeraient explorer le phénomène de «l'ethnicité latente», afin de voir si les organismes ne pourraient pas toucher, sinon s'adjoindre, ces milliers de Francos qui, tout en étant

restés à l'écart du groupe, n'en ont pas moins hérité des vertus canadiennes traditionnelles (fidélité, persévérance, souci du travail bien
fait, etc.). Par leurs origines, ils ont une âme franco-américaine: n'en
reste-t-il vraiment rien, se demande-t-on. Oubliés, ces individus ne
savent même pas qu'ils ont à leur portée un biculturalisme capable
d'enrichir leur vie intérieure. Pourtant, ceux qui ont retrouvé la
collectivité ethnique qui est la leur, par le biais de la généalogie, par
exemple, reconnaissent tout le bien personnel que l'on peut en tirer.
Par la suite, certains ont même servi le groupe en devenant directeurs
d'une société franco.

Retrouver la collectivité, renouer avec l'ethnicité qui est la
sienne n'est pas, bien sûr, un gage de bonheur parfait. Nous ne voudrions pas passer sous silence l'épuisement des militants, las de
s'interroger sur l'efficacité de leur action, las de discuter le rôle
«idéal» du Québec et de la France dans la perpétuation du patrimoine,
et d'autres questions semblables. Mais, pour que la communauté
franco ait un avenir, elle doit augmenter le nombre de ceux qui sont
prêts à se sacrifier quelque peu, en échange d'un enrichissement
personnel. À cette époque d'ethnicité facultative, l'avenir de la
Franco-Américanie dépend de ceux qui choisiront librement l'option
franco-américaine, plutôt que l'option strictement américaine.

Mais, demandera-t-on, même dans ce nouveau climat de tolérance, de pluralisme et d'éclectisme, comment mener une vie franco-
américaine, les institutions étant largement assimilées, et le peuple
n'appuyant pas les militants? Deux voies sont ouvertes: le bénévolat
au sein d'un organisme qui reste voué aux œuvres de culture, et la
voie intellectuelle, si on a le goût de la recherche ou de la création. Le
mouvement généalogique, par exemple, rend possibles ces deux voies,
et, sous son influence, plus d'un Franco s'est découvert une passion
pour l'histoire familiale et ethnique.

De fait, les plus favorisés sont peut-être ceux qui vivent leur
ethnicité sur le mode intellectuel ou artistique, car en plus des
ressources disponibles dans les centres de documentation des sociétés
généalogiques et dans les bibliothèques municipales, ils peuvent
compter sur les bibliothèques de l'Association canado-américaine et
de l'Union Saint-Jean-Baptiste. Par ailleurs, l'Institut français du
collège l'Assomption, de Worcester, Massachusetts, se situe à l'avant-
garde de la recherche franco. Dirigé par Claire Quintal, universitaire

Professeur, directrice de l'Institut français du collège de l'Assomption (Worcester, Massachusetts), écrivain, chercheur et militante, Claire Quintal exprime ici sa reconnaissance au gouvernement de la République française dont le représentant à Boston lui remettait les insignes de la Légion d'honneur le 2 juin 1990. (Gracieuseté Institut français)

chevronnée, cet institut stimule la recherche et la discussion, surtout par la tenue d'un colloque annuel, par la publication des actes de ces colloques, et par des projets et programmes spéciaux, dont un «Accord de coopération», signé en février 1986, par lequel l'Institut français et l'Université Laval sont convenus «de développer un programme d'échange et de coopération portant sur le phénomène français en Amérique du Nord».

Bien servis par ces ressources, chercheurs, amateurs d'histoire, créateurs et artistes le sont aussi par le climat de tolérance croissante qui caractérise cette période-ci de l'expérience franco. Si, naguère, chercheurs et écrivains pouvaient se sentir bâillonnés par une certaine censure, celle-ci a disparu, et le chercheur jouit d'une liberté presque sans bornes. Cette liberté deviendra entière lorsque seront ouvertes et inventoriées toutes les archives qui ont trait à l'histoire franco.

Un aspect regrettable de cette conjoncture est le nombre insuffisant des chercheurs. Heureusement, des universitaires québécois, acadiens, anglo-américains et français, entre autres, ont, depuis quelques années, contribué à notre connaissance du fait franco, car les chercheurs «indigènes» sont trop peu nombreux pour le vaste champ des recherches possibles, nécessaires ou souhaitables; l'ouvrage que nous terminons ici en fait foi. Nous y avons indiqué, en effet, à plus d'une reprise, les limites que nous imposait l'état de la recherche, et ces indications sont loin d'être exhaustives. Pour des raisons difficiles à expliciter, il n'existe pas, par exemple, d'étude scientifique du parler franco, d'histoire littéraire récente, ou de survol des arts en Franco-Américanie, sans compter que presque tout le domaine du vécu reste ouvert aux ethnologues, y compris celui de la culture matérielle. Par bonheur, des Québécois et des Acadiens reconnaissent qu'une partie appréciable de leur histoire et de leur patrimoine se trouve en Nouvelle-Angleterre (et dans l'État voisin de New York). Loin de vouloir que l'expérience franco soit une chasse gardée, les chercheurs franco-américains souhaitent que s'intensifient les efforts des collègues québécois et acadiens, français et anglo-américains. Car une fois que l'on aura complété un certain nombre d'études empiriques et spécialisées, on sera en mesure d'aborder les «grandes» questions qui restent pertinentes, même si elles sont rarement formulées.

Nous sommes donc bien situés, aujourd'hui, pour répondre d'une façon provisoire aux questions que posait Robert Paris au colloque de Bedford, New Hampshire, en 1976. Nous pouvons déclarer sans ambages que l'unité du groupe franco-américain est restée, hélas, à l'état d'un beau rêve, tout comme la participation, si ardemment souhaitée, du peuple à la vie du groupe. Affirmer, en revanche, qu'il n'y a pas eu de relève serait faux, mais cette relève, peu nombreuse, ne s'est certes pas façonnée à l'image et à la ressemblance des prédécesseurs; nous avons pu le constater en discutant de la nouvelle survivance et du FAROG. Quant à de nouveaux organismes qui répondraient mieux aux besoins du jour, nous avons vu qu'ils ont, en effet, pris forme, tant au niveau national qu'au niveau régional, et qu'ils fonctionnent, sans jouir de l'appui massif du peuple, essentiel pourtant à leur plein développement.

Il est impossible, bien sûr, de prédire avec certitude que les Franco-Américains ont un avenir autre que folklorique. Ceux qui, de nos jours, tentent de soulever chez leurs compatriotes un peu d'enthousiasme pour la préservation ou l'épanouissement du patrimoine ont l'impression de revivre l'épreuve de Sysiphe poussant son rocher vers le sommet d'une colline. D'autres, plus chanceux, ont trouvé le moyen de transformer l'expérience franco en source d'enrichissement personnel. Chose certaine, ou à peu près, la Franco-Américanie semble bien se trouver à un moment fort avancé de son histoire.

Mais l'honnêteté la plus élémentaire interdit de clore ce travail sur une note pessimiste, car, malgré le nombre restreint de militants, de chercheurs, d'écrivains, les deux ou trois dernières années nous ont réservé d'agréables surprises. L'Association canado-américaine, par exemple, a franchi le cap de la 200e émissions de son programme hebdomadaire télédiffusé, *Bonjour!*, sous l'habile direction de Josée Vachon et de Paul Paré. Le président général de l'Union Saint-Jean-Baptiste, Robert Mailloux, vient de réaffirmer l'engagement de la société qu'il dirige à l'égard de la préservation du patrimoine. Pareils gestes ne font qu'accroître, bien sûr, la visibilité du groupe. La participation d'une quinzaine de Francos aux Assises de la francophonie à Paris en décembre 1990 est un signe de cette visibilité croissante. L'intérêt que la France officielle manifeste à l'endroit des Francos par l'intermédiaire de son ministre délégué à la Francophonie, Alain Decaux, par le consulat général de France à Boston, ainsi que les services culturels de l'ambassade de France, y est pour beaucoup dans les nouvelles possibilités qui se profilent pour la Franco-Américanie à l'horizon international.

D'autre part, des chercheurs comme Louise Péloquin-Faré et François Weil font connaître les Francos dans les milieux universitaires de France, tant par leurs ouvrages que par leur participation fréquente à divers colloques et congrès. Nos collègues Yves Roby et Yves Frenette font de même au Québec et au Canada, où les projets de recherche sur les Francos prennent de l'envergure. La littérature, enfin, autre signe de vitalité culturelle, en a surpris plus d'un depuis l'établissement, en 1988, d'une maison d'édition franco-américaine, Soleil Press à Lisbon Falls (Maine) par Denis Ledoux et Martha Blowen, et la publication (1988) du premier roman d'Henri Chapdelaine, *Au nouveau pays de Maria Chapdelaine*. Cette œuvre d'un fin observateur aux nombreux talents mérite une large diffusion. Il en est de même du premier roman à traiter du mouvement sentinelliste, *The Fathers* (1991), de Richard Belair.

Se pourrait-il que le faux renouveau des années 1970 n'ait été que le présage d'un *vrai* renouveau, lequel sera vécu dans les décennies à venir?

ESQUISSE BIBLIOGRAPHIQUE

Note: on trouvera ici uniquement les titres des ouvrages les plus utiles.

Anctil, Pierre, *A Franco-American Bibliography: New England*, Bedford, N.H., National Materials Development Center, 1979, 137 p.

Avec ses 800 titres annotés, c'est la bibliographie la plus complète qui existe. Nous avons nous-même publié une mise à jour de ce travail: «Nouveaux regards sur la Franco-Américanie: bibliographie descriptive d'études récentes», *Vie française*, 41, 1 (janvier 1989), p. 63-86.

Association canado-américaine, *Les Franco-Américains peints par eux-mêmes*, Montréal, Éditions Albert Lévesque, 1936, 288 p.

Recueil de textes sur les institutions de survivance et sur la situation de la collectivité dans les années 1930.

Bélanger, Albert A., *Guide franco-américain des États de la Nouvelle-Angleterre*, Fall River, Mass., A.A. Bélanger, 1916, 828 p.

Ce guide («établi en 1899», selon la page de titre) des notables et des institutions est une source de première importance. Rebaptisé *Guide officiel des Franco-Américains*, il connut 13 éditions revues et corrigées, de 1916 à 1940. L'édition de 1946 (la dernière), compilée par Lucien et Thérèse Sansouci et publiée à Woonsocket, R.I., contient 150 pages de notes sur les contributions françaises au développement des États-Unis.

Belisle, Alexandre, *Histoire de la presse franco-américaine et des Canadiens français aux États-Unis*, Worcester, Mass., Ateliers de L'Opinion Publique, 1911, xvi, 456 p.

Indispensable ouvrage de base non seulement sur la presse et les journalistes, mais sur la vie «canadienne» aux États-Unis et au début du 20ᵉ siècle. *Cf* Tétrault (*infra*).

Benoit, Josaphat, *L'âme franco-américaine*, Montréal, Éditions Albert Lévesque, 1935, 247 p.

Ouvrage classique sur la survivance, ses causes et ses obstacles.

[Benoit, Josaphat], *Ferdinand Gagnon: Biographie, éloge funèbre, pages choisies*, Manchester, N.H., Imprimerie de l'Avenir National, 1940, 279 p.

C'est le seul ouvrage que nous possédions sur le chef «patriote» des «Canadiens» de la Nouvelle-Angleterre au 19ᵉ siècle.

Brault, Gérard J., *The French-Canadian Heritage in New England*, Hanover, N.H., University Press of New England; Kingston, Montreal, McGill-Queen's University Press, 1986, xiii, 282 p.

Un des seuls survols en langue anglaise, cet ouvrage contient un important chapitre sur la famille Brault.

Chartier, Armand B., «La littérature franco-américaine de la Nouvelle-Angleterre: origines et évolution», *Revue d'histoire littéraire du Québec et du Canada français*, 12, (été-automne 1986), p. 59-81.

Cette synthèse met à jour l'histoire littéraire de sœur Therriault (*cf. infra*) et propose une nouvelle approche.

Chartier, Armand B., *Littérature historique populaire franco-américaine*, Manchester, N.H., National Materials Development Center, 1981, 108 p.

Choix de textes et présentation de dix historiens.

Chassé, Paul-P. «Les poètes franco-américains de la Nouvelle-Angleterre 1875-1925», thèse de doctorat (lettres françaises), Université Laval, 1968, L, 408 p.

Étude biographique et thématique de huit poètes.

Chevalier, Florence Marie, s.s.a., «The Role of French National Societies in the Sociocultural Evolution of the Franco-Americans of New England from 1860 to the Present: An Analytical Macro-Sociological Case Study in Ethnic Integration Based on Current Social System Models», thèse de doctorat (sociologie), The Catholic University of America, 1972, vi, 386 p.

C'est l'étude la plus scientifique et la plus complète des sociétés fraternelles ou «mutuelles».

Clément, Antoine (comp.), *Les quarante ans de la Société Historique Franco-Américaine (1899-1939)*, Manchester, N.H., L'Avenir National, 1940, 878 p.

Recueil de conférences et de discours (textes complets ou résumés) données à la SHFA, de ses débuts à 1939.

Cyr, Marguerite, s.m., *Mémoires d'une famille acadienne de Van Buren, Maine*, Madawaska, Me., Saint John Valley Bilingual Education Program, 1977, 264 p.

Cet «album de famille» abondamment illustré contient des éléments ethnologiques d'un grand intérêt, relatifs à une région peu connue.

Daignault, Elphège-J., *Le vrai mouvement sentinelliste en Nouvelle-Angleterre, 1923-1929 et l'Affaire du Rhode Island*, Montréal, Éditions du Zodiaque, 1936, 246 p.

Version pro-sentinelliste du mouvement, *Cf.* l'ouvrage de Foisy.

D'Andrea, Vaneeta, «The Women of *Survivance*: A Case Study of Franco-American Women's Groups in New England», thèse de doctorat (sociologie), University of Connecticut, 1986.

Vue d'ensemble, par un auteur non engagé dans la Survivance.

Dion-Lévesque, Rosaire, *Silhouettes franco-américaines*, Manchester, N.H., Association canado-américaine, 1957, vi, 933 p.

Quelque 300 esquisses biographiques de Francos qui se vont signalés dans divers domaines.

Doty, C. Stewart, *The First Franco-Americans: New England Life Histories from the Federal Writers' Project 1938-1939*, Orono, Me, University of Maine at Orono Press, 1985, 163 p.

Cette collection de témoignages, recueillis dans les années 1930 et restés inédits, évoque la vie franco de la fin du 19ᵉ siècle, au niveau populaire.

En collaboration, *A Franco-American Overview*, Cambridge, Mass., Lesley College, National Assessment and Dissemination Center, 1979-1982, 8 vol.

On a réuni ici des dizaines de textes savants, dont bon nombre d'«introuvables», sur la présence franco, canadienne-française et française un peu partout aux États-Unis, y compris le Midwest, la Louisiane et l'Ouest.

Foisy, J.-Albert, *Histoire de l'agitation sentinelliste dans la Nouvelle-Angleterre, 1925-1928,* Woonsocket, R.I., La Tribune, 1928, 427 p.

Version anti-sentinelliste du mouvement. Voir l'ouvrage de Daignault.

Freeman, Stanley L. et Raymond Pelletier, *Initiating Franco-American Studies: A Handbook for Teachers*, Orono, Me, University of Maine, Canadian/Franco-American Studies Project, 1981, 284 p.

Contient des plans de cours utilisables à tous les niveaux, ainsi que des listes de ressources pédagogiques.

Gatineau, Félix, *Historique des Conventions générales des Canadiens français aux États-Unis, 1865-1901*, Woonsocket, R.I., L'Union Saint-Jean-Baptiste d'Amérique, 1927, 500 p.

Indispensable pour l'étude du 19ᵉ siècle, cet historique contient les procès-verbaux et les discours des grandes rencontres «nationales».

Hamon, Edouard s.j., *Les Canadiens français de la Nouvelle-Angleterre*, Montréal, Éditions du 45ᵉ Parallèle Nord, 1982, xv, 484 p. (Réimpr. de l'édition de 1891, parue chez Hardy à Québec.)

Une des premières études d'ensemble, ce texte reste utile pour ses notes sur les paroisses de l'époque.

Hareven, Tamara K. et Randolph Langenbach, *Amoskeag: Life and Work in an American Factory-City*, New York, N.Y., Pantheon, 1978, xiii, 395 p.

Cet historique d'une grande compagnie de textile de Manchester, N.H., est raconté en grande partie par des ouvriers retraités, dont bon nombre de Francos.

Landry, Thomas-M, o.p., *Mission catholique et française en Nouvelle-Angleterre*, Québec, Éditions Ferland, 1962, 262 p.

Recueil de discours et d'essais par un des observateurs les plus perspicaces de la Survivance.

Lane, Brigitte M., «Franco-American Folk Traditions and Popular Culture in a Former Milltown: Aspects of Urban Folklore and the Dynamics of Folklore Change in Lowell, Massachusetts», thèse de doctorat (folklore), Harvard University, 1983, vii, 593 p.

Cette synthèse, qui pourrait servir de modèle, est aussi une mini-anthologie de la littérature orale franco-lowelloise.

Lavoie, Yolande, *L'émigration des Québécois aux États-Unis de 1840 à 1930*, Québec, Éditeur officiel du Québec, Documentation du Conseil de la langue française, 1981, édition revue et augmentée, 68 p.

Cette étude démographique demeure, sur ce sujet, une des plus sûres.

Louder, Dean R. et Eric Waddell (dir.), *Du continent perdu à l'archipel retrouvé: le Québec et l'Amérique française*, Québec, Presses de l'Université Laval, 1983, xviii, 292 p.

Ce recueil contient de nouvelles études sur les Francos de la Nouvelle-Angleterre, du Midwest et de la Louisiane.

Magnan, D.-M.-A. (abbé), *Histoire de la race française aux États-Unis*, Paris, Charles Amat Éditeur, 1913, 2e édition revue et corrigée, xvi, 386 p.

Ce vaste panorama vaut non seulement comme témoignage d'époque, mais comme masse de données.

Olivier, Julien, *D'la boucane: une introduction au folklore franco-américain de la Nouvelle-Angleterre*, Cambridge, Mass., Lesley College, National Assessment and Dissemination Center, 1979, vi, 142 p.

Essais, témoignages et indications bibliographiques.

Olivier, Julien, *Souches et racines: une introduction à la généalogie pour les jeunes Francos-Américains*, Bedford, New Hampshire, National Materials Development Center, 1981, 175 p.

Méthodologie, témoignage, guide de ressources.

Paradis, Roger, *Gilbert O. Roy, peintre populaire de la Vallée Saint-Jean*, Cambridge, Mass., Lesley College, National Assessment and Dissemination Center, 1979, xvi, 98 p.

Une des rares études dans le domaine des arts franco-américains.

Poteet, Maurice (dir.), *Textes de l'exode: recueil de textes sur l'émigration des Québécois aux États-Unis (XIXe et XXe siècles)*, Montréal, Guérin, 1987, 505 p.

Excellent choix de textes.

Les sept volumes suivants constituent les actes des colloques annuels tenus à l'Institut français du collège l'Assomption, Worcester, Mass. Ils représentent sur bien des points, l'état présent de la recherche.

Quintal, Claire et André Vachon (dir.), *Situation de la recherche sur la Franco-Américanie*, Québec, Conseil de la Vie française en Amérique, 1980, 100 p.

Quintal, Claire (dir.), *L'émigrant québécois vers les États-Unis: 1850-1920*, Québec, Conseil de la Vie française en Amérique, 1982, 122 p.

Quintal, Claire (dir.), *The Little Canadas of New England*, Worcester, Mass., French Institute, Assumption College, 1983, x, 119 p.

Quintal, Claire (dir.), *Le journalisme de langue française aux États-Unis*, Québec, Conseil de la Vie française en Amérique, 1984, 162 p.

Quintal, Claire (dir.), *L'émigrant acadien vers les États-Unis: 1842-1950*, Québec, Conseil de la Vie française en Amérique, 1984, 177 p.

Quintal, Claire (dir.), *Le patrimoine folklorique des Franco-Américains*, Québec, Conseil de la Vie française en Amérique, 1986, 276 p.

Quintal, Claire (dir.), *Les Franco-Américains et leurs institutions scolaires*, sous presse.

Roberge, Céleste (dir.), *Vers l'évolution d'une culture*, Orono, Me., University of Maine, Franco-American Resource Opportunity Group, 1973, 131 p.

Essais sur divers sujets, dont un, important, de l'ethnologue Roger Paradis sur le folklore franco-américain.

Roby, Yves, *Les Franco-Américains de la Nouvelle-Angleterre (1776-1930)*, Sillery, Québec, Éditions du Septentrion, 1990, 434 p.

Étude dense, fouillée, indispensable.

Rumilly, Robert, *Histoire des Franco-Américains*, Woonsocket, R.I., L'Union Saint-Jean-Baptiste d'Amérique, 1958, 552 p.

À consulter surtout pour le développement des institutions et pour l'historique des luttes ethno-religieuses.

Santerre, Richard (comp.), *Anthologie de la littérature franco-américaine de la Nouvelle-Angleterre*, Bedford, N.H., National Materials Development Center, 1980-1981. 9 vol.

C'est le choix le plus copieux de textes littéraires francos.

Silvia, Philip T., «The Spindle City: Labor, Politics and Religion in Fall River, Mass., 1870-1905», thèse de doctorat (histoire), Fordham University, 1973, 896 p.

L'auteur situe l'histoire des Francos dans le contexte du développement municipal.

Tétrault, Maximilienne, *Le rôle de la presse dans l'évolution du peuple franco-américain de la Nouvelle-Angleterre*, Marseille, Ferran, 1935, 143 p.

À consulter avec l'ouvrage de Belisle (*cf. supra*), dont il est le prolongement.

Thériault, George French, *The Franco-Americans in a New England Community: An Experiment in Survival*, New York, N.Y., Arno Press, 1980, vi, 569 p.

Beaucoup plus que l'histoire des Francos de Nashua, N.H., cette étude contient des aperçus originaux et probants concernant la survivance dont l'auteur ne se fait pas l'apologiste.

Therriault, sœur Mary-Carmel, s.m., *La littérature française de Nouvelle-Angleterre*, Montréal, Fides, 1946, 325 p.

Cette histoire littéraire est mise à jour dans mon propre survol, paru dans la *Revue d'histoire littéraire du Québec et du Canada français (cf. supra)*.

[Verrette, Adrien (abbé),] *La croisade franco-américaine*, Manchester, N.H., L'Avenir National, 1938, 500 p.

Ce compte rendu de la participation franco au Deuxième congrès de la langue française, tenu à Québec en 1937, résume l'état de la collectivité et les aspirations de l'élite «patriote».

Vicero, Ralph D., «Immigration of French-Canadians to New England, 1840-1900: A Geographical Analysis», thèse de doctorat (géographie), University of Wisconsin, 1968, xii, 449 p.

Ouvrage de base sur la démographie de l'émigration.

Matériel audio-visuel

Il n'existe pas de discographie ou de vidéographie franco-américaine. La Librairie Populaire, toutefois, et la bibliothèque de l'Université du New Hampshire ont chacune une quantité de cassettes («audio» et «vidéo»), soit à vendre, soit à prêter. *Cf.* «Adresses de quelques organismes-ressources».

Périodiques

Les collections les plus importantes se trouvent dans les archives de l'Association canado-américaine, de l'Union Saint-Jean-Baptiste, et de l'Institut français du collège de l'Assomption. *Cf.* «Adresses de quelques organismes-ressources».

ADRESSES DE QUELQUES
ORGANISMES-RESSOURCES

Action pour les Franco-Américains du nord-est (ActFANE)
P.O. Box 504
Manchester, New Hampshire 03105
(603) 622-2883

Association canado-américaine
52, rue Concord
Manchester, New Hampshire 03105
(603) 625-8577

Fédération des sociétés de généalogie et d'histoire
P.O. Box 3558
Manchester, New Hampshire 03105

FAROG Forum
Centre franco-américain
126, avenue du Collège
Orono, Maine 04469
(207) 581-3775

Institut français
Collège de l'Assomption
500, rue Salisbury
Worcester, Massachusetts 01615-0005
(508) 752-5615

Le Journal de Lowell
P.O. Box 1241
Lowell, Massachusetts 01853

La Librairie populaire
18, rue Orange
Manchester, New Hampshire 03104
(603) 669-3788

Soleil Press
RFD 1– Box 452
Lisbon Falls, Maine 04252
(207) 353-5454
Livres et cassettes d'intérêt franco-américain
(418) 692-1150

Union Saint-Jean-Baptiste
One Social Street, Box F
Woonsocket, Rhode Island 02895
(401) 769-0520

University of New Hampshire
Dimond Library – Dept. of Media Services
Durham, New Hampshire 03824
Documents audio-visuels sur les Franco-Américains

On trouvera d'autres adresses utiles dans le bottin suivant:

Répertoire de la vie française en Amérique
Conseil de la vie française en Amérique
56, rue Saint-Pierre
Suite 301
Québec, Québec G1K 4A1

INDEX DES NOMS CITÉS

TABLE DES MATIÈRES